歌舞伎メモランダム

同時代の演劇批評

大矢芳弘

森話社

歌舞伎メモランダム——同時代の演劇批評

目次

第一部　平成十六年から平成二十年まで

随想〈其の一〉

第二部　平成二十一年から平成二十二年まで

第三部　平成二十三年から平成二十六年まで

随想〈其の三〉

第一部　平成十六年から平成二十年まで

平成の名優「三幅対」

『三人吉三巴白浪《さんにんきちさともえのしらなみ》』

節分を迎えると、歌舞伎座ではほぼ五年ごとに『三人吉三巴白浪』を出すが、外題に「巴」の文字を用いているように、和尚吉三、お坊吉三、お嬢吉三、それぞれ三人の力量が互いに拮抗する配役が望ましい。今回は、團十郎の和尚のふてぶてしい貫禄、仁左衛門のお坊の背中に漂う哀愁、玉三郎のお嬢の男女見紛うばかりの妖艶、いわば平成の名優が描く「三幅対」がバランスよく歌舞伎座という立派な床の間に収まった。

その中でも特に玉三郎が初役に挑むお嬢が注目の的。真女方《まおんながた》だけあって単に男が女に化けたのではなく、男の正体を現わしてからも、精一杯男らしく振る舞おうとしているのが新鮮である。お嬢の「五つの時にかどわかされ、他人を親に旅役者」という述懐には、幼少時から女方として育てられた玉三郎の人生のリアリティが重なる。

序幕に「両国橋西河岸の場」を付けたのが親切で、店の金の百両を落とした十三郎と、夜鷹のおとせの関係を簡潔に明らかにする。身投げしようとする十三郎を助ける左團次の土左衛門伝吉は、「俺にも悪いせがれがあるが」云々と、次第に絡み合っていくドラマの伏線を張り巡らせる。

「大川端庚申塚の場」は、まず七之助のおとせがそよ風のように登場する。あとをつけてきた玉三郎のお嬢は、花道七三で立ち止まってキッと辺りを警戒したりするが、盗人の正体を現わす変わり目が曖昧で、「月も朧《おぼろ》に白魚の」の厄祓いの名台詞は、やはり朗々と聞かせるまでには至らない。しかし、杭に足を乗せて構えた立ち姿はすらりと美しく、お定まりの黒地に槍梅《やりうめ》の振袖が月明かりに映える。「御厄祓いましょう」という呼び声に驚き、たくし上げていた着物の裾を恥じらうように隠すあたり、大股歩きに慣れていない女方らしい繊細な仕種である。庚申丸を抜いて立ち向かうところは、なめられてなるものかと虚勢を張っているのが分かる。

仁左衛門のお坊は五分月代《さかやき》に薄紫の着付がよく似合い、土塀の前に立っただけで立派な絵姿になる。「武家お構いのごろつきだ」といった言葉の端々が甘美に響き、その名の通りいかにも育ちがよさそうである。喧嘩をとめる團十郎の和尚は、仁左衛門と玉三郎の細身の二人の間に割って入ると、まるで文鎮のようにでんと舞台中央に構えて、大勢の観客の視線をぐいと力強く引き寄せる。細かい六弥《ろくや》太《た》格子の着付が素敵な風合いに染め上った。

二幕目「割下水伝吉内の場」は私娼窟らしくもっと薄汚くありたいが、升寿、守若、京蔵のベテラン三人が夜鷹の生活臭を漂わせる。和尚が持ち込んだ百両を悪銭に違いないと突き返すのが伝吉のかたくなな気性だが、打ち解けることができずに最後まで意地を張り合う父と子の関係が悲しい。左團次の伝吉は因果応報を嘆く長台詞をしっかり聞かせて、百両を奪い返そうとする「本所お竹蔵の場」では、殺生禁断の数珠を切ってお坊に立ち向かい、棍棒を構えてちょっとおこつくあたりに軽妙な味わいがある。勢い余ってその伝吉を殺してしまう仁左衛門のお坊は、決して色悪にならず、飽くまでも傍若無人な若者として振る舞う。

いよいよ因果が煮詰まる三幕目「巣鴨吉祥院本堂の場」は、團十郎の和尚が卒塔婆《そとば》を薪にして火にくべるところで、刺青《いれずみ》がちらりと見える太い二の腕がいかにも野性的だ。子分の源次坊を市蔵が小気味よく演じている。なお、源次坊が買ってくる軍鶏《しゃも》の小道具は黒い羽根つきにした方が殺生の不気味な暗示になるだろう。和尚が包丁を振りかざして十三郎とおとせを殺す「裏手墓地の場」で、命乞いする十三郎とおとせがぶち犬の姿と化するのは、近親相姦という畜生道を目の当たりに実感させる古風な演出で、團十郎の和尚がまさに利剣を振るう不動明王の威容で厳めしくそそり立つ。翫雀の十三郎と七之助のおとせは双子にしては年齢の釣り合いが悪く、今月の一座の顔ぶれならば、翫雀と扇雀の兄弟に配役したらさぞ面白かったことだろう。

和尚が出て行ったあと、隠れていたお坊とお嬢が「懐かしかったなあ」と寄り添うところ、これまで様々な恋人を演じてきた仁左衛門と玉三郎ならでは、二人の間には義兄弟を超えた危うい情が通い合う。玉三郎のお嬢は女方らしく奇麗な姿のまま着崩さず、この場が「櫓《やぐら》のお七」の吉三とお七のパロディであることを納得させる。この本堂と裏手の出来事はまさに同時進行している訳で、廻り舞台による場面転換の優れた効用によっていよいよ臨場感が高まる。十三郎とおとせの首を抱えて戻った和尚が真実を打ち明けて、和尚、お坊、お嬢が三人揃って身の上を嘆く姿は、いわば荒れ寺に並べられた三尊像といってよいだろう。

三人が再び巡り合う大詰「火の見櫓の場」は、〽春の夜に降る泡雪は軽《かろ》くとも」という竹本の連れ弾きで、花道から仁左衛門のお坊、仮花道から玉三郎のお嬢が両花道を用いて登場する。「行く先々の木戸を打ち」「行くに行かれぬ今宵の仕儀」という割り台詞を聞くと、客席が雪降る江戸の市街になったような広がりを感じる。糸経《いとだて》を開いて姿を現わす玉三郎のお嬢は、麻の葉模様の振袖に着替え、豆絞りの手拭いに包まれた細面が寒々しい。幕切れの立廻りはいつものように大セリを上下するのではなく、舞台を廻して前方と後方でお嬢とお坊が同時に立ち廻る遠近法を取り入れ、捕り手の梯子に囲われて、悶絶するように海老反る玉三郎のしなやかな肢体には驚かされる。

結局、彼らは「われとわが手に身の成敗」と言って自分自身の人生に決着をつける訳だが、絵面の幕切れが、時空を超えて今日の私たちに生と死について力強く訴え掛ける。

（平成十六年二月・歌舞伎座）

仁左衛門のまなざし

『義経千本桜《よしつねせんぼんざくら》』「いがみの権太」

陽春三月の歌舞伎座は、仁左衛門が『義経千本桜』の「いがみの権太」を上方風の演出で見せるのが珍しい。上方風といっても、もとより仁左衛門の芸は洗練されているので野暮ったくはならないが、親から勘当され、アウトローとして屈折した人生を歩まなければならなかった一人の男の悲しみが、仁左衛門の権太のまなざしにくっきりと浮かび上がる。

かつて、私たち夫婦が奈良に在住していた時、週末にレンタカーを借りて賀名生《あのう》の梅林を訪れたついでに吉野川沿いの街道を通って下市村まで足を延ばし、芝居のモデルと称する鮨屋や、権太の墓と伝えられる石碑などを見て回ったことがある。上方風の演出なればこそ、平家の落人《おちうど》伝説が人々に記憶されている集落の鄙《ひな》びた景色が懐かしく思い出される。

まず、「下市村椎の木の場」に登場する仁左衛門の権太は黒襟の茶微塵《みじん》の着付に生活感を漂わせるが、貧しさではなく、盗んだ金を博打に費やしてしまう遊び人の色気も感じさせる。すり替えた荷物を笠で隠して振り返り、そそくさと引っ込む呼吸が何とも絶妙で、金がなくなったと騒ぎ立て、「ないわ、ないわ」と一回りしてちらりと相手の様子をうかがうなど表現に細かい工夫を凝らす。「出しゃいの、出しゃいの」とドスを利かせ、〽もがりいがみの、ねだり者」のあぐら姿で手拭いを肩に掛けてきまるツケ入りの見得には凄味が利く。まんまと金をせしめて、舌なめずりするようにニタリと相好を崩すところに仁左衛門らしい愛嬌がこぼれる。

秀太郎の小せんには上方生まれの女方らしい匂いがあり、地味な世話女房を丁寧に務めて、権太への説教も哀切である。権太に「後ろ姿が瑞々しいな」と着物の裾をめくられて恥じらうあたり、子をなして一緒になった夫婦の情愛を感じさせる。さすが、仁左衛門と秀太郎が交わす何気ない捨て台詞に濃厚な上方の味わいがあり、これこそ「型」ではなく「風」というものなのだろう。

二十両をかたり取られて悔しがる愛之助の主馬《しゅめ》小金吾は、涼しく透き通った口跡が前髪の若衆役に相応しく、「竹藪小金吾討ち死の場」の立廻りも淡彩で、〽明日の露と消えにけり」というはかない命が観客の同情を誘う。一連の騒動のあと、身替わりに小金吾の死骸の首を斬る弥左衛門を吉弥が味わい深く好演し、刀を構えて冷たい松の露にハッと後ろを見上げる姿に、背筋が凍る思いであることを感じさせる絶妙の幕切れである。

さて、「釣瓶鮨屋の場」は木戸を閉めて店じまいした様子が分かる大道具で、折角ならば、下手の「野遠見」を夜景にしたらどうだろうか。帰りの遅い弥助を出迎えた孝太郎のお里は、「案じたことじゃないわいなあ」という台詞で田舎娘の蓮っ葉を表現するが、恋に恋する年頃の娘のふっくらした柔らかさが欲しい。権太に向かって「兄さん、ビビビビ、ビィ」と言い捨てる台詞もいささか強すぎる。なお、お里と弥助が「女房どものお里、今戻った」と夫婦気取りを繰り返す入れ事をやめてテンポアップを図ることも考えたい。

女房の肩入れの着物に弁慶縞の浴衣を着込み、善太の帯を締めた野暮な姿で登場する仁左衛門の権太は、まず木戸口で人相書と弥助の顔を見比べる件りを省いた。そもそも、本文ではかたり取った荷物の中に高位の絵姿を見つけて改心したことになっており、ここで人相書を持ち出すのはおかしいという解釈なのだろう。母お米《よね》から金をだまし取る芝居っ気は、思い切り膝枕に甘えて親馬鹿につけ入る。〽しゃくりあげても出ぬ涙」では、鮨屋の葉蘭《はらん》の水で顔を濡らすが、むしろ土瓶を用いた方が自然だろう。鐵之助のお米はベテランの老女方《ふけおやま》としてしっかり仁左衛門の芝居を受けとめ、「こりゃやい」とたしなめると権太が「はい、はい」と応じるリズム感が面白い。

梅玉の弥助実ハ平惟盛がはまり役で、「まず、まず」と平伏する弥左衛門を前にして、左手を袂《たもと》に入れて胸に添えると世話から時代へ雰囲気が変わり、〽栄華の昔、父のこと」と右手で拝して落涙し、三位中将《さんみちゅうじょう》の品格をそこはかとなく漂わせる。足先を右に左に交差させながら二重を下りるところや、

〽愛想のないが愛想となり」で木戸にもたれる姿がキザにならないのが梅玉の人柄である。

孝太郎のお里は梅玉の弥助が大人物なので釣り合いが悪いが、「お月さんも寝ねしてじゃえ」など と上方言葉でおぼこさを表現する。「くどき」は折り目正しく型をきちんと学び、〽思い初めたが恋のもと」で前垂れを繰り、〽雲居に近き御方へ」で両手を捧げて頭を下げるあたり、泣く泣く恋を諦める娘の悲しさが伝わってくる。なお、弥助を寝床に誘惑するところで、枕を二つちらつかせるのは安直すぎる。そこに、「聞いた、聞いたッ」とドスを利かせて暖簾口から登場する仁左衛門の権太は、すらりとした容姿に弁慶格子の衣裳がよく似合い、花道の引っ込みで鮨桶を左脇に抱えたきまりも水際立つ。些細なことだが、鉢巻の手ぬぐいは白無地を用いているのが写実で潔い。

後半は、大道具が薄縁《うすべり》を取り払わないので梶原景時は畳の上に土足で踏み込む。小せんと善太に縄掛けて引き連れ来る仁左衛門の権太は、それまでとは様子が一変して神妙な面持ちで、まず、後ろ向きに鉢巻を取る時に一呼吸して目を潤ませ、「面上げィ」と小せんと善太のあごに手をやって身構えるところは座したまま上向きになって涙を溜める。そして、首実検では本火の松明《たいまつ》の煙が権太の目に入って「煙たいなあ」と目を拭い、女房と息子を犠牲にする悲劇にひたすら耐える。

左團次の梶原は着ていた陣羽織を脱いで褒美として与え、〽着《ちゃく》せし羽織を差し出せば」という詞章通りの手順を見せるのが面白い。この陣羽織を身にまとった権太は舞台中央であぐらをかいて髭を抜くなど悪役ぶるが、木戸の外に出て梶原を見送り、仁左衛門のまなざしから一筋の涙が落ちるのが感動的な瞬間である。そして、喜々として「親爺っさん、親爺っさん」と、父に真相を打ち明けようと走り寄る権太を、そうとは知らぬ弥左衛門に刺し殺されてしまう。吉弥の弥左衛門は何度も叩いて権太を責め、その激しい大熱演に客席から拍手が沸き起こる。

権太の企てはすべて梶原に見透かされており「おのれの命をかたらるる」と嘆き、しばしば犬死にだとも評されるが、その犠牲は決して無駄ではなく、梶原に惟盛を討ったという大義名分を与え、そして何より老父母の窮地を救って和解できた訳である。それだけに、幕切れは袈裟を着た惟盛が一人下手に立って高野山へ旅立つ姿を見せる今回の型は理に適っている。いよいよ幕切れ、仁左衛門の権太は一文笛を入れていた善太の巾着にしきりに頬擦りするのが哀れで、まるで家族のぬくもりを確かめようとしているかのようである。

（平成十六年三月・歌舞伎座）

「昨日の敵は今日の味方」

『義経千本桜《よしつねせんぼんざくら》』「碇知盛」

先月の「いがみの権太」に続いて、歌舞伎座で仁左衛門が勤める『義経千本桜』の「碇知盛」は、初役とは思えない素敵な出来栄えである。

まず「渡海屋の場」は、芝翫のお柳実ハ典侍局《すけのつぼね》に、勘九郎の相模五郎と三津五郎の入江丹蔵という豪華キャストが大歌舞伎らしい雰囲気を盛り上げる。勘九郎の五郎はいかにも滑稽にちょこちょこ歩いて土足で座敷に入り込み、目をギロリと思い入れる表情がまるで文楽人形の面白さで、奥に居るはずの源義経に聞かせようと、ことさら騒ぎ立てる虚構の中の虚構であることがよく分かる。そこに、唐傘を差してアイヌの厚司《あつし》を羽織った銀平実ハ平知盛が花道から登場すると、さすが仁左衛門ならでは場内が華やぎ、この船宿の主らしい堂々とした貫禄で舞台の中央にでんと座を構える。

「町人の家は武士の城郭」と畳み掛ける台詞は仁左衛門の口跡が切れ味よく、五郎の手をひねり上げ、「お匿い申したら、サッ、何とする」で背後に思い入れるところは声量たっぷり耳に心地よく響き渡る。いつもながら「武士の武の字は矛をとどむる」とはちょっといい台詞である。

追い出された五郎と丹蔵が「魚尽くし」を聞かせるチャリ場は、勘九郎はこってりと、三津五郎はあっさりと、その芸質の違いがほどよく組み合わされた名コンビで笑わせてくれる。

銀平が女房と二人きりになっても役の底を割らないのは義経の存在があるからで、出船の用意に立ち上がって、「頼んだぞよ」という一言に意味深長な思いを込める。福助の義経は神妙に勤めて、すらりと背が高いのが新鮮なイメージである。芝翫のお柳はさすが世話女房役が板に付き、「馬の尻尾」といわれる髪型もよく似合い、折角ならばしゃべりの長台詞を復活して欲しかった。あるいは、義経を芝翫、お柳を福助、配役を逆にした方がバランスがよかったかもしれない。

障子屋台に知盛が姿を現わし、水干の下に鎧を着込んだ白装束が仁左衛門のシャープな体形によく似合う。安徳帝を奉って「まさしく君は八十一代の帝」と語り出すと、下座の笛の音とともに近世から中世へ、〽平家の大将知盛とは、その骨柄に表われたり」のツケ入りの見得が観客を『平家物語』の世界に誘う。帝から盃を頂戴し、〽あれを見よ不思議やな」と『田村』の一節を舞う仁左衛門の所作はいかにも颯爽としている。

続く「奥座敷の場」は芝翫の典侍局の独壇場というべきで、十二単《じゅうにひとえ》におすべらかしの姿が誰よりも古風である。生母ではなく、飽くまでも乳人《めのと》として安徳帝に従う性根をはっきり見せなければならず、これという型が定まっていないだけに難役といえるだろう。御注進に登場する勘九郎の五郎と三津五郎の丹蔵は、「冥土の先駆けつかまつらん」という覚悟を熱演して壇ノ浦の合戦を目の当たりに再現する。なお、提灯と松明《たいまつ》に照らし出される夜景を想像するべき場面だが、もう少し照明を落とし、背景の空も暗闇にして臨場感を高めたらどうだろうか。

いよいよ、生きながら幽霊と化して殺気立つ「大物浦《だいもつのうら》の場」の立廻りで、仁左衛門の知盛は決して粗暴にならないのがよい。これは上方風の工夫なのだろうか、刺さった矢を抜いたり薙刀《なぎなた》の血をなめたりするのはいささか技巧的だろう。〽勝負勝負と、詰め寄れば」と義経に立ち向かいながら、息も絶え絶えにその場にへたり込むところは体力の限界。安徳帝の「仇に思うな」という宣告で戦う大義名分を失い、平家の時代が終わったことを思い知らされるところは気力の限界。仁左衛門は肉体から魂が抜けていくような虚脱感をいかにもリアルに表現する。

源平合戦で「餓鬼道」「修羅道」「畜生道」の阿鼻叫喚を体験した知盛が、「昨日の敵は今日の味方」と安堵するところが最大の眼目で、仁左衛門は本当に嬉しそうに相好を崩し、笑いながら泣き、泣きながら苦しむ複雑な感情表現が印象に残る。戦争が終わって平和の光明で白々と夜が明けていくかのようである。「討っては討たれ、討たれては討つ」という連鎖をしかと断ち切って解脱した安らかな知盛なればこそ、まさに潔い敗者の美学で、大碇とともに海底深く身を投じる壮絶な幕切れには晴れやかな気分が漂う。
原作の浄瑠璃によると、義経に救われた安徳帝は小原の里に落ち延びて母の建礼門院のもとで出家すると語られており、『平家物語』が殺し殺される物語であったのに対して、『千本桜』は救い救われる物語として構成されているのである。

（平成十六年四月・歌舞伎座）

威勢よい飾り海老

『助六由縁江戸桜《すけろくゆかりのえどざくら》』

先月、十一代目海老蔵の襲名興行が華々しく開幕してから間もなく、團十郎が病気休演になろうとは、新之助改め海老蔵はまさに「風雲児」の運命を受け入れるしかない。思えば、『助六由縁江戸桜』は助六実ハ曾我五郎が父の敵を討つ艱難辛苦のドラマで、そこに海老蔵の境遇を重ね合わせて見る観客は手に汗握り、涙ぐまずにはいられない。
当初、團十郎が勤める予定だった幕開きの口上は段四郎が引き受けた。まだ二十六歳の海老蔵にとって相手役の玉三郎の揚巻と左團次の髭の意休の存在感は大きく、これまで團十郎の助六を見慣れた目からすると、海老蔵の助六はいかにも健気で小さく見えてしまうが、遊廓という大人の世界に紛れ込んだ少年が父の敵を討つことで一人前の「男」に成長していくという実感が湧く。この配役のバランスは、十九年前、亡き歌右衛門の揚巻、十三代目仁左衛門の意休を相手に勤めた時の十二代目團十郎襲名の舞台と同じで、あの時から團十郎は大名跡に相応しい役者となるべく歩みを始めたのであった。そして、父の襲名に合わせて新之助と名乗って初舞台を踏んだ幼い御曹司が、いよいよ海老蔵を襲名するまでに成長した歳月に感慨を覚える。

玉三郎の揚巻は花道に登場して「お盃の数々」云々という酔態で、私たちをたちまちほろ酔い気分にさせてくれるだけでなく、廓から出られない遊女の悲哀を感じさせるのが特徴である。左團次の意休は古怪な趣きを増してすっかり自分の持ち役にした。香炉台を切って助六を諭すところでは、自ら進んで友切丸を助六に見せるかのような余裕の構えである。

眼目の海老蔵の助六の花道の出は威勢があって、高々と傘を掲げ、鉢巻きを指差す手先が爽やか。啖呵はまだ精一杯で、一節一節区切るのが投げやりに感じられてしまうのが惜しいが、意休の刀を抜かせようと「抜ゥけ、抜ゥけ」とじりじり詰め寄り、「抜かねェかッ」と一喝して片肌脱ぐところはいかにも怖いもの知らずの若者である。

海老蔵の芸道精進はいよいよ始まったばかり。その名に相応しく、平成歌舞伎にとって威勢のよい飾り海老のような役者になって欲しいと思う。

（平成十六年六月・歌舞伎座）

『桜姫東文章《さくらひめあずまぶんしょう》』

タイトルロールの運命

年初から療養を続ける猿之助の体調が回復せず、歌舞伎座で三十三年続いた七月の奮闘公演を休演することになった無念は察するに余りある。猿之助が心血を注いで育んできた二十一世紀歌舞伎組にとってはまさに試練の時で、彼らだけでも自活できる人気と実力はあるが、座頭の留守を引き受けた玉三郎が『桜姫東文章』を十九年ぶりに上演することが話題になっている。

これまで数々の復活通し狂言やスーパー歌舞伎の経験を通して、二十一世紀歌舞伎組には芝居づくりのノウハウが蓄積されているのが頼もしく、むしろ、玉三郎は自分の思い通りに『東文章』の世界観を描くことができる絶好の機会を得たというべきなのかもしれない。

玉三郎の桜姫につきまとう清玄と釣鐘権助は実は兄弟という設定なので、今回、段治郎を抜擢して二役を演じ分けさせることにしたのは、彼の健やかな素質に玉三郎が大きな可能性を見出したからだろう。これまでも仁左衛門が孝夫の当時に二役兼ねたが、立女方《たておやま》に対して若手が挑む配役の妙味によって、桜姫というタイトルロールの運命が際立つ。しかも、郡司正勝の補綴《ほてつ》をさらに練り上げて「上の巻」と「下の巻」に分割し、上下巻通して見る観客は限られるかもしれないが、ゆったりした気分で六幕十一場のフルコースを堪能できる。

昼の部の「上の巻」はいわば食前酒である「江の島稚児ヶ淵の場」から始まり、玉三郎の白菊丸が段治郎の清玄をリードするかのように花道から登場して岸壁に立ち並ぶと、二人とも背が高いだけにすらりと美しい絵面にきまる。玉三郎が白菊丸から桜姫に替わると、人間の魂が肉体から遊離して時空を超える輪廻転生を目の当たりに体現し、これから繰り広げられる怪しくも美しい劇空間への期待を高めてくれる。

浅葱幕を振りかぶせて寿猿が口上で簡潔に説明を加え、十七年後の「新清水の場」の幕を切って落とすと、伽藍の舞台上に、玉三郎の桜姫、笑三郎の長浦、守若の五百崎《いおざき》、笑也の吉田松若、門之助の粟津七郎、四郎五郎の梅津甚太夫、猿弥の奴軍助ら、吉田家の面々がずらり勢揃いして目が覚めるようである。そこに花道から登場する段治郎の清玄はさすがに阿闍梨《あじやり》らしい貫禄は足りないが、大抜擢に物怖じせず悠然と構え、念仏の功徳で桜姫の手中から転がり出た香箱に驚く思い入れもたっぷりと、桜姫に白菊丸の面影を重ね合わせて動揺する。

白塗りを落として登場する段治郎の権助は、いよいよ「桜谷草庵の場」の濡れ場になると、やはり緊張しているのか、喜多川歌麿の浮世絵のように硬く無表情だが、もっと荒々しく野性的に、桜姫の美しい容姿をなめまわすような卑しい目つきを工夫して細部を仕上げて欲しい。

権助のたくましい二の腕に刺青《いれずみ》を見つけた桜姫が裲襠《うちかけ》を脱ぐのは、姫君の「身分」というコスチュームを捨てて一人の女性としての欲望をむき出しにするからで、上気して悶えるように体をくねらせる玉三郎の桜姫は、欲望の赴くまま「はて大事ないわいなあ」と、羞恥心も滲ませながら大胆に言い寄る。桜姫の枝垂桜の振袖をこれまでの雪輪から霞模様に改めているので、きわどく絡み合う二人の肉体をたなびく春霞が包み込むように美しく装飾する。なお、釣鐘に桜の刺青は、鮮やかに彩色するよりも墨一色の方がリアリティがあるだろう。

再び白塗りして登場する段治郎の清玄は、あらぬ濡衣《ぬれぎぬ》を着せられて「散り果てぬ命待つ間のほどばかり、憂きこと繁く思ほゆるかな」と身を震わせて憂える姿に風情がある。そして、「稲瀬川の場」で数珠を引きちぎって破戒の覚悟を見せ、「川下の場」で命からがら川から這い上がり、桜姫の赤子を抱えて振袖であやしながら花道を引っ込む時、虚弱な表情の内にも、次第に増幅される執着心をうっすらと浮かび上がらせている。

桜姫と清玄が擦れ違う「三囲堤《みめぐりづつみ》の場」には端場を付けて、焚き火にたむろする乞食の小競り合いで、鳥居に貼られた桜姫の人相書きを説明してから、上手の土手に清玄、花道に桜姫が登場する。「破れ衣に破れ笠」「これも誰ゆえ桜姫」という割り台詞の寂々とした響きには、人は誰もがこのように一寸先は闇の中を手探りで歩んでいるのかもしれないという共感がある。

途中、昼の部の大喜利で右近と猿弥が元気に踊る『三社祭』はフルコースの口直しといったところで、夜の部の「下の巻」の冒頭に加筆された「三囲土手の場」は、「上の巻」とつなぎ合わせる糊代になっている。浅葱幕を切って落とすと、右近の入間悪五郎と門之助の七郎が争い、上手と下手から歌六の残月、笑三郎の長浦、笑也の松若、猿弥の軍助、春猿のお十が登場してだんまりとなり、密書を手に入れた悪五郎が満足気に花道へ引っ込む。

朽ちた地蔵堂がブラックホールのように不気味な「岩淵庵室の場」で、けたたましい赤子の泣き声で屏風から這い出す段治郎の清玄は、残月に無理やり飲まされた青蜥蜴《とかげ》の毒に悶え苦しみ、桜姫の振袖を口にくわえて反り返る異形の姿が凄まじく印象的である。清玄の死骸を埋める墓掘りに呼んだ権助に再び追い出される歌六の残月は、嫉妬深い年増を好演する笑三郎の長浦とともに、鶴屋南北が筆を凝らしたであろう道化役を軽妙に勤めて観客を笑わせてくれる。したたかに生きるこの二人こそが「清玄桜姫」の世界を身近な次元にまで引き下ろすのである。

寿猿がさながらに勤める判人勘六に連れられて来た桜姫は、襦袢に墨衣を羽織ったあられもない姿。〽黒髪の結ぼれたる思いには、解けて寝た夜の枕とて」という下座の独吟に合わせて、髪のほつれを直して簪《かんざし》を差し、長浦が奪い取った振袖を懐かしそうに身にまとう。先述の通りコスチュームは身分を象徴するものであり、玉三郎は時間の流れを遡るような丁寧な仕種で姫君に戻っていく。

「山の宿町の場」では権助が金目当てに赤子を預かり、都鳥の一巻を奪って悪五郎を井戸に突き落とす。右近の悪五郎は赤ッ面にむき身隈を取っていかにも憎らしく、門之助の七郎、春猿のお十とともに、狂言廻しのようにしばしば登場して「隅田川」のお家騒動としての輪郭を浮き上がらせる。まさに「清玄桜姫」と「隅田川」の世界を綯い交ぜて重複した部分に桜姫は生きている。

続く「権助住居の場」は、「風鈴お姫」という仇名で小塚原《こつかつぱら》の女郎商売から帰って来た桜姫が駕籠の垂れを上げて姿を見せる瞬間、待ってましたとばかりに客席が沸く。清玄の幽霊に向かって「世になき亡者の身をもって緩怠至極。さあ、消えてしまいねえよッ」と吐き捨てる啖呵は、もう自由自在、玉三郎は当たり役らしくいかにも気持ちよさそうに演じている。

思い返せば、桜姫は生まれながらの不幸を悲しみ、自分を襲ったおぞましい事件を忘れる為に出家剃髪しようとしていた訳だが、女郎に身をやつすことは、生まれ変わるという意味では出家と同じ意味がある。もしかすると、深窓の姫君という身分から解放され、気ままな市井の暮らしで手足を伸ばして煎餅布団に寝入るのがささやかな至福の時であったのかもしれない。

ところが、清玄の幽霊から権助と清玄が兄弟であることを告げられ、権助が父と弟の敵であることをつきとめ、自分の定められた運命から逃れられないことを悟って吉田家の再興を決意する。子と夫を殺して気ままな私生活に終止符を打つその瞬間、玉三郎の桜姫はわれに返って数々の悲劇を何とか克服しようとする健気な表情を見せる。それに対して無抵抗にあっけなく殺されてしまう段治郎の権助は、悪党の毒気こそ足りないが、刹那《せつな》的に行動して自滅する若者のエゴイズムを感じさせ、大抜擢によく応えたその健闘に惜しみない拍手を贈りたい。

大詰の「浅草雷門の場」はもとより原作にない場面で、再び春を迎えて花開くかのように、理性を回復した桜姫がきらびやかなコスチュームを身にまとって登場するが、そのか細い二の腕に彫られた刺青は消えることなく、青春の心の傷跡として時にうずきを感じるだろう。大南北は桜姫の裲襠も振袖もはぎ取り、肉体の深奥から魂をつかみ出すようにして、理性と欲望のバランスの上に生きる人間の運命を描いたのである。

（平成十六年七月・歌舞伎座）

「出雲の阿国」という伝説

石川耕士＝作『ＯＫＵＮＩ』

出雲の阿国がかぶき踊りを始めてから四百年、このところ阿国を主人公にした芝居が続く。昨年は木の実ナナ主演のミュージカル『阿国』が人気を集めて上演を重ね、観客を圧倒する上々颱風の音楽が今でも耳に残響するかのようである。今年は、二十一世紀歌舞伎組による歌舞劇『ＯＫＵＮＩ』で、三日間だけの公演に皆が揃って全力投球している。

暗闇の霧に包まれた老女の昔語りで始まると、〽南無阿弥陀、南無阿弥陀」と叩き鉦《かね》を鳴らす念仏踊りが舞台になだれ込む。足を後ろへ蹴上げるように裾をひるがえす振付が躍動的で、巫女たちの会話によると、故郷の出雲の斐伊川《ひいかわ》で水を汲む仕種ということらしい。

阿国と名古屋山三との恋愛と離別をメインストーリーに、くるす権三を匿って女装させたことから女方が生まれ、逆に、男装した阿国が勇ましく刀を差して踊るなど、歌舞伎が形成されていく架空のエピソードを巧みに織り込んでいる。権三は南蛮人を父にもつ謎の人物で、徳川幕府に抵抗する勢力と通じているという設定で、次第に権三に魅かれていく阿国は、彼の十字架を首に掛けてエキゾチックに踊ることになる。関ヶ原の合戦で行方知れずになっていた山三が幽霊として登場するあたり、阿国歌舞伎の趣向を取り入れているのも興味深い。三方向に橋掛かりを付けたシンプルな舞台装置を生かして、阿国歌舞伎に熱狂する当時の観客と二十一世紀歌舞伎組を見守る現代の観客が重なり合い、虚構の二重構造で臨場感を高めるように工夫されている。

主人公、笑也の阿国はいかにも巫女らしい清純な役づくりで、恋する女性の激しい情念には乏しいが、淡くても爽やかな印象がこの人の持ち味である。天下一の称号を勝ち取った阿国の野心に学び、積極的に演技の幅を広げていくことに期待したい。今回演出も担当している右近の権三は、いつもながらの熱演だが、このところ一つの型に収まってしまった嫌いがある。南蛮の妖術で飛び去る宙乗りは、あれこれ言葉を弄さずに威勢よく時空を超えたい。段治郎の山三は憂い顔の二枚目で、暗がりに登場しても辺りが明るくなるような華ある役者である。猿弥の伝介は三枚目として笑わせてくれるだけでなく、阿国歌舞伎の道化役を連想させるのが面白い。笑三郎の淀君は唐突に登場するので、大坂城にあって豊臣家を固守する人物像がはっきりしない。弘太郎のおゆめ、笑野のお可音など、阿国の仲間たちが扇や棒を振るう群舞が賑やかだ。

石川耕士の脚本はさすがに飽きさせないが、大坂落城がクライマックスとして今一つ盛り上がらないのは、豊臣と徳川の対立が説明的になってしまったからで、阿国の人生を通して私たち観客に一体何を訴えたいのか、しっかりと骨太なメッセージを打ち立てれば、歌舞劇などといわず、台詞劇として本公演に耐える作品に生まれ変わらせることができるだろう。

かつて、阿国を主人公にした芝居としては、劇団鳥獣戯画に『つるつるり』という歌舞伎ミュージカルがあり、再演時に『雲にのった阿国』と改題されたが、たくましく踊り続ける阿国の人生を通して、喜びも悲しみも乗り越えて生きていく活力を与えてくれた名舞台を思い出す。いずれにしても、出雲大社の「聖」と四条河原の「俗」が表裏一体になった「出雲の阿国」の伝説は、謎めきながらも私たちの空想を楽しく膨らませてくれる。

（平成十六年八月・世田谷パブリックシアター）

敵討ちという不条理

『伊賀越道中双六《いがごえどうちゅうすごろく》』

国立劇場の『伊賀越道中双六』の通し上演で、「沼津」で鴈治郎の十兵衛と我當の平作が父祖三代にわたって共演することになった。富士山に抱かれた街道筋の和やかな日常風景が、日が暮れるとともに喜劇から悲劇に転じ、〽親子一世の会い初めの会い納め」という事態に陥ってしまうドラマは義太夫狂言の中でもやはり屈指の名作である。

まず「駿州沼津棒鼻の場」は、三味線の連れ弾きによる〽東路に名高き沼津の里」という語り出しで、旅人の鼻緒が切れたり、飯が喉につかえる端場を見せる。テンツツという軽快な合方とともに鴈治郎の十兵衛が寿治郎の安兵衛を従えて花道から登場し、流し目で「お出で、お出で」と手招きして本舞台へ、何気ない会話で一気に観客を引き付けてしまうのはさすがである。袖付きの合羽を着て妻折笠を持つ上方風がやはり絵になる。但し、もう一役の唐木政右衛門との違いを際立たせる為なのか、いつもより頬紅を濃くしているようだが、来年いよいよ大名跡「坂田藤十郎」を復活する鴈治郎の和事芸だけで充分に若い色気を漂わせることはできるだろう。

掛け稲の陰より登場する我當の平作は、ずんぐりした体形にほほえましい愛嬌を漂わせ、余り器用とはいえない愚直な芸風が、平作の飾り気のない誠実な気性と重なって、いよいよ本領を発揮するべきはまり役を得たといえるだろう。注目される〽しんどが利になる蒟蒻《こんにゃく》の砂になるかと悲しさに」の千鳥足も、わざとらしい技術でこなすのではなく、花道から舞台に戻ったところで遠くの富士山に手を合わせて拝むなど、何気ない仕種に心を込めて丁寧に勤めている。

二人と出会う秀太郎のお米《よね》は、野菊を持ち添えた姿に貧しい暮らしぶりを滲ませる。かつて、亡き歌右衛門のお米が勘三郎の平作にひたひたと歩み寄った時、女方ならではの何ともいえない古怪な雰囲気を漂わせていたことを思い出す。

なお、十兵衛と平作が客席をぐるりと巡る楽しい場面で、捨て台詞を集音マイクで場内に拡声すると、かえって臨場感が失せてしまうのではないだろうか。

「平作住居の場」で親子であることが知れるのを後回しにする上方風は、前半の「明」から後半の「暗」への落差をはっきりさせる歌舞伎ならではの工夫で、十兵衛が安兵衛を叱って「なんで私の言うことが聞かれませんッ」と床を叩いて舌を出したり、お米に向かって「わしゃ、こなさんに惚れましたのじゃ」と煙管を落とすあたりが和事ならではの醍醐味である。お米に振られて居心地悪そうに寝入る鴈治郎の十兵衛は、蒲団が冷たいという思い入れでハッと足の爪先を引くなど、その場の貧しい暮らしぶりを繊細に描写している。

秀太郎のお米は金瘡《きんそう》によく効く大妙薬と聞いてギクリとして、夫の傷が治せるかもしれないという期待を卑しからずはっきりと見せる。今回は通し上演の序幕に和田志津馬《しづま》が登場して足を傷つけられるので、お米が敵討ちのキーパーソンを匿っていることがよく分かる。〽お米は一人物思い」から義太夫が出語りになって雰囲気を変え、〽心に掛かる夫の病気」で遠くを見つめ、枕を抱えて思い悩み、風音とともに木戸の外に出て一人つぶやき、仏壇の火が消えて決意を固めるまでを生真面目に演じている。盗みが発覚してからの「くどき」では、〽わが身の瀬川に身を投げて」で遊女の姿を見せる形容はもとより、「死んだあとでもお前の嘆きと」からのノリ地の台詞など、自虐的なればこそ決して言い訳がましく聞こえない。

我當の平作は布団にグルグルと昆布巻きになって観客を笑わせたりするが、それだけでなく、印籠がなくなったと聞いてハタと思い当たり、間髪を入れずにお米を問いただすのが十三代目仁左衛門譲りの型で、娘の気持ちを手に取るように理解している親爺を名演する。また、一旦養子にやった子から「箸片《かた》しもろうては、人間の道が立ちませぬ」という台詞を明朗に言い切るので、次の場面の布石として、その義理堅い人柄が十兵衛にもよく伝わったことだろう。

そして、すべての事情を察して慌しく旅立つ鴈治郎の十兵衛は、「人間万事芭蕉葉《ばしようば》の露よりもろい人の命」という歌舞伎が書き加えた名台詞を奥歯で嚙み締め、うちひしがれる妹のお米を優しくなぐさめるように言い残す。〽心に一物、荷物は先へ」という洒落た詞章や、「千本松原の場」への居所変わりで、屋台を奥へ引いたあとに残った木戸の柱が道標《みちしるべ》に変わるカラクリなど、そういう遊び心が義太夫狂言の楽しさでもある。

十兵衛に追いついて印籠の持ち主のありかを尋ねる我當の平作は、胡弓の合方を入れて息も絶え絶えの断末魔をドラマチックに盛り上げる。〽孝行の仕納め」とはいかにも悲しい詞章で、平作の肩に合羽を掛ける鴈治郎の十兵衛は、「沢井股五郎が落ち着く先は、九州相良、九州、相良」という台詞で血を吐くような悲痛を響かせる。十兵衛は印籠をお米に手渡して立ち去り、上手の松の切り株のところでひざまずいて合掌するのが鴈治郎の型で、その幕切れは、千本松原の向こうに広がる夜の海からとめどなく押し寄せる波の音が聞こえるかのようである。

それにしても、十兵衛がすべての事情を一人胸に秘めて立ち去ることができず、臍緒書《ほぞのおがき》を残して自分が捨てられた息子であることを知らせるのは、義理と人情の狭間に陥った者の咄嗟の行動なのだろうか。結局、互いに知って知らぬふりをしなければならず、十兵衛が思わず提灯の火を吹き消す暗闇で、「そっちの人が大切なら、こっちにもまた大切」と他人行儀に芝居の中で芝居を演じて、〽名乗りもならぬ浮世の義理」というものが空々しい虚構であることが明かされる。そして、その「理」を「非」に変えようとして平作が自ら犠牲になる訳だが、実は、「わしゃ、こなさんに斬られて死ぬのじゃ」と言うように、結果として十兵衛が平作を殺すことになる。つまり、「沼津」では子の親殺し、今回は省かれている「岡崎」では親の子殺し、『伊賀越道中双六』には二つのシチュエーションが描かれているということもできるだろう。

さて、今回の通し上演で「沼津」の前後に配された政右衛門の武勇伝は、平作と十兵衛の親子のヒューマニズムを観客に供する立派な桐箱の役割を果たしている。

序幕の「鎌倉和田行家屋敷の場」は股五郎が行家を殺して正宗の刀を奪う敵討ちの発端を簡潔にま

とめている。竹三郎の行家が眼光鋭い老人であるのに比べて、吉弥の柴垣は後添えということから黒髪の若づくりにしている。信二郎の股五郎は色悪に仕上がり、進之介の池添孫八はいかにも忠僕という感じだが、いずれも大器晩成してさらなる活躍を期待したい。

「大和郡山唐木政右衛門屋敷の場」は、鴈治郎の政右衛門が酔って帰って座敷に寝そべる姿に酒の匂いがほのかに漂うかのようにゆったりと構え、〽泣き顔見せじと食いしばる」で玩具の面で顔を覆って涙を流すあたりが見どころである。幼い花嫁に饅頭を二つに割って与えるのは伏見人形にもなっている「饅頭喰い」の寓意。泣く泣く離縁される魁春のお谷が地味ながらもドラマの格調を高めている。「誉田《こんだ》家城中の場」は、政右衛門が敵討ちの覚悟をしかと固める花道の引っ込みがまるで『四段目』の由良助のようである。翫雀の誉田大内記《だいないき》は「主従《しゅうじゅう》は三世じゃぞよ」と別れを惜しむ幕切れの台詞を颯爽と聞かせ、彦三郎の宇佐美五右衛門は亡き羽左衛門を彷彿させる存在感で、武骨ながらも人情に厚い人物を演じている。

そして、大詰は「伊賀上野城下口の場」で「鍵屋の辻」の剣豪の立廻りを実録風に見せてから、遠くに城の櫓《やぐら》を望む「馬場先の場」の大団円を迎える。亀鶴の志津馬は真剣に役に取り組み、股五郎を討ち果たす切っ先が鋭く、気持ちよく劇場をあとにすることができる。

以上、こうして通し狂言の中に「沼津」を位置づけると、百姓や商人が犠牲になって武士の敵討ちを支えていただけでなく、十兵衛が悪人方に荷担しながら全く罪がないことに気づかされる。つまり、上層部では善悪がはっきり対立していても、下層部にその区別はなく、たとえ親子でさえも敵味方に分かれてしまう。伊賀越の敵討ちは大名と旗本の権力抗争が背景にあるが、十兵衛と平作にはもとよりあずかり知らぬ事情だろう。今日、国と国が対立する戦争でも、一人一人の兵士は何の憎悪もないまま無残に殺し合わなければならない。そこに敵討ちというものの不条理がある。三大敵討ちの一つに、全く無名の親子の死を描き込んだ作者、近松半二の優しいまなざしを大切にしなければならないと思う。

（平成十六年十月・国立劇場）

試行錯誤の「将軍殺し」

『噂音菊柳澤騒動《かねてきくやなぎさわそうどう》』

菊五郎が取り組む『噂音菊柳澤騒動』は、河竹黙阿弥の『裏表柳團画《うらおもてやなぎのうちわえ》』を復活するに当たり、冗長な原作を大胆に仕立て直して看板を書き替えたものである。

いわゆる「柳澤騒動」とは、側用人の柳澤出羽守吉保が異例の出世を遂げて大名にまでなったことから、世間の嫉妬は怖いもので、柳澤の子が徳川綱吉の御落胤《ごらくいん》ではないかという噂がささやかれ、徳川将軍家のお家騒動に仕立てられてしまった。綱吉と通じたのは吉保の妻の定子とも、妾の染子ともいわれ、二人を折衷して「おさめ」という名前が作られたという説を三田村鳶魚が唱えている。このスキャンダルを今日に紹介するならば、宇野信夫の『柳影澤蛍火《やなぎかげさわのほたるび》』の再演も期待したいところだが、明治時代になって初めて実名で上演できた実録物の掘り起こしもそれなりに興味深い。これまで、菊五郎劇団は国立劇場で『黄門《こうもん》記《き》童幼《おさな》講釈《こうしゃく》』や『小春《こはる》穏《なぎ》沖津《おきつ》白浪《しらなみ》』など黙阿弥の埋もれた作品を復活しており、今後も引き続き珍しい芝居を見せて欲しいと思う。

『團画』という初演の外題が示す通り、団扇の裏表のように時代と世話を交互に見せるのがこの芝居の趣向で、菊五郎が柳澤と船宿の主の出羽屋忠五郎、時蔵がおさめと忠五郎の女房おりう、菊之助が綱吉と武蔵屋徳兵衛を演じ分けて三角関係を形づくっている。いずれも世話の役の方に生彩があり、菊五郎は忠五郎のいなせな男らしさ、時蔵はおりうのあだな女らしさが匂い立ち、二人とも悪びれずにさらりと仕上げているところに江戸っ子の粋を感じさせる。その悪巧みにはめられてしまう菊之助の徳兵衛は、うぶな若旦那ぶりが観客の同情を誘う。

さて、序幕は「三の丸御殿の場」一つに集約し、生母の桂昌院を見舞った綱吉の前で、柳澤弥太郎後ニ吉保が歌道の心得で感心させて側用人に取り立てられる。彼を信頼した桂昌院は、綱吉が女子《おなご》に心を寄せて世継ぎを得るように仕向けて欲しいと相談し、柳澤が立身出世の端緒をつかむ。菊之助の綱吉が実説とは違う若殿様なのは仕方なく、文武兼備の将軍が次第に堕落していく様子を各場ごとに段階的に演じ分ける。田之助の桂昌院は将軍の生母としての貫禄はさすがで、わが子を可愛いと思う余りに大局的な判断ができない親心を感じさせる。

桂昌院の意を受けて柳澤が綱吉を自宅に招くことに成功する二幕目「柳澤邸内庭口の場」の幕切れで、「わが青雲の時節じゃのう」とほくそ笑む菊五郎の柳澤は、表情をあからさまにせず家老の曾根権太夫に目配せするだけなのが心憎い。今日でも、悪役然としていないポーカーフェイスの政治家こそ最も警戒するべきなのかもしれない。それだけに、大詰で柳澤が国崩しのように燕手《えんで》の鬘を振り乱して薙刀《なぎなた》で立廻ると、折角の役のイメージが破綻してしまうのが残念である。柳澤の傍らに影のようにピタリと寄り添う権太夫は、いわば政治家の悪事の罪を被る秘書役で、團蔵がいかにも憎々しげな初老に役づくりしている。

続く「奥座敷酒宴の場」で屋敷を吉原の揚屋に仕立てた趣向は、武士が町人を演じるミスマッチを表現するのはなかなか難しそうで、浅葱色の壁に吉原つなぎの長暖簾を掛けた大道具もはまりすぎている。竹三郎の立田も局にしてはすっかり茶屋の女房になりきってしまっている。柳澤が野暮大尽を演じて今日流行のサンバを踊るのは、綱吉と一緒に観客も馬鹿にされている気がしないでもないが、歌舞伎を娯楽として再生しようという菊五郎ならではの試みであり、いわば千秋楽の「そそり」のような余興をとやかく評するのは不粋というべきであろう。

時蔵のおさめが小姓や花魁《おいらん》の姿で綱吉を籠絡し、突然の落雷の音に驚いて二人が抱き合ったところで暗転し、夕立ちが晴れて時代から世話の「柳橋出羽屋の場」に変わるのが絶妙な演出で、おりうと徳兵衛が爽やかな浴衣姿で蚊帳から出てくると、忠五郎の留守に情事にふけっていた男女の色気が漂う。この二人の濃厚な間柄が、おさめと綱吉の関係をも連想させてくれる訳で、わざわざ舞台を元の「庭口」に戻して綱吉の帰還まで見せなくてもよいだろう。

三幕目の「朝妻船遊興の場」は黒幕を背景に柳と月を配した幻想的な新舞踊で、背後に高くセリ上がった柳澤がおさめと綱吉を操る。しかし、ここは余り奇をてらわず、原作の通り柳澤が船頭役を勤める芝居がかりか、どうしても人形振りにしたいのであれば菊五郎が裃後見を勤めるなど、中幕の所作事として二人の色模様を古風に踊った方が、たおやかな時蔵の金烏帽子に水干、りりしい菊之助の棒茶筅の鬘に小忌衣《おみごろも》という容姿が引き立つだろう。なお、原作では大津絵もどきに、座頭と犬が登場して「犬公方」を皮肉るのである。

おりうと徳兵衛が「朝妻船」の夢から覚めて登場する「駒止橋出羽屋別宅の場」では、おりうの兄の五郎蔵が忠五郎に入れ知恵して徳兵衛から千両になる土地の沽券《こけん》証文をまんまとだまし取る。今回は彦三郎が勤めているが、五郎蔵は権太夫と裏表になっている役で、やはり團蔵が時代と世話を演じ分けた方が面白くなるのではないだろうか。

四幕目の「三間《みつま》右近邸宅の場」は脇筋とはいいながら、正統な世継ぎの暗殺に荷担することを拒む右近の死の訴えは、もっとたっぷり丁寧に演じれば、今回最大の見せ場になっただろう。「松は即ち松平、世界に一木の大樹は将軍」を暗示する庭の植木の枝を切るレトリックも興味深い。また、高野という銘の茶杓を持ち出して、空海の「忘れても汲みやしつらん旅人の、高野の奥の玉川の水」という歌で毒殺を告発するのも意味深長で、今回は省略されているが、同じ密教でありながら呪詛を企てる隆光の件りとの対比になっているのかもしれない。

菊五郎の右近は所作も台詞も若々しく表現しているところに芸があるが、切腹する覚悟とはいえ、亡父の遺影に茶を献ずる時に裃姿なのは茶味が感じられない。田之助のおせつは息子の死を悟って「陰腹」を切って登場する女方には珍しい大役をこなし、菊之助のおしずが主人を大切に思う健気な下女の献身ぶりを繊細に描き、これら三間家の人々が揃って正義を貫くのが清々しい。右近の最期を看取る朋友の加納大隅守は松緑が気迫で演じている。

菊五郎は年老いた井伊掃部頭《かもんのかみ》直純も演じて、「吹上御茶屋の場」で綱吉の家督の相談に対して耳が聞こえないとぼけぶりで忠告したり、大詰の「城内奥御殿広間の場」で大奥に侵入して御台所の操の前に進言する場面など、コメディタッチになってしまっているが、今月の顔ぶれであれば、このところ老役に意欲を見せる田之助か彦三郎に任せてシリアスに盛り上げた方がよい。

なお、操の前が綱吉を殺害する「蔦の間の場」は今回新たに書き加えられたものだが、試行錯誤とはいえ、あからさまな「将軍殺し」では全く洒落にならない。黙阿弥が世話と時代を交互に見せた原作の趣向を活かすのであれば、菊五郎劇団が得意とする世話場の「武蔵屋」を出して、獅子が舞い込む正月の店先で番頭たちが徳兵衛の死をひそひそ語り合って将軍の死を暗示するだけにとどめておいた方が、「深川木場材木河岸の場」とのつながりもよくなるだろう。最後は忠五郎が丸太を振るう派手な立廻りを繰り広げる。

いずれにしても、将軍のお世継ぎに限らず、その権威と権力をいかに正統に次世代へバトンタッチするかは、組織のトップに立つ者にとって最大の課題であり、今日でも名だたる大企業でさえあえなく経営破綻してしまうのは、創業者のカリスマ性が薄れて統率力が弱まっていくからである。それを考えると、江戸幕府が徳川家の世襲で十五代にわたって二百六十五年の天下泰平を守ることができたのは特異なことで、幕府という中央政府と藩による地方自治が互いに緊張関係を保ち続けたのであった。しかし、この『柳澤騒動』が象徴しているようにトップにその資質がなければ、たちまち責任放棄と私利私欲が蔓延して組織は腐敗してしまう。

かくして平成十六年の下半期の歌舞伎は、七月の歌舞伎座の『桜姫東文章《さくらひめあずまぶんしょう》』が理性と欲望、十月の国立劇場の『伊賀越道中双六《いがごえどうちゅうすごろく》』が義理と人情、そして今月の『柳澤騒動』が時代と世話、いずれも二項対立するテーマを扱った「二元論」を説く通し狂言が上演された。やはり、物語を首尾一貫させることで、私たちはその作品世界にじっくりと浸ることができる。人気役者の顔合わせや人気狂言の見取りで大入りを目論むのではなく、興行としてリスクを払った貴重な企画だけに、同時代の観客による証言として書きとめておきたい。

（平成十六年十一月・国立劇場）

獅童の初座長公演

林不忘＝原作『丹下左膳』

獅童の初座長公演となる『丹下左膳』は、往年の映画の名場面を映した大スクリーンを破って登場する演出が鮮烈で、「姓は丹下、名は左膳」と言い放って、フラメンコギターの音楽で花道を引っ込むあたり、テレビ時代劇の舞台化にとどまらず新しい商業演劇の可能性を模索している。

隻眼隻腕《せきがんせきわん》のアウトローは獅童にぴったりの役で、黒襟白地の着付に髑髏《どくろ》を描き、裾から見える女物の赤い襦袢が色気をたなびかせる。名刀、濡れ燕を左手で振るう立廻りには破壊力があり、その一方で、左膳を慕うお藤やちょび安との会話に、温かく優しい包容力も感じさせる。時折、その強面《こわもて》の内からこぼれ出る愛嬌が獅童の人柄なのだろう。「侍が一人でも減れば、それだけいい世の中になるぜッ」という台詞で、浪人することになった事件の回想場面に変わり、いつまでも癒されぬ心の傷が左膳の正義感を支えていることが明かされる。

林不忘の大衆小説を脚色したのは水谷龍二で、百万両の秘密が書かれた「こけ猿の壺」を巡る物語が、屋台骨だけのシンプルな装置の上でスピーディーに展開する。折角ならば、長い幕間《まくあい》の休憩は二回も必要なく、開演時間を若い客層に合わせて興行形態を変えることも必要だろう。

周囲を固める出演者も充実しており、町人側では、お藤は辺見えみり、鼓の与吉は梶原善、いずれも慣れぬ大劇場の舞台に臆することなく自然体で世話場を演じる。武家側では、柳生源三郎は山口馬木也の鋭気、萩乃は酒井美紀の清純が輝く。上杉祥三の大岡忠相は役どころが今一つはっきりしていない。愚楽老人は麿赤兒、峰丹波は六平直政がいかにも苦々しい悪役に仕上げている。

今年は獅童にとって舞台俳優としての当たり年で、五月は青山劇場の『浪人街』の赤牛弥五右衛門役で奮闘し、唐沢寿明、松たか子、伊原剛志らとともに描いた青春群像が鮮烈な印象を残した。この十月の「三越歌舞伎」では、『角力場《すもうば》』の濡髪、『弁天小僧』の南郷力丸に挑み、愛之助の放駒や亀治郎の弁天小僧に比べると、どこか不器用ながら、額に汗をきらりと光らせて古典の役に取り組む姿勢には好感が持てた。聞けば、獅童は染五郎とは一歳違いのライバルで、これまで梨園では冷遇に甘んじていたが、世間の人気ではようやく並び立ったといえるだろう。

一方、染五郎も負けてはおらず、十月には劇団新感線の「いのうえ歌舞伎」に出演し、いのうえひでのりが『髑髏城の七人』を書き改めて、古田新太の「アカドクロ」版に対して、染五郎の「アオドクロ」版も大いに話題を集めた。
獅童にしても染五郎にしても、彼ら新しい世代にとって、歌舞伎以外の演劇に出ることには何の抵抗もなく、私たち観客もジャンルを超えて芝居を楽しむ時代になろうとしている。いずれにしても、彼らの活躍がこれから十年後、二十年後の演劇を切り拓いていくのだろう。

（平成十六年十二月・新橋演舞場）

世話物に挑む幸四郎

『盲長屋梅加賀鳶《めくらながやうめがかがとび》』

戦後六十年という節目に「松竹百十周年」を迎えた今年は、いよいよ満を持して勘九郎が十八代目勘三郎を襲名し、鴈治郎が上方歌舞伎を象徴する大名跡「坂田藤十郎」を復活するのが歌舞伎のエポックメイキングである。
その初春を祝う正月興行は、芝翫を上置きに幸四郎と吉右衛門の二枚看板の歌舞伎座、團十郎が大病を克服して参加する菊五郎劇団の新橋演舞場、人間国宝の雀右衛門と富十郎が顔を合わせる国立劇場、新進気鋭の花形が活躍する浅草公会堂、鴈治郎を中心に上方勢が集う大阪松竹座、前進座の南座公演も加えると歌舞伎が東西六座で幕を開けるのは戦後初めてのことだという。

それだけに役者の布陣には苦労があるようで、特に、時蔵が演舞場で『文七元結《ぶんしちもつとい》』の角海老女房を勤めてから歌舞伎座で『鳴神』の雲の絶間姫《たえまひめ》と『魚屋宗五郎』のお浜に回り、福助が歌舞伎座で『石切梶原』の梢と『盲長屋梅加賀鳶』のお兼、『土蜘』の胡蝶を勤めてから、演舞場で『御所五郎蔵《ごしよのごろぞう》』の皐月に回り、女将、姫、女房に、娘、毒婦、腰元、傾城《けいせい》と、今まさに最盛期を迎えた女方が劇場を掛け持つ活躍ぶりに注目したい。そして、この二人を相手に宗五郎と道玄を勤める幸四郎が、還暦を過ぎて世話物の初役に挑み、歌舞伎役者として新たな境地へ踏み出した。

『加賀鳶』の序幕「本郷通町木戸前の場」は正月気分に相応しい賑やかな場面で、三津五郎の日蔭町松蔵が鋭気をみなぎらせて小柄なところを克服し、「みんなの骨は拾ってやらあ」という親分肌が勇ましい。それに対して幸四郎の天神町梅吉は、大勢の鳶たちをはっしと睨む眼力が弱いのが残念で、道玄との演じ分けを際立たせるにはもっと明るく江戸前に仕上げたい。鳶口をうっちゃって「それじゃあ俺を、殺して行けッ」と居直るのも、正面向きではなく上手を見上げて背中に男の覚悟を漂わせるべきである。なお、花道で十二人の鳶が名乗る渡り台詞が間延びしており、原作の通り台詞は五人だけにしてスピード感を出したらどうだろうか。

幸四郎の道玄はなかなか個性的で、二幕目「御茶の水土手際の場」で按摩笛を吹きながら杖を突いて登場し、延郎の旅人が急病で座り込んでいるところにスッと近寄っていく。療治をしながら、薄目を開けて左右を見回して斬りつけ、花道へ飛び退いて短刀を口にくわえたきまりはリアルな殺気が漂う。暗闇に鐘の音が不気味に響く。松蔵に姿を見られて、ちょっと本舞台を見返るようにして澄まし顔で引っ込む表情がいかにも憎らしい。

三幕目「菊坂盲長屋の場」の冒頭、鐵之助のおせつと宗之助のお朝、紀伊国屋の門弟たちが慎ましく好演して脇を支えている。おせつが姪のお朝を疑って店の金を盗んだのではないかと心配するのは、盲目ならぬ心の闇というべきで、道玄はその闇の中に入り込んで悪事を働くことになる。道玄の妾で悪事を共謀する福助のお兼は、ギリギリとした濁声《だみごえ》を早口で聞かせ、猫背でだらしなく着崩して立て膝で座る格好など、初めての汚れ役をいかにも楽しそうに勤めている。これは金になるぞとほくそ笑み、お朝を見送って舌を出したり、「ほんに邪険な人だよォ」と笑うところで、相好を崩すのはほどほどにしておきたい。幸四郎の道玄は「強請《ゆすり》の台詞を、並べておこうか」と抑揚たっぷりに張って、煙管をポンとはたく幕切れを小気味よくきめた。

「伊勢屋質見世の場」に上がり込んだ道玄は、「他に、少、少、旦那様へお聞きしたいことがございましいて」という意味あり気な台詞廻しが巧妙で、「あなたのお胸にお聞きな、サイッ」とか「恵みがあってもいい訳、サッ」など、語尾を言い放つところに幸四郎らしい特徴がある。総じて、二代目松緑から富十郎に受け継がれた愛嬌のある小悪党とは違い、もっと血なまぐさく殺気立ったヤクザとして役づくり、松蔵を相手に「以前はこれでも医者の端くれ、藪に縁ある竹垣道玄」と凄み、悪事を暴かれても「うんにゃあ知らねえ、覚えはねえッ」と開き直るところなど鋭い目つきをする。それだけに、質屋の流れの書き出しを持ち出されて、手をヒラヒラさせてごまかしたり、腰を抜かしてようよう木戸を出て観客を笑わせる滑稽な表現にはいささか違和感が残る。

福助のお兼の強請は、お伽噺をでっち上げて「可愛い顔を真っ赤にして」というあたりネチネチと粘らせる。松蔵が登場して驚く時、目を丸く体をのけ反るのがいささか派手にすぎるだろう。福助は背が高いだけにもっと工夫が必要で、「あんまりひどい下落だねえ」と落胆するところなど、道玄の顔色を下から見上げて悪女の卑屈を表現したい。

三津五郎の松蔵は初役ながら余裕を感じさせ、「一蝶斎の蝶々が生きてるように動くのは、種の知れねえ上手な業」という七五調も切れ味がよく、いよいよ「月はあれども雨雲に、空も朧《おぼろ》の御茶の水ッ」と問い詰め、道玄と顔を見合わせたツケ入りの見得でドラマが最高潮に達するのは、さすがに緩急自在な台詞廻しにリズム感があるからである。なお、お朝の手紙が本物かどうか確かめる習字の「清書」は、「セイショ」ではなく「キヨガキ」と読む方がよいだろう。

幸右衛門の伊勢屋与兵衛と幸太郎の番頭が傑作で、大店《おおだな》に勤める堅気の町人をいかにも自然体で演じて、幸四郎を支える高麗屋一門の存在は実に頼もしい。

なお、夜の部の『魚屋宗五郎』も注目されるが、幸四郎は豪快な酔いっぷりではなく、酒の勢いを借りなければ発散できない孤独な男をセンチメンタルに描く。花道の出で祭り姿の若者を出すのはいつも通りだが、「年に一度のお祭りも」云々という台詞は、原作通り独白にした方が幸四郎の資質を生かすことができるだろう。

今後、引き続き『髪結新三』や『筆売幸兵衛』など、幸四郎が挑むべき世話物に期待したい。

（平成十七年一月・歌舞伎座）

匂い立つ「時分の花」

『鳥辺山心中《とりべやましんじゅう》』

ダブルキャストで競う正月の「浅草歌舞伎」では、『御所五郎蔵《ごしょのごろぞう》』は立派な面構えで肩を怒らす獅童、『封印切』の忠兵衛は上方歌舞伎を継承する愛之助、梅川は博多人形のように繊細な仕上がりの七之助、八右衛門は大人の貫禄を漂わせる男女蔵に軍配が上がり、いずれも今後の精進次第でさらに大きく成長する可能性を秘めている。

このように匂い立つ「時分の花」の中で最も輝いているのが、新橋演舞場の昼の部で海老蔵と菊之助が勤める『鳥辺山心中』で、昨年のフランス公演のめでたい凱旋である。

まず「祇園花菱屋の場」の上手の廊下から登場する菊之助のお染は、仕立て上がった春着を届けてくれた与兵衛に「たァんとお礼を言いまする」と手を合わせるところが、父を相手におぼこい娘に戻ったように可愛らしい。菊之助の口跡は涼し気で、袖に手を通せと言われて「いずれ、春になったらなァ」と応える何気ない台詞が、ストーリーの結末を知る観客の心にしんみり響き、鶸《ひわ》と緋色の片身替わりで元禄風の衣裳も、〽色里にきて新しき恋衣」の着心地である。

〽出会い頭に」で正面の襖からよろめき出て刀を床に突く海老蔵の菊地半九郎は、国内外で襲名披露を終えた役者ならではの華がある。そっと春着に手触りしながら「わしのような武骨者に似合うかなァ」という台詞が優しい口調で、江戸に帰らねばならない事情を告げて、「京の旅寝の徒然に」とか「会う夜の数は繁くとも」など、岡本綺堂の新歌舞伎らしくゆったりと歌い上げ、自分自身に言い聞かせるように「侍は、御奉公が、大事ッ」と右手に扇子を構えて左手で畳を叩く。

〽百年《ももとせ》経たるやつれ顔」のお染が盆にこぼれた水を縁先へ捨てるところは、まるで彼女の目から涙が流れ落ちるかのようで、半九郎の寝顔を打ち眺めて馴れ初めを思い出し、〽その嬉しさが身に染みて」と胸に抱いた両袖で、〽今さら思えば恥ずかしい」と顔を隠す振りもふんわりと、少女が大人に開花する瞬間を官能的に描く。

松緑の坂田市之助が右之助のお花を連れて登場すると下座が胡弓を奏でて茶屋の賑わいになるが、海老蔵の半九郎だけは唇を嚙んだしかつめらしい表情で、市之助に家重代の刀を売り二百両を調達して「京の鶯が買いたいのじゃ」と相談する。しかし、同僚を心配する市之助にやんわり断られ、自分の置かれた現実から逃避するかのように杯洗で酒をあおる。

折悪しくその場に踏み込んで来た市蔵の坂田源三郎から「侍の面汚し、恥さらし」と罵られた半九郎は、火に油を注がれて、目をギロリと血走らせる表情に市川宗家の「睨み」の継承者ならではの凄味があり、『四段目』の判官を勤めたら素敵だろうなどと思わせる。〽おっ取り刀で立ち出づれば」と酔態で花道を走り込むところで、海老蔵は若人の爽やかな汗をほとばしらせる。

「四条河原の場」は鴨川の水面が月光でキラキラ輝く大道具が美しく仕上がっており、流れる雲が月を隠して暗くなったり明るくなったりする真剣勝負で、刀を頭上に構えると遠寺《おんじ》の鐘が聞こえる瞬間、半九郎は何の未練もなく自分の人生を切り捨ててしまうのである。

その場に息せき切って駆けつけたお染が、〽年季の長い勤め奉公、どう辛抱がなるものぞ」と赤裸々に打ち明ける「くどき」で、菊之助は一途な恋心を大切に右左と袖を振り身を投げ伏して取りすがる。それに対して半九郎が「慈悲の殺生であろうも知れぬ」と覚悟し、「清き乙女と恋をして」という大正ロマンのキーワードで、海老蔵は単に甘美なだけでなく真面目な男の孤独感を漂わせているのがよい。

出語りの義太夫の三味線が連れ弾きになって、〽女肌には白無垢や、上に紫、藤の紋」でお染が、〽男も肌は白小袖にて、黒き綸子《りんず》に色浅葱裏」で半九郎が春着に着替えて登場する有名な詞章で、海老蔵と菊之助が舞台中央で背中合わせに揃うと、青い炎に包まれたような美しい容姿に拍手が沸き起こる。〽死にに行く身の後ろ髪」で互いの袖に手を忍ばせ、〽過ぎし霜月十五日」でお染が半九郎の指を折るのは、男女が互いの肌の温もりを確かめ合う艶めかしい表現である。

そして、〽初の御見を思い出す」で半九郎が上手後方の祇園町を指差すところは、三代目寿海の芸談によると二代目左團次がダルクローズの体操を取り入れたと伝えられ、海老蔵の細い指先がまるで一幅の書画を描き終えて筆を跳ね上げるかのようである。そして、〽河原伝いに」という幕外の引っ込みで、拍子柝が入ると顔を見合わせてうなずく二人の表情が初々しい。

半九郎は二十二歳、お染は十七歳、まさに青春真っ盛りの勢いで純愛を貫く心中劇を、二十代の海老蔵と菊之助が演じることで、作品に感動すると同時に役者に喝采するという虚像と実像がピタリと重なり合い、時分の花の刹那《せつな》を描いた『鳥辺山』が今日に力強く息を吹き返したといえるだろう。

なお、この『鳥辺山』の大成功に比べると、同じカップルでも昼の部の『毛谷村《けやむら》』は残念ながら稽古不足というべきで、海老蔵の六助はぶっきらぼうな台詞と所作が味気なく、菊之助のお園も古風な女武道を面白く見せるまでには至っていない。伸び伸びと演じることは大切だが、そもそも義太夫狂言は「唄う」のではなく「語る」ものであり、屈折した節廻しを大切にもっと息を詰め、もっと身を凝らして型にはまることによって、逆に個性が滲み出るところが面白いのである。

若手花形は一時の人気に増長せず、歌舞伎の伝統を受け継ぐ使命感を大切に謙虚に稽古に励んで欲しいと思う。

（平成十七年一月・新橋演舞場）

人間国宝の芸のパッチワーク

『新版歌祭文《しんぱんうたざいもん》』「野崎村」

二月の歌舞伎座はいかにも総花的な狂言立てで、吉右衛門の『五斗三番叟《ごとうさんばそう》』や仁左衛門と菊五郎の『ぢいさんばあさん』などそれなりに見応えはあるが、その中でも五人の人間国宝が集まった『新版歌祭文』「野崎村」が話題になっている。

今年は戦後六十年ということで、戦争を知らない世代も還暦をすぎてしまうことになる訳だが、徴兵されて南方で筆舌に尽くせぬ体験をした雀右衛門のお染の八十四歳を筆頭に、芝翫のお光が七十六歳、富十郎の久作が七十五歳、鴈治郎の久松が七十三歳、田之助のお常が七十二歳、それぞれ思いは違うかもしれないが、青少年期に戦争を体験した歌舞伎役者としては最後の世代の顔合わせである。先月、国立劇場の『御摂勧進帳《ごひいきかんじんちょう》』では、雀右衛門が「女暫《おんなしばらく》」、富十郎が弁慶の「芋洗い」で元気な姿を見せてくれたばかりだが、やはり演目は厳選するべきで、五人の人間国宝の至芸を肌で感じることができた感激を永く記憶にとどめたい。

五代目歌右衛門の型を伝承する芝翫のお光は、笊《ざる》を抱えて暖簾口に登場してから、〽末菜刀《すえながたな》と気も勇み」で大根を切り始めるまで、「せわしのうて、せわしのうて」と捨て台詞をつぶやきながら、櫛で髪をなでつけ、すすきの簪《かんざし》を差して身繕いをする。義太夫の語りを待ち合わせにして生活感を表現するのが歌右衛門型の特徴だが、芝翫はいささか演技過剰なところもあり、紙で眉を隠して恥じらう時に小さな家で何度も見回す必要はなく、久松を訪ねて来たお染の呼び声にたちまち嫌な予感がする訳で、誰かしらと何度も首をかしげるのは女として呑気であろう。なお、「あた可愛らしいその顔で」と嫉妬する台詞を「その形《なり》で」に変えたのは一つの解釈である。とはいえ、〽阿呆らしいと腹立ち声」で両手を左右に大きく振ってあとずさり、くるりと回って腰を下ろした縁先で足を交差させるところや、久作と久松が登場するとお染を隠そうと背伸びして、台所から運び出した薪で門口をふさぐところなど、いかにも明るく健康的な役づくりで、お光の「動」に対してお染の「静」という違いをはっきりさせてくれる。

〽恋の峠の敷居も高く」という思いで門口に歩み寄る雀右衛門のお染は、深窓の令嬢の恋心を繊細に描き、お光に投げ返された芥子《けし》人形を悲しそうに見詰める表情をわなわなと震わせる。お光が久作に灸を据えている時、〽振りの肌着に玉の汗」で消沈するお染にも是非注目したい。手紙をはらりと垂らして久松に寄り添う「くどき」は動きの少ない地味な型を用いて、〽知らぬ在所もいといはせぬ」で左の振袖を返すところが唯一様式的だが、〽恨みのたけを友禅の振りの袂《たもと》に北時雨」ですっと立ち上がった姿など、誓紙の通りに久松と心中する短い人生の結末を予感させる。前髪の若衆姿がよく似合う鴈治郎の久松は、奉公先の娘を前にしてひたすら神妙に勤めており、お染の懐胎を知って、「かなわぬ時は私も一緒に」という台詞に決死の覚悟を滲ませる。

何といっても、今回の舞台の大黒柱になっているのが富十郎の久作で、茶系の無地の着付から温かい陽気を発して、「ちょこちょこと灸を据え、作りをする」という通り元気に畑仕事ができそうである。はっきりした息遣いが特徴で、お光が「憎てらしいあの病面めが言わしくさるのじゃわいなあ」と嘆くのを聞くと、お染の存在に気づいて「アッ」と声に出して驚く。お染久松に対する説教では、小助に一貫五百目の金を返したこと、お光が女房の連れ子であることを説明するのが親切だが、折角の大舞台であればなおさらに端場から丁寧に上演して欲しかった。

さて、祝言が一転して悲劇になる後半、芝翫のお光がザンバラ髪ではなく束ねた切り髪を見せるのもやはり歌右衛門型だが、身体が不自由だった歌右衛門が片肌で済ませたとしても、きちんと諸肌を脱いで五条袈裟を着用すべきだろう。それよりも議論が分かれるのは「嬉しかったは、たった半時」という台詞で、笑い顔から泣き顔に崩れるリアルな表情にはちょっと驚かされる。お光が取り落とした数珠をじっと見詰める富十郎の久作は、〽聞こえはばかる忍び泣き」で手拭いをくわえ、その口元から悲嘆にくれる感情が激しく溢れ出す。

そして、お染が剃刀《かみそり》で久松が鎌で自害しようとするのを久作とお光が制して、〽四人が涙八つの袖、榎《え》並《なみ》八《はつ》箇《か》の落とし水、膝の堤や越えぬらん」と、全員揃って泣き落としになるところは、門口に立った田之助のお常も一緒になり、ドラマに埋もれることなく、個々の登場人物が存在感を主張しながら互いに関係し合っている。

いよいよ段切れ、舞台を廻すと船頭と駕籠かきが喧嘩している入れ事が珍しく、野崎詣りの風習を伝えているのが面白い。なお、お光を別格に扱って障子窓から挨拶するのは今日の定型になってしまっているが、特に今回のような大顔合わせの場合にはアンバランスである。「野崎の送り」のあと、久作が転倒してお光が助け起こす歌右衛門型に続き、舟と駕籠の行方を見送り、お光が久作の膝元に泣き崩れて幕を引く六代目菊五郎の新演出まで両方見せてしまうのは、歌右衛門の家に生まれながら菊五郎のもとで育てられた芝翫ならでは許されることだろう。

いずれにしても、今回の『野崎村』は五人のパーソナリティで彩られ、人間国宝の芸を貼り交ぜたパッチワークとでもいうべき歌舞伎の美学を感じさせる一幕であった。（平成十七年二月・歌舞伎座）

「新しい勘三郎」の表情

『一條大蔵譚《いちじょうおおくらものがたり》』

「初代から四百年　新しい勘三郎」というキャッチフレーズで、十八代目勘三郎の襲名披露が賑やかに開幕し、先代の勘三郎が山茶花の台木に椿の銘木を接ぐように復活した由緒ある大名跡が、いよいよ枝ぶりも威勢よく咲き誇っている。三月の披露狂言は『一條大蔵譚』で公家、『盛綱陣屋』で武士、『鰯賣恋曳網《いわしうりこいのひきあみ》』で町人という身分を演じ分け、その中でも、先代から継承した芸の遺伝子による『大蔵譚』は、「新しい勘三郎」の豊かな表情で観客を魅了する。

左から柿黒白の中村座式の幕を引いて始まる「檜垣《ひがき》茶屋の場」は、花道から仁左衛門の吉岡鬼次郎と玉三郎のお京が似合いの夫婦連れで登場して、まるで金銀の水引き細工のように襲名披露の舞台を飾る。飄々とした四郎五郎の茶屋の亭主の話を聞き、鬼次郎が「それほど疎む平家は栄え」と嘆いて、お京が「源氏は今に埋もれ木の」と悲しみ、手に手を取って茶屋にひそむ時、玉三郎のお京は身を屈めて夫を見上げるようにするちょっとした仕種にも心を込めている。

いよいよ「還御《かんぎょ》」の呼び声に管絃が鳴り響き、〽その身の位は備われど」で門が開いて勘三郎の一條大蔵卿長成が小走りに登場すると、舞台と客席が一体になって歓喜に包まれる。〽心はうっとり空蝉や」で浮かれ、お京の直訴に驚き、その美貌をなめまわすようにして、「てもよい女子《おなご》じゃのう」

とにやけ、お歯黒を見せて笑う表情がいかにも阿呆らしい。
〽千代のためしの数々に」という玉三郎のお京の仕舞は、大蔵卿に召し抱えてもらわねばという覚悟で、茶屋に隠れた鬼次郎と目配せするところをアクセントにきっぱり踊り込む。その仕舞を真似して床机から転げ落ち、「人が見たら阿呆と笑うであろうの、ウフフフフ」と上機嫌に笑うところなど、先代が流し目に公家らしい色気を漂わせたのを思い出すが、当代は目を丸くキョロキョロと動かして可愛らしいキャラクターに仕上げている。

花道の引っ込みは、鬼次郎に気づいて檜扇《ひおうぎ》で顔を隠すのが先代とは違うが、底を割って本性を見せる訳ではなく、見詰められて恥ずかしそうにする鷹揚な表現で、優し気に「さあ、参ろうかァ」と、日傘を見上げながら身を反らして一巡りするのも観客への嬉しいサービスである。なお、襲名という慶事ならでは、大勢の腰元の帯紐を白でなく赤にしている。

網代塀を巡らした端場から鬼次郎夫婦が憤怒を持ち込む「大蔵館奥殿の場」は、〽涙ながらに言い並べ、心の直矢《すぐや》ぞ誠なる」という玉三郎のお京の泣き顔が繊細で、常盤御前を罵倒する仁左衛門の鬼次郎は陰影がシャープである。

十二単《じゅうにひとえ》がよく似合う雀右衛門の常盤御前は、檜扇を小道具にして、〽泣く音を忍ぶ伏見の里」で左手に乳飲み子を抱くように、〽雪の下折れ消えやらで」で右手を頭上にかざし、源氏と平家の戦乱に巻き込まれた「愁嘆」に、雀右衛門その人の戦争体験が重なるかのようである。そして、〽われは子ゆえに闇々と、拾いしわが子の命ぞや」で扇を床に突いて身構えるところで、生み育てた牛若丸が源義経となって歴史を塗り替えた女傑らしい貫禄をきっぱりと示している。

さて、八剣勘解由《やつるぎかげゆ》を斬って登場する勘三郎の大蔵卿は、艶と張りのある凛々しい表情が特徴である。〽人間の盛衰はただ天運のなすところ」から始まる「物語」は、〽秋の木の葉の散りて行く」で中啓を開いてひらひらさせ、〽待賢門の夜戦《よいくさ》に」で弓矢を放ち、〽源氏の勇士も皆散り散りに」で地団駄を踏み、〽東国指して遠近《おちこち》の」で諸国をさまよい、〽長田《おさだ》が館で、闇々と」で薙刀《なぎなた》を振り回してツケ入りの見得になるまで、勘三郎は太棹の三味線のリズム感を大切にしながら型を型として感じさせないのが素晴らしい。もとより大蔵卿は自分の体験ではなく、源氏の衰退を擬似体験として語って聞かせるのが、立役の「物語」とは違って芝居がかっているところである。

〽絶えて久しき白旗を、綺羅一天に輝かさん」で中啓を広げて逆さまに掲げる時、三回小刻みに上げてきまるのが技巧的だが、〽かの唐土《もろこし》の会稽山、恥をすすぎし越王のためしを見よと」で、ナンバの手振り足振りで身顕わしになって衣裳を引き抜くのは、シャーマンと化した大蔵卿が源氏の勝利を予言して、通し狂言の結末に向けてドラマを転換させるところであり、まさに新しい勘三郎の旗揚げに相応しい瞬間といえるだろう。それを聞いて満足そうに自害する鳴瀬は小山三、「死んでも褒美の金が欲しい」という勘解由は助五郎改め源左衛門で、先代から奉仕する古参の中村屋一門にとっても嬉しい晴れ舞台となった。

「ただ楽しみは、狂言舞」で再び鼻の下を伸ばし、目をキョロキョロさせて愛嬌を振りまく大蔵卿は、〽チロリ、チロリとする時は」とか、〽キリリン、キリリン、キリリンヤ」という狂言舞仕立てに喜々として虚構の世界に戻っていく。「礼には及ばぬ」から「とっとと往なしゃませ」と砕ける変化も絶妙で、大蔵卿から名刀の友切丸を授かった仁左衛門の鬼次郎は、〽おごる平家の一門を、逆巻く波に追いまくり」で、勘三郎の門出を心から喜ぶかのように高く飛び上がって熱演する。

そして、討ち取った勘解由の首をもてあそぶ幕切れで、勘三郎の大蔵卿は「つくり阿呆」を演じ続けていつしか表裏が一体になってしまった者のリアリティを感じさせる。今日でも皇室が政治的な発言を封じられていることを考えると、これは単なる昔話ではなく、与えられた役割を演じ続けなければならない者の悲哀が描かれているのかもしれない。そして、演じることを渡世とする役者という身分にも重なり合い、勘三郎が熱演すればするほどユーモアとともにペーソスが大きく広がっていく。そういえば、大蔵卿が肌身離さずに持っている漆塗りの靫《うつぼ》には友切丸が隠してある訳だが、いわば道化の笏杖《しやくじよう》のような持ち道具になっており、「猿若」という道化方を始祖とする勘三郎の名跡にとって『大蔵譚』は最も相応しい演目であるといえるだろう。

なお、新しい勘三郎の表情は『盛綱陣屋』でも注目され、精一杯に背伸びして、やはり目をキョロキョロさせるのが文楽人形のようで、歌舞伎が演劇として近代化される以前の野趣に富む。芝翫の微妙が当代の逸品で、福助の篝火《かがりび》と児太郎の小四郎の母子、橋之助の次男の宗生の小三郎という配役がはまって、一つの家族を引き裂いた戦争の悲劇を際立たせている。

（平成十七年三月・歌舞伎座）

『籠釣瓶花街酔醒《かごつるべさとのえいざめ》』

次郎左衛門のコンプレックス

勘三郎襲名の四月の披露狂言は『娘道成寺』と『籠釣瓶花街酔醒』である。

ライフワークの『鏡獅子』ではなく『娘道成寺』を敢えて選んだところに勘三郎の意欲があり、歌舞伎座に一年ぶりに出演する團十郎の「押戻し」が付いて、舞踊から芝居に次元が切り替わって完結する。勘三郎が十八代、團十郎が十二代という名跡を背負って、恰幅のよい両者が花道七三で対峙する「五ツ頭」の見得は、江戸時代の芝居小屋で邪気を払われているような感動がある。先月に引き続き豪華な顔ぶれの『口上』では、又五郎が歌舞伎界の最長老として勘三郎に後事を託す言葉に万感がこもっている。

さて、『籠釣瓶』の「仲之町見染の場」は、拍子柝で照明を点灯する「チョンパ」で開幕すると、初めての観客も多いようで、いつもより新鮮に驚く拍手が沸き起こり、花道から登場する勘三郎の佐野次郎左衛門と段四郎の治六が迎え入れられる。客引きにだまされた二人を助ける富十郎の立花屋長兵衛は贅沢な配役で、それだけに、富十郎が中央で芝居をしている間、次郎左衛門と治六は下手を巡ったりせず、座して静かに交渉を見守るのが芸の礼儀というものだろう。勘三郎は典型的な日本人の六頭身の体形に愛嬌を漂わせ、最初から襟を抜かず、八ツ橋と擦れ違う時に羽織を着崩すように工夫している。

玉三郎の八ツ橋はしゃなりしゃなりと体をくねらせ、髪を飾る鹿子《かのこ》絞りをなびかせるように、いわゆる「八文字」が媚態を振りまく花魁《おいらん》のパフォーマンスであることがよく分かる。容色衰えず、ますます磨きがかかるが、研ぎ澄まされすぎて魔性を感じさせなくなってしまったのはどうしてだろうか。

それに対して茫然自失、涎《よだれ》を垂らすかのように口を開けて立ち尽くす勘三郎の次郎左衛門は、治六に袖を引かれて生唾《なまつば》を飲み込み、前歯を出すような卑しい顔をするところまでは先代譲りである。ところが、悲喜こもごもの表情から、獲物に狙いを定めた狼のように眉間に皺を寄せた険しい目つきに変わって、腕組みしながら擦り膝で追い駆けるように身を乗り出すのが新しい。これは、もてない男でも金さえあれば花魁を買える吉原という悪所を知ってしまった瞬間であり、そういう肉体的な欲求を感じさせるのは、勘三郎の次郎左衛門がまだ男盛りだからである。

段四郎の治六は珍しい共演で舞台に厚みを加え、一月は『石切梶原』の六郎太夫、『魚屋宗五郎』の十左衛門、三月が『俊寛』の瀬尾太郎、『盛綱陣屋』の伊吹藤太、『鰯賣恋曳網《いわしうりこいのひきあみ》』の亭主、そして今月が『源氏店《げんじだな》』の多左衛門で、その貴重な存在感を大切に活躍を続けて欲しい。

さて、春から秋に変わった季節感が感じられないのが演出の難だが、次郎左衛門が絹商人の仲間を連れて来る「立花屋見世先の場」は、八ツ橋の手を取って鼻の下を伸ばしたり、「廓《さと》には初心《うぶ》でございますねえ」と言いながら両手で煙管を頂き、吸いつけ煙草にちょっとめまいするあたり、勘三郎はぎこちなく優越感にひたる中年男の自惚れをリアルに表現する。

そこから舞台を廻す「大音寺前浪宅の場」の仁左衛門の繁山栄之丞は、八ツ橋の母性本能をくすぐる甘いマスクで、悪役ぶりが老練な芦燕の権八から八ツ橋の身請け話を聞かされて、次第に苛立ってくるところもギスギスしない。「ろくな噂も、しをるまいて」と言いながら羽織の紐を結び、そそくさと下手へ入る姿もすらりとしてスタイリッシュである。

この二幕目の「立花屋」と「浪宅」は次郎左衛門の野暮と栄之丞の粋の対比になっており、それが三幕目の「兵庫屋二階遣り手部屋の場」において交錯する訳で、その場に踏み込んで来た栄之丞を怪しむ勘三郎の次郎左衛門は、眉を八の字にして心配そうな顔をする。続く「廻し部屋の場」は、さすがに仁左衛門の栄之丞と玉三郎の八ツ橋の名コンビで、昼の部の『源氏店』の与三郎とお富と同じ情愛を感じさせ、二人とも世間知らずの若者で悪意を持ち合わせていないことが分かる。

「八ツ橋部屋縁切の場」に入るところで、玉三郎の八ツ橋はうつむき加減に愛想尽かしを覚悟する思い入れをしっかりと見せてから、次郎左衛門に顔を背けるように裾を引いて足早に着座する。「わちきゃ気分に障ることが、たった、一つゥ、ありんすよォ」と一言一言を噛み締めながら、「そりゃまた、なんで」と鈍感な次郎左衛門に苛立って、「主と顔を合わすのが、実に嫌で、なりんせんもォのォ」と強く言い放つと、もうあと戻りできなくなった緊迫感を下座の胡弓が装飾する。「嫌な客を取るくらい、辛いことはありんせん」とは苦界の本音というべきであろう。

勘三郎の次郎左衛門は思わず涙が溢れてくる気持ちを大切に、「花魁、そりゃ、あんまり袖なかろうぜ」の名台詞も決して歌い上げず、「夕べも宿で寝もやらず」で夢心地になるのが面白い。単に田舎者というだけでなく、「二目と見られぬわし故に、断られても仕方がない」と、あばた面の劣等感を告白する台詞が重要で、次郎左衛門は生まれながらの劣等感と金で買った優越感の間で大きく振幅してコンプレックスを膨らませる。八ツ橋から「ここらが実のあるところさねェッ」と最後通告を受けて、歯ぎしりしながら満身に力を込めて苦悶する勘三郎の熱演は、そのコンプレックスを凝結させるかのようである。

「振られて帰る果報者とは、わしらがことをいうのでござろうよ」という台詞を嗚咽《おえつ》するように震わせ、魁春の九重《ここのえ》に羽織を肩に掛けられて「ことによったら」でムラムラと殺意を催す時、勘三郎は一瞬の内にあれこれ思いを巡らせる複雑な表情をする。秀太郎の立花屋女房おきつの前で泣き崩れるのではなく、とぼとぼ下手へ歩むところにかぶせて幕を引く型を見せ、下座が盤木を打ち鳴らす廓の大引けの空虚な響きとともに、抜け殻のようになってしまった次郎左衛門の身体から、ドッペルゲンガーの分身、もう一人の次郎左衛門が遊離してさまよい歩き始めたかのようである。

大詰「立花屋二階の場」に登場するのは別人格となった次郎左衛門で、八ツ橋が梯子段を見ている間に足袋《たび》を脱ぐところから殺気立ち、盃を持った八ツ橋の手をつかんだ恨み言は、「よくも、先頃、次郎左衛門に」までを念仏のようにつぶやき、一転「おのれは恥をかかしたな」を大声で怒鳴り、電光石火、床の間に持ち込んだ桐箱から刀を取り出すと本当に飛び上がって斬りつける。そして、やはり前歯を出すような卑しい顔で刃先を眺め、「籠釣瓶は、よくゥ、切れるなあ」という台詞のあと、八ツ橋の死骸に近づいて顔をのぞき込むのが恐ろしく猟奇的である。つまり、単なる復讐ではなく、飽くまでも八ツ橋を自分の思い通りに支配したいという欲求から、金で駄目なら力づくで、ついには殺人を犯してまで優越感を味わおうとする男のエゴイズムが満ちている。

これまでの『籠釣瓶』は、田舎と都会の文化のギャップから起きた悲劇として、幕切れの仕返しで溜飲が下がる気分になったが、勘三郎の次郎左衛門はむしろ原作に近く、暗い因業を抱えた孤独な男であり、その痴情と狂気を描くサイコサスペンスとして仕上げたといえるだろう。

（平成十七年四月・歌舞伎座）

伝統と創造と

野田秀樹＝作『野田版　研辰《とぎたつ》の討たれ』

三ヶ月にわたる歌舞伎座での襲名披露の最後は『髪結新三』と『野田版 研辰の討たれ』で、勘三郎の身体の中で歌舞伎の「伝統」と「創造」が融合していることを知らしめる狂言立てになっている。もちろん自己実現は大切だが、伝統を受け継ぐ側から受け渡す側に変わったとするならば、これまで以上に後進の抜擢と指導と育成にも注力して欲しいと思う。

先代写しにふてぶてしく肉づいてきた『新三』も見逃せないが、やはり何といっても野田秀樹が演出する『研辰』の再演が大きな話題で、勘三郎の守山辰次が舞台を所狭しと駆け巡る熱演を見ていると、コラボレーションなどという軽々しい着想ではなく、歌舞伎と現代劇というジャンルを超えて勘三郎と野田が共感共鳴し、新しい演劇を生み出そうとする情熱を感じさせる。

大正デモクラシーを背景にした木村錦花の『研辰の討たれ』に、続編の『稽古中の研辰』と『恋の研辰』を組み入れて、野田は歌舞伎座の観客を念頭にいささか遠慮気味な筆遣いで潤色したが、レトリックを駆使した野田の言語芸術としては、今年一月「シネマ歌舞伎」としても上映された『野田版 鼠小僧』でいよいよ本領が発揮され、引き続き次回作への期待が高まる。

『研辰』で野田がアレンジした点は大きく二つある。一つは、プロローグで赤穂浪士の討ち入りの様子を鮮明なシルエットで見せ、辰次に武士の忠義を批判させることにより、「敵討ち」のアンチテーゼとして「討たれ」を描いた作意がより明確になっている。もう一つは、辰次が自らの意志で家老を殺すのではなく、野田版では脳卒中による不慮の死で、家名が傷つくことを恐れた人々が辰次を敵役に仕立てる設定に変えており、敵討ちそのものが虚構であり、つくられた物語の中で討たれる辰次への観客の共感を高めるように工夫されている。

原作の始まりは「侍溜りの間」で、泰平で何もすることがない武士が碁を打ったり茶を点てたりする皮肉を利かせてあるが、野田版の第一場「粟津城内道場の場」は、剣道の心得に関して騒動になるのが分かりやすく、辰次は家老の平井市郎右衛門との稽古試合で気絶してしまう。悔し紛れの「何かにつけて死ぬの散るのと言う桜花侍《さくらばなさむらい》どもめ」と吐き捨てる辰次の台詞にあるように、意図的に繰り返される「桜」というキーワードは、日本人を呪縛してきた滅びの美学の象徴だろう。

第二場「大手馬場先殺しの場」は、法界坊もどきに端敵《はがたき》が墓穴を掘るのではなく、野田版ではカラクリ仕掛けで驚かせるように書き改められ、「なぶり殺すつもりか」と聞かれた辰次は「いや、そこまでの度胸はないから」と断り、「でも、一寸《ちよつと》殺してみたい気になってきた」から、「とすれば、身共が人殺し、なってみれば満更でもない」という独白で、つくられた物語の敵役に次第に同化していくのである。そういう辰次の深層心理を擬人化したのが不気味なカラクリ人形で、野田版で唯一のオリジナルキャラクターを亀蔵が怪演している。

三津五郎の市郎右衛門は『新三』の長兵衛ともども老役での友情出演で、「何故その竹刀、何もしない」という語呂や、カラクリの仕掛けを踏まないように袴をたくし上げてスキップするところなど、辰次の「それでこそエンターテナーだ」という期待に応えて好演する。「散るを怖れぬ桜花」と敵討ちに送り出される染五郎の平井九市郎と勘太郎の平井才次郎は、剣道の模範試合も威勢よく、大きな廻り舞台を生かした旅路での真剣なまなざしが清々しい。「私たちが常に聞かされている敵討ちの話は、首尾よく仇を探し当てた話ばかり」とつぶやく原作の台詞は大切だが、野田版の「癌よりも看病の苦労が憎い」とはいささか無神経であろう。この三ヶ月、勘太郎は一番目狂言で主役を任され、先月の『源太勘当』の優男ぶりから一転、当月は『車引』の梅王で勇ましい力感をみなぎらせる。

第三場「道後温泉蔦屋の場」は『恋の研辰』を下敷きに、辰次が役人の取り調べに対して「生国姓名を偽りしは」云々と名乗るところに義太夫の語りを交え、わざと人に聞こえるように時々大きな声で話す様子を面白おかしく誇張する。辰次が敵討ちの主人公だと信じて入れ替わり立ち替わり言い寄って来る人々は、およしとおみねの姉妹に絞り込み、福助と扇雀が女方としては羽目をはずして観客の受けを狙うが、余りにもヒステリックで娘というよりも年増のようである。金魚という芸者に抜擢された芝のぶは、一門の若女方らしく初々しい華を添えている。

「仇を討つと討たれるとでは、人気の上に天地の相違がある」と辰次に言わしめた錦花はト書に

「大勢」とか「群衆」と指定しており、そこに着目した野田は、五十人以上の野次馬を登場させて動かし、辰次が「敵討ち」から「討たれ」の主人公に堕落する過程をダイナミックに描いたのが歌舞伎座の舞台としては画期的だ。うっかり同宿していた平井兄弟から逃げる辰次が明かりを吹き消すと、三味線の「駒鳥の合方」や「新内流し」を用いた新趣向のだんまりを見せる。辰次の帯が解けて畚渡《ふごわた》しの綱となる第四場「峠の場」で、辰次は「切るのは俺の手、だが切らせるのは、あの声だッ」と世論に圧倒されて兄弟の綱を切るが、人気とはかように危うく、辰次が討たれる側であることを知った大衆は手のひらを返すように態度を一変させる。

　第五場「大師堂百万遍の場」で辰次を堂内からつまみ出した大衆が、「刀持てッ、刀持てッ」「立ァてッ、立ァてッ」とはやし立て、その怒号に肩を震わせる勘三郎の辰次が、「わたしはあなたの敵か」と必死に訴えるのは観客一人一人への問い掛けでもあり、私たちは紛れもなくあの大衆の中に存在していることを思い知らされる。そして、辰次が自分を討つ平井兄弟の刀を研ぐところが野田版のクライマックスで、「散るのは春の桜ばかりじゃねえや、枯れた紅葉もこれが終わりと、おのれの終わりと知りながら散っていきます、散りまする」という新しい名台詞を、勘三郎の辰次は汗と涙で顔を濡らして渾身の演技で観客の心に浸透させる。そして、橋之助演じる僧の良観が「おまえが研ぎ終えた時が、お前の死ぬ時だ。だから念仏のように、百万遍も研ぎなされ」と言い残して、ほのぼのとした穏やかな口跡で詩情を添えてくれる。舞台栄えのする顔立ちで、いよいよ存在感を増しているこの好漢に、もっと本格的な活躍の場を与えたい。

　舞台全面を紅葉で覆い尽くした堀尾幸男の美術は前衛的な生け花のように美しく、花道を駆け戻って来た平井兄弟に辰次が斬られた瞬間、その紅葉が照明でモノクロームに変わり、突っ伏した辰次の背中に舞い落ちる一葉の赤色を鮮やかに際立たせる。まさに「あの樹の上から、このどうということのない地面までの、その僅かな旅路を、潔くもなく散っていく」という台詞通りの演出に息を呑んだ私たちは、どんなに堕落しても「生きてえ、生きてえ、死にたくねえ」という人間の本性を素直に受け入れ、温かく優しい気持ちになった幸福感で客席が満たされる。

なお、ひびのこづえのファッションの内、辰次の衣裳はもとより黒衣《くろご》や祝幕にまで軍服の迷彩柄を用いたのは、戦争の悲惨に思い至らず、巷間で迷彩柄を着て得意気な若者を見るような嫌悪感があるが、〈武士＝軍人〉を皮肉るブラックユーモアと考えるべきだろう。

いずれにしても、この『研辰』が時代を超えた「伝統」として歌舞伎のレパートリーに残るかどうかは後世の判断を待たねばならないが、コクーン歌舞伎のように演出を凝らして古典の新解釈を提示するだけでなく、勘三郎の鍛えられた身体が野田の思想を得て古典の呪縛から解き放たれ、私たちと同時代の全く新しい「創造」として新鮮な感動を与え、歌舞伎が現代に生きている演劇であることを実証してくれたのは間違いない。

あるいは、歌舞伎ファンには現代劇入門、現代劇ファンには歌舞伎入門のよき機会を提供したということもできるだろう。つまり、日本の観客人口はそれぞれの好みに応じてジャンルごとにゆるやかな「分衆」を構成しており、その境界を越えて回遊する流動層と、どこか一つにとどまる固定層があり、様々な演劇が限られた商圏で観客を奪い合っている。その中でも中高年の固定層に依存する歌舞伎にとって、野田版の『研辰』や『鼠小僧』は若年の観客の流動層を増やして観客を活性化する。そして、歌舞伎と現代劇の観客が積極的に交流して、エンターテイメント市場における演劇そのものの魅力が高まっていくことに期待したい。

（平成十七年五月・歌舞伎座）

近松の時代物

『信州川中島合戦《しんしゅうかわなかじまかっせん》』「輝虎配膳《てるとらはいぜん》」

六月の歌舞伎座は大入り盛況が三ヶ月続いた宴のあと、吉右衛門の源五兵衛と仁左衛門の三五郎という東西の名横綱が四ツに組む『盟三五大切《かみかけてさんごたいせつ》』や、染五郎の忠兵衛と孝太郎の梅川が仁左衛門の指導宜しきを得て和事に挑む『恋飛脚大和往来《こいのたよりやまとおうらい》』が話題になっているが、東京で三十三年ぶりに上演される『信州川中島合戦』「輝虎配膳」も真面目な出来栄えで、かく埋もれた古典を掘り起こす地道な作業も歌舞伎にとって大切な取り組みである。

「輝虎配膳」は今日上演される近松門左衛門の時代物としては稀少な作品で、老女が武将と対等に渡り合って国を動かすという主題は『国性爺合戦《こくせんやかっせん》』から影響を受けている。「三婆」の一つに数えられる大役、山本勘介の母の越路に挑戦するのは秀太郎。本来、華奢な真女方《まおんながた》には向かない骨太な役だが、そのギャップを埋めるのが芸というものであろう。梅玉の長尾輝虎、時蔵のお勝も初役で、古着を虫干しするだけでなく、歌舞伎座の檜舞台に相応しく端正に仕立て直したことを評価したい。

輝虎と直江山城守が勘介を軍師に迎えようと画策する端場を省略しているが、並び大名が割り台詞で「それではこれより戦場へ」と言い残して戦乱の世であることを知らせ、〽折りしも床の大和琴、硯、料紙も座に並べ」という義太夫の語りで御簾が巻き上がると、直江の妻の唐衣《からぎぬ》が硯箱を持って立っている。〽ねぐらを出でし老いの鶴」で花道に登場した越路は勘介の嫁のお勝を従えて、「この越後は勘介の主君、信玄公の敵の国」と警戒し、太刀を構えてトンと足を踏んで居直り、〽おめず臆せず白書院」で本舞台へ。天王建の中央にでんと座する秀太郎の越路の貫禄が立派である。

産後の肥立ちが悪くて吃音になったお勝は、〽笑顔ばかりを愛想にて」と筆談し、手紙の受け渡しでお勝と唐衣が揃って左右対称に挨拶する振りが、〽世尊寺様《せそんじよう》の走り書き、よき手の癖に読めやすき」という詞章一杯にはまる。袂《たもと》にしまった手紙を偽筆に悪用することになる訳だが、この時点で、東蔵の唐衣が特別な思い入れをしないのは正解であろう。

狂紋の綾を進呈した直江に向かって、「さすが将軍のお召し料」という上機嫌から、声の調子を低く「さりながら」と拒絶する変化が面白く、秀太郎の越路は意地悪婆さんにならない程度に老女の手強さを表現する。〽足踏み伸ばし、肘枕」で脇息《きょうそく》を前に置き、大きく左手を構えて居眠りする所作も悠然としている。唐衣と目配せして引っ込む歌六の直江は、三味線の糸に乗った長袴の捌きぶりをもう少し颯爽とさせたい。

いよいよ、〽本膳の懸盤に色々の魚鳥、珍物の野菜、美味を調え、配膳の侍」と義太夫が大声で呼び入れ、管絃を鳴り響かせると、下手の襖から狩衣に正装した梅玉の輝虎が登場し、〽作法正しき畳み触り」で座して、〽管領風の擦り足で」で膳を据える。立派な髭を付けた風貌がダンディで、武将というよりも知将の感じだが、「かく申す某《それがし》は、長尾弾正の小弼《しょうひつ》、輝ゥ虎ァ」とか、「召し上がり下さるゥべしィ」など、大時代な台詞廻しに癖をつけて思念を込める。

「麒麟をつないで犬とする如し」という侮辱を聞いて輝虎をキッと睨みつける以外、越路は超然として眉一つ動かさず、「この婆を餌《えば》にして、山本勘介を釣り寄せんとは、ハハハハ、こと、おかしや」という長台詞を、秀太郎は一言一言を区切るようにして丁寧に聞かせる。「人をたらす偽り表裏、今日の振る舞いに、表われたッ」と毅然となり、膳を蹴返すところは足ではなく、刀で押して階段から落とすだけにとどめている。

姑息な計略を指摘されて激怒して、手をわなわなと震わせる梅玉の輝虎は、「憎っくき老いぼれ」と叫び、中啓と金烏帽子を後ろに放って右足を踏み出す瞬間が鮮やかである。狩衣を脱ぎ、これでもかこれでもかと白い着付を三枚まで両肌脱ぎになるのは、輝虎の苛立ちを滑稽に表現する古風な型で、客席に笑いが起きるのが歌舞伎ならではの大らかさである。

「お手討ちになりましょうッ」と裲襠《うちかけ》を脱ぐ越路に対して、いきり立つ輝虎を直江がとめたところでツケが入り、〽礼儀はここと制しても、身を震わして無念の涙」という一触即発のクライマックスで、後半の眼目であるお勝の「琴弾き」になる。

時蔵のお勝は飾り気のない黒綸子《りんず》の着付に古風な紫帽子がよく似合い、悲しみの余りなよなよせず、武家女房らしく輪郭線をはっきり描くところに女方芸の成熟を感じさせる。お勝の吃音は琴の伴奏があれば唄えるという設定なので、「許し給えや、老ォいの身のォ」と慎重に唄い出し、〽力に足らぬ」で琴を傾けて輝虎を制するところは、曲弾きの指先だけでなく全身を震わせて必死の思いを表現する。〽かたわ者をォ」の語尾を伸ばす生み字で輝虎は地団駄を踏み、刀を振り上げトントントンと所作板を鳴らして身を躍らせるのが面白い。お勝の台詞は息継ぎに工夫を凝らし、〽頼みに預けしわが」まで義太夫に語らせて「夫《つま》。預かるは、姑ッ」と叫び、「替わりには、わが命ッ」と言い放つ一言一言が印象的で、まさに「琴線」という言葉がある通り、お勝は輝虎の心の琴線を響かせ、時蔵は観客の心の琴線を鳴らすのである。〽琴に身を投げ、伏し沈む」という健気な姿に、〽鬼を欺く照虎も、哀れに心たゆみける」と泣き上げて、刀を脇に抱えた見得で照虎は人間性を回復する。

段切れに、照虎が一旦奥に引っ込んで再び登場するのは騒々しく、まさに「敵に塩を送る」ことになる一国の主として、越路とお勝の後ろ姿を見送って柝の頭で背後の瓦燈口《かとうぐち》の垂幕を飛ばすようにした方がよい。〽情の花や、ヤレ御所桜、枝はェエ、えっちりな、えっちり越後のご繁昌と祝い勇みて」という節廻しが義太夫狂言ならではの余韻で、今回の「輝虎配膳」を立派に語り通す竹本葵太夫が、いわゆる竹本座の西風《にしふう》の豪快で骨太な語り口を格調高く響かせている。

幕外の引っ込みは「新洞」という鼓入りの軽快な合方を聞かせ、秀太郎の越路が敵将に申し訳なく手を合わせようとして、お勝の視線に気づいて思い直し、余った両手を後ろに回してよろぼい、裲襠を構えて次の「直江屋敷」で命を捨てる覚悟を滲ませながら花道を入る。一人残った時蔵のお勝は三ツ指を付いて深々と頭を下げ、刀を捧げ持ってあとを追う姿に安堵感を漂わせる。そして、この場には登場しないが、観客は二人がそれほどまでに大切にする勘介という伝説の名軍師に対する想像を掻き立てられ、それはそのまま輝虎の切実な思いでもあるに違いない。

（平成十七年六月・歌舞伎座）

立女方と若女方

『加賀見山旧錦絵《かがみやまこきょうのにしきえ》』

『加賀見山旧錦絵』は玉三郎の中老尾上の胸を借りて菊之助が召使いお初に挑戦する。いよいよ貫禄を増す立女方《たておやま》と初々しい若女方の対照が興味深い。

ゆったり太鼓を打ち込んで「営中試合の場」の幕が引かれると、花道から大勢の腰元が姫君に献上する花筒を持って登場し、化粧の匂いが立ち込めるような女のドラマが始まる。もしかすると、江戸の観客は一大名でなく将軍家の大奥のイメージを重ねて芝居を楽しんだのかもしれない。

菊五郎の岩藤は立役が演じる手強さでなく、飽くまでも一人の女として意地悪そうなお局に仕上げて玉三郎の尾上とのバランスをとっている。岩藤は尾上の存在がいかにも煙たそうで、一方的に敵視しているのがよく分かる。姫君に信頼されて朝日弥陀の尊像を託されたことに嫉妬する表情が険しく、「お役向きは御中老、この岩藤は局役」という台詞などネチネチと粘らせて嫌味を込める。尾上に代わって試合に名乗り出たお初に向かい、「初ッ、支度しィやッ」と睨みつける目がぎらりと光る。十九年前、歌右衛門の指導を受け、雀右衛門の尾上を相手にお初を勤めた菊五郎は、まさか自分が岩藤に回って父と息子で立ち合うことになろうとは思いも寄らなかったに違いない。そのあたりが歌舞伎の配役の面白さなのだろう。

主人の窮地に、「暫く、暫く、暫くお待ち下さりませ」と花道から登場する菊之助のお初の口跡がいかにも涼し気で、「誰も、許しは致しませねど」と歌い上げる台詞もたっぷり抑揚をつける。大勢の腰元をやり込めるところは騒々しくならず、振り回す竹刀の先もきっぱりときめる。岩藤方の強面《こわもて》の腰元たち、「冥加に叶うた生姜《しょうが》の子じゃの」とおどける菊十郎の霧島など、軽妙な脇役たちは菊五郎劇団にとって大切な財産である。松也の庵崎求女《いおざきもとめ》が清々しい彩りを添える。

試合の間、玉三郎の尾上は心配そうにお初を見守る肚芸《はらげい》を保ち、唯一、裲襠《うちかけ》でお初を匿って「あのここな、慮外者めがッ」と扇で膝を打つところで感情を発散する。尊像を乗せた三宝を左手に捧げ持った姿は、無言の内にもさすが立女方らしい風格を漂わす。

菊五郎と玉三郎を相手にした大芝居を終え、一人あとに残った菊之助のお初の花道の引っ込みは、「腹が立っても、上と下では仕方がないか」とつぶやき、悔しそうに身を揺らす姿が初々しく、まだ一介の召使いにすぎない彼女の身分を実感させる。悔しそうに「あの岩藤の、意地悪めッ」と言い捨てるところも可愛らしく自然体に仕上げた。

二幕目「奥殿草履打ちの場」は、玉三郎の尾上が蘭奢待《らんじゃたい》の入っているはずの桐箱の蓋を開ける手つきがふんわりと弧を描くのが印象的で、思いもよらず、自分の草履が入っているのに目を丸くして驚く表情が繊細な仕上がりである。岩藤に「人は見掛けによらぬもの」と扇で頬を突かれると、キッと睨み返すが、岩藤の悪口雑言に身も心も粉々に打ち砕かれてしまう姿が哀れ。

欲求不満を発散するかのように草履で尾上を打ち据える菊五郎の岩藤は、「この岩藤が意見の折檻、何と骨身にこたえたかッ」で腹の底からドスを利かせ、左團次の八剣弾正が引っ込む際、「御上使様」と呼び掛ける声に色気を使って二人がただならぬ関係にあることを暗示する。

〽あとに尾上はただ一人」と義太夫が御簾内の語り出してからが尾上の独壇場。玉三郎はしっかり息を詰めて芝居を間延びさせない。〽女心の一筋に、また思い出す口惜し涙」で舞台中央に歩み出て草履を取り上げ、汚れた髪を懐紙で拭う指先が震えるように繊細である。裲襠を身に巻き付けるように立ち上がり、ただ茫然と花道を引っ込む幕切れは、玉三郎の優しい撫で肩の後ろ姿が印象的で、はかなく一足ずつ影が薄くなっていくかのようだ。

「長局尾上部屋の場」は二重舞台で下手に玄関を設ける装置は玉三郎の工夫で、こうすると、尾上の帰りが遅いと玄関先に立つお初の胸騒ぎや、主人の無事を神に祈るお初の独白を立ち聞く尾上の芝居が引き立つ。玉三郎の尾上は前場の引っ込みだけでなく、〽思い悩みて一筋に、歩む廊下も心には羊の歩み、隙《ひま》の駒」という花道の出も大切に演じる。尾上とお初はまさに以心伝心の主従で、草履の包みを取り落とした気まずい空気を下座の三味線が装飾するあたり、二人の女の細やかな機微が型として練り上げられている。「人は七転び八起きとやら、何事も皆、時節でござりまする」と慰める菊之助のお初の言葉がいかにも優しい。お初が『忠臣蔵』の話題を持ち出すと、尾上が「あの師直面《もろのうづら》の憎さ、憎さ」で煙管を構えるところが見どころになった。

玉三郎の尾上は一つ一つの所作が丁寧で、巻紙にさらさらと書置きをしたためる悲しい横顔からは涙がこぼれ落ちるかのようで、文箱に草履と一緒に入れて封印すると、フッと全身の力が抜けて虚脱する。主人の身を案じて外出を嫌がるお初を文使いに出すと、「最後の晴れの支度して、一遍の経陀《きょうだ》羅尼《らに》」ときっぱり覚悟を決め、奥の襖を開くと仏間があり、そこに吸い込まれるよう立ち上がる後ろ姿で「塀外烏鳴きの場」に舞台が廻る。

再び場面が戻り、いつもは岩藤が尊像を奪いに来て再び尾上をいたぶるのだが、今回、お初が戻って来ると尾上は既に息絶えている型を採用したのは、芝居の流れを途切れさせず、見苦しくならないようにという玉三郎の優れた美意識だろう。尾上はあの後ろ姿で観客の眼前から消え去ってしまったのである。尾上の最期を見せなくても、菊之助のお初は部屋にとどまる尾上の魂魄と対話するかのように熱演している。〽打ち眺め、打ち眺め」と草履を手に取り、袖を噛みしめて激しく泣き上げるところがいかにも健気。尾上が自害した短刀の血を草履で拭い、遺言を帯に結び付けて勇み立つところは、いうまでもなく『四段目』の由良助の写しで、まるで尾上の霊がお初に憑依して勇気を奮い立たせるかのようである。

思えば、お初の着付が、黄八丈、矢絣《やがすり》、納戸色と変化していくのは一人の女性の成長を象徴しているのかもしれない。そして、大詰の「奥庭仕返しの場」で、生きながら怨霊と化するおぞましい岩藤の執念に恐れることなく立ち向かい、見事に本懐を遂げて二代尾上に取り立てられるお初の姿は、若女方から立女方を目指す菊之助のひたむきな情熱と二重写しになる。

（平成十七年十月・歌舞伎座）

元気潑剌とした富十郎

『うかれ坊主』

歌舞伎座の顔見世、夜の部の『鞍馬山誉鷹《くらまやまほまれのわかたか》』は富十郎の愛息子《まなむすこ》、初代鷹之資のめでたい襲名披露で、本当に目に入れても痛くなさそうな優しいまなざしで、富十郎の鷹匠が鷹之資の牛若丸の大立廻りを見守る。六歳の鷹之資は御所人形のような福々しい顔立ちが可愛らしく、将来、どんな歌舞伎役者に成長するのか楽しみである。

父親としての嬉しさを全身で発散するかのように、富十郎は昼の部で『うかれ坊主』を踊る。これまで何度も見ているが、元気潑剌として全く衰えを知らない。天水桶の陰から小走りに登場する富十郎の願人坊主は、ずんぐりした体に愛嬌を漂わせ、私たちを一気に江戸の空間へ誘ってくれる。

〽見限られたる破れ衣」で羽織をパッと広げる切れ味が鮮やかで、〽手桶と身柄一身に」で右腕に力を込めるところには、裸一貫の男っぷりを感じさせる。〽浮世を渡る道楽寺」で舌を出し、羽織を頭に被っておどけると客席から拍手が沸き起こる。

「ヤレヤレ、ヤレヤレ」と銭錫杖《ぜにしやくじよう》でリズムを刻みながら、「すっぺらぽんの、のっぺらぽん」と坊主になったいわれ因縁を語る「ちょぼくれ踊り」は、〽色にいの字の、味を覚えて」云々と愛嬌を振りまくが、決して嫌らしくならないのは、どこまでもあっけらかんと、江戸前の風を爽やかに吹かせるからである。「そッ、ソソソソソ」とか「おっと来なせ」といった間投詞には、富十郎ならでは畳み込むような息遣いが面白い。

「まぜこぜ踊り」は、〽上《のぼ》り夜船の櫂《かい》や櫓《ろ》じゃとて」で綱を引き、棹を差し、櫓を漕ぐ川の風景を生き生きと描写する。〽水に車がぐるぐると」はもう派手には回らないが、『五段目』の定九郎から与市兵衛への演じ分けで、願人坊主のふてぶてしい悪性を光らせる。娘も老女も、目まぐるしい変幻自在は、数多《あまた》の役を演じてきた役者ならでは芸の見せどころ。〽沖に見ゆるは、肥後様のェ」で片足立ちになるのを避けたのはやむを得ないだろう。

賑やかな「悪玉踊り」も手拍子と足拍子が小気味よく、体全体で祭囃子のリズム感を刻む。〽主と二人でわしゃ暮らすなら」と、井戸から水を汲んだり、鍋釜を火に掛けたり、酒を酌み交わす仕種には夫婦で暮らす楽しい生活感が溢れる。

富十郎の『うかれ坊主』は単なる軽妙洒脱というのではなく、舞台を踊り手の熱気で満たすことで客席に涼感がもたらされる。〽勇み散らして走り行く」とて、江戸の街角で源八和尚と擦れ違ったような臨場感を残して、あっという間に一幕が終わってしまう。まさに浮かれ気分、私たちの日頃のつまらない気鬱など爽やかに吹き飛ばしてくれる。

（平成十七年十一月・歌舞伎座）

光秀の三日天下

『絵本太功記《えほんたいこうき》』

十一月の国立劇場は『絵本太功記』の通し上演である。團十郎が休演の為、武智十兵衛光秀の大役を橋之助が引き受けることになったが、予想以上に立派な出来栄えに驚く。橋之助の光秀は気負うことなく、全身に若々しい覇気をみなぎらせて物語の屋台骨を背負っている。

序幕の「二条城配膳の場」と「本能寺の場」で尾田春永のいじめと光秀の謀反を描く。二幕目「妙心寺の場」は光秀の主殺しを恥じて母の皐月が家出し、三幕目「大物浦《だいもつのうら》瓜献上の場」では真柴久吉が光秀の探索に旅立って、登場人物が十段目の「尼ヶ崎閑居の場」に集まる背景が分かる。

まず「二条城」は国立劇場ならでは大道具が豪華に仕上がり、我當の春永と進之介の中納言兼冬を中心に諸大名が居並ぶ。舞台端に赤毛のバテレンや印度人の従者も仕えて南蛮文化を垣間見せるのが面白い。我當の春永は白塗りで冷徹な権力悪を象徴するが、発端が省かれたので光秀への憎しみが唐突に思われる。橋之助の光秀は大紋姿、魁春の武智十次郎は裃姿で登場して互いにいたわり合うが、この二人が親子に見えないのが今回最大の難点といえるだろう。春永の命を受けて光秀を責める森蘭丸は一本隈を取った荒若衆で、孝太郎が珍しく立役を任されて奮闘する。

「本能寺」では右之助の阿野《あのう》の局が舞を見せるが、春永は反旗を翻した光秀勢にあっけなく包囲されてしまう。〽人間五十年、下天の内を比ぶれば」という下座で舞台を廻すと通天の設えになり、春永に代わって蘭丸が活躍して、市蔵の安田作兵衛との一騎打ちで壮絶な立腹を切る。但し、録音で合戦の様子を聞かせる演出はかえって古めかしい。

「妙心寺」は吉之丞の皐月が主役というべき場面で、系図正しき武智家の母堂として毅然とした態度を示す。後半、光秀は屏風に辞世を書いて切腹しようとするが、家臣の四方天田島頭《しほうでんたじまのかみ》にとめられて謀反にも正義があると納得する。橋之助の光秀は後悔の念を強調しすぎると役が弱くなってしまう嫌いがあり、謀反を決意する『時今也桔梗旗揚《ときはいまききょうのはたあげ》』に比べて芝居としては盛り上がらない。

やはり、通し上演といっても十段目の「尼ヶ崎」が眼目で、皐月が妙見講で近隣の百姓を集めたり、庭の草花に水を遣るなどの田舎暮らしを見せ、そこに操と初菊が訪ねてくる端場から始める丁寧な上演である。「捨つべきものは弓矢ぞや」という吉之丞の皐月のつぶやきが印象に残る。

旅僧になりすまして一夜の宿を請う久吉は芝翫で、花道に登場して来し方を見返り、門口で周囲を注意するなど細やかに役づくる。しかし、もとより芝翫に立役は不向きで、僧の墨衣を手に入れる「瓜献上」を付けたこともあり、ちょっと軽い狂言廻し風になってしまった。

孝太郎の初菊は蘭丸よりも本役で、十次郎を恋い慕う赤姫を古風に仕上げている。〽門出の物具付けるのが、どう急がるるものぞいの」で十次郎の太刀にすがりつくところ、盃を交わしたばかりの夫の初陣を見送って木戸口の柱に抱きつくところなど、許嫁《いいなずけ》への思いで全身を火照らせるかのように艶めかしい。彼女は夫婦としてせめて一夜を過ごすことを欲していたのかもしれない。それにしても、振袖で兜を引いて四苦八苦する「兜引」を丁寧に演じれば演じるほど退屈なのは、昔ながらの見せ場を素直に楽しめなくなってしまったからだろうか。

魁春の十次郎は想定外の配役で、はかない若者像を真面目に勤めている。しかし、赤い着付に紫の裃姿は似合うが、鎧兜を着けて勇ましく出陣するところ、傷を負って命からがら帰って来る最期はどうしても線が細くなってしまう。そもそも、魁春の十次郎と孝太郎の初菊との間には、互いに見詰めて頬を赤らめるような初々しい恋愛感情が欲しい。吉之丞の皐月が「めでたいめでたい、嫁御寮」という祝言に悲哀を漂わせるのに対して、東蔵の操は「悲しさ隠す笑い顔」など分かりやすく、「これ、見給え、光秀殿」という乗り地で有名な「クドキ」を大熱演する。

さて、主殺しのみならず親殺しという罪を重ねて極悪人となった光秀は、〽現われ出でたる武智光秀」という呼び込みで藪畳から姿を出し、笠を大きく掲げた時の押し出しが決定的で、橋之助は当代の花形でも最も相応しい立派な顔立ちをしている。菱皮の鬘、眉間に大きく描いた三日月の傷跡もよく似合う。久吉と思いの外、竹槍で母を刺し殺し、〽呆れ果てたるばかりなり」と動揺を見せたあと、舞台中央にでんと構えて微動だにせず、肚《はら》だけで芝居を受ける至難の役である。

橋之助は生々しい感情表現をせず鷹揚に演じているのがよい。操に対する「和漢ともに無道の君を弑《しい》するは、民を安むる英傑の志」云々という叱責はもう少し声を怒らせ、自分自身に言い聞かせるような含蓄が欲しい。そして、息子の死を目の当たりに、それまで溜め込んだ感情を一気に噴出させて涙き叫ぶ「大落とし」は、今後、再演を重ねれば地響くような重厚感を増していくだろう。光秀の痩せ隈はいわば死相であり、この役に必要な陰影と渋味は年齢とともに滲み出てくるだろう。なお、台詞の細部にも注意が必要で、「母への追善」は「ハハ」ではなく「ハワ」と発音したい。

幕切れ、芝翫の久吉が正体を現わして「急《せ》いたりな光秀ッ」と一喝、光秀と久吉が睨み合って対峙する訳だが、橋之助と芝翫では釣り合わず、男女蔵の佐藤正清とともに三人が並ぶ幕切れはどうも収まりが悪い。もし、橋之助の光秀を中心に考えるならば、芝翫は母の皐月に回って、妻の操を魁春、息子の十次郎を進之介、嫁の初菊を孝太郎、そして久吉は東蔵という配役にすれば、もう少し安定したのではないだろうか。一つの家族が崩壊する物語として年齢のバランスが大切なのである。
天覧の栄誉に恵まれた今回の大舞台をよい機会に、橋之助にはどうか光秀の「三日天下」にならぬよう座頭役者として研鑽を積んで欲しい。

(平成十七年十一月・国立劇場)

平成の「坂田藤十郎」

『曾根崎心中《そねざきしんじゅう》』

鴈治郎が積年の夢をかなえて「坂田藤十郎」を復活した。
上方歌舞伎を象徴する歴史的な大名跡に対する執念というべきか、これまで四半世紀にわたる近松座の活動は余人をもって代え難く、世間の納得を得ていよいよ機が熟したのだろう。「藤十郎」には二代目も三代目もいたと伝えられるが、初代の理念を受け継ぎたいという思いから敢えて四代目とは名乗らないらしい。その大名跡を今日にしっかり根づかせて、もう一花咲かせることができるかどうか、平成の藤十郎にとって正念場はまさに始まったばかりである。

それにしても七十四歳で襲名披露興行に挑む藤十郎の気力と体力にはただ驚くばかりで、和事ばかりでなく義太夫狂言も含めて幅広い狂言を揃えた。しかし、欲張ることなく、やはり藤十郎ならではの上方和事を大切に伝承して欲しいと思う。

昼の部の『夕霧名残の正月』は、鴈治郎が藤十郎という役者を演じて、その藤十郎が伊左衛門を勤めるという虚構の二重構造が興味深く、初代の「紙衣《かみこ》譲り」の伝説を踏まえて納戸色の紙衣を着て橋掛かりに登場すると、大向こうから「山城屋」と一斉に声が掛かる。もちろん初代の屋号は不明なので今回新たに考案されたものである。編笠を被らず手持ち無沙汰、放蕩の余り勘当されたやつれた感じがもう少し欲しいところだが、雀右衛門の夕霧の霊が妖艶に舞い、我當の扇屋三郎兵衛と秀太郎の女房おふさが上方言葉で和やかに祝言を述べる「口上」代わりの一幕になった。

やはり注目するべきは、千二百回以上を数える『曾根崎心中』で、扇雀、鴈治郎、藤十郎と名前は変わっても、まさに初々しい気持ちでお初を演じ続ける。今回新たに廻り舞台を用いて三つの場面をつなげてテンポアップを図り、復活初演で扇雀ブームを巻き起こしたという作品の鮮度をよみがえらせた。折角ならば、照明を暗くせず、薄明りで舞台転換を見せたらどうだろう。

「生玉神社境内の場」の茶屋の暖簾から登場する藤十郎のお初は、息を詰めて、全身全霊を震わせるような熱演で十九歳の少女の生命力を表現する。但し、恋人にすがりついて甘えたり、すねたりするジェスチャーが、若づくりの余りいささか大袈裟になってはいないだろうか。婿入り話を聞いて、

「その御苦労も、皆わしゆえ」という一言に万感を込めながらも、決して後悔することなく、ひたすら恋路を突き進もうとするお初は生き急いでいるかのようである。

翫雀の平野屋徳兵衛は祖父の二代目鴈治郎から継承した大切な持ち役で、そろそろ「演技」から「芸」への昇華を期待したい。上方和事に相応しい柔らかい持ち味を生かして、お初に会ってもっと素直に喜んだり、編笠を取った時に客席に拍手を沸かせるような華やぎが欲しい。九平次に裏切られた怒りが、次第に悲しみに変わっていく花道の引っ込みも、生々しい感情表現で間延びさせないように注意したい。もとより彼は逃げ隠れするつもりはなく、「三日をすぎず、大坂中へ申し訳はしてみせまする」とつぶやくように、死んで世間に異議を申し立てる覚悟を決めているのだろう。そして、最後に一目だけ、恋しいお初に別れを告げようと天満屋に向かうことになる。

橋之助の九平次は肩で風をきる遊び人らしく、翫雀の徳兵衛とのバランスもよく上方勢に溶け込んでいる。徳兵衛を足蹴にするところはいかにも憎らしいが、橋之助はどうしても二枚目になってしまうので、もう少し邪険で粗暴な感じを強調した方がよい。境内には大勢の町衆が登場するが、徳兵衛も九平次もその衆目を意識しておくことが大切で、九平次が「粗相をすなッ」と慌てるように、人前をはばからず金を返せと息巻く徳兵衛もいささか軽率であった。

「北新地天満屋の場」の縁先にたたずむ藤十郎のお初は全身からオーラを発し、恋人と添い遂げたいと願う女の興奮が艶めかしい。お初が「わしも一緒に死ぬるぞいのォ」と打ち明けるのを聞いて、縁の下に隠れる徳兵衛も彼女の足先にただならぬ熱気を感じたに違いない。

なお、九平次の悪巧みが露見して徳兵衛の叔父の久右衛門に捕らえられる件りは、後世の改作を取り入れて宇野信夫が補綴《ほてつ》したもので、九平次を懲らしめて観客の溜飲を下げることが狙いだったのだろうか。しかし、もとより私たち観客の目には徳兵衛に嘘偽りがないことは明らかで、九平次は永遠の憎まれ役となって生き地獄に苦しむことになる。我當の久右衛門の「徳兵衛、死ぬなよッ、必ず死んではならぬぞよッ」という台詞が夜空に空しく響く。

近松門左衛門の原作には冒頭に「観音廻り」が付き、〽色で導き情で教え、恋を菩提の橋となし、渡して救う観世音」と語られているように、観音信仰がこの物語の底流をなしている。お初が徳兵衛の手を引いて花道を引っ込むのは、復活初演時に勢い余ってそうなったと伝えられるが、それは決して偶然ではなく、お初はまさに観音菩薩に成り代わって徳兵衛を極楽へ導くことになる。

「曾根崎の森の場」は義太夫の連れ弾きの躍動感によって、近松の名詞章が私たちの心に深く刻みつけられる。〽鐘ばかりかは草も木も、空の名残りと見上ぐれば」で官能的に身を反らし、〽北斗は冴えて影映る星の妹背の天の川」で帯締めを掲げる後ろ姿など、舞踊のようでもあり芝居のようでもあり、身体から魂が抜けて浮遊しているような不思議な印象を受ける。〽爪繰《つまぐ》る数珠の百八に、涙の玉の数添いて」で、水晶の数珠を持ってすっくと立ち上がる藤十郎のお初は、白無垢姿が清らかな月光に照らされて美しい。あれだけ生命力に溢れていたお初が「早々、殺して殺して」と身をよじらせ、短い人生を燃焼し尽くしてしまう最期はどこか夢見心地でもある。

今回の『曾根崎心中』は、鴈治郎としての到達点であると同時に、藤十郎としての出発点を示す記念すべき舞台になった。今後、上方歌舞伎の隆盛に向けて平成の藤十郎が背負った責務は大きい。

（平成十八年一月・歌舞伎座）

初春を寿ぐ曾我狂言

『曾我梅菊念力弦《そがきょうだいおもいのはりゆみ》』

初春の国立劇場は菊五郎劇団による『曾我梅菊念力弦』の復活である。『曾我物語』の「世界」を食器にたとえると、その上に「おその六三郎」と「おはん長右衛門」という食材を綯い交ぜに盛り付けて、曾我兄弟の代わりにおそのとおはんを姉妹に仕立てた「趣向」が作者、鶴屋南北の腕の見せどころになっている。今回、盗賊の新藤徳次郎が長右衛門に成りすます設定は省略されているが、それでもたっぷり七幕十場を通して、中世の伝説の殻を破って近世の物語が生まれる曾我狂言を目の当たりにできるのが興味深い。菊五郎が六三郎と新藤徳次郎、菊之助がおそのとおはん、親子で二組のカップルを共演するのも音羽屋ファンには嬉しい企画である。

まず「鎌倉雪の下年越の場」ではおそのと六三郎が、「石部屋見世先の場」でおはんと徳次郎が男女の契りを交わす。特に「石部屋」は新婚初夜に盗賊に押し入られるというショッキングな事件だが、おはんが徳次郎に一目ぼれするようにあっさり改められている。菊之助の二役は男を見詰めるまなざしが涼し気で、健康な娘のすらりとした容姿が魅惑的。但し、おそのとおはんの区別がはっきりせず、鬘や衣裳を工夫するなど姉妹の性質の違いをもっと明確に演じ分けたら面白いだろう。菊五郎にとっていなせな江戸っ子の大工の六三郎が適役なのに比べると、徳次郎はいささか野性味に乏しいが、岡持ちの中から登場する貫禄はさすがに劇団を率いる座頭らしく、幕切れにあごをなでながら二階のおはんに見惚れるところは菊五郎ならではの男の色気を漂わせる。花嫁を寝取られる才次郎は松也が笑わせてくれるが、世話物としては戯《ざ》れ隈を描いた道化役にするまでもないだろう。

この芝居の重要な小道具として天国《あまくに》の剣はもとより、貧に苦しむ曾我家の家臣、鬼王新左衛門が質草に入れてしまっているのが逆澤瀉《さかおもだか》の鎧だが、盗賊の徳次郎が「このご時世に、そんな物は売れやしねえ」と見向きもしないのが曾我狂言のパロディとして面白い。

これらの世話場と同時進行するのが「鶴ヶ岡八幡宮境内の場」や「鴫立沢《しぎたつさわ》対面の場」で、富十郎の工藤祐経が温かい風貌と澄んだ口跡で芝居の安心感を漂わせ、松緑の曾我五郎がいかにも血気盛んな若武者らしく声を張り上げる。折角ならば、五郎は長袴を引くよりも原作通り股立ち姿に下駄を履いて踏み込んだ方が、いつもの『寿曾我対面《ことぶきそがのたいめん》』との違いを際立たせることができただろう。舞台装置も、早咲きの山吹の群生がわずかばかりなのが残念である。

後半は「深川仲町洗場の場」からで、芝居小屋の女方が衣裳を脱いで湯に入るというドタバタのあと、おそのが湯上がり姿で登場して六三郎と再会する。菊之助のおそのは二の腕に六三郎の名前を刺《いれ》青《ずみ》して恋を貫く芸者にしてはいささか線が細い。湯屋泥棒に着物を盗まれて慌てふためく侍、亀蔵の堤幸左衛門が端敵《はがたき》の滑稽ぶりをほどよく仕上げている。

「両国広小路の場」と「松坂町長兵衛内の場」はいよいよ南北好みの猥雑なシチュエーションで、賑やかな盛り場とうらぶれた長屋が表裏に組み合わされ、ぽっかりと壁に開いた穴は地獄に通じているのかのようである。白髪混じりの初老に役づくりする團蔵の梶野長兵衛が、その地獄の門番のようないかめしさで悪事をあれこれ画策する。親の敵と知ったおはんが徳次郎を討つ悲劇は、南北の先行作品である『桜姫東文章《さくらひめあずまぶんしょう》』の桜姫と権助を連想させ、赤子殺しなど残酷なところは省略して毒気が抜かれてしまっているが、菊五郎と菊之助の立廻りの呼吸がさすがによく合っている。それにしても、菊之助は今まさに旬を迎えた若女方として可能性を広げた。

一転して堅気になる「深川大工町六三郎内の場」は、芝雀のおきぬが地味ながらも世話女房らしい献身で難問を解決し、この家に居候している田之助のおかやは曽我兄弟の母に見立てられた重要な役を存在感たっぷりに勤めている。そして、菊五郎の六三郎が親分肌の本領を発揮して、いよいよ煮詰まってくる複雑なエピソードを一身に引き受けて大詰に向かう。

「万年橋初午祭の場」は菊五郎劇団が得意とする大立廻りで、もとより、こうした復活通し狂言は劇団のチームワークがあったればこそ実現できる貴重な業績である。

（平成十八年一月・国立劇場）

平成の「菊吉」共演

『人情噺小判一両《にんじょうばなしこばんいちりょう》』

二月の歌舞伎座で菊五郎と吉右衛門が共演する『人情噺小判一両』は、先代の「菊吉」に当てて宇野信夫が書き下ろした佳作である。歌舞伎と落語の境界線上にあって、江戸の生活感を細やかに描いた宇野の昭和生まれの世話物の数々はもっと評価されてもよいだろう。

「今戸八幡前の場」は銀杏が散った寂しい初冬、茶屋の店先には今戸焼きの土人形が並べられ、どこかで見たことがあるような懐かしい景色である。冒頭、ベテランの右之助と家橘の茶屋女の会話がほのぼのとした江戸の日常へ誘ってくれる。

「笊《ざる》やァ味噌漉《こ》しィ」という掛け声で花道から登場する菊五郎の安七は、肩当てを着た行商人のそぼろなつくりだが、「朝湯は欠かしたことがありやせんッ」と空威張りするだけの清潔感があり、菊五郎の陽気な芸質が江戸っ子の気質にピタリとはまっている。妻子を失って身を持ち崩し、父の形見の小判一枚という身の上話で観客をほろりとさせたところに、落ちた凧を拾った幼い小市が凧売りに追われて逃げてくる。子供を相手に大人気ないと、安七が凧売りに凧と笊を交換してくれるよう頼み、大きい笊を出し惜しんで小さいものにするあたり、菊五郎はさすがに観客を笑わせるツボを心得ている。因みに、菊五郎が鳥越を「とりこえ」と発音しているのを聞くと嬉しくなる。駒形は「こまかた」、白金は「しろかね」ととともに、鳥越も濁らないのが江戸前なのである。

凧売りの吉六は刺青者《いれずみもの》で、小市が浪人の子と知っていて執拗に責める。権十郎の吉六は憎まれ役にしては嫌味がなく、武士に対する屈折した思いをもう少し強調した方がよいだろう。本当ならば、昨年亡くなった松助に相応しい役で、菊五郎劇団の名脇役の死が惜しまれる。彼の遺児、松也が茶屋娘おかよを勤めており、今後、目元涼しい若者の成長を見守っていきたい。男寅の小市が健気で、鳶凧《とんびだこ》をいかにも大事そうに抱えている姿が可愛らしい。田之助の小森孫市はいかにも朴訥で、息子の不始末を親として土下座して謝る姿が痛々しい。

安七は彼ら親子を憐れみ、思い切って大切な一両小判を差し出す。鳥居の陰でその様子を見ていた吉右衛門の浅尾申三郎が編笠を取って顔を現わすと、待ってましたとばかりに客席が沸き、いかにも水戸家に仕える武士らしい骨太な風格を漂わす。その場を立ち去ろうとする安七を申三郎が呼びとめるところ、安七は一旦花道まで行ってから戻るようにしたらどうだろう。菊五郎の安七は天秤棒を担ぎ直して向きを変えると柝の頭になる幕切れをいかにも飄々と仕上げている。

隅田川沿いの風が吹き抜ける「料亭金波楼奥座敷の場」で、安七は何故連れて来られたのか分からず、新しい刀の胴試しで殺されるのではないかとおびえ、申三郎がその様子を見ながらいかにも愉快そうに酒を飲む。申三郎はただ安七を褒めるつもりなのであった。すっかり酔いが回った安七が本音を語り始めると、申三郎がそれを辛抱して聞くことになる立場の逆転は、落語の『らくだ』の趣向をうまく取り入れている。身分を越えて互いに本音で語り合うようになる二人の男の気持ちの変化は、上演回数を重ねればもっとしっくりと嚙み合うだろう。

「称福寺裏孫市住居の場」は門口と座敷を廻り舞台でつなぎ、門口では小市が凧を揚げて遊んでいる。最近は、冬空に色とりどりの凧が舞う冬景色をめっきり見なくなった。思いがけず、孫市の切腹という悲劇に直面して、安七と申三郎だけでなく観客も驚かされるが、町人に金を恵まれて身の上を恥じたのであろうか、誇り高い武士が死を選んだ心境を推し量ることは難しい。申三郎が「生ある者、自負を持たぬ者はない」とか「世を捨てねど、世に捨てられた人の心」と言葉を嚙み締める。安七が「何故、しゃらくせえ真似をしたんだろう」と自分を責め、遺された小市を抱きしめて「俺ァお前の敵だぜ」と嘆く幕切れは、義理と人情だけでは説明がつかない人生の機微を訴える。
序幕で「お前さんを浪人さした世の中が悪い」とか「嫌だ、嫌だ、嫌な世の中だ」と吐き捨てる安七の思いは、不景気で失業が増えて格差が広がる現代社会に向けられたメッセージでもある。珍しい平成の菊吉共演によって「町人」と「武士」という身分が際立ち、小品ながらもちょっと素敵な芝居になった。

（平成十八年二月・歌舞伎座）

清貧ということ

『近頃河原《ちかごろかわら》の達引《たてひき》』

久しぶりに上演される『近頃河原の達引』は、十三代目仁左衛門の十三回忌で「片岡十二集の内」と銘打って、我當の与次郎、秀太郎のお俊が好演する。十三代目の遺徳を偲び、襲名したばかりの藤十郎が井筒屋伝兵衛で今月この一役だけの華を添えている。

冒頭の「四条河原の場」は、鴨川の水音とともに幕が開くと墨色の川沿いの街並みが広がっており、團蔵の横溝官左衛門が苦々しい悪人ぶりを見せる。コンコンチキチンという祇園囃子で花道から伝兵衛が登場し、「早うお俊に会いたいものじゃなあ」とつぶやいて本舞台の茶店に隠れるあたり、藤十郎ならではの芝居はすっかり安定している。お俊と伝兵衛が床机で寄り添うと男女の情愛が濃厚に漂う。贋金をつかまされたことを知った伝兵衛が官左衛門を殺傷し、全身を震わせて羽織を裏表に着て花道を引っ込むまで、事件の発端を簡潔に説明してくれる。

「堀川与次郎内の場」は母おぎんが三味線を弾いて町娘に唄の稽古をつけているところから始まる。我當の与次郎が実にほのぼのとしたはまり役で、単なる三枚目ではなく父の誠実な気質をよく受け継いでいる。猿廻しの商いから帰って来ると、木戸口に尻を突き出して埃を払うなど愛嬌たっぷりに笑わせる。肩に背負った猿の人形は本物の毛皮で作られているそうで、花道を出る前に頭をなでるという芸談は大切な役づくりなのだろう。そんな与次郎の健気な孝行ぶりを憐れんで、吉之丞のおぎんは火箸を握り締め、〽鬼は冥土にあるものを」と盲目で病がちなわが身を悔やむところをきっぱりと見せ、骨太な昔気質がまさに適役といえるだろう。

そこに奥から登場する秀太郎のお俊は、右袖を広げてたたずむ姿に場違いな色香を漂わせ、〽人の落ち目を見捨てるを、廓《さと》の恥辱とするわいなあ」と、簪《かんざし》で煙管を掃除して懐紙で拭うといった遊女の仕種に死ぬ覚悟を滲ませている。

皆で寝入ると、〽忍ぶ姿もしょんぼりと」で頬かむりした伝兵衛が登場し、与次郎がうろたえ騒いでお俊と伝兵衛を取り違えて門口で棒を振り上げる場面で、我當の与次郎は臆病で愚鈍な様子をほどよい加減に表現している。お俊が退き状を書いたというのを聞いた藤十郎の伝兵衛は、〽歯を食いしばる男泣き」という通りに涙を潤ませる。

〽そりゃ聞こえませせぬ伝兵衛さん、お言葉無理とは思わねど」で有名なお俊の「くどき」は、伝兵衛の髪を梳《す》いて情愛を表現し、「大事の」と一言だけ発して背中に抱きつく仕種に、秀太郎ならでは何とも切ない哀感を漂わせている。その一途な思いに心打たれて、おぎんは娘と婿に死出の道連れをすることを認めるのである。

そして二人の祝言となり、〽お猿はめでたや、めでたやな」という我當の与次郎の朴訥な歌声にのせられて、猿廻しの猿のように私たち観客の心も操られてしまう。操り人形の猿を二匹にしたのは十三代目仁左衛門の工夫だといわれており、父の芸を受け継いだ我當は精一杯に熱演して、泣き、笑い、くしゃくしゃになった顔で盃を受ける。

お俊伝兵衛がこの貧家に不釣り合いな道行の衣裳に着替えるのは、むしろ清貧ということの美しさを表現しているようにも思われる。

（平成十八年三月・歌舞伎座）

「猿之助歌舞伎」の継承

『當世流小栗判官《とうりゆうおぐりはんがん》』

猿之助の休演が続いているのは残念だが、国立劇場が「猿之助十八番」の『當世流小栗判官』を取り上げたのは画期的である。国立劇場の通し上演とは違って、「猿之助歌舞伎」は今日の観客を楽しませようと創意工夫を凝らした「復活」であったが、もとより鑑賞と娯楽は明確に区別できるものではなく、国立劇場も猿之助の芝居づくりから多くのことを学ぶべきだろう。但し、国立劇場にしては珍しく二部構成にして観客を入れ替え、それぞれ「口上」を付けて見どころを解説するのはよいが、通して見る場合は入場料が割高になってしまうのは不親切だろう。

近松門左衛門を始めとした「小栗判官」の先行作品を奈河彰輔が集大成した『當世流』は、猿之助歌舞伎の中で最も完成度が高く、かつて、猿之助は小栗判官兼氏、浪七実ハ美戸小次郎、お駒の三役で奮闘した。今回は二十一世紀歌舞伎組による花形歌舞伎で、小栗を右近、浪七を段治郎、お駒を春猿で分担している。笑也の照手姫はこれまで猿之助の小栗を相手に何度も演じてきた当たり役で、赤い振袖がよく似合う初々しさを失っていないのが嬉しい。

まず第一部、発端の「鶴ヶ岡八幡宮社前の場」で兄を殺し、序幕の「横山大膳館の場」でふてぶてしく舞台中央に座する猿弥の大膳は、これまでの端敵《はがたき》から国崩しへの初挑戦である。白髪の「王子」の鬘はまだ似合わないが、何よりふてぶてしく響かせる口跡がよい。そこに颯爽と登場する右近の小栗は猿之助を写すだけでなく、いかにも若武者らしく荒馬を乗りこなす意気込みを感じさせる。今後、人間として年輪を重ねるとともに役者としての芸容を大きく膨らませたい。

急成長ぶりに驚かされるのが段治郎の浪七で、二幕目「堅田浦浪七住家の場」は今回最大の見せ場になった。猿之助の浪七は漁師言葉を粘るように聞かせたが、段治郎は立派な体格が男らしく、むしろ明るく健やかな好青年に仕上げている。義兄、鬼瓦の胴八の企みを知って、「こりゃ一思案、せにゃァならねえッ」と舞台中央にでんと構える貫禄から一変、「身動きさらすと命はねえェぞッ」と怒号を発する激情が印象に残る。床下に匿っていた照手姫をさらわれて胴八を追い駆ける花道の引っ込みは、派手な鐘入りの下座に合わせて躍動する切れ味が鋭い。「浜辺の場」の立廻りも筋骨隆々と力をみなぎらせ、岩場の上から照手姫を見送る目元も涼し気で、最期、岩場からの逆さ落としになる壮絶な仕掛けが不自然にならない大熱演であった。

浪七の女房お藤は門之助で、帽子付きの鬘がよく似合った先代門之助の世話女房を思い出させる。段治郎の浪七とは背丈が釣り合う。猿弥の胴八と右近の矢橋の橋蔵の茶番劇は息もよく合って、かつて段四郎の胴八と宗十郎の橋蔵がいかにも楽しそうに観客を笑わせた舞台が懐かしい。

第二部は、三幕目「青墓宿《あおはかのしゆく》宝光院門前の場」から「万福長者奥座敷の場」まで、笑也の照手姫、笑三郎のお槙、春猿のお駒、三人三様の女方の個性の違いが生かされた。春猿は生娘《きむすめ》が内に秘めている情念を描き出す。笑也と春猿は女方としての芸質が対照的なので、右近の小栗を奪い合う青春ドラマの三角関係がくっきりと浮かび上がるのが新しい発見である。この場の小栗はむしりの鬘の浪人姿で、猿之助よりも右近の方が等身大といえるだろう。笑三郎のお槙はもとより年増がよく似合う女方で、ますます貫禄を増してお駒の母にして照手姫の乳人《めのと》という設定に違和感がない。

「熊野湯の峯の場」は義太夫の連れ弾きの「道行」を聞かせて白馬の宙乗りになり、「華厳の大滝の場」の雪景色で大膳が討ち果たされると、いつもは冷ややかな国立劇場の客席が珍しく熱気で満たされる。優れた脚本と演出に助けられたとはいえ、二十一世紀歌舞伎組がこれまで蓄えた実力をいかんなく発揮したからに他ならない。

こうして猿之助歌舞伎の継承を喜ぶとともに、血縁によらない無名の若者たちをここまで一人前の歌舞伎役者に育て上げた猿之助の功績を改めてたたえたい。

（平成十八年三月・国立劇場）

青春グラフィティ

三谷幸喜＝作『決闘！　高田馬場』

目白の学習院の構内に「血洗いの池」と呼ばれる古池があり、決闘を終えた中山安兵衛、後の堀部安兵衛が血刀を洗ったと伝えられている。忠臣蔵外伝の一つである高田馬場の決闘は講談の人気曲だが、八丁堀から高田馬場まで大江戸を疾走する様子を舞台上で表現するのは難しい。ところが、人気劇作家の三谷幸喜は、染五郎に請われて『決闘！　高田馬場』を「ＰＡＲＣＯ歌舞伎」として書き下ろし、安兵衛が高田馬場に駆けつけるまでのエピソードを描いた。

三谷作品は染五郎の安兵衛中心に、彼を慕う長屋の仲間たちを登場させて、ほどよく笑いを散りばめながら、〽高田馬場は、まだ遠し」と義太夫が語るように、人生の目的を見失ってしまった安兵衛が立ち直る青春グラフィティに仕上げている。そして、「中山安兵衛、ただ今、参着ッ」と叫ぶと、決闘の場に躍り出たところで歌舞伎の定式幕が引かれ、そこから先の語り古されたチャンバラ劇は観客の想像にお任せしましょうという幕切れも大胆で潔い。

堀尾幸男の美術は、黒を基調とした空間に白い廻り舞台があるだけで、可動式の壁面を自在に組み合わせて街並みや長屋の内外を構成する。舞台の幅が狭いので真正面の上部に下座を配し、笛、鼓、太鼓が音調べを聞かせて開幕への期待を高めていく。

冒頭は大工の又八が仕組んだ嘘の喧嘩騒動で、仲裁に入った安兵衛が礼金を受け取って酒屋に入り浸る。勘太郎の又八は江戸ッ子の心意気で人情噺の登場人物を熱演する。その一部始終を見ていた小野寺右京は安兵衛の竹馬の友で、「何故、皆して安兵衛を欺くッ」としかつめらしく憤る。亀治郎の右京が「久し、ぶり、だ、なあ」など悠長に歌い上げる不自然さは、「歌舞伎」と「新劇」のギャップに他ならず、ドラマが進行するとともに二つの溝が埋め合わされて一つの演劇として融和し、登場人物も一致団結して安兵衛を応援することになる。

右京と安兵衛が青春時代を回想するのに人形劇を使うのはいささか安直で、それよりも、亀治郎の右京による「物語」が印象的で、〽互いに構える上段、下段」というお定まりの曲調で芝居らしくなってくる。安兵衛が酒に溺れるようになったのは、剣術指南役の登用の試合に負けるのを恐れて勝ちを譲ったからだと図星され、〽返す言葉もなかりけり」と安兵衛は頭を抱えて苦悩する。右京の「おのれのあるべき姿と、ただの一度でも向かい合うたことがあるのかッ」という台詞が伏線となって、後半のクライマックスで安兵衛が「これが、俺の、あるべき姿かッ」と開眼する。単なる敵討ちではなく、人間ドラマとして普遍化しようとする作者の苦心がうかがえる。

叔父の手紙を読んだ安兵衛が重い腰を上げ、〽別れの手紙握り締め、高田馬場へ走り出す」となってからは、一目散に走る安兵衛たちをセリ上げて照明でクローズアップしたり、白い廻り舞台と白いブレヒト幕を使ったり目まぐるしく場面展開していく。そして、「何人殺せば気が済むんだッ、人殺しッ」と罵る又八を斬りつけるのが意外で、安兵衛は後ろ髪を引かれる思いで走り続ける。

染五郎の安兵衛は細身なので大酒を食らう「のんべえ安」にしては貫禄が不足気味だが、三ツ柏の紋付にむしりの鬘の浪人姿には当代花形ならではの色気を漂わせる。亀治郎は安兵衛にプロポーズする娘の堀部ホリも兼ねて、昨年の『NINAGAWA十二夜』の麻阿に引き続き個性的な女性像を造形した。勘太郎の又八は、泣いたり、怒ったり、敵に内通してしまう経緯がきちんと描かれていない役の弱点を熱演で埋め合わせている。その他、萬次郎のおウメ、高麗蔵のにら蔵、宗之助のおもん、橘太郎の洪庵も、ほのぼのとした作品の雰囲気に溶け込んでいる。

「コクーン歌舞伎」の向こうを張って、染五郎と三谷のコンビでまた新しい演劇が生まれるのも渋谷という若者の街ならではの出来事だろう。

（平成十八年三月・PARCO劇場）

團十郎の舞台復帰

『外郎売《ういろううり》』

三年ぶりの團菊祭で、團十郎が白血病という大病を克服して歌舞伎座の舞台に復帰した。過酷な治療に耐えて「無間《むげん》地獄から戻って来た」と記者会見で語った團十郎の表情は、大名跡を背負った役者としてだけでなく、一人の人間としてただならぬ尊容を感じさせる。

歌舞伎十八番の『外郎売』は、昭和五十五年に野口達二の補綴《ほてつ》と鳥居清光の美術で復活して以来、何度も上演を繰り返して完成度を高め、当代團十郎の功績として後世に継承されるべき作品である。大薩摩を聞かせて浅葱幕を切って落とすと、破風屋根の向こう正面にそびえる富士山に金泥の霞がたなびき、大臣柱には「十二代目市川團十郎相勤め申し候」という看板を掲げ、曾我狂言で天下泰平を祈った江戸の芝居小屋の雰囲気を伝えている。

割れんばかりの拍手で迎えられる團十郎の曾我五郎時致は、揚幕を出てすぐに見得をして足取りもしっかり花道の七三へ歩み、三升紋の扇を構えてすっくと立った姿の何とも立派なこと。ギロリと睨む目玉から発せられる緊迫感と、どっしりと構えた文鎮のような重量感が頼もしい。宝尽くしの浅葱色の衣裳も賑やかで客席に吉祥を運んできてくれる。そして本舞台で劇中の口上となり、舞台復帰の挨拶に客席は大喜びである。

外郎の言い立ての早口言葉はもう何度も演じているので安心してよいのだが、「武具馬具武具馬具、三武具馬具《みぶぐばぐ》」「菊栗菊栗、三菊栗《みきくぐり》」など、当人よりも観客の方が緊張気味に聞き耳を立ててしまう。團十郎の声の響きには観客を温かく守ってくれるような包容力があり、早口でありながらも気忙しくなくゆったりした大らかな気分にさせてくれる。市蔵の茶道珍斎が「お茶立ちょ茶立ちょ」を口真似して失敗する道化をほどよく演じている。

「朝日さす峰の白雲むら消えて、春の霞はたなびきにけり」という第一声は菊五郎の工藤祐経で、庵木瓜《いおりもっこう》の紋を散らした白い羽織が爽やかで、このような座頭役も遜色なく似合うようになって堂々とした貫禄である。菊五郎は親友の團十郎の復帰を心から喜ぶ気持ちを抑えるようにして勤めており、その心境が高座から五郎の成長ぶりを見守る工藤の肚芸《はらげい》と重なり合う。工藤が大磯の廓で遊んでいるという設定なので、右之助の喜瀬川、家橘の化粧坂《けわいざか》の少将、萬次郎の大磯の虎、亀寿の亀菊といった遊君が居並ぶ。舞台の隅で睨みを利かせる敵役は團蔵の梶原景時と権十郎の梶原景高である。

三津五郎の小林朝比奈は猿隈が滑稽でありながら端整な仕上がりで、工藤から外郎売を招くように命じられ、「合点だッ」と中啓を放り投げて羽織を脱ぎ捨て、花道付け際で五郎を呼び入れるところなど、その一挙手一投足がいかにも歌舞伎らしく粒立っている。時蔵の舞鶴もすらりとした立ち姿が古風で、三津五郎も時蔵も歌舞伎役者として最盛期を迎えている。今回は、五郎が「親の敵ッ、祐経、観念ッ」と詰め寄ると、梅玉の曾我十郎が登場してとめに入り、梅玉の十郎も決して悪くはないが、やはりこの芝居は五郎だけの「一人対面」の方が好ましい。

これまでの團菊祭は九代目團十郎と五代目菊五郎を顕彰する行事であったが、そんなことはすっかり忘れられ、いつしか当代の團菊の活躍する興行として期待されているのも、それだけ二人の存在感が平成歌舞伎にとって重要になっているからである。

（平成十八年五月・歌舞伎座）

「三越歌舞伎」への期待

『女殺油地獄《おんなごろしあぶらのじごく》』

恒例となった「三越歌舞伎」は『車引』と『女殺油地獄』の二本立て。仁左衛門の監修で河内屋与兵衛に挑戦する獅童の熱演が梅雨の憂鬱を吹き飛ばしてくれる。

まず「徳庵堤茶屋の場」の放蕩では、悪友を連れて肩で風をきるように登場し、お吉に呼びとめられると急に物腰を柔らかく、子供のように甘える表情に獅童ならではの愛嬌がある。彼ら不良少年は喧嘩を遊戯的に楽しんでおり、野崎参りに客と連れ立つ小菊への嫉妬も背伸びして大人の仲間入りをしようとしているのかもしれない。川に落ちてずぶ濡れになり、あたふたとお吉に救いを求める素振りは、いかんせん和事味が足りないので上方言葉もまだぎこちない。三越劇場では袖舞台を花道の代わりにしているので、「うるさい言うとるやろッ」と羽織を肩に掛けて強がりながら、人々の嘲笑を浴びて次第にその羽織で顔を隠して引っ込む獅童の表情をはっきり見ることができる。

笑三郎のお吉と段治郎の豊島屋《てしまや》七左衛門はバランスよい安定感があり、笑三郎のお吉は夫にしかれて「こんな引き合わぬことはないわいなあ」とじれる台詞に人妻の色気を滲ませ、段治郎の七左衛門はいかにも堅気の町人らしく、いずれも自然体で演じているのは大したものである。春猿の小菊は与兵衛を骨抜きにしてしまった遊女の艶めかしさを漂わせている。

何といっても、渋い存在感と確かな演技力でこの悲劇を裏打ちしているのが寿猿の河内屋徳兵衛と竹三郎のおさわで、「河内屋内の場」の家庭内暴力で、与兵衛を勘当して泣き顔を見合わせてハッとする幕切れの老夫婦の情愛が温かい。鴈成のおかちが家族を思いやる健気な娘を繊細に演じ、延郎の白稲荷法印が洒脱なキャラクターで、悲惨な場面の前に観客を軽く笑わせてくれる。その河内屋を追い出された獅童の与兵衛は、後ろ髪を引かれる思いで店を見返る表情がいかにも弱々しく、一転、財布の中身を確かめて大股でドタドタと引っ込むところが戯画的に誇張されてしまう。

「豊島屋油店の場」に登場する獅童の与兵衛はまるで別人のようで、「不義になって貸して下され」と、お吉に抱きついて動揺させてしまうが、謀判で大金を借りたことを打ち明ける表情は真剣そのものので、涙に濡れた顔を畳に擦りつける様子を見れば、お吉も彼が嘘をついていないことは分かったに違いない。しかし、お吉の態度が冷徹になるのは、与兵衛に対する女としての本能に気づいて、金を貸したいという気持ちを自制させてしまうからで、笑三郎ならばそういう女房役の機微をもっと繊細に表現できるはずである。お吉に「なりませぬわいな」とピシャリと断られると、獅童の与兵衛は茫然自失、「ああ、何としょう」と肚《はら》の底から溜息を吐き、気を変えて声高に「借りますまい」と取り繕う呼吸の変化が絶妙である。

とうとう斬りつけて油殺しの立廻りが始まると、「俺も俺を可愛がる親爺がいとしい」という台詞を絶叫し、父を助ける為には金が必要であり、お吉を殺してでも金が欲しいという余りにも短絡で独善的な動機を明らかにする。小さな劇場空間なので、二人の息遣いと油がしたたる音が響き渡って妖しい雰囲気を盛り上げる。いかにも歌舞伎役者らしい古怪な顔を蒼白にした獅童は、息を詰めて様式的なポーズを一つ一つ積み上げ、着物がはだけた白塗りの四肢を油まみれ血まみれに、凶暴な野性をあからさまに発揮する。簞笥から金を盗んで懐に入れた与兵衛が、自分の犯した罪の重大さに恐れおののき全身を震わせて逃げ去って幕が引かれると、観客は思わず身を乗り出すように舞台に見入っていた自分に気づかされる。

近頃の歌舞伎でこれだけ迫真の熱演を見たのは久しぶりで、歌舞伎の将来を担う彼ら新世代が活躍できる機会として「三越歌舞伎」が定着することに期待したい。

（平成十八年六月・三越劇場）

「玉三郎」という幻想

泉鏡花＝作『海神別荘《かいじんべっそう》』

同『天守物語』

七月の歌舞伎座は泉鏡花の戯曲を昼夜で四作品揃え、玉三郎が海老蔵を招いて二十一世紀歌舞伎組とともに怪しい幻想世界を描く画期的な企画である。同じ鏡花の作品でも人気の花柳小説とは違って、時代を先取りしたというべきか、時代に反抗したというべきか、発表当時は世に受け入れられなかった作者の思いが時代を超えて今日の私たちに届けられる。

『海神別荘』が「海」、『天守物語』が「空」だとするならば、奥深い「山」という異界で繰り広げられるのが『夜叉ヶ池』で、玉三郎の監修宜しきを得て、春猿は百合と白雪姫という表裏一体の二役をいささかヒステリックに演じ分け、段治郎の萩原晃は「茨の道は負ぶって通る」と妻を守る男性像を誠実に造形している。奇作『山吹』で髪を振り乱す笑三郎の縫子は、駒下駄を脱ぎ捨てた花道の引っ込みが大正の女性解放を象徴するかのようで、歌六の辺栗藤次は漂泊する老いた傀儡師《かいらいし》の不気味を歌舞伎の色調に仕上げている。いずれも石川耕士の演出が手際よく、二十一世紀歌舞伎組ならではのシリアスな熱演に圧倒される。

その点、『海神別荘』と『天守物語』は再演の余裕もあり、これまで新派や映画を通して鏡花の作品を紹介してきた当代随一の語り部である玉三郎は、レトリックに満ちた台詞をゆったり聞かせ、ところどころ観客の気持ちをくすぐりながら、まさに緩急自在、私たちを知らず知らず幻想世界に誘惑してくれる。深海の公子に魅入られた人間の女性、人間の男性に恋をする天守の姫君、それぞれ立場は反対だが、妖怪と人間のただならぬ恋愛に陥るヒロインを対照的に演じ分け、鏡花の耽美と浪漫に心酔する玉三郎のシンパシーが客席にまで伝わってくる。

玉三郎自ら演出を手掛け、リアリズムを超越する歌舞伎と鏡花の幻想世界との親和性を実感させるが、演技も演出も作品の一つの解釈を具体的に示すことに他ならず、読者が書物上に自由にイメージを広げられるのに比べて、観客が舞台上に姿形を見て台詞を聞く感動には限界がある。もとより、一人の女方の肉体を通して鏡花作品を歌舞伎化するだけでなく、玉三郎は自分自身を表現する適材として鏡花を選び、観客は鏡花を通して「玉三郎」という幻想を目の当たりにしているといえるだろう。

『海神別荘』は天野喜孝の美術がいかにも具象的に感じられ、金泥を散らした石柱、紅白の珊瑚の椅子、公子が身に帯する鎧兜、美女が着飾る宝石など虚飾を凝らす。歌舞伎座の舞台全面に薄板を敷き詰め、四作品ともその上に装置を繰り広げて共通した雰囲気を醸し出しているが、『海神別荘』だけは歌舞伎ということを意識せず、ハープの生演奏ともども、油絵を額縁からはずして掛軸に仕立て直したような斬新なつくりである。

美女が琅玕殿《ろうかんでん》に到着するのを待つ海老蔵の公子は、黒ずくめの衣裳で舞台を所狭しと動き回り、甘い声音で母性に訴えるやんちゃな少年に役づくりしているが、「性急な私だ」と自認する通りもう少し野性的であってもよく、「恋しい女よ、望めば命でも遣ろうものを」という台詞など、肚《はら》の底から力強く言い放って男のエゴイズムを強調したい。

場面転じて、黒潮騎士の群舞に取り囲まれ、白龍馬《はくりゅうめ》に乗せられて舞台奥から姿を現わす玉三郎の美女は、海底に沈む様子を台詞の揺らぎで表現する。しかし、娘のおぼこさが乏しく、八百屋お七が刑場へ引き廻される哀れな姿にたとえるのは難しい。また、この世からあの世への道程であるならば、美女の登場には是非とも花道を使いたいところである。なお、この白龍馬の小道具を幕切れまで何度も使い回すのは安直であろう。

ようやく公子と対面した美女は恐怖に震えおののきながら、公子の「私の鎧は、敵から、仇から、世界から貴女を守護する」とか、「女の身として、優しいもの、媚びあるもの、従うものに慕われて、それが何の本懐です」という勇ましい言葉にうっとり聞きほれ、玉三郎らしい繊細な表情が次第に温かい生気を帯びてくる。そして、「誰も知らない命は、命ではありません」という台詞で「大自在の国」を治める公子の機嫌を損ねてしまう。

蛇身になったことを知って嘆き悲しむ美女に対して、「許さんぞ。女、悲しむものは殺す」と憤怒の形相になる海老蔵の公子は、ギロリと目を見開く荒事の呪力で美女を組み伏せるかのようである。そして、縄で縛った美女を殺そうと公子が刀を抜いた瞬間、玉三郎と海老蔵の美しい横顔が近接していくところが観客にとって眼福といえるだろう。

幕切れは白いマントを羽織った公子と美女が立ち並んで拍手喝采となるが、この『海神別荘』は決してユートピアのハッピーエンドを描いている訳ではない。磯に咲いた竜胆《りんどう》と撫子《なでしこ》について「見覚えました花ですが、私はもう忘れました」と、他の何ものかに転生した美女の台詞が象徴的で、人間としての身体は海の藻屑と朽ち果て、幽冥境を異にする悲劇の余韻を感じるかどうかは観客に委ねられているのである。

最も上演回数が多い『天守物語』は、小川冨美夫の美術が無駄を排してシンプルに洗練され、客席側が天守の外側という設定で、私たち観客は妖怪を見ているのではなく、妖怪から見られていることが分かる。広々とした背景のホリゾントに青空から夕焼けに変化する景色を映すのも効果的で、そこに怪しい光球が飛んで来るのを見せておいて、上手から蓑を着て笠を持った富姫が足早に登場する演出も成功している。玉三郎の富姫は「出迎えかい、ご苦労だね」という第一声から悠々として、天空から世間を見下ろす貫禄を前に、私たち人間はたちまち矮小化されてしまう。

春猿の亀姫は武将の首を手土産にする妖気など、かつてデビュー当時に『ヘロデ王』のサロメで妖精のように踊り狂った鮮烈な舞台を思い出させる。但し、玉三郎の富姫への媚態があからさまに感じられ、春猿は振袖が似合いそうで似合わない女方で、赤姫役としてはもっと気高く凛然としていたい。右近の朱の盤坊は歌舞伎の赤ッ面を元気一杯に勤めて存在感を示している。門之助の舌長姥は老役に違和感がなくなってきたが、立役も女方も古風な味わいのあるこの好漢には、白塗りの役でもっと本格的に活躍できる機会を与えたい。

亀姫が去ったあと日暮れの静寂に包まれて富姫が一人で机に向かうところは、裲襠《うちかけ》に描かれた墨絵の龍が暗闇の中でキラリと目を輝かせる。そこに登場する姫川図書之助《ずしょのすけ》に対して、最初は「すずしい言葉だね」とほんのり好感を抱いてから、彼が再び戻って来ると「帰したくなくなった、もう帰すまいと私は思う」と恋心を高ぶらせ、手燭に照らし出した図書之助の顔を見詰める時、単に容姿に惚れるのではなく、その真剣なまなざしの奥にある精神性に感動しているのが分かる。

謎めく富姫の正体は、小田原修理《しゅり》が語る青獅子の由来によると、かつて殿様に無理強いされて舌を噛み切った貴女だと推測されるが、必ずしもその正体は明らかでなく、玉三郎が最後に着替える優美な白無垢姿を見ていると、気高く空を舞う白鷹の精のようにも思われる。なればこそ、「鷹には鷹の世界がある。露霜の清い林、朝嵐夕風《あさあらしゆうかぜ》の爽やかな空があります」という名台詞は、生まれながらにしての自由を主張する自らの気持ちの表明であろう。幕切れに富姫と図書之助が手を取り合う構図はまさしく白鷹と鷹匠の組み合わせ。もちろん、決して二人とも生き延びる訳ではなく、図書之助は世間への未練を断ち切って近江之丞桃六の鑿《のみ》によって新しい生命に作り変えられることになる。

「美丈夫、秀でたる眉に勇壮の気満つ」という卜書通りの海老蔵の図書之助は、やはり『海神別荘』の公子と同様に若づくりだが、少年から青年へ成人する試練を与えられる通過儀礼としてこの芝居を捉えるならば、登場するたびに勇ましく三段階に演じ分けたらどうだろうか。唯一、鷹を奪ったのが富姫だと知って、「ええ、お怨み申し上ぐる」と声を荒げて刀を抜こうとする瞬間が、率直な感情表現として印象に残る。富姫の誘いに吸い込まれるように身を乗り出しながら、「迷いました、姫君」とハッと我に返るところなど気持ちがこもっている。

吉弥のすすきは地味な役ながら『夜叉ヶ池』の万年姥とどども今月の功労賞で、落ち着いた台詞廻しで天守を取り囲んで立ち騒ぐ武士たちの様子を目に見えるように説明してくれる。最後に大臣柱の陰から登場する猿弥の桃六は物語を締めくくる大役で、彼の声量をもってすればエコーを響かせなくても大切な台詞を観客の心に浸透させることができるだろう。

以上、いずれも大正期に集中して書かれた鏡花の作品は、「世間」に縛られている人々を解き放つとともに、同時代の社会に対する痛烈な批判が通底している。『夜叉ヶ池』では代議士と神官が結託して国の為に犠牲になれと威張るが、彼らが洪水に溺れる結末は、今日の偏狭なナショナリズムに当てはめるとことさらに痛快である。『海神別荘』で娘を犠牲にして巨万の富を得た父親の存在が戦争成金と重なるというのは深読みかもしれないが、『天守物語』の「世は戦《いくさ》でも、胡蝶が舞う、撫子も桔梗も咲くぞ。馬鹿めが。ここに獅子がいる。お祭礼だと思って騒げ。槍、刀、弓矢、鉄砲、城の奴らッ」と吐き捨てる桃六の台詞が、第一次世界大戦の勝利に酔いしれた大衆と、それに乗じて台頭する軍部を批判していることはこれまでも指摘されている通りである。

文学は政治や経済に対してははなはだ微力だが、それでも言わざるを得ない、書かざるを得ない切実な気持ちが作者に筆を執らせる。もしかすると、当時の社会が陥っていた狂気こそが鏡花をして百鬼夜行の妖怪たちを生み落とさせたのかもしれない。

（平成十八年七月・歌舞伎座）

大立廻り二種

『慶安太平記』「丸橋忠弥」
『南総里見八犬伝《なんそうさとみはっけんでん》』

三部制がすっかり定着して若い客層を集める歌舞伎座の八月興行は、今年は勘三郎が襲名の全国巡業で不在だが、三津五郎を座頭にして爽やかな若手花形が揃っている。

思えば、八月の「納涼花形歌舞伎」が始まったのは平成二年で、当時の勘九郎は三十五歳、八十助は三十四歳、平成五年から三部制が導入されると同時に「花形」の二文字が消えて久しい。その後十六年が経過し、そろそろ橋之助や染五郎といった次世代に任せてもよいはずだが、近頃、若手を抜擢するリスクを避けた手堅い配役が続き、それとともに観客の平均年齢も次第に高くなっているように思われる。たとえば、藤十郎がまだ扇雀の当時に『曾根崎心中』を復活したのが二十一歳、猿之助が『狐忠信』の宙乗りを復活したのが二十八歳というのは極端な例かもしれないが、歌舞伎の将来を考えると、せめて年に一度は思い切って若手花形が活躍できる機会を提供して欲しい。

いうなればプロ野球とは違う高校野球の魅力とでもいうべきか、花形歌舞伎は技術的な未熟をひたすら気力と体力でカバーする情熱が大切で、今年は『慶安太平記』「丸橋忠弥」と『南総里見八犬伝』の大立廻り二種が威勢よく真夏の暑気を払ってくれる。

東京初演となる橋之助の「丸橋忠弥」は、いかにも歌舞伎役者らしく大らかに役の輪郭を描き、「江戸城外堀端の場」で花道から酔態で登場するとたちまち客席に酒気を漂わせる。「ここで三合かしこで五合、拾い集めて三升ばかり」という台詞を「シロイアツメテ、サンジョウバカリ」となまるのも、橋之助の芸が生粋の江戸前だからで、赤合羽や黄八丈の着付が似合う野暮な役柄とは異質かもしれないが、明朗快活な男ぶりが魅力で、このような主役でもっと思う存分本領を発揮させたい。酒を振る舞った中間《ちゆうげん》におだてられ「何、俺に天下を取らせたいか」と反応するところは、決して本性を見せずに豪快に笑い飛ばす。

本来、堀に石を投げ入れて耳を澄ましても幅も深さも測れるはずはなく、芝居の嘘として理屈抜きに楽しむべき場面だが、もし測量の照準を定めるつもりならば煙管は吸口を上に持って、その先端に視線を合わせるように構えるべきで、今のままでは全く意味不明な型になってしまっている。水音とともに舞台を廻して、そこに来合わせた松平伊豆守に傘を差しかけられ、雨がやんだのかと上目遣いにハッと驚くまで、橋之助の忠弥と染五郎の伊豆守が一枚の錦絵となる緊張感は、江戸城の石垣の書割りに負けないだけのスケールを感じさせる。

「忠弥住居の場」は由比正雪のクーデター計画が発覚する筋を通すだけだが、この場の台詞にあるように毒や火薬で市民を混乱に陥れようという彼らの企ては卑劣で、忠弥は悪役の性根で勤めるのが本当なのであろう。忠弥の岳父の藤四郎は市蔵だが、「堀端」にも登場せず、伊豆守に直訴する場面もカットされているので役づくりが難しく、うっかりすると彼を信用して秘密を打ち明ける忠弥の役柄が小さくなってしまう。せめて、弓師らしく弓を持って登場するとか、忠弥夫婦と向き合う時は堂々と上手に座るなどの工夫をして貫禄を出した方がよい。扇雀のおせつは世話女房らしからず、橋之助の忠弥にとっては気丈な姉さん女房である。

いうまでもなくこの芝居の眼目は「裏手捕物の場」の立廻りで、得意の槍を奪われた忠弥は鴨居を壊して振り回し、礫《つぶて》をぶつけられて額から血を流し、井戸端で本水を浴びて刀の柄に吹きかけ、雄叫びを上げて刀を頭上に構えて見得をすると客席が大いに沸く。そこからテンポアップして、捕り縄、戸板、木棒といった小道具を様々に用いながら、戸板を組んで小屋に駆け上がったり、屋根の上から捕り縄に前向きに倒れたり、戸板倒しなど歌舞伎の立廻りの趣向を盛り沢山に楽しませてくれる。最後は刺股《さすまた》、突棒《つくぼう》、袖搦《そでがらみ》で捕らえられ、一味徒党の連判状を持って逃げる妻おせつの名を叫ぶ幕切れが印象的で、肉体の限界に挑戦するかのような橋之助の奮闘と、それを盛り立てた大勢の捕り手たちの健闘に惜しみなく拍手を贈りたい。

さて、『南総里見八犬伝』は五幕十一場を三時間で上演するダイジェスト版で、手軽な幕の内弁当といった味わいだが、その制約の中でも新たに復活された「庚申塚刑場の場」の刑場破りが興味深く、若い犬士たちが役人の非道に立ち向かう義侠心が印象に残る。これまでも様々な見せ場が工夫されてきた歌舞伎の『八犬伝』だが、まだまだエピソードには事欠かず、引き続き新しい脚色が試みられることに期待したい。

「大塚村庄屋蟇六《ひきろく》内の場」で簾が上がると、すぐに浜路が犬塚信乃の髪を梳《す》く色模様となり、孝太郎の浜路が恋する娘のふんわりとした情感を漂わせて、うっとりと眺めていたい思いに駆られる。染五郎の信乃が前髪でないのは原作通りだが、女と見紛う歌舞伎ならではの倒錯美も捨て難い。

何といっても三津五郎の網干左母二郎《あぼしさもじろう》が出色で、名刀の村雨丸を抜いて「これぞ剣の威徳なるか」とうそぶくといよいよ夏芝居らしくなる。「円塚山の場」の石碑の前で浜路の帯を解いて白い足を組むエロティシズムが安っぽくないのは、三津五郎の鍛えられた肉体が歌舞伎のリズムを刻んでいるからである。燃え立つ炎の中に没すると火遁之術《かとんのじゅつ》を操る犬山道節に早替わりしてセリ上がり、座頭の貫禄をたたえる三津五郎の道節は、六方の振りの手数が多すぎるが、百日鬘に伊達四天《だてよんてん》の重量感をものともせず歌舞伎座の花道に相応しい立派な引っ込みを見せる。

なお、この場に浜路を追い駆けて来た犬川荘助だけでなく、何故か、犬坂毛野、犬村角太郎、犬江親兵衛、犬田小文吾が登場してだんまりになるのは早計で、一人一人仲間が増えてようやく最後に八犬士が揃うドラマの面白さが半減してしまう。

「滸我《こが》成氏館の場」に続く「芳流閣屋上の場」は染五郎の信乃と信二郎の犬飼現八の大立廻りで、信乃の必死の思いが通じて現八が悪から善に転じる『八犬伝』のターニングポイントを熱演する。もとより下座が奏でるドンタッポの合方が悠長で様式的な立廻りだが、高楼から転げ落ちそうになるスリリングな仕種を織り交ぜてもよいだろう。染五郎の信乃は諸肌脱ぐと金襴の着付になるが、華奢な体形には緋色の襦袢の方が似合うだろう。信二郎の現八は武者絵の荒々しいタッチとは異なり、二人とも自分のことで精一杯だが、信乃と権八は柔と剛、華と実、明と暗、互いに相手を際立たせる余裕がなければならない。

なお、信乃と現八が流れ着く「行徳入江の場」に、大法師《ちゆだい》に出家した金碗大輔《かなまり》が登場し、伏姫が八つの玉を産んだ由来を語るのであれば、発端の「富山山麓」はむしろ不要だろう。そして信乃、現八、小文吾が揃って先述の「刑場の場」に乱入し、火炙《ひあぶ》りの刑に処せられる荘助を救い出す。

大詰の「馬加《まくわり》大記館の場」と「対牛楼の場」は、福助の毛野の見せ場であるはずだが、既に何度も登場しているので役が引き立たず、長唄連中を揃えた女田楽の所作事では、中啓で顔を隠して仇敵を睨むところなど表情がいささか険しすぎる。かつて菊五郎劇団の公演で梅幸が演じた毛野の晴れやかさが懐かしく思い出される。

（平成十八年八月・歌舞伎座）

吉右衛門の「秀山祭」

『双蝶々曲輪日記《ふたつちようちようくるわにつき》』「引窓」
『菅原伝授手習鑑《すがわらでんじゆてならいかがみ》』「寺子屋」

九月の歌舞伎座は初代吉右衛門生誕百二十年を期に、初代の俳名を冠した「秀山祭」と銘打って初代を偲び、当代の吉右衛門を中心とした「劇団」を視野に入れた座組みである。

もちろん、初代がどんなに名優であったとして、私は初代吉右衛門の舞台を実際に見たことがない世代なので、初代の同時代を生きた人々が書き残した批評を読んで思いを巡らせるしかない。たとえば、「『型』のある処に『心』がある。『心』が溢れて『型』となる。あらゆる形に唯一つの心を盛るといふ意味に於て、自分は吉右衛門を象徴主義者と名づけたいと思ふ」（小宮豊隆著『中村吉右衛門』）とか、「〝さながらに〟と言うのは、誇張もなく、不足もなく、いかにもその人らしく自然に見せてくれるという意味で、役者として最上のよさである」（小島政二郎著『初代中村吉右衛門』）など、初代の芸にすっかり心酔した人々の思いが伝わってくる。

当代の吉右衛門も還暦をすぎて「さながらに」という境地に達しており、幸いなことに、私たちは当代の吉右衛門の身体を通して初代の芸を目の当たりに感じることができているのかもしれない。昼の部の『双蝶々曲輪日記』「引窓」の南与兵衛、『菅原伝授手習鑑』「寺子屋」の武部源蔵で、どちらも地味な扮装の役を芸の力でいかにもそれらしく演じ分けている。

まず「引窓」の与兵衛は何よりも愛嬌を大切に、〽いそいそとして門の口」で木戸を開けて上機嫌に語り出し、出迎えた女房と母と一緒に氏神様を拝む後ろ姿に家族のほのぼのとした暮らしぶりをうかがわせ、血のつながらない三人が心の絆をしっかり結んでいることが実感される。

〽目早き与兵衛が、水鏡」で濡髪長五郎を見つける件りは、羽織を構えて手水鉢《ちょうずばち》に映った人影を見込む呼吸もたっぷりと緊迫感を出す。十手を構えたり、縄をたくし上げる姿には町人から武士に取り立てられた意気込みを感じさせ、とかく肩書きというものは人の態度まで豹変させてしまうものだが、お幸の思いを知った与兵衛は今まで通り「私はあなたの子でござりまするぞ」と目を潤ませるのを見て私たち観客も思わずほっとする。そして、二階の濡髪に聞こえるように「右へ渡って山越しに」を声を張り上げて、「滅多にそうは参りますまい」と緩める呼吸も絶妙で、さすが吉右衛門の口跡は当代随一で、夜空に向かって「長五郎はいずれにありや」と訴える余韻を悲しく響かせる。

吉右衛門にとって富十郎の濡髪は今日最高の相手役で、白塗りの顔が立派なので頬のほくろが映える。どんな役でも決して陰気にならないのが富十郎の芸質で、お幸を責める「未来にござる十字兵衛殿へ、お前は義理が立ちますまいがァなァ」という台詞は大きく弧を描くように歌い上げる。芝雀のお早は与兵衛の恋女房らしく、涼し気な口跡に新妻の初々しさを感じさせる。

吉之丞の母お幸は八月に歌舞伎会と稚魚の会の合同公演で「引窓」の指導に当たったばかりで、今回は自ら模範演技を示し、役者として人間として枯れた味わいが客席の涙を誘う。久しぶりに息子に再会して「ほんにわしほど世の中に、果報な者はあるまいなあ」と手を合わせて感謝する老母を、一変、「未来は奈落へ沈むとも、今の思いに代えられぬわいなあ」という不幸に陥れる運命が何とも残酷である。「生きられるだけは生きてたも」という親心を封印して、泣く泣く濡髪に「一世の縁の縛り縄」を掛ける足取りが痛々しい。

なお、「引窓」の大道具は木戸外の背景に「野遠見」を描くことが多いが、むしろ、うっそうと茂る「竹藪」にした方が屋根から明かりを取り入れる引窓の風情が際立つだろう。

さて、幸四郎と吉右衛門の兄弟共演が注目される「寺子屋」は、幸四郎の松王丸の「華」と吉右衛門の源蔵の「実」の対比が絶妙で、二組の夫婦を表裏一体に描いたドラマの構造が明らかになる。幸四郎は華の内にも手堅く、吉右衛門は実の内にも明朗な味わいを感じさせるようになって、近頃稀に見る充実の大舞台となった。

町人の与兵衛と武士の源蔵では性根が違うのはいうまでもなく、うっすら紫がかった羽織を着て登場する吉右衛門の源蔵は、小太郎の寺入りの挨拶に顔を背け、「はてさて、そなたはよい子じゃなあ」と機嫌を直す屈折した心理を、肚《はら》を重々しく据えて、声の調子も一段低く表現している。母親が隣村まで云々と聞いた時はもっと深刻に受けとめたいが、「屠所《としょ》の歩みで帰りしが」で一呼吸間をおき、キッと暖簾口を振り向いて「今、寺入りの子を見れば」と真意を打ち明けるあたり、息を張り詰めて夫婦揃って鬼になる覚悟を聞かせる。そして、「せまじき者は宮仕えじゃなあ」という名台詞を座ったまま嘆息するので、独白ではなく、傍らの女房に語り掛けるように感じられ、〽ともに涙に暮れいたる」で立ち上がって刀を突く型を完成させている。

いよいよ幸四郎の松王が乗り込んで来て、吉右衛門の源蔵が次第に接近して下から見上げるように顔を合わせるところは、ハッと息を吞む瞬間の切れ味が物凄く、「暫くのご容赦」「後悔すなッ」「いらざる馬鹿念」「早く討てッ」と畳み掛ける応酬が久しぶりの兄弟共演ならではドラマチックに盛り上がる。後半、松王が再登場して、〽呆れて言葉もなかりしが」で源蔵が松王に斬り掛かるところも二人の芸の火花がまばゆい。

魁春の戸浪は夫を心配そうに見守る様子が繊細で、芝翫の千代は古怪な雰囲気が松王の女房に相応しい。同じ小太郎を失った悲しみでも、魁春の戸浪は内面的に抑制し、芝翫の千代は外面的に発散し、二人の女方の表現が対照的なところが面白い。なお、今回は前半の緊迫に比べて後半が弛緩してしまったように感じられ、「いろは送り」の焼香の思い入れはほどほどに、もっとテンポよく一気に幕切れまで運んでもらいたい。
その他、夜の部の『籠釣瓶《かごつるべ》』では吉右衛門が次郎左衛門をすっかり持ち役にして、田舎者とはいえ真面目な商人の風格を漂わせ、その誠実な人物がプライドを傷つけられたことに同情を集める。福助の八ツ橋は吉右衛門を相手に襟を正して勤めているのが貴重な機会で、役に馴れ合うことなく、こうした緊張感を大切に研鑽を続けて欲しい。

（平成十八年九月・歌舞伎座）

「勘平役者」の仁と柄

『仮名手本忠臣蔵《かなでほんちゅうしんぐら》』「五段目」「六段目」

歌舞伎座の十月の芸術祭は、仁左衛門の早野勘平が東京では二十年ぶりというのが意外で、しかも、『仮名手本忠臣蔵』の通しではなく「五段目」と「六段目」が見取りで単独上演されるのは歌舞伎座では戦後初めてのことである。水際立った仁左衛門の勘平は江戸型に上方風を加味して東西を越えた型を完成させている。これまで由良助や平右衛門も本役として演じてきたが、勘平は飽くまでも愁嘆場の二枚目として、端正な容姿は透き通るように繊細で、甲高く歌い上げる台詞に哀愁を漂わせ、そして何よりも嫌味のない優しい人柄が役づくりを裏打ちして観客の共感を集め、その仁《にん》と柄はまさに「勘平役者」と呼ぶに相応しい。

まず、「五段目」は浅葱幕を切って落とすと最初やや上手向きに座っておいて、下手に居直って笠を上げるちょっとした動きが、雨上がりに吹き抜ける涼風を感じさせる。千崎弥五郎に盗賊と間違われて、「面目もなきわが身の上」と恥じ入る気持ちが雨に濡れた全身から滲み出て、花道を入る時に、左右に首をかしげて行く手を見やるところは、かすかな光明が差し込み、一縷《いちる》の望みをたぐり寄せるかのようである。

舞台廻って、海老蔵の斧定九郎はニヒルという言葉がぴったりで、与市兵衛を刺し殺して、濡れた髪を拭い、裾を絞って水滴をしたたらせる仕種に浪人の倦怠感を漂わせ、財布の紐を首に掛けて五十両を数えるまで、暗闇の中で白い指の動きが怪しい色気を描く。花道で破れた蛇の目傘を担いで睨むところは、まるで顔を膨張させるかのように大輪の「悪の華」を咲かせ、鉄砲に撃たれて血反吐《ちへど》を吐く死に様は、宙を泳ぐように両手をビクッビクッと痙攣《けいれん》させるのが妙にリアルである。

〽猪《しし》撃ちとめしと勘平は」で楚々と走り出る仁左衛門の勘平は、火縄銃の玉は一発のみ、藁束の水気を払い、木刀で獲物を打ち、捕り縄を構える姿が清々しい。定九郎の懐を探って財布に驚くところも大袈裟でなく、余計な捨て台詞は言わずにテンポよく暗闇の芝居を進行する。勘平は喉から手が出るほど欲しい金に目がくらみ、その邪心から逃れるように飛び退く訳で、花道七三であっけらかんと膝を叩くお定まりの型ではなく、仁左衛門ならば殺人に横領の罪を重ねる深刻な思い入れを新たに工夫してみたらどうだろうか。

「六段目」に舞台が廻ると、魁春の一文字屋お才が茶屋の女房らしい存在感で、松之助の源六のちょっとふてぶてしい愛嬌と一緒に脇から芝居を盛り上げている。

仁左衛門の勘平は必ずしも上方風にこだわっている訳ではないが、「お駕籠でもあるまいわい」とか「御紋服をもっておじゃ」とか、言葉の端々の上方言葉が柔らかい印象を与え、帰宅してすぐに浅葱色の紋服には着替えるが、大小の刀は持ち出さないのが一つの解釈である。

菊之助のお軽は菊五郎の勘平で演じたことがあるが、その時よりも女ぶりが豊かになり、木戸を閉めて手拭いを口に泣き上げる後ろ姿で、大きく襟を抜いたうなじの色気に思わず吸い込まれそうになる。〽いっそ打ち明けありのまま」で勘平に抱かれるところは、数々の女方の役の中で最も大胆な表現で、その姿形に惜別の情が満たされている。家橘のおかやは、強すぎず弱すぎず、これから貴重な老女方《ふけおやま》になる可能性を感じさせる。

与市兵衛の死骸が担ぎ込まれると、自分の罪業におそれおののく勘平が身を震わせ、〽天罰と思い知ったる」で財布を床に打ちつけるところで、仁左衛門の勘平はしっかりと天を仰ぎ見て合掌し、その目から涙がはらりとこぼれ落ちるのが印象的である。運命に抵抗し、運命に翻弄され、そして運命に抹殺されてしまう男の悲劇が明らかになる。

二人侍は権十郎の弥五郎と弥十郎の不破数右衛門。彼らを迎え入れるところで、勘平が戸棚から刀を取り出し、抜いた刀を鏡にして髪を直す仕種が決してキザにならないのは、武士として名誉回復したあとで切腹する覚悟を定めているからだろう。「いかなればこそ勘平は」からの述懐には三十年余りの短い人生を凝縮して、〽血走る眼《まなこ》に無念の涙」で袖をくいしばるところは義太夫に合わせて様式的に泣き上げる。そして、罪が晴れて血判を押し、笑い顔と泣き顔を交互に見せる複雑な表情こそ、仁左衛門ならでは情味溢れる勘平の特徴である。

なお、当月もう一つ書き残しておきたいのは『寿曾我対面《ことぶきそがのたいめん》』で、海老蔵の曾我五郎と菊之助の曾我十郎が颯爽として威勢よく、若さはそれ自体が美しいということを実感させられる。すっかり健康を回復した團十郎の工藤祐経が二人を温かくかつ厳しく見守るバランスのよい配役で、『曾我物語』の敵討ちが一種の世代交代劇であることを教えられた。

（平成十八年十月・歌舞伎座）

芸の遺伝子

『勧進帳《かんじんちょう》』
『弁天娘女男白浪《べんてんむすめめおのしらなみ》』

新橋演舞場は九月に橋之助が『魔界転生』、十月に獅童が『獅童流 森の石松』で座長公演を果たしたが、脚本も演出も必ずしも準備万端でなく、連日連夜、千数百席を埋めなければならない大劇場のコンテンツの模索が続く。これまで団体客を相手にしてきた大劇場という商業施設と興行形態は、観客のターゲットを絞り込めず、時代のニーズとギャップを生じているのかもしれない。

引き続き十一月は期待の花形歌舞伎で、海老蔵、菊之助、松緑の三人が揃って、新歌舞伎の『番町皿屋敷』、荒事の『勧進帳』、世話物の『弁天娘女男白浪』、時代物の『時今也桔梗旗揚《ときはいまききょうのはたあげ》』、義太夫狂言の『義経千本桜《よしつねせんぼんざくら》』の「狐忠信」といった人気狂言を取り揃え、昼夜通して見ると歌舞伎の一通りのジャンルを網羅できるように工夫されている。中でも、海老蔵の武蔵坊弁慶と菊之助の弁天小僧菊之助は、父祖代々の芸の遺伝子を受けてお家芸をしっかり継承しているのが頼もしい。

海老蔵にとって『勧進帳』の弁慶は東京では六年ぶりとなり、豪快な腕力と鋭敏な神経をあわせ持ち、お家芸の歌舞伎十八番、飽くまでも荒事の役として仕上げている。陸奥へ向かう一行が関所を突破できるかどうか一触即発の緊張感を、ギロリと光らせる目で表現するのが特徴である。

花道での第一声「やあれ暫く、御待ち候へ」は地響くように皆を説き伏せ、「某《それがし》に御任せあって」とはいえ余裕がある訳ではなく、一体これからどうなるのか、海老蔵の弁慶は一か八かの真剣勝負で関所に足を踏み入れる。

この関所は山伏に限って通さないと断られ、海老蔵の弁慶が「してその趣意は」と低音で問うのに対して、菊之助の富樫が「さん候」と高音で応じ、二人揃って正面に並び立つところは、新橋演舞場の舞台を狭く感じさせるほど、将来の「團菊」となるべき存在感がいや増す。

「問答無益《むやく》」「言語道断」と言葉をぶつけ合い、「いでいで最期の勤めをなさん」と「祝詞《のっと》」を始めるところで、海老蔵の弁慶は富樫を睨みつけて敵意を隠さない。勧進帳を読めと命じられて「心得て候」と覚悟するところでも目を動かして一瞬の迷いを表わすが、観客にとって分かりよくても芝居の底が浅くなってしまうだろう。へ天も響けと読み上げたり」の不動の見得は、ふてぶてしいまでに全身で憤怒をあらわにして、兜巾の紐がはち切れるかのように顔を膨らませる。

なおも疑われて主君を打擲《ちょうちゃく》するところでは一瞬の狂気さえ滲ませ、〽皆山伏は打ち刀を抜きかけて」で四天王を金剛杖で制する「押し合い」は、若さならではの気炎を上げる。四天王は男女蔵の亀井六郎、猿弥の片岡八郎、段治郎の駿河次郎、いずれも弁慶を勤めることができそうな俊英に、市蔵の常陸坊海尊を従えた豪華な配役である。

芝雀の源義経は出した右足をすっと引いて上座に直る姿がふんわりと美しく、その主君に対して海老蔵の弁慶はへりくだらず堂々としているのが立派で、〽一期の涙《なんだ》ぞ殊勝なる」の号泣では本当に涙を流すまで感情を高ぶらせている。〽鎧にそいし袖枕、かたしく暇も波の上」から、合戦を回想するところはもう少し緊張をほぐして哀愁を漂わせてもよいだろう。

再び富樫が登場して酒宴になると、父の團十郎の弁慶が春風駘蕩とした度量の大きさを感じさせるのに対して、海老蔵の弁慶は酒に酔うことなく、「延年の舞」でも、中啓を構えて両袖を広げる舞い始めや、〽鳴るは滝の水」で数珠を巻き上げてきまるところなど、目を大きく見開いて富樫を警戒し続ける。そして、幕外の飛び六方も決して安堵することなく、〽虎の尾を踏み、毒蛇の口を逃れたる心地して」という通り、海老蔵の弁慶のまなざしは遥かなる陸奥を見据えて、最後の最後まで気を抜かずに演じ通した胆力にはただただ驚嘆するばかりである。

菊之助の富樫は背伸びして勤める初役ながら、全身に清潔感を漂わせ、納戸色の長大口の袴がよく似合う青年武将といった感じで、女方ではなく立役で海老蔵の相手をするのは初めてだが、さすが公私ともに気心知れた同級生ならではの阿吽の呼吸で「山伏問答」の緊張を絶頂まで高めていく。なお、幕切れに袖を掲げる立ち姿は正面向きではなく、やや上手向きで背後に惜別の情を漂わせた方がよいだろう。また、菊之助の立役の化粧は眉や目張りをもっと自然な風合いに描きたい。

ついでながら、富樫の名乗りで「厳命」は「ゲンメエ」ではなく「ゲンメイ」、弁慶の勧進帳読み上げで「勅命」は「チョクメエ」ではなく「チョクメイ」が正しく、もちろん、「弁慶」は「ベンケエ」ではなく「ベンケイ」で、さすがに芝雀の義経はきちんと発音している。もとより工段長音は必ずしも厳密ではなく、武士が「エイ」でも町人は「エー」と伸ばすのが自然だともいわれるが、台詞術としては「エイ」の方が観客に鮮明に聞こえるのは間違いない。

さて、『弁天娘女男白浪』の「浜松屋見世先の場」、菊之助の弁天小僧は十年前の襲名の時は美少年が女装する危うさがあったが、今回は女から男への身顕わしがくっきり鮮やかで、姿を「見られる」のではなく芸で「見せる」という段階にステップアップした。菊之助の芸を一言で表わすならば「健やか」ということで、窮屈な袋帯を解いて振袖を脱ぎ捨て、大胆なあぐら姿で、手足を右に左に大きく伸ばす仕種が生き生きとしている。これまで様々な大役をこなして女方の鬘がしっくり馴染み、島田に結った黒髪が艶やかに感じられる。

まさに「名せえ所縁の弁天小僧」という悪態はもうすっかり手馴れて、「ぶたれた俺が向こう傷までを甲高く張って「もし旦那」を低音で不気味につぶやいて膏薬代を要求するあたり、ふてぶてしい悪党の魅力を滲ませるところが父の菊五郎によく似てきた。店を出て、〽あんまりむごい胴欲な」と新内を口ずさみ、女物の襦袢の上に男物の羽織を着て、豆絞りの手ぬぐいを被った引っ込みの退廃美など、今後も新しい魅力を発見させてくれることだろう。

松緑の南郷力丸は舌足らずだが、骨太な男らしさが身上で、弁天小僧から兄貴分として慕われる感じがよく出ている。松緑は毛足の短い隈取筆のような芸質で、青山播磨や武智光秀のように微妙な陰影を描き分けるのは難しいが、単純明快な役に向いており、九月の歌舞伎座の『車引』では梅王丸を好演し、染五郎の松王丸と亀治郎の桜丸と組んで立派な錦絵を構成した。

左團次の日本駄右衛門は当月この一役のみで、花形歌舞伎にとって文鎮の役割を果たしている。他に、家橘の浜松屋幸兵衛と梅枝の宗之助が育ちのよい存在感を示し、團蔵の鳶頭清次は殺気がありすぎだが、橘太郎の番頭与九郎がなかなか飄逸な味わいで笑わせてくれる。

「稲瀬川勢揃いの場」は、左團次、菊之助、松緑に、男女蔵の忠信利平、松也の赤星十三郎が加わった「口上」代わりの一幕である。しかし、花道での渡り台詞も、本舞台での名乗り台詞も、何故だか退屈に感じられ、もっとテンポアップした方がよいのではないだろうか。

この他、海老蔵が猿之助の指導で宙乗りに挑戦する「狐忠信」も話題で、歌舞伎の人気作品として誰彼問わず共有してよい訳だが、成田屋と澤瀉屋《おもだかや》の芸風の違いはきちんと守るべきだろう。今の海老蔵にはもっと父から学ぶべきものがあるはずだ。猿之助が復活と創造に邁進して一時代を画し、血縁によらず門弟を抜擢した革新の精神こそが今日の歌舞伎に問われているのである。なお、新橋演舞場に桜の釣り枝を吊ると舞台に影が映る照明は是非とも改善して欲しい。

この子息たちの活躍を余所目《よそめ》に、今月の歌舞伎座の顔見世では菊五郎の『先代萩』と團十郎の『河内山《こうちやま》』など、それぞれ得意演目を安心して見ることができる。しかし、團十郎の河内山は観客の受けを狙った見え透いた演技に流れている嫌いがある。

（平成十八年十一月・新橋演舞場）

『神霊矢口渡《しんれいやぐちのわたし》』「頓兵衛住家《とんべえすみか》」

「愛」と「欲」

十二月の歌舞伎座は菊五郎劇団を中心にした座組みで、菊五郎が『芝浜革財布』と『出刃打お玉』という喜劇で観客を楽しませる一方、菊之助が『嫗山姥《こもちやまんば》』と『神霊矢口渡』に挑戦し、一年の締めくくりに相応しい充実の舞台となった。

夜の部の『矢口渡』「頓兵衛住家」は、〽おしどりのつがい離れぬ二人連れ」という新田義峰とうてなの花道の出から始まる。友右衛門の義峰は単なる二枚目ではなく、『太平記』の世界から抜け出した超然とした存在感があり、松也のうてなはいささか緊張気味だが女方として固い蕾を膨らませる。なお、こうした世話物では黄色の化粧蓑ではなく写実に本物の蓑笠を用いるべきだろう。

菊之助のお舟が暖簾口から登場すると周囲が一気に明るくなる。門口で一夜の宿を請う義峰にうっとりして、「お泊め申さいで、何といたしましょう」と三つ指を付く仕種が大きく、うてなに向かって「まあまあ、泊まっていかしゃんせ」と振袖を振る嫉妬もほどよく、恋に恋する生娘《きむすめ》の感情の起伏が手に取るように分かる。健やかに裸足で立ち居振る舞う歌舞伎の田舎娘。義峰が一間に入ってからは、「もしお内儀さんなら、どうしょいぞいな」と焦れて、焜炉で湯を沸かしながら恋の炎で次第に上気していく温もりが客席に伝わってくる。〽琥珀の塵《ちり》や磁石の針」という詞章は、しばしば作者の福内鬼外こと平賀源内の科学だと説明されるが、人が人を好きになる理屈抜きの感情を神秘的に表現したものだといってよいだろう。一目惚れした男に身も心も捧げてしまうお舟は、曲がり間違うと好色になりかねない役だが、菊之助の清潔感溢れる資質に救われて、〽あられもないが恋路なり」というおぼこ娘として貫くことができた。

様子をうかがっていた團蔵の六蔵は三枚目の柄でないと思いきや、案外、「こいつは、ええわい」というチャリ場をなかなか滑稽に演じている。六蔵を見送って、〽あとにしょんぼり本意なげに」と木戸口にすらりと立ちすくむ菊之助のお舟は、葛藤を抱え込んで思い悩む姿が健気である。

いよいよ富十郎の渡し守頓兵衛の登場になり、遠寺《おんじ》の鐘の響きで藪から姿を現わす瞬間、まさに極彩色の大首絵の迫力がある。端場を省略してここで初めて顔を見せることで、頓兵衛という役が引き立つことは間違いない。赤ッ面に癖毛の鬘が富十郎の体形とよく釣り合う。新田義興の舟底に穴を開けて水没させたのと同じ手口で壁をくり抜くあたり、富十郎ならではの太筆の芸で、昔話の絵本を見るような大らかな楽しさがある。〽あきれ果てたるばかりなり」と、誤って娘を刺して仰天するところは、父親の人情を微塵《みじん》も感じさせずに飽くまで老獪な人物に徹する。標柱に仕組んだ知らせの狼煙を上げ、一目散に義峰を追い駆ける花道の引っ込みは、蜘蛛手、蛸足といわれるように、喉から手が出るように金に執着する卑しさをいかにも古怪に表現する。

後半、菊之助のお舟は秘められていた女の野性を発揮していく。恋人の仇敵である父に向かい、「身勝手ばかりの強欲非道」と切々と訴えるくどきも力強い。頓兵衛が刀を振りかざし、お舟が海老反りになってきまるお定まりの構図では、菊之助はさすがに若くしなやかに弧を描く。息も絶え絶えの断末魔、櫂《かい》を構えて櫓《やぐら》に登って太鼓を打つお舟の力強さ。

お舟の「愛」と頓兵衛の「欲」がせめぎ合う幕切れは、水破兵破《すいはひょうは》の白羽の矢が頓兵衛の喉を貫く「神霊」がやはり鮮烈である。恋人の無事を祈る菊之助のお舟の表情には、無私無欲の境地に達した恍惚さえ感じさせる。


（平成十八年十二月・歌舞伎座）

「雪月花」の大石内蔵助

『元禄忠臣蔵』

真山青果の『元禄忠臣蔵』三ヶ月連続上演は国立劇場の開場四十周年記念で、まさに光陰矢の如く、二十周年の時の『仮名手本忠臣蔵』の大幹部の大顔合わせが懐かしく思い出されるが、今回は少数精鋭の陣容で大作に挑んだ。

十月が「江戸城の刃傷」「第二の使者」「最後の大評定」で六幕十二場、十一月が「伏見撞木町」「御浜御殿綱豊卿」「南部坂雪の別れ」で四幕十場、十二月が「吉良屋敷裏門」「泉岳寺」「仙石屋敷」「大石最後の一日」で四幕九場、合わせて十四幕三十一場の一挙上演は絶後となる貴重な機会である。近年では昭和五十六年と六十二年に歌舞伎座で昼夜通し上演され、先頃亡くなった真山美保が「定本」と銘打って演出したが、その際に省略された「第二の使者」「伏見撞木町」「吉良屋敷裏門」「泉岳寺」を加えて完全を期するのが国立劇場ならではのこだわりである。

とはいえ、余りにも冗長な原作の台詞を刈り込んだ従来の上演台本を継承して、「最後の大評定」の「大石邸の離れ座敷」、「伏見撞木町」の「堀川の河岸通り」、「南部坂雪の別れ」の「泉岳寺の境内」といった端場は省略し、「吉良屋敷裏門」と「泉岳寺」はテキストで二割程度の簡単な紹介にとどめている。

こうして作品の全貌を目の当たりにすると、「忠臣蔵」として語り継がれてきた様々な「虚構」を削り落とし、悪役を一人も登場させずに勧善懲悪を避け、同時に、初演当時の「思想」を付け加えて『元禄忠臣蔵』を成立させた青果の作意が明らかになる。ト書にあれこれ時代考証を書き添えているのも、いかに本物らしく戯曲を読ませるかというレトリックであろう。しかし、「最後の大評定」の井関徳兵衛の切腹、「大石最後の一日」のおみのの自害など、青果が歴史家ではなく脚本家として創作した場面こそ面白く、「赤穂事件」ではなく「忠臣蔵」という題名を用いたように、フィクションをノンフィクションに仕立て直すには限界があり、そこから生じる史実との矛盾を説明するかのように、作者は大石内蔵助に自らの思いをとうとうと語らせる。

そもそも「殿様の御鬱憤を晴らす、いや、殿様の御冥福を祈るばかり」（第二の使者）と思い立ってから、「ただ内匠頭最後の一念、最後の鬱憤を晴らさんが為にござりまする」（仙石屋敷）と報告するまで感情論を動機として、その上に「さても嘆かわしき御政道じゃ」と布石を打って「天下の御政道に反抗する気だ」（大評定）という大義名分を掲げるのは内蔵助の虚像である。その結果、浅野家の再興を願い出た内蔵助の実像と異なり、「大学頭様再興の内願は、一時の方便として誤って父の手からこぼれ落ちた、たった一つの小石にすぎぬ」（撞木町）という葛藤を抱え込んでしまう。もしかすると、「内蔵助はこの思案の、最後の最後まで迷うであろう」（大評定）というつぶやきは、全編を通した作者の悩みと解釈することもできるだろう。

いずれにしても、作者が文字では描き尽くせない行間を彩るのが役者の技量であり、十月の吉右衛門の内蔵助は「月」の影を踏んで城を去り、十一月の藤十郎の内蔵助は「花」が咲き乱れる遊廓で遊興し、十二月の幸四郎の内蔵助は本懐を遂げて「雪」の道を踏みしめ、「雪月花」の三者三様に個性的な内蔵助像を造形したといえるだろう。

まず十月、新調された緞帳が上がって開幕する「江戸城の刃傷」は、梅玉の浅野内匠頭が悔しそうに烏帽子を拾い上げる大紋姿、後ろ髪を引かれる思いで花道を引っ込む裃姿、切腹の座に向かう縁先で散る桜を見上げる白装束姿、それぞれ次第に哀愁を帯びていく風情は他に得難い。歌昇の多門《おかど》伝八郎はこの一幕の捌役《さばきやく》としてはいささか荷が重そうだ。なお、伝八郎が梶川与惣兵衛に命じて「刃傷」を「喧嘩」と記録を書き改めることで、喧嘩両成敗を要求する政道批判の法的根拠が担保される。

「第二の使者」で夜明け前の暗がりから「ならぬと言え」という第一声で登場する吉右衛門の内蔵助は、「凶変の場合ゆえ、常の掟《おきて》が大事でござる」などと平常心を説く台詞に説得力があり、次第に空が明るく、朝日を背に浴びてすっくと立ち上がった姿はまさに大腹中の人物である。なお、「武士の最後の決断は、抜いて切る」というところで扇を十文字に相手を斬る仕種を見せるが、やはり自ら切腹する覚悟を示すべきではないだろうか。また、この場は急ごしらえの継ぎ裃にして、お定まりの大小霰《あられ》小紋の裃は次幕にとっておくなど観客の気分を変える工夫が欲しい。

「最後の大評定」は吉右衛門の内蔵助と富十郎の徳兵衛の丁々発止が大芝居で、鎧櫃《よろいびつ》を担いで槍を持った徳兵衛が登場すると、それまでいささか悠長だった芝居がテンポアップして、舞台上の雰囲気ががらりと明るくなる。生まれついての気随者らしく茶碗で酒を飲んでカラカラと笑う豪快ぶりなど、富十郎ならではの愛嬌が滲み出て憎めない人物に描かれる。

「易きを捨て難きに就き、男子として険阻の道を歩みたいと思う」という台詞をほれぼれと聞かせる吉右衛門の内蔵助は、異論反論を封じて無血開城に導くが、徳兵衛を見捨てるのは冷徹な組織人としての判断で、浪人の果てに切腹した旧友の死に様に将来の自分の姿を見出したに違いない。その悲嘆を乗り越える花道の引っ込みは、『四段目』の大星由良助と重なって、さすが吉右衛門は無言の肚《はら》芸《げい》で観客にすべてを納得させてくれる。

十一月の「伏見撞木町」は井原西鶴の専門家でもあった青果がこだわった笹屋の「草葺きの庵室めきたる離れの亭」「鞍馬の青石を組み合わせた山地の景」などが興味深く、異色の配役というべき藤十郎の内蔵助は、「明日の大事があるゆえに、今日飲む酒がうまいのじゃ」と、秀太郎の遊女浮橋を相手に酔いしれる放蕩を艶やかに描いている。大石主税《ちから》の元服した姿を見て「元服は人の大礼」と目に涙を溜めて感極まるので、成人した息子に父の本心を打ち明ける気持ちに続くのである。

「伏見撞木町」が付くと「御浜御殿綱豊卿」の徳川綱豊が内蔵助の気持ちを代弁していることがよく分かり、「広い世間を狭く見て、浮世の学問が足りません」という内蔵助の台詞と、「浮世なりゃこそ浮かれるのじゃ」という綱豊の台詞が呼応する。梅玉の綱豊は内匠頭とともに二ヶ月続けての当たり役で、次期将軍となる人物の毛並みのよさを感じさせ、「いささか世道人心の為にも、討たせたいのう」という期待感を高め、「男子義によって立つとは、その思い立ちのやむにやまれぬところにあるのだぞ」といった名台詞を耳に心地よく聞かせてくれる。

翫雀の富森助右衛門は体当たりの熱演で、綱豊に眼中が鋭いと指摘されて態度を硬化させるのも、血気にはやる若気の至りという実感があり、「箍《たが》がありゃこそ桶でござります」という台詞も涙声になって浪士の艱難辛苦を嚙み締める。我當の新井勘解由《かげゆ》は超然としたところが儒学者らしく、魁春の江島は立女方《たておやま》の役として舞台を引き締める。扇雀のお喜世は感情表現が生々しくドタバタと埃を立てるのがよくない。

俗説通りの「南部坂雪の別れ」は時蔵の瑤泉院の持ち場で、浅葱綸子《りんず》の着付と藤色の被風《ひふ》に未亡人の清楚な悲哀を漂わせる。なお、内蔵助の焼香を許さず仏間の襖を締め切ってしまうところは、客席の側の御簾も下ろし、御簾内をシルエットで見せて鈴の音と泣き声を響かせた方がよい。内蔵助が江戸市中一面の雪景色を語る長台詞が聞かせどころで、藤十郎の内蔵助は「昔のことの皆恋しく」というあたりで、死を覚悟した男の目を光らせるのが印象に残る。なお、地名の「白金」は「しろがね」ではなく「しろかね」が正しい。幕切れの花道の引っ込みは一歩一歩に万感を込め、翌月の内蔵助にバトンを手渡そうとするかのようである。

いよいよ十二月、『元禄忠臣蔵』には討ち入りの場面が描かれていないので、客席を暗くして討ち入りの騒動を録音で聞かせるのも一つの工夫だが、本物の呼子笛の音だけで静かに開幕したらどうだろうか。「吉良屋敷裏門」と「泉岳寺」は寺坂吉右衛門と高田郡兵衛のエピソードを紹介するだけの場面になっており、大勢の中でも、歌六の堀部安兵衛と宗之助の矢頭右衛門七が、言葉少なく、本懐を遂げた虚脱感を全身に漂わせている。

「仙石屋敷」は上の巻と下の巻が別々に成立したものらしく、吉田忠左衛門と富森助右衛門が訴え出るのは泉岳寺へ引き上げる途中であり、もし「泉岳寺」を上演するならば「仙石屋敷」の第一場は省略した方がよい。三津五郎の仙石伯耆守《ほうきのかみ》は一人で大勢の浪士の思念を受けとめるべき大役で、持ち前の朗らかな表情と爽やかな口跡を生かせる気のいい役である。三河武士の面影を残すという原作の指定に従って衣裳など地味な役づくりで、内蔵助と伯耆守の問答が興味本位にならないのは、三津五郎の伯耆守が武士相身互いの情に裏打ちされているからであろう。幸四郎の内蔵助は「御一同、長い月日でございましたなあ」と感涙にむせぶエロキューションはさすがだが、それよりも息子の主税との別れ際に「死ぬというは大事じゃぞ。心ある者も転動する」という台詞が重要である。巳之助の主税はまだ緊張気味だが、一つでも多く舞台経験を積めば必ず活路が開けるだろう。

「大石最後の一日」も「仙石屋敷」に続いて上演されると、内蔵助が伯耆守に対して「主従《しゅうじゅう》相たのむ人の世の人情というものを御存知なきことと思われまする」と返す言葉と、おみのが内蔵助に対して「それは余りに女の心を知らぬと申そうよりは、人の心を御存知なき、むごいお言葉かと存知まする」と責める言葉が重なり、さらに遡って、「損得ずくでは割り切れぬ、人間の心というものがあるはずだ」という「最後の大評定」における内蔵助のつぶやきが回想され、今回の一挙上演によって『元禄忠臣蔵』に隠された「心」というキーワードがあぶり出される。

障子に影を映して登場するところは、「泉岳寺」の「暫しの間、柳は緑、花は紅、心静かに楽しもうではないか」とか、「仙石屋敷」の「病いある者は病いを養い、傷ある者は傷を療治し、最後の一日をあい待たれよ」という台詞を受けて、ト書に「鶯の鳴き音に誘われて庭前の梅花を眺むる」とあるように最期まで命を大切に暮らす様子がうかがえる。幸四郎の内蔵助が今までとは違うのは、切腹を覚悟したとはいえ、どこかで死を畏怖している人間の敬虔な祈りで、「これで初一念が届きました」という台詞は、他人の死を見届けたからではなく、自分の迷いが晴れてようやく悟りの境地に達した喜びを感じさせる。かねて、「人が見て褒めるような忠義、父は嫌いじゃ」（大評定）、「もののふの名を惜しむとは、功名手柄を世間から誉めそやされることではない」（南部坂）、「人間らしからぬ英雄になるのを心外というのだ」（最後の一日）と繰り返した内蔵助は、英雄ではなく一人の人間として花道を去ってこの大作が締めくくられるのである。

なお、幸四郎は十月に当たり役の『熊谷陣屋』と並べて初役で『髪結新三』に挑み、歌舞伎役者として芸域を広げようとしている。幸四郎の世話物は評価が分かれているが、時代物にも繊細な味わいが生まれ、世話物にも骨太なドラマを感じさせる円熟期に入ったといえるだろう。

芝雀のおみのは二演目。今年、芝雀は国立劇場の歌舞伎鑑賞教室で六月は『獅子ヶ城』の錦祥女、七月は『毛谷村《けやむら》』のお園という大役が続き、女方として自信をつけて堂々とした舞台ぶりになってきた。おみのの「一端の偽りは、その最後に誠に返せば、偽りは偽りには終わりますまい」という台詞にはいつも幻惑されるが、『七段目』のお軽の「嘘から出た誠でのうて、誠から出たみんな嘘々」という台詞のアンチテーゼともいえるだろう。信二郎の磯貝十郎左衛門も二演目にして持ち役となり、二代目錦之助の襲名も決まっていよいよ飛躍が期待される。

「琴の爪壱ツ有之候」という「堀内伝右衛門覚書」の記述から着想された悲劇が初演された昭和九年、満州事変を受けて徴兵制が厳しくなり、若者の犠牲が身近になった当時の観客にとって今日の私たちとはまた違う感動があったのではないだろうか。この「大石最後の一日」から始まった『元禄忠臣蔵』の連作は、これまでも批判されてきた通り、ファシズムの暗雲が立ち込めて戦争が泥沼化した世相が反映しており、「第二の使者」で勅使供応をないがしろにした不敬罪を免れて号泣する内蔵助の勤皇思想など、過剰包装を取り除いて賞玩しなければならない。もとより『元禄忠臣蔵』に対する毀誉褒貶は、「忠臣蔵」そのものに対する社会的な評価の振幅でもあった訳である。

いずれにしても、戦争の時代に書かれた『元禄忠臣蔵』に対して、平和の時代に書かれた『仮名手本忠臣蔵』が不忠不義の汚名をこうむった勘平と本蔵をクローズアップしていることを思うにつけ、「忠臣蔵」は必ずしも武士道の物語ではなく、今日の私たちは様々な「忠臣蔵」を様々に楽しむことができる幸福を大切にしなければならない。

以上、平成十八年下半期の歌舞伎のトピックスは、歌舞伎座における泉鏡花の特集に始まり、国立劇場の真山青果『元禄忠臣蔵』全編上演に終わった。鏡花の女性的でエロティックな「情念」に対して、青果は男性的でストイックな「理念」を描き、幻想と写実では舞台上の趣きも異なるが、大正と昭和の旧劇を取り込むことによって、観客の選択肢、役者の演技力、興行の可能性といった歌舞伎のキャパシティを広げるところに企画の意義があった。

思えば、歌舞伎四百年の歴史の内、近代化の洗礼を受けてから百年を経過し、これまで「新派」や「新歌舞伎」と呼ばれていたジャンルが「新」の意味を失って、今日ではむしろ古典歌舞伎よりも古めかしく感じられる。もとより新歌舞伎の範囲は明確ではなく、鏡花や青果を含めるかどうか議論の分かれるところだが、明治、大正、昭和を通して、いうなれば戦争の時代に生まれた作品群として新歌舞伎を定義するならば、その不幸な本質を今日の観客としてどのように受け入れるべきかが問われているのではないだろうか。

（平成十八年十月、十一月、十二月・国立劇場）

蜷川幸雄の演出力

シェイクスピア＝原作『ＮＩＮＡＧＡＷＡ十二夜』

歌舞伎座の檜舞台で蜷川幸雄が演出に挑んだエポックメイキングから二年、菊五郎劇団の『ＮＩＮＡＧＡＷＡ十二夜』が再演されることになった。シェイクスピアの言葉遊びを巧みに翻案した今井豊茂の脚本はもとより完成度が高かったが、今回、細部を整理してテンポアップが図られた。再演となると、私たち観客に芽生える冷静な批評眼に耐えられるかどうか真価が問われる。

定式幕を引くと一面の鏡が客席を映し出すプロローグは、初演ではその演出に驚かされるばかりだったが、いつも見慣れた景色も鏡に映すと新しい発見があり、客席の鳳凰紋の提灯の赤い輝きに優しく抱かれて、建て替えられようとしている歌舞伎座への惜別の情がいや増す。その鏡に映し出された観客の一人一人の心をのぞき込むかのように、「この世は舞台」というシェイクスピアのメッセージとともに開幕する。

そこに花道から登場する信二郎改め錦之助の〈大篠左大臣＝オーシーノ公爵〉は、大きな名跡を背負って役者ぶりが一回り大きくなった。単なる貴公子ではなく、恋に思い悩む表情がくっきりと表われている。左大臣が〈織笛姫《おりぶえひめ》＝オリヴィア〉を愛し、〈琵琶姫＝ヴィオラ〉から愛される『十二夜』は、彼の「誠に恋は変幻自在」という台詞が大切な主題になっている。

その鏡を割って押し出される帆船の上、菊之助の〈斯波《しば》主膳之助＝セバスチャン〉と琵琶姫の二役早替わりは再演の惰性に陥らず、段四郎の舟長《ふなおさ》磯右衛門の存在感が双子の兄妹の初々しい魅力を引き立てる。歌舞伎ではありふれた早替わりも、ジェンダーが男と女に分かれて世をさまよい、互いに互いを求め合うエロスを象徴するものとして特別な意味を帯びる。

初演とは違って、若女方として着実に成長した菊之助にとってむしろ琵琶姫が本役になり、彼女が仮装する〈獅子丸＝シザーリオ〉の時も、少女のふんわりした息遣いが伝わってくる。特に、左大臣の恋の相手が自分であったならと、胸元に手を入れて物思いにふける姿や、〽さても浮世はままならぬ」という下座の独吟で花道を引っ込むあたり、恋心を熱く燃やして少女が次第に大人びていく。第二幕の冒頭に設けられた「左大臣館大広間」の所作事は、尾上青楓の新しい振付により、女歌舞伎か若衆歌舞伎さながらの毛槍踊りがしなやかで、左大臣は獅子丸に琵琶姫の色気を見出し、観客は琵琶姫に菊之助の魅力を発見する。

その代わり、もう一役の主膳之助は「奈良街道」が削除されるなど登場が減り、「串本港」で権十郎の〈海斗鳰兵衛《あまとにおべえ》＝アントーニオ〉との惜別を印象づけるのであれば、裃の上に蓑を付けて笠を持つなど、旅姿に歌舞伎らしい工夫があってもよいだろう。

さすが、時蔵の織笛姫が高貴な雰囲気を漂わせ、そこに菊五郎の〈捨助＝フェステ〉が登場すると芝居が重厚になる。織笛姫との問答にある「阿呆な利口者よりは、利口な阿呆たれ」という台詞の通り、利口な阿呆の捨助と、阿呆な利口者の〈丸尾坊太夫＝マルヴォーリオ〉を菊五郎が二役早替わるのが優れた解釈で、浮かされた坊太夫の鬱金《うこん》色の出で立ちなど、初演よりも装飾を凝らしていかにも楽しそうに勤めている。

左團次の〈洞院鐘道《とういんかねみち》＝サー・トービー・ベルチ〉はいつも通りの自然体でほのぼのと役づくり、歌舞伎役者として独自の「文体」をもつ存在感がある。亀治郎の〈麻阿＝マライア〉はNHKの大河ドラマ出演中の人気も手伝って、その悪巧みで芸達者に笑わせてくれるが、再演ということもあって観客の受け狙いがエスカレートしている。初演では松緑が怪演した〈安藤英竹＝サー・アンドルー・エーギュチーク〉は翫雀に変わり、単なる道化役ではなく自惚れた貴族の風刺になっている。

蜷川の演出はこうした歌舞伎役者の個性に演技のディテールを任せることで、歌舞伎らしい大らかな雰囲気を醸し出す。これ見よがしに奇をてらわず、歌舞伎座という大劇場に相応しく堂々とした風格を感じさせるのは、歌舞伎の伝統への「疑念」ではなく「信頼」に裏打ちされているからであろう。

但し、百合の咲き乱れる太鼓橋など奇抜な装置は見飽きてしまう嫌いがあり、シンプルな歌舞伎の定式大道具の効用も考えたい。その代わり、腰元や家来を大勢並べて背景にするのが歌舞伎の発想である。また、初演時にも批判があったが、琵琶姫が主膳之助と再会するハッピーエンドで、吹き替えに精巧なマスクを被せる違和感はより強くなっている。もとより、双子の兄妹は表裏一体で、男と女が再び一つになる物語だとするならば、せめて登場人物が勢揃いするところだけでも、菊之助が二役を演じた終えた一人の歌舞伎役者として、振袖に裃を着る女方の口上姿で登場した方が祝祭劇のフィナーレには相応しかろう。

特に千秋楽では拍手が鳴りやまず、引っ込んだ菊五郎の捨助とともに蜷川が歌舞伎座の花道を歩いて舞台に登場すると、大向こうから「大当たり」と「ブラボー」という掛け声がかかり、東西文化が違和感なく融合したのが印象的であった。いずれにしても『NINAGAWA十二夜』は、初演では蜷川が「歌舞伎」を「演出」した一つの事件であったが、再演では歌舞伎役者が「シェイクスピア」に「出演」するという意味合いが強くなった。それは、歌舞伎の魅力を見抜いた蜷川の演出力が歌舞伎役者を活かして、役者の存在感を最大限に膨らませたからに他ならない。蜷川を口説いて成功に導いた菊之助の次なる夢はこの作品のロンドン上演だという。歌舞伎にとっても、シェイクスピアにとっても、幸福な出会いを重ねて欲しい。

（平成十九年七月・歌舞伎座）

『裏表先代萩《うらおもてせんだいはぎ》』

勘三郎の政岡

八月の歌舞伎座は初役尽くしという意欲的な狂言立ての中、夏芝居に相応しく最も見応えがあるのは第三部の『裏表先代萩』で、勘三郎が演じる三役の内、「裏」の小助がはまり役なのはもちろんだが、「表」の政岡と仁木弾正もまさに真剣勝負ですっかり自分の役にしている。先代勘三郎が国立劇場で復活したものを、平成七年には菊五郎も演じた珍しい作品である。

まず、序幕「花水橋の場」は『伽羅先代萩《めいぼくせんだいはぎ》』の定型通りで、山左衛門の黒沢官蔵が「忍っばっせい」と配下に命じる渋い声音で古怪なドラマが開幕する。七之助の足利頼兼はすらりとした八頭身が当世風だが、やはり女方にはいささか気の毒な配役だろう。

二幕目「大場道益宅の場」は登場人物が入れ替わり立ち替わり、医者の大場宗益に従って登場した小助が、花売りに娘への取り次ぎを頼まれ、下女のお竹に借金の証文を書かせ、そして大場道益を殺して金を奪うまで、様々な組み合わせの会話を聞かせる巧妙な場面である。黒合羽に弁慶格子の前垂れで薬箱を持って登場する勘三郎の小助は、玄関先で荷を解いて履物を揃えるなど勤めを終え、「どれ、裏の酒場で引っ掛けてこようかい」と出掛ける息遣いが小気味よい。口に楊枝を差したほろ酔い気分で帰って来てからは、そこに二百両があるのを知って真顔になり、「心の知れぬ下郎」云々と自分の悪口を聞いて悔しがる表情に小悪党の本性が出る。宗益に提灯を持たせて「お気をつけてお出でなさいまし」と見送るとサッと顔色が変わるように殺気立つ。

もとより金を盗もうとして、成り行きで殺人を犯してしまう軽薄な本性だが、瞬時に、お竹が履き間違えた下駄を悪用し、濡れ紙で顔を覆い隠すことを思いつくあたり抜け目ない。なお、音を立てずに障子を開けようと敷居に細工するのは、水ではなく、切れたと嘘をついた行灯《あんどん》の油を注ぐのが本当だろう。出刃包丁で道益を刺して玄関先で外の様子を見込むきまりが、「刃傷」の仁木のパロディになっているのが面白い。「詮議をされちゃあ、けんのんだ」と逃亡を企て、縁の下に隠したはずの金を探して、眉を八の字にした情けなさそうな表情に勘三郎ならではの愛嬌があり、もちろん、その金をくわえて行った野良犬は、床下の「忠臣」と「忠犬」を重ね合わせた皮肉である。

弥十郎の道益は酒気を帯びて鼻が赤く、太眉を付けた好色な役づくりで、福助のお竹を相手にほどよく笑わせてくれる。少しも悪びれない兄に比べ、橘太郎の宗益はシリアスな知能犯である。余談ながら、この場に届く鰈《かれい》の小道具がピリピリ動く細工が目を引くが、もしかすると、この「片割れ魚」は表裏一体にドラマが完結するという暗喩なのかもしれない。

さて、「足利家御殿の場」の政岡は勘三郎にとって先代も勤めたことがない念願の大役で、岳父の芝翫に教えを請うて神妙に勤めている。表情豊かな小助とはうって変わり、緊張した古風な顔に「片はずし」の鬘がよく似合う。勘三郎の個性は羽目をはずすよりも、型にはめ込まれた時にこそ魅力を増す。冒頭、「今、お館には悪人はびこり」云々と鶴千代と千松に言い聞かせる台詞が闘争宣言のようで、「もし毒」と言いかけて裲襠《うちかけ》の袖で口を押さえる仕種も鷹揚で堂々としている。

わが子が惨殺されるクライマックスでは、若君を引き寄せて小声でなだめる様子に乳人《めのと》らしい優しい情愛がこもる。内面は繊細だが外見は骨太で、〽忠義は千代末代まで」で三味線の糸に乗って懐剣袋の紐を巻きなおす仕種など、輪郭の角々がはっきりした勘三郎ならではの烈女像を完成させている。「くどき」は「神や仏も憐れみて」と天を見上げ、「かたじけない」と拝むまなざしが政岡になりきっており、勘三郎が虚心坦懐に政岡を勤める姿と、政岡が自我滅却して乳人を勤める姿が重なり合う。「所存の臍《ほぞ》を固めさす」でポンと帯を叩くのも威勢よく、「人もあろうに弾正の妹づれの」と悔しがる熱演には思わず涙を誘われるが、傷口をのぞき込んで目を背けて、千松の首に袱紗を被せる型はいささか痛々しい。いずれにしても、「天命思い知ったるか」と八汐を討ち、御簾が下りてしまうのが惜しくなるような政岡であった。

勘三郎の熱演に比べると扇雀の八汐はいささか冷淡で、ただ眼光鋭く政岡を睨みつける。二代目鴈治郎もそうしていたように、菓子箱を開ける時に懐紙をくわえる技巧が面白いが、その箱を持って上手へ引っ込むところは、もっと三味線の糸に乗って体を揺さぶる芝居ッ気が欲しい。秀太郎の栄御前の客演を得ながらも、八汐が栄御前よりも偉そうに感じられてしまうのは、扇雀の八汐に弾正の妹づれの卑しい嫌味が不足しているからである。

「床下の場」は勘太郎の荒獅子男之助で、隈取がよく生え、血湧き肉躍らせて念願の初役に没頭している。この若々しい力感こそ男之助の本来の姿であろう。満場の期待を一身に集めてスッポンから登場する勘三郎の仁木は、ギロリと睨みを利かせる表情が文楽人形のように古怪で、江戸の芝居小屋にタイムスリップしたような気分になるのが面白い。

仁木から小助に替わる「問注所小助対決の場」では、隠しておいた金が花屋の手に渡っていたことに首をかしげ、血染めの襦袢と聞いて動揺し、渋紙に残った足跡を踏めといわれて急に腹痛を起こし、次第に悪事が露見していく滑稽は、勘三郎ならではの愛嬌で客席を存分に笑わせてくれる。御苦労ながら、再び白塗りして仁木で登場する「控所仁木刃傷の場」は、これも初役の市蔵の渡辺外記左衛門《げきざえもん》を相手に精一杯ふてぶてしく立ち廻る。

この大詰が抜群に面白いのは三津五郎の二役、倉橋弥十郎と細川勝元の共演を得たからで、証拠の品々を吟味し、相手の人柄をしかと見極めるまなざしに爽やかな風情がある。「証拠はありあり」と責められると、小助は手をひらひらと震わせ、「恐れ入ったか」と問い詰められて落胆する幕切れは、さすが勘三郎と三津五郎ならでは息がよく合う。いつも通り、三津五郎の勝元の「家は万代不易の門《かど》出《んで》」という祝言で幕になるが、「裏」の小助を通して「表」の仁木の悪事を身近に感じさせ、写実と様式が相互にリアリティを高める趣向によって一件落着の安堵も一入《ひとしお》である。

他に、八月の歌舞伎座で一つだけ書き添えておきたいのは『磯異人館《いそいじんかん》』で、勘太郎が岡野精之介という薩摩藩のガラス職人を誠実に熱演している。可憐な七之助の琉球の王女琉璃との恋愛、篤実な猿弥の才助との友情、精悍な松也の周三郎との兄弟愛、その三つの人間関係を一身に引き受けて立腹を切る精之介の最期が壮絶で、朝焼けの桜島を見やるまなざしが清々しい。小さなガラス工房に立ち込めるその熱気は、歌舞伎役者の新世代に蓄えられたマグマを象徴するかのようであった。

（平成十九年八月・歌舞伎座）

男と女の「軍記」

『一谷嫩軍記《いちのたにふたばぐんき》』「熊谷陣屋」
『壇浦兜軍記《だんのうらかぶとぐんき》』「阿古屋」

記録的な猛暑を終えて秋の気配に心休まる九月、吉右衛門が座頭に立つ「秀山祭」は、今年も義太夫狂言が目玉で、昼の部に『一谷嫩軍記』「熊谷陣屋」、夜の部に『壇浦兜軍記』「阿古屋」、源平合戦を描く二つの「軍記」が配されている。

吉右衛門の熊谷次郎直実は先代の当たり役をお家芸として守り続ける信頼感がある。芝翫筋ではなく、紅濃く二本隈のように武張らせた化粧が当代の役づくりで、しかも誰よりも体格が立派なだけに、戦場で功名手柄を重ねてきた猛々しい武将の悪性が強調される。まさに悪人正機というべきか、そういう男が出家するドラマの意外性を確かめることができる。しばしば「直実は仏心に始まって仏心に終る」（杉贋阿弥著『舞台観察手引草』）などと花道の出と引っ込みが大切なのはいうまでもないが、最初から枯れてしまうのではなく、やはり芝居の見どころは「物語」と「首実検」で、吉右衛門の熊谷は飽くまでも武将としてそこをしっかり肉厚に仕上げているのがよい。

最初、相模を相手に「比類なき功名」と威張るのは詮議に来た梶原景高に聞かせる心で、案に相違して藤の方が聞きつけて飛び出す。そして、「須磨浦」での悲劇が平山季重に見られていたのと同じシチュエーションで、「物語」は梶原に聞かれていることを前提に、見えない第三者の存在が舞台上の虚構を成立させる。かの武智鉄二は「熊谷陣屋検討」でそういう解釈を否定しているが、吉右衛門の熊谷の「お物語な仕らん」という音吐朗々とした響きは、相模と藤の方はもとより梶原の耳にも達して、さらに大勢の観客を包み込む広がりを感じさせる。なればこそ、「討ち奉ってございまする」と平伏するところで号泣してはいけない。そして、「戦場の習えだわ」という怒号は自分自身に言い聞かせるように響かせ、「ご未練でござりましょう」と藤の方をたしなめる相模の言質を引き出して物語が完結する。

「首実検」の革色の熨斗目の長裃には荒ぶる雲竜柄の錦織を新調して、敦盛ならぬ小次郎を手に掛けた熊谷の激情が表わされる。吉右衛門はわが子の首を源義経に差し出すところで、「ご賢慮に適いしか」を唸るように、「但し、直実誤りしか」を甲高く言い放って熊谷の葛藤そのままに台詞に抑揚をつける。その大きな背中には政治の非情に立ち向かう孤独感が漂い、最後の勤めを終えると魂が抜けたように虚脱して肩を落とす。

いよいよ幕切れの引っ込みは、骨太な体格に墨衣がまだなじまない風情で、戦場の「遠寄せ」を聞いて武器を取ろうと身構える闘争本能がいかにもそれらしい。出家の身の上で戦う必要がないことに気づいた表情には、子を失った悲しみだけでなく戦いをやめた一抹の安らぎを滲ませる。

芝雀の藤の方はいかにも貴族の上品なたたずまいで、青葉の笛を吹いて敦盛の影に驚くところも慌ただしくなく、子を失って絶望する母親の震えが伝わってくる。福助の相模は初役で、悲しみを搾り出すような声音、指先まで心を込めた繊細な仕種など、亡き歌右衛門の芸に肉薄しようと努めている。

しかし、〽百里余りの道をつい都まで」と言い訳する照れ笑いや、「くどき」で小太郎の首を抱いて悲嘆の余り顔をしかめる表情など、歌右衛門の癖まで真似る必要はないだろう。小柄な身体を芸で大きく見せようと工夫した歌右衛門と違って、舞台栄えする資質に恵まれた福助が同じことをすると大袈裟になってしまう。

芝居の後半を盛り上げるのが芝翫の義経と富十郎の弥平兵衛《やへいびょうえ》宗清である。吉右衛門が本心から平身低頭できそうな芝翫の義経は、〽欣然《きんぜん》と実検ましまし」という表現が相応しい古風なたたずまいで、自ら宗清を呼びとめるのもよい。富十郎の宗清が梶原を討って走り出ると、たちまち舞台が引き締まり、「弥陀六という男でェえす」という独特の台詞廻しも巧妙で、「弥兵衛さん、弥兵衛さん」という入れ事を避けてテンポよく運ぶ。諸肌脱いで見せる襦袢の凡字は一つの見識で、「頼朝ッ、義経ッ」「那智ッ、高野ッ」と言い放つのがいかにも富十郎らしい。そして、「一枝を切らば一子を切って、かたじけない」と突っ伏して礼を述べる姿に万感を込め、源平合戦の恨みの連鎖を断ち切ってくれる。

さて、玉三郎の「阿古屋」は初演から十年ですっかり自家薬籠中の当たり役となり、同時代の観客にとって、その華麗な舞台は平成生まれの新しい伝説になろうとしている。

『兜軍記』の一つのエピソードにすぎない阿古屋の琴責めだが、源平合戦が恋人を引き裂き、景清は復讐心に駆られて行方知れず、阿古屋は苦界に取り残されてしまった。玉三郎はその悲しみに耐えかねる哀愁を漂わせ、武器の代わりに楽器を手に取って女の「軍記」を物語る。戦乱の世にあっても、人心を安らかに慰めてくれる楽器の響きは束の間の「平和」を象徴する。

玉三郎の阿古屋は「終わりなければ始めもない」と言うように、悠久の時間を支配する遊女の茫洋とした魅力をたたえている。どんなにきらびやかに着飾っても、戦場と同じように苦界を生き抜く遊女にとって三曲は真剣勝負である。琴は義太夫との合奏がこれまで以上に軽快で、高音と低音が絶妙に絡み合う。三味線は耳を澄まして音色をしっかりとらまえ、〽さるにてもわが夫《つま》の」と唄って思いを馳せるところなど、阿古屋になりきった繊細な表情を見せ、景清と愛を語らって、〽言うが互いの比翼連理」と空を見上げるまなざしには涙を浮かべる。もとより三曲の音色は官能的なところに魅力があり、特に胡弓はエキゾチックで、まるで歌舞伎座の客席が遊廓と化して、観客は遊君の芸に酔いしれているような錯覚を覚える。

ところどころキュッキュッと糸が擦れる音が悲しい叫びであるだけでなく、すっかり手に入って自信に裏付けられた玉三郎の演奏は、遊女も一人の人間として、生きる尊厳を訴える力強さを感じさせるのが新しい発見である。そもそも音楽とは人生の喜怒哀楽、楽器は今ここに生きている証しを立てる道具なのである。

吉右衛門の畠山重忠は「熊谷」から一変して白塗りが古風で、「はてさてしぶとい何故言わぬ」と阿古屋を問い詰める言葉にも情味があり、ほれぼれする口跡が耳に心地よい。段四郎の岩永左衛門も飄々として嫌味がなく、吉右衛門の重忠と二人居並んだ釣り合いがよいのが何よりである。

今月の男と女の二つの「軍記」で、吉右衛門の「熊谷」は六演目、玉三郎の「阿古屋」は七演目、いずれも回数を重ねることで型から役者の個性が溢れ出し、今まさに満開の見頃に巡り合わせた観客の幸せを思わずにはいられない。

なお、今月の開幕を飾る新作『竜馬がゆく　立志篇』は司馬遼太郎の原作を斎藤雅文が脚色したもので、染五郎の個性を生かしたシャープな印象に仕上がった。土佐を脱藩して勝海舟と対面するまでが分かりやすく描かれ、勝の書斎が大海原に転換する幕切れの演出に新工夫がある。三部作の構想もあるらしく、今後の続演を大いに期待したい。

（平成十九年九月・歌舞伎座）

「俊寛」三態

『平家女護島《へいけにょごがしま》』「俊寛」

図らずも十月は『平家女護島』「俊寛」が三座競演になり、強いてたとえるならば、前進座の梅之助は年功よろしく悟りの境地に達した「心」、国立劇場の幸四郎はテクニック豊かに表現する「技」、新橋演舞場の勘三郎は適年齢で熱演する「体」、同じ俊寛僧都でも「心技体」の三態で趣きを全く異にしている。

まず、国立劇場は「六波羅清盛館の場」を形ばかりの端場に仕立て直し、平清盛の横暴と東屋の自害を見せる。彦三郎の清盛が歌江の松の局と鐵之助の梅の局を従えて立派な景色になっているが、高麗蔵の東屋と松江の能登守教経に芝居っ気が不足しており、たとえば、教経が東屋に「天下の仕置きがなるべきか」と説教するところで、互いに顔を見合わせて一呼吸入れ、おもむろに「さりながら」

と調子を変えるなどの工夫が欲しい。

先月、幸四郎は同時代の作家が書き下ろす現代演劇の自主公演「シアターナインス」で、四大悲劇をモチーフにした岩松了の新作『シェイクスピア・ソナタ』を打ち上げたばかりで、打って変わって「俊寛」を演じおおせ、歌舞伎が生きた演劇であることを身をもって証明してみせる。

幸四郎の俊寛は、岩陰から登場して足を滑らせるだけでなく、ようよう庵《いおり》にたどりついて座り込むと、激しく肩を上下させて息も絶え絶えな憔悴を表現する。飽くまでも精神力で悲劇を演じ抜くという役づくりなのであろう。祝言の支度に「土を掘っても一滴の酒はなし」と身を震わせる悔しさや、仕舞で転倒した時の泣き笑いの表情が卑しからず、僧都という身分に相応しく理知的なところが幸四郎の特徴である。

表現に様々な技巧を凝らして、たとえば丹波成経に「語り給え」と右手を差し伸べたり、「さては帰参の船かいやい」と浮足立つところ、赦免状に自分の名前がなく、〽分け隔てのありけるか」と右左かき分けるあたり、独特のジェスチャーで手先足先を動かすのが幸四郎らしい。東屋の死を知らされて、「京の月、花、見とうもない」と昔を懐かしむ「哀」から、無慈悲な瀬尾太郎を斬る「怒」へ、〽鬼界ヶ島の流人となれば」で刀を真一文字に振って「関羽見得」にきまる形相は、出家の身でありながら人を殺さねばならない葛藤が表わされる。

なお、千鳥を囲って「流人は一致」と三人が団結する件りを省略したのは、政治的なレジスタンスを避けたのかもしれないが、芝居として面白い見せ場を一つ失う結果になった。

他の役では、芝雀の千鳥が今月の三座の中でも秀逸で、〽言うも優しき島なまり」で成経に寄り添うふんわりした所作や、「りんぎょぎゃってくれめせや」の涼やかな口跡は娘役の手本を示している。成経が婚礼の盃を口にするのを嬉しそうに見詰めるまなざしも初々しい。「くどき」は「もののふは、ものの哀れを知るというは」という訴えも力強く、「女子《おなご》に生まれた名聞《みょうもん》と」で、全身を震わせるところに恋する娘の艶めかしを感じさせる。

一方、今月の新橋演舞場は「勘三郎奮闘」と銘打って、昼の部の「大歌舞伎」では柿黒白の中村座の定式幕をたなびかせているのが頼もしく、勘三郎の名跡はやはり大劇場にこそ相応しい。映画監督の山田洋次が「シネマ歌舞伎」の撮影用に演出した『文七元結《ぶんしちもっとい》』は、映画作品になって初めてその成否が明かされるだろう。夜の部は、勘三郎と森光子が初共演する『寝坊な豆腐屋』が話題で、戦後焼け残った町の住民たちが再開発を阻止する物語は、利便性ばかり追求する今日の風潮を批判する。勘三郎が森を背負って花道を引っ込む幕切れは、夕焼けのような温もりが客席を包み込む。

勘三郎が東京で十三年ぶりに勤める「俊寛」は、先代譲りの破れ錦の衣裳を身にまとい、先代に学び、先代を超えようとしている。三座の中で気力体力最も充実した熱演にほだされて、客席のあちらこちらからすすり泣く声が聞こえる。

感情の起伏が激しいのが勘三郎の俊寛の特徴で、遠くに船を見つけて目を丸くして歓喜する表情には都への執着がありありとうかがえる。一転、自分だけ許されず「この悲しみはあるまじき」と訴えるところは清盛への憎悪がふつふつと燃え上がる。東屋の死を知って茫然自失に陥ってからは、「都へ帰れば、笠の台の飛ぶずくにゅうめ」という瀬尾の罵倒も耳に入らず、そこで驚かないのが優れた演じ方である。勘三郎の俊寛で特に感心するのは、瀬尾に一太刀浴びせた瞬間に血の気が引くように後ろによろめくところで、もう二度と後戻りできない覚悟がはっきり示される。その覚悟あればこそ、勘三郎は遠ざかる船のとも綱をつかむ型を排したのであろう。そして、とぼとぼと庵に帰る後ろ姿で、涙に濡れた顔を両手で覆いながら、思わず振り返って指のすきまから沖を見てしまうところは、先代譲りの情味溢れる人物像である。

他の役では、勘太郎の成経が今月の三座の中でも筆頭で、千鳥との馴れ初めを聞かせる「仕方噺」は、〽浪間を分けて海松布《みるめ》狩る」などの振りが女々しくならず、孤島の貧しい暮らしとはいえ、若い二人が夫婦生活を営むほのぼのとした幸福感が伝わってくる。この成経と千鳥が健やかなればこそ、俊寛は都に残した東屋への思いをより募らせたに違いない。

さて、前進座にとって「俊寛」は曰く因縁のあるレパートリーで、その上演中に中国に亡命した翫右衛門の志を受け継いだ梅之助は、一世一代、前進座オリジナルの演出を後世に残したいという使命感で勤めている。前進座の「俊寛」の脚本は近松門左衛門の原作のエッセンスをこの場面に集約し、俊寛が「不遜なり清盛、汝、何をもってわれを謀反と言うぞ」と激しく憎悪する「夢覚め」を付けて、平家打倒を企てた鹿ヶ谷の陰謀を正当化する。また、法華寺に隠れていた東屋が捕縛された経緯を俊寛に知らせる台詞を加筆するなど、そもそも題名を『女護島』ではなく原作通り『女護嶋』と表記したところに主張があるのだろう。

浅葱幕の切り落としではなく、定式幕を引くと薄暗がりの海岸で、岩場に組まれた庵の前で杖にもたれて俊寛が眠っている。太鼓とは違って「浪籠」が寄せては返すさざ波を演出し、その静寂の中、次第に照明が明るくなり、夜明けから夕暮れまで一日の出来事として太陽の光が舞台を彩っていく。

赦免船も小道具を用いた「遠見」ではなく、「ヤッシッシ、シシ、ヤッシッシ」という舟子の掛け声が次第に近づいて来る臨場感が面白い。他にも前進座ならではの演出は様々あり、原作通り、平康頼が下手の岩場を這い下りる姿に、俊寛が餓鬼道に落ちた自分の姿を見出したり、千鳥が海女《あま》の腰蓑を付けたあられもない衣裳など、今日の歌舞伎が忘れかけている野性であろう。

梅之助は眉毛を付けた丸顔に親しみやすい愛嬌があり、赦免状に名前がなく「ない、ない、なァい」と号泣するのも、むしろ素朴なまでに悲しみを表現して大衆感情に訴える。それが後半になると、化粧に青みを加えて古怪な風貌に一変し、瀬尾に「馬鹿尽くすな」と蹴飛ばされて倒れたところできっぱりと殺意を決する。そのあとの必死の抵抗は無私無欲といった感じで、いわば枯淡の境地に達した梅之助の芸は、世俗を超越した俊寛の諦観に最も近づいているといえるだろう。

他の役では、圭史の丹左衛門が今月の三座の中でも最適役で、浅葱色の素襖《すおう》大紋がよく似合い、さすがに梅之助とともに劇団を担ってきただけの貫禄がある。前進座の演出では本文通り瀬尾と一緒に登場したり、出船で掲げるべき扇を康頼に渡してしまうなど、捌役《さばきやく》としては損をしているが、その代わり、「俊寛こそは仏の大慈に優りたる浮世を救うまことの慈悲」とたたえる台詞が加筆されており、圭史の肚《はら》の据わった口跡が耳に心地よい。

折から、梅之助の後継者と目されていた梅雀が前進座を退団することが報じられ、いよいよフリーになっても舞台俳優として活躍の場が広がることに期待したい。

以上、三座の「俊寛」は幕切れも三人三様で、岩場に登って松の枝が折れて先端に座り込むまでは同じだが、幸四郎は岩上に乗り上げた右膝に両手を置いて背筋をしゃんと正し、いかにも空虚な偶像と化して幕を切るのが象徴的である。それに対して、勘三郎はぐったり虚脱して肩を落としながらも、どこか安らいだ表情に無一物になった人間の悟りを感じさせる。一方、梅之助は清盛の死を暗示す法悦の笑いを夕日が照らし出す。潮風に髭がたなびく往年の新演出はむしろ古びてしまったが、梅之助という一人の歌舞伎役者の存在感に圧倒される幕切れであった。

（平成十九年十月・国立劇場、新橋演舞場、前進座劇場）

お家騒動の背景

『傾城反魂香《けいせいはんごんこう》』

十月の歌舞伎は、東京の歌舞伎座、国立劇場、新橋演舞場、前進座劇場、三越劇場に、名古屋の御園座を合わせて六座という大盛況で、その中でも三越劇場には澤瀉屋《おもだかや》一門が結集し、『傾城反魂香』の「近江国高嶋館の場」の「虎の絵抜け」を復活して、「土佐将監《しょうげん》閑居の場」いつもの「吃又《どもまた》」に続くお家騒動の背景を見せてくれたことを特筆しておきたい。

久しぶりに歌舞伎の舞台に立つ笑也の狩野元信には誠実な魅力があり、それに対する猿弥の不破道犬もふてぶてしい僧形が本役で、絵抜けの虎との立廻りで大いに楽しませてくれる。猿之助の演出ならでは、館外に「竹藪の立廻り」を付けて、段治郎の狩野雅楽之介《うたのすけ》が袴の股立ちを取った姿で爽やかに好演し、いずれも、三越劇場の舞台を狭く感じさせる立派な一幕に仕上がった。

「閑居」は右近の又平と笑三郎のお徳で、いつも見慣れた中年ではなく若夫婦の物語という再発見があり、若いからこそ、人生を諦めきれない苦悩が痛切に感じられる。又平が袴をはかずに着流し姿で登場するのも庶民的である。猿之助が猿翁型と菊五郎型をいいとこ取りした型を受け継いだ右近は、女房に抱かれて子供のように泣きじゃくるあたり、障害に苦しむ純朴な青年像で観客の共感を一身に集める。笑三郎のお徳は女房役が得意な人だけに不安がなく、鼓の腕前も大したものである。寿猿の土佐将監は厳しさと優しさが裏表になっており、延夫の北の方ともども落ち着いている。

歌舞伎にアンサンブルという単語を軽々しく使いたくないが、猿之助が大切に育んだ澤瀉屋一門は、彼らだけで結束した時のアンサンブルが個々の力量を最大限に引き出す。脇役に徹するだけでなく、歌舞伎座の檜舞台でも、彼らに一幕任せて活躍の機会を増やして欲しいと思う。

（平成十九年十月・三越劇場）

「語り」と「騙り」

『摂州合邦辻《せっしゅうがっぽうがつじ》』

十一月の話題は国立劇場の『摂州合邦辻』通し上演で、かつて武智鉄二ができるだけ原作の人形浄瑠璃に近づける意図で演出した藤十郎の玉手御前が東京で初めて披露される。

私にとって『合邦辻』といえば亡き梅幸の玉手のイメージが揺るぎない。しかし、平成四年一月、当時、藤十郎はまだ鴈治郎を名乗っていたが、道頓堀の喧騒に包まれた中座の舞台で鴈治郎の玉手を見た時、『合邦辻』という芝居が抱えている一種のいかがわしい魔力に圧倒された。いわば暗闇の泥沼に咲く蓮花のように、卑俗で猥雑な芸能の本質を知った貴重な体験であった。今回は武智演出を元に独自の工夫を重ね、国立劇場の大舞台に相応しく洗練されてしまった感じもするが、藤十郎の芸は衰えるどころかいよいよ艶やかになっている。その藤十郎を中心に、我當の合邦道心、秀太郎の羽曳《はびき》野《の》、吉弥のお徳という上方勢を揃えて、俊徳丸には三津五郎を迎えた配役が手堅い。

最近では、平成十年に猿之助が自主公演「春秋会」で二幕七場の構成で通し上演したこともあったが、今回は、「高安館表書院の場」の偽勅使の件りと「河内国竜田越の場」を復活し、治郎丸の悪事を見破った誉田主税之助《こんだちからのすけ》を「合邦庵室の場」の幕切れに登場させて、俊徳丸に家督が相続される吉報をもたらしてお家騒動の結末にしたのが補綴《ほてつ》のあらましである。

序幕「住吉社前松原の場」はいきなり最初から玉手と俊徳丸が花道から登場するので役が引き立たないが、毒酒を飲ませた鮑《あわび》の貝殻を懐に入れて思い入れる幕切れの玉手の立ち姿が、この芝居を貫く「恋の一念」を印象づける。「高安館」は秀太郎の羽曳野の持ち場で、俊徳丸を追う玉手の行く手をさえぎり、「河内一国取り仕切る家老の言葉」と扇子を手に構えた姿勢がいかにも武家女房らしい。なお、彦三郎の高安通俊は白塗りで黒髪の若づくりだが、老役にしたほうが若い後妻として迎え入れられた玉手の境遇が明らかになるだろう。雪景色の「竜田越」は愛之助の主税之助が捌役《さばきやく》として活躍して偽勅使から大切な綸旨を取り返す。愛之助は背伸びして家老の貫禄を出そうとする余り、低く響かせる口跡が不自然に聞こえてしまう。

「天王寺南門前の場」は西門の石鳥居前と違って地味な景色だが、義太夫が賑やかな連れ弾きを聞かせ、〽折には鬼や倶生神《くしょうじん》、閻魔王をば信心なされ」という念仏踊りで我當の合邦が振りまく愛嬌は他に得難い味わいである。「どっこいしょ」と墨衣の裾をたくし上げて花道を引っ込む軽妙洒脱があとの悲劇を引き立てる。俊徳丸と浅香姫が巡り合う「万代池の場」は、〽出で入りの月を見ざれば明け暮れの」という『弱法師《よろぼし》』の謡がかりで俊徳丸が花道から歩み出るが、芝居では俊徳丸は足腰立たないからこそ、浅香姫が引く台車に乗せられて花道を引っ込むことになるのだろう。

さて、いよいよ眼目の「庵室」は武智演出を基本にしながら、藤十郎ならではの解釈で役づくりを重ねており、特に、原作通り玉手が父母を相手に「くどき」の全文を語るところが最大の特徴になっている。従来、詞章を分割して後半をあとに回して俊徳丸を直接口説くのは、玉手の邪恋を見たいという観客の欲求に応える歌舞伎ならではの工夫であろう。しかし、通し上演の場合、既に「住吉社」

や「高安館」で玉手の妄動を見せているので、この場でそれを繰り返す必要性は薄れている。しかも、藤十郎の玉手は家に戻った最初から上手の一間に俊徳丸が居ると目を付けて、父母に向けた言葉も俊徳丸に聞かせるつもりで、「語り」がそのまま「騙《かた》り」になっている力強さがある。

かつて、梅幸の玉手が本当に好きになって欲しくて口説く健気な「純愛」を感じさせたのに対して、藤十郎の玉手はむしろ嫌われ蔑まれるように口説き、「嫉妬」をあからさまに自らを悪役に仕立てている。武智は玉手の邪恋を深層心理という解釈で説明しようとした訳だが、いわば、その心理に気づいて意識的に行動すれば「恋」であり、知らず知らず無意識で行動すれば「忠義」のニュアンスが濃くなるということだろう。

武智演出は人形浄瑠璃の「嘘」臭いところを強調するので、生身の役者が演じる場合、それがいかにも「真」であるかのように感じさせなければならない。たとえば、正座したままの玉手が母に引きずられて奥へ入るところや、へ姿も乱るる嫉妬の乱行」で浅香姫の帯を取って嫉妬を表わすところなど、人形ならではの騒動は生身の人間では表現しにくいが、藤十郎は芸の気迫と腕力で観客を虚構の世界に陥れてしまう。

台詞も然り、「あっちからも惚れてもろう、気ィーッ」とヒステリックに強く言い放ったり、「邪魔しやったら、蹴殺すぞ」という原作の表現を用いたり、手負いになってから、「虎の年、虎の月」とか「聞いた時の、その嬉しさ」でブルブルと唇を震わせる義太夫の息遣いを聞かせて、敢えて大袈裟に振る舞い聞かせるところがまさに「騙り」なのである。

藤十郎と真摯に向き合う我當の合邦は、いかにも「世を見限っての捨て坊主」らしい朴訥な雰囲気があり、娘を刺し殺して「これが坊主のあろうことかい」という嘆きは、父親譲りの誠実な人柄に拍手が沸き起こる。吉弥のお徳は、『六段目』のおかやもこなせる人だけに老役に違和感がなくなり、「ほんにこの子が生まれたは」云々という台詞を復活して一つの家族の悲劇を印象づける。

扇雀の浅香姫は生々しい感情表現がお姫様らしからず、女方の資質としては、秀太郎を浅香姫、扇雀を羽曳野に配すべきであった。翫雀の奴入平は今回の台本ではあまり活躍しないのが残念で、この場も遠慮気味だが、格子戸を壊した勢い余って座敷に上がってしまった方がよいだろう。この場の暗雲を吹き払ってくれるのが三津五郎の俊徳丸で、「生さぬ《な》仲の義を重んじ」云々、さすがに涼し気な口跡をほれぼれ聞かせてくれる。池の水面を見込んで業病が治ったのを確かめる歌舞伎の入れ事を省いたので、〽広大無辺、継母の恩」というノリ地の台詞の一言一言が貴重である。

そして玉手の最期、猿之助の春秋会では段切れを義太夫が語り、段四郎の合邦が閻魔様の台車を引き出す古風な型も面白かったが、今回は登場人物の割り台詞の組み合わせを変えて趣きを新たにするだけにとどめている。藤十郎の玉手は今までのように手を合わせて成仏するのではなく、鮑貝を大切に胸にかき抱くのが新しい工夫で、恋心を胸に秘めた女の「片思いという心の誓い」を象徴する印象的な幕切れであった。

（平成十九年十一月・国立劇場）

玉三郎の存在感

有吉佐和子＝作『ふるあめりかに袖はぬらさじ』

玉三郎は十月の『怪談牡丹燈籠《かいだんぼたんどうろう》』で仁左衛門と共演したのに続いて、十二月の『ふるあめりかに袖はぬらさじ』で、没後十年になる杉村春子の当たり役を演じている。既に杉村の上演数を上回り、特に今回は十二月の顔ぶれが総出演して、歌舞伎座の舞台で「歌舞伎」として上演されることに意義がある。まさに歌舞伎役者が演じれば歌舞伎だとするならば、商業演劇のレパートリーをすべて歌舞伎が呑み込んでしまいそうな勢いである。

有吉佐和子が自分の小説を脚色した『ふるあめりかに』は、作品そのものに大衆性が胚胎しており、新劇に生まれ、新派で育ち、ついに歌舞伎となった作品の歩みが興味深く、そもそも歌舞伎として構想されたという説もにわかに否定し難い。それにしても、「女優」に代わって、様々な女性像を「女方」の美学に取り込んで昇華させてしまう玉三郎の存在感はいや増すばかりである。

第一幕「横浜岩亀楼の行灯《あんどん》部屋」で、玉三郎のお園が「海っていうのはいいわねえ。私は大好きだ」と言いながら雨戸を開けて、まばゆいばかりの日光を入れる幕開きは、今まさに鎖国が解かれようとしている日本を象徴する。思想の押し売りではなく、いわば「国家」を「遊廓」になぞらえて、その舞台上で繰り広げられる悲劇を観客に目の当たりに体感させるところが作者の筆のふるいどころであろう。初演の昭和四十七年には尊王攘夷論と日米安保闘争が重なっていたのかもしれないが、今日の日本にあっては、「商売に勤皇も佐幕もあるか」という商人のつぶやきが、政治思想より経済原理が優先されるエコノミックな世相の風刺として身近に読み取ることもできる。

獅童の藤吉は医師を志す書生の誠実、七之助の亀遊は心身を病んだ遊女の悲哀、二人とも飾り気のない若々しい好演で、彼らをからかいながらも温かく見守る玉三郎のお園がいかにも自然体で振る舞う。獅童は「私は志のある人間です」と言い放つ語気に、心の迷いを払おうとする覚悟があり、亀遊と二人きりになって、互いに熱く見つめ合い、汽笛の音にハッと離れるが、意を決して抱き合う幕切れが型のようにすべてを物語る。

その二人の恋が引き裂かれる第二幕「扇の間」は、笑三郎、春猿を始めとした芸者衆による三味線の演奏で賑やかに開幕し、福助、吉弥、笑也、松也、新悟の唐人口の遊女が勢揃いして「妙ちきりん」な光景を繰り広げる。七之助の亀遊が青白い光に包まれた蜻蛉のように登場し、驚いた獅童の藤吉は必死に自分の感情を押し殺して通訳に徹する。福助のマリアが騒々しく悲劇を邪魔してしまっているが、是非とも獅童と七之助の沈痛な面持ちに注目したい。遅れ馳せながら玉三郎のお園が登場すると、たちまち舞台も客席もその術中にはまってしまう。

勘三郎の岩亀楼主人と弥十郎の米人イルウスは芝居のテンションが高く、片言の英会話を面白く聞かせるが、亀遊の身柄を売り買いする交渉で、「merchandise（＝商品）」という単語が飛び交うのを聞くにつけても、金にものを言わせる遊廓というものの無情を痛感する。その非人間的な制度に踏みにじられて亀遊は自らの人生に終わりを告げる。

第三幕は亀遊が死んで七十五日という因縁の日、亀遊が攘夷の志を遂げて自害したという作り話の瓦版が出回る。そうと知った藤吉が「あの人は急に別な人になってしまった」と言い出すのは、その作り話を信じ込むことで、自分が殺したも同然だという自責の念から逃れる心理なのだろう。人は人生における様々な苦しみを克服する為に「物語」という虚構を必要とする。藤吉が旅立つ後ろ姿で、獅童はそういう気持ちを描き切れず薄情な男に思われてしまったのが残念である。

藤吉の密航を知って知らぬふりをする岩亀楼主人は老獪そのものだが、勘三郎は人情味たっぷりの憎めない人物に役づくりしている。さすが、勘三郎と玉三郎のコンビは呼吸がよく合って、二人の会話がちょっといい聞きどころになっている。

その場に踏み込む浪人は権十郎、右近、海老蔵。次の第四幕に集う思誠塾の門人は、三津五郎、門之助、橋之助、段治郎、勘太郎で、これはもう歌舞伎座ならでは年の瀬を飾る豪華な顔ぶれというしかない。ことに慶応三年七月の明治維新の前夜の宴席で、時代の流れに取り残された攘夷派の会話に哀愁が漂う。彼らを相手に少しも動じることがない玉三郎のお園は、杉村が講釈を参考にしたと伝えられる弁舌もよどみなく、無表情のまま、次第に虚構の中の虚構に同化していく。

玉三郎の細部へのこだわりはいつもながら、序幕の十一月は格子柄に黒襟の地味な普段着、二幕目の二月は継ぎ合わせの伊達な芸者姿、三幕目の五月は裾に花を刺繍して華やぐ縞柄、そして四幕目の七月は雷雨を招くような雲竜柄の着付で、季節感ともどもドラマの起承転結を表わしている。

幕切れに、「私がしゃべったのはみんな本当だよ」と言う一方で、「みんな嘘さ、みんな嘘っぱちだよ」とも言うのは、お園がまさに「虚実皮膜」を生きているからに他ならない。その台詞は作家として文で人々を感動させた有吉佐和子の言葉であり、役者として芸で人々を魅了する玉三郎の言葉でもあるだろう。

（平成十九年十二月・歌舞伎座）

平成歌舞伎のバリエーション

花組芝居『KANADEHON忠臣蔵』

師走の国立劇場は「それぞれの忠臣蔵」と題して、宇野信夫の『堀部弥兵衛』という珍品と、河竹黙阿弥の『忠臣いろは実記』から「清水一角」を復活し、吉右衛門が秀山十種のお家芸『松浦の太鼓』を加えた三本立てが珍しい。こうして並べてみると、なおさらに「討ち入り」を芝居に仕立てようとした先人の苦心がしのばれる。

同じ「忠臣蔵」でも、世田谷パブリックシアターで上演されている劇団花組芝居の『KANADEHON忠臣蔵』が労作で、昭和六十二年に旗揚げして、平成歌舞伎とともに時代を歩み続けてきた劇団の二十年周年の節目を飾る。『仮名手本忠臣蔵』を石川耕士の脚本と加納幸和の演出で大胆にダイジェストし、見どころをきちんと残しながら、昼夜一日がかりの大作を二時間半にまとめられたということは、現行の歌舞伎がいかに役者の芸によって肥大化しているかが分かる。

いつもはもっと奇想天外な花組芝居だが、大道具は金井大道具、衣裳は松竹衣裳の力を借りて、むしろ意外と思われるほど真面目に歌舞伎に接近している。座頭の加納が戸無瀬《となせ》をいかにも気持ちよさそうに勤めているのを筆頭にして、開口一番の憎らし気な原川浩明の高師直から、大役を演じ通して勝鬨《かちどき》を上げる桂憲一の大星由良助まで、一座の面々のキャラクターが『忠臣蔵』の配役にうまくはまっている。塩冶判官は小林大介、早野勘平は各務立基、加古川本蔵は溝口健二で、それぞれ断末魔に苦しむ熱演が印象に残る。そこに、植本潤のお軽、山下禎啓のお石といった花組芝居ならではの女方が個性的な色彩を添える。谷山知宏の鷺坂伴内の「鳥尽くし」が妙演。様式に慣れ合うことがない彼らの演技のぎこちなさは、歌舞伎の「模倣」ではなく「風刺」になっている。

「大序」の「兜改め」では、新田義貞の兜の代わりに柩《ひつぎ》から工事ヘルメットを取り出して笑わせるのが花組ならではのパロディ。しかし、よく見ると足利直義の金冠に蝶が止まり、あたかも南北朝の合戦で滅ぼされた敗者の霊魂を象徴するかのようで、そのあとも各場面に妖しく舞い寄って、その黒い揚羽蝶に導かれるように登場人物たちは討ち入りに立ち向かっていく。

「二段目」では大星力弥と小浪が恋を語る「力弥上使」を見せ、「三段目」には勘平とお軽が密会する「文遣い」が付くので、二つの「恋物語」が螺旋状に絡み合う劇構造が明らかになる。特に「九段目」を劇中最大の見せ場として本格的に見せるところに意気込みを感じる。そして、夫婦、恋人、親子、それぞれの家庭の幸せが踏みにじられることへの観客の憤りは、師直その人ではなく、目に見えないところで人々を翻弄する「運命」のいたずらに向けられる。

こうしてスピーディーな舞台展開の中に置かれると、武具を調達する「十段目」で緊迫感が高まり、水下きよしの「天河屋義平は男でござる」という台詞も新鮮に聞こえる。そして、討ち入りの「十一段目」は、原作の浄瑠璃の詞章を生かした群読が力強く、徒党が持ち出した襖を自在に組み合わせる空間構成も手際よい。陳腐化している「泉水の立廻り」などよりよほど洒落ている。そして、師直の首を討つと、幔幕に描かれた大きな揚羽蝶が飛び去って物語が完結する。

今日の歌舞伎で討ち入りの意味合いが薄らいでしまったのは、「結果」よりも「過程」にこそ人間ドラマがあり、「達成感」から「期待感」へ感動の力点が移ったからである。いうなれば敵を討つ「除災」ではなく、討ち入りに向かって一歩一歩近づく「予祝」の意味合いが強くなっている。いずれにしても、芝居小屋という都市の浄化装置の中で、登場人物ともども日頃の鬱憤を晴らした大勢の観客が、晴れやかな気持ちで天下泰平の日常に帰って行く姿は今も昔も変わらない。

「平成」もいよいよ二十年を数えようとしている今日、建て替えが予定される歌舞伎座では「見納め」と思わせる完成度の高い舞台が続き、それと同時に、バリエーション豊かな新しい挑戦も目立つようになっている。「昭和歌舞伎」が古典として規範を固めたとするならば、「平成歌舞伎」はその枠から脱して、現代に生きる演劇として活路を見出そうとしているのかもしれない。とかく「平成不況」といわれながらも、演劇だけでなく様々な娯楽が私たちを誘惑するようになって、余暇の過ごし方の選択肢は増えていくばかりである。その中でも歌舞伎見物を繰り返す観客はまさに奇特というべきだが、いかに一定数の観客を確保し続けるか、娯楽産業としての危機感が歌舞伎を常に「進化」させ続ける。その試行錯誤は歌舞伎の強靭な生命力の証しでもあるだろう。

大劇場演劇と小劇場演劇というジャンルの区別も次第に明確でなくなりつつある今日、花組芝居の

『KANADEHON忠臣蔵』も平成歌舞伎の立派な一つのバリエーションとして挙げておくべきだろう。様々な平成歌舞伎の中から時代を超えた感動が生まれ、「歌舞伎」の魅力とは何か、その本質が明らかになっていくことに期待したい。

（平成十九年十二月・世田谷パブリックシアター）

座頭役者の貫禄

『東海道四谷怪談《とうかいどうよつやかいだん》』
『一本刀土俵入《いっぽんがたなどひょういり》』

吉右衛門が新橋演舞場で座頭役者の貫禄をいや増している。

夜の部の『東海道四谷怪談』の民谷伊右衛門は、これまで演じていそうで演じていなかった期待の初役で、欲望の赴くままに、主君を裏切り、妻子を振り捨てる傲慢な男が自暴自棄に陥っていく。「怪談」とは、伊右衛門のみならず私たちの深層心理に潜む狂気と畏怖の投影に他ならない。

本来、伊右衛門はナルシスティックな「色悪」という役柄だが、吉右衛門が扮するとたちまちエゴイスティックな「実悪」の様相を帯びる。「伊右衛門浪宅の場」では黒襟の細かな弁慶格子が大きな体格によく似合い、傘張りで細々と暮らしを立てながらも地に足つかず、浪人のどうしようもない倦怠感が背中に漂う。捕らえた小仏小平が「忠義の盗み」云々と弁解するのを聞いて、吉右衛門はいかにも煙たそうに顔をしかめる。忠義を嫌悪する伊右衛門は小平への憎しみを募らせ、『忠臣蔵』を否定する『四谷怪談』の主人公として次第に悪性をむき出しにするのである。

「伊藤喜兵衛宅の場」で婿入りを承知する時のにやけた顔は、金と女を一挙両得にしてお岩への愛憎を断ち切った解放感なのだろうか。いよいよ吉右衛門が本領を発揮する「砂村隠亡堀の場」で、深編笠を脱いで肩に担いだ黒紋付姿が揺るぎなくそびえ立ち、「首が飛んでも、動いてみせるわ」とうそぶく朗々とした声音は時代を超えて今日の社会の暗部に呼応する。

このところ大役が続く福助がお岩に初挑戦。吉右衛門とは夫婦の釣り合いもよく、亡父の敵討ちを願う武家育ちの性根が据わっているのがよい。生きながら怨霊と化する「髪《かみ》梳《す》き」は、指先の神経をとがらせて嫉妬と執念を鋭角に表現する。しかし、黒髪がはらりと落ちるのではなく、力任せに引き抜き、歯ぎしりするようなうめき声を発するので、夫に裏切られた妻の哀愁が希薄になってしまう。福助にとってまさに正念場の舞台だが、もう少し演技過剰なところを削ぎ落として役に没頭すれば、女方として「真の花」を咲かせることができるだろう。

今回、地獄宿とも呼ばれる「宅悦内の場」を付けた代わりに「蛍狩りの場」を省いたのは正解で、四幕十場の通しを豊かにに肉づけているのは、面構えが錦絵のように古怪な段四郎の直助権兵衛と、身を震わせて恐怖を増幅する歌六の宅悦の存在感である。大詰の雪景色で、二枚目らしく颯爽と登場する染五郎の佐藤与茂七が伊右衛門を討って罪業消滅してくれる。

昼の部の『一本刀土俵入』の駒形茂兵衛は吉右衛門の当たり役といってよく、力士の大きな体格にほのぼのした風情が漂う。ほとんど素顔のままで、「わしゃ一所懸命だもの」などと朴訥な台詞廻しに味わいがあり、故郷を問われて、「そこはね、お墓、さ」とつぶやく一言が、お蔦だけでなく観客の心を揺さぶる。秋草が咲く利根川の渡しで、荒くれ者だがどこか憎めない歌昇の弥八のほどよい好演が茂兵衛を引き立てる。子守が負ぶっているのはお蔦の生んだ子だと聞いて、吉右衛門の茂兵衛がとんびの鳴き声に夕空を見上げて涙をこらえる表情が印象に残る。

芝雀のお蔦は初役だが、あばずれた酌婦にも色気があり、〽おらちゃ友達ァ、菜種の花よ」と、越中八尾《やつお》のおわら節を涼し気に聞かせて着実に芸域を広げている。孤独な二人が出会う安孫子屋の名場面で、お蔦が二階からしごき帯に櫛と簪《かんざし》を吊り下げ、それを受け取って茂兵衛が見上げる構図に、互いに身を寄せて助け合う「人」という文字が浮かぶ。幕切れの満開の山桜とともに、長谷川伸の股旅物ならではの心温まる景色である。

他に、『毛谷村《けやむら》』で染五郎の六助と亀治郎のお園が清々しく競演し、芸の年輪を感じさせる吉之丞の母お幸が舞台に金箔を付けている。

（平成二十年五月・新橋演舞場）

『夏祭浪花鑑《なつまつりなにわかがみ》』

「親殺し」という主題

『夏祭浪花鑑』の主題は團七九郎兵衛の「親殺し」である。

串田和美が新演出するコクーン歌舞伎の『夏祭』は三演目で、揺らめく蠟燭の炎が血まみれ泥まみれの凄惨を照らし出す「長町裏の場」の親殺しがすこぶる印象的である。新たに、林英哲の門下の和太鼓奏者、上田秀一郎の雄々しい撥《ばち》捌きが團七の鼓動を高鳴らせ、そのシリアスな響きが舞台と客席を包み込み、生活臭に満ちた大坂の夏祭りに誘ってくれる。

勘三郎の團七は歌舞伎座で初演した三十代、コクーン歌舞伎に挑んだ四十代、そして五十代を迎えたばかりだが、一貫して血湧き肉躍る情熱を燃やし続ける。「田島町團七内の場」で脂汗を流すかのように、義父を殺してしまった苦悩を眉間に刻むあたり、年齢とともに大きく膨らむ人間としての器量。同じ芝居を繰り返し見ても決して飽きさせないのは、詰まるところ、歌舞伎の魅力が芸に生きる歌舞伎役者そのものだからである。

これまで勘三郎は先代にならって團七とお辰の二役を演じてきたが、今回、お辰を勘太郎と七之助のダブルキャストに任せた。「釣舟三婦《さぶ》内の場」で、勘太郎は骨太な楷書、七之助は威勢のよい流麗な草書の趣きで、いずれも若さが夏の日差しにまぶしく輝くようである。ことさらにスポット照明で強調する必要などないだろう。鉄弓で火傷した頬を押さえながら、「これでも色気がござんすかッ」という胸のすく啖呵を、親分肌の弥十郎の三婦がしかと受けとめる。

回を重ねてすっかり自分の持ち役にした橋之助の一寸徳兵衛と扇雀のお梶は、勘三郎の團七と対等に芸を競い合う。制札を振るう喧嘩で三幅対にきまる絵姿など、ほとばしる鋭気が幅の狭い舞台に収まらなくなってきた。但し、扇雀は女方として最も大切な慎ましさを忘れないようにして欲しい。殺されるシンボルキャラクターである笹野高史の義平次は、型にはまらない演技の異化効果が敵役を憎々しく際立たせる。勘三郎にとって親を勤められる役者は他にそう見当たらない。飽くなき進取の実験劇場なれば、次回は、進境著しい勘太郎を團七に抜擢して、勘三郎の義平次も見てみたい。この作品が説く親殺しという世代論がより鮮明になるに違いない。

悪夢から逃走する終幕、團七と徳兵衛の義侠心の前に不条理の壁が立ちはだかる。いかにもベルリン公演の凱旋らしく、二人はその城壁を破壊して場外へ疾走する。その壁は彼らにとって「世代」という壁でもあったに違いない。いつか捕まって罪に服する覚悟が團七の肚《はら》だが、最後まで諦めない勘三郎の大立廻りは、私たちに精一杯生きる元気を与えてくれる。もしかすると、勘三郎は自分自身と闘っているのかもしれない。

（平成二十年六月・シアターコクーン）

小説のレトリック

泉鏡花＝作『高野聖《こうやひじり》』

玉三郎を座頭にした七月の歌舞伎座は夜の部の『高野聖』が話題である。

同じ泉鏡花の作品でも『天守物語』や『夜叉ヶ池』と違って『高野聖』は戯曲ではなく小説で、昭和二十九年に吉井勇の脚色で上演されているが、今回は、できるだけ原作の通りに戻したいという意図があるらしく、補綴《ほてつ》と演出に石川耕士とともに玉三郎が自ら名を連ねている。

『高野聖』の主人公は物語の聞き手である「私」で、「私」が旅先で出会った中年の「旅僧」から飛騨越えの体験を聞くという虚構の二重構造は、時空を自由自在に往来する鏡花作品ならではの特徴である。しかし、芝居では旅僧その人は登場せず、冒頭の語り出しを省き、旅僧が若かりし頃の「青年僧」を主役にして、富山の薬売りを追って深山幽谷に分け入ってから、ようやくたどり着いた孤家《ひとつや》で妖艶なる婦人《おんな》と出会い、悶々《もんもん》と眠れぬ夜を過ごして下山するまで、一両日に起きた出来事を時系列に沿って進行する。

小説の文章では旅僧が語る言葉を鉤括弧「」でくくり、その中に登場する青年僧、薬売り、百姓、白痴、婦人、親仁、彼らが話す言葉は丸括弧（）で区別している。たとえば婦人が登場するところは、「（おお、御坊様）と立顕れたのは小造《こづくり》の美しい、声も涼しい、ものやさしい」などと表記され、

（　）の部分をそのまま台詞として生かすことができる。ところが、下山途中の青年僧が誘惑に駆られて孤家に引き返して婦人と暮らそうかと迷う場面、小説を注意深く読み解くと、旅僧が「いや、先ず聞かっしゃい」とおもむろに語り始める最終節では、親仁が婦人の正体を打ち明ける言葉は（　）で区別されていない。つまり、いよいよ興に乗った旅僧は話中の親仁になりきり、親仁の言葉をそのまま自分自身の言葉として語っているのである。この小説のレトリックによって、「旅僧」の体験を聞く「私」と、「親仁」の説明を聞く「青年僧」がオーバーラップする。そして、話し手である〈作者＝「旅僧」＝「親仁」〉と、聞き手である〈読者＝「私」＝「青年僧」〉からなる虚構の迷宮に私たちは迷い込んでしまう。

もし『高野聖』を原作に忠実に脚色するならば、本来、この最終節は「親仁」ではなく「旅僧」が語るべき場面なのではあるまいか。しかし、そもそも旅僧が登場しない芝居では、最終節は親仁が語ることになり、今回は歌六が親仁役を引き受け、いかにも面妖な人物像を造形して長台詞を破綻なく聞かせてくれる。それに対して、小説家の丸谷才一の「『高野聖』劇化への一提案」（「朝日新聞」平成二十年八月九日）など、親仁の台詞が長くて退屈するという批判が起きているのは、もとより最終節の「位相」の違いを伝えることができなかったからだろう。

この小説のレトリックを演劇として表現するには、最終節を時系列から切り離してプロローグに倒置して際立たせる方法が考えられる。つまり、青年僧が親仁と出会う「女夫滝《みようとだき》」の場面を冒頭に設えて、開幕するとすぐに親仁から「この鯉を料理して、大胡座《おおあぐら》で飲む時の魔神の姿が見せたいな。妄念は起さずに早う此処を退かっしゃい」云々と聞いて驚き、「滝の音も静まるばかり殷々《いんいん》として雷《らい》の響」という情景で暗転して、青年僧が薬売りと出会って山に迷い込む一日前にフラッシュバックしたらどうだろう。そうすれば、芝居全体が青年僧の回想になり、すべて彼の妄念から生まれた出来事として神秘性を増す。また、孤家から旅立つ朝、海老蔵の青年僧が後ろ髪を引かれる思いで花道を引っ込み、玉三郎の婦人が名残を惜しんで舞台から見送る構図で完結すれば幕切れも盛り上がるに違いない。もとより、芝居の観客は旅人を畜生に変えてしまう夫人の恐ろしい正体を知った上で、夫人が青年僧を誘惑する役者の演技に注目するのであり、幕が下りたあと、青年僧が親仁の忠告に従って本当に助かったかどうかは観客の想像に委ねればよいのである。

玉三郎の婦人は「米磨桶《こめとぎおけ》を引き抱えて手拭いを細い帯に挟んで立った」という容姿など、鏡花の幻想世界のしっとりとした質感を表現するにはこの女方をおいて他にないとさえ思わせる。青年僧の真心に触れた婦人が「貴僧《あなた》は真個《ほんとう》にお優しい」と目を潤ませるところは、真女方ならでは美しくても謎めいた表情を見せる。いかんせん豊満な肉感に乏しく小説が描く女性像とは異なるが、全身から青白いオーラを発して、その冷気がひたひたと歌舞伎座の大きな劇空間を満たしていく。翌朝、「お名残惜しや」という言葉に同情を禁じ得ないのは、観客も玉三郎の神通力にかかってしまったからかもしれず、ここに親仁の長台詞の一部を移植して、婦人が孤家で暮らすようになった事情を自ら打ち明けるように改変すれば惜別の情がいや増すだろう。

海老蔵は悩める青年僧の宗朝を淡々と演じて、婦人を「嬢様」などと呼んで恐縮することしきり、一人の男性としての欲望を内面にとどめている。しかし、もう少し自然体に振る舞って、険阻な山道を切り抜けてここまでたどりついた精悍なリアリティが欲しい。婦人の美しさに見惚れて「白桃の花だと思います」と恥じらって互いに見詰め合うあたり、聖性と魔性が裏表になっていくことを実感させる。なお、原作で旅僧が蛭《ひる》の大群に襲われた恐怖を語り、「凡そ人間が滅びるのは、地球の薄皮が破れて空から火が降るのでもなければ、大海が押被《おっかぶ》さるのでもない」云々というのは鏡花の恐るべき洞察であり、是非とも青年僧と婦人の会話に生かしたかった。

特筆すべきは右近が至難の役に挑戦する白痴の少年の次郎で、〽木曾の御嶽山《おんたけさん》は夏でも寒い、袷《あわせ》遣りたや足袋《たび》添えて」と、清らかな声を聞かせて旅情を添えてくれる。

『高野聖』といえば崖下の川の水浴びで婦人が青年僧の傷を癒す場面が注目されるが、実際に芝居でそのエロティシズムを表現するのはなかなか難しい。まるで露天風呂に入るかのように大道具の切り穴に深々と身を沈めて上半身だけ見せるのにも違和感があり、小説が「飛々に岩をかがったように隠見して、いずれも月光を浴びた、銀の鎧の姿」と表現する美しい景色なれば、それこそ美男美女が連れ舞う所作事に仕立てて歌舞伎ならではの絵面で見せて欲しかった。猿、蟇《ひき》、蝙蝠《こうもり》、兎、蛇など、二人を取り囲んで色めき立つ畜生は、息を呑んで舞台に注目する私たちと同類に他ならず、小道具を用いるよりも、役者が縫いぐるみで演じた方が寓話には相応しいだろう。

とうとうと流れるこの川の流れは「女夫滝」へと続き、女滝と男滝が艶めかしく絡み合う景色を見て青年僧の煩悩が掻き立てられる訳で、今回の舞台装置でこの滝の景色を観客の目の当たりに見せなかったことが惜しまれる。小説が「親仁が婦人にもたらした鯉もこのために活きて孤家に着いたであろうと思う大雨であった」という一節で終わっているように、親仁が手に提げていた金色の鱗の鯉は滝を昇って異界に戻り龍と化したのかもしれない。なお、檜の大木や、様々に組み合わされる大岩など装飾に工夫を凝らすが、将来、新しい歌舞伎座で舞台のバックヤードが広くなると、このような立体的な造作が多用されることが危ぶまれる。やはり、歌舞伎役者の芸は平面的な書割りの前でこそ引き立つということを改めて認識しておきたい。

いずれにしても、実力の立女方《たておやま》と人気の二枚目という絶好の配役を得て、『高野聖』が平成の歌舞伎のワンシーンとして鮮烈な記憶を残したことは間違いない。

〈平成二十年七月・歌舞伎座〉

濃姫の「呪言」

野田秀樹＝作『野田版 愛陀姫《あいだひめ》』

「野田版歌舞伎」の第三弾はヴェルディのオペラ『アイーダ』を翻案した『野田版 愛陀姫』である。エチオピアとエジプトの戦争を、尾張の織田信秀と美濃の斎藤道三の合戦に置き換え、原作を踏まえながらも、野田秀樹は道三の娘〈濃姫＝アムネリス〉を主役に仕立て、〈愛陀姫＝アイーダ〉と〈木村駄目助左衛門＝ラダメス〉の恋愛に嫉妬する熟女を勘三郎が熱演する。

濃姫はもとより洞察力に鋭く、市井を賑わせる祈禱師のインチキを見抜くだけでなく、自分の悲しい運命さえもしかと見通してしまう。駄目助左衛門と愛陀姫が愛し合っていることを察した濃姫は、ふつふつと燃え上がる嫉妬心に突き動かされ、自分の思い通りに運命を変えようとあれこれ積極的に行動する。勘三郎の濃姫はお姫様にしては貫禄たっぷりだが、髪を垂らし、白地の着付に黒地の裲襠《うちかけ》をまとった姿がいかにも古風で面白い。

自分が欲するものを是が非でも手に入れたい濃姫のエゴイズムは、まず、駄目助左衛門の身分を埋め合わせようと、祈禱師を利用して美濃軍の総大将に引き立てることを企てる。駄目助左衛門が凱旋し、引き出された捕虜の中に愛陀姫の父がいると知って、濃姫の青白い顔はいよいよ殺気を帯び、皆殺しにするよう祈禱師に迫る勘三郎の気迫が凄まじい。「恋の神の社」で駄目助左衛門と愛陀姫が出会うのも濃姫の偽手紙によるものだが、すべて目論見に反して、駄目助左衛門は濃姫の助言を受け入れず、愛陀姫を選んで謀反人として処刑されてしまうことになる。

原作のオペラ『アイーダ』はアムネリスが死者を安んじる祈りで幕となるが、それに対して『愛陀姫』の濃姫は、父の命に従って尾張に嫁ぎ、「国」そのものを恨むことになるのが野田ならではの皮肉である。「呪いがこの国の上にあるように。天の復讐がその頭上に下りますように」と吐き捨て、「決して争いごとが絶えませぬように」という濃姫の「呪言」は、戦国時代のみならず、今日の日本の私たちをも呪い続けているのかもしれない。それだけに、時空を超えることができる花道を用いて、死んだように生きることを覚悟した勘三郎の濃姫の引っ込みを見たかった。

今回、タイトルロールの愛陀姫に七之助を抜擢したことも成功の要因で、野田作品の言葉の洪水に溺れることなくシリアスに演じ抜き、赤い小袖が鮮やかで、若女方として可憐な印象を目に焼きつける。「勝利者として還り来たれい」と、恋しい駄目助左衛門が率いる美濃軍の勝利を祈ることが、父の信秀が率いる尾張軍の敗北を意味する愛陀姫の葛藤は、娘の父からの巣立ちという普遍的なドラマでもある。秘めた恋心を見抜かれて愛陀姫が濃姫と火花を散らす瞬間は、勘三郎と舞台で対等に張り合えるようになった七之助の成長ぶりが頼もしい。声音に張りがあるだけでなく、身を投げ出して父の命乞いをする表情など、駄目助左衛門が「あの顔に表われた苦しみは、あの方をいっそう美しく見せる」と言うまさにその通りになった。

橋之助の駄目助左衛門も颯爽とした浅葱色の狩衣がよく似合い、単なる二枚目ではなく、ほのぼのしているところが芝居の空気を和らげてくれる。愛陀姫への一途な思いが彼の原動力になっていて、「天の怒りなどもう恐れてはいない」と、死を覚悟してからも決して陰々滅々としない。

歌舞伎座の大セリを上げると「地下牢」が出現し、その上を濃姫の婚礼の行列が横切って行く場面は、多くの犠牲の上に成立している「歴史」の重層を見る思いがする。いつもながら工夫が凝らされる野田演出のエンディングは、抱き合う愛陀姫と駄目助左衛門に一筋の光明が降り注ぎ、「天へと続く雲の通い路」を静かに登っていく二人の魂を小さな風船で表現しようとしたが、『野田版 研辰の討たれ』の紅葉、『野田版 鼠小僧』の白雪に比べると残念ながら効果は乏しかった。

女神イシスへの祈りに終始する原作では神官が絶大な権力を誇っているが、『野田版』で活躍する祈禱師には今日のモデルがあって、人心を惑わせて荒稼ぎ、したたかに政治権力に擦り寄っていく宗教者の堕落を描く。扇雀と福助がヒステリックに声を荒らげてドタバタ喜劇を繰り広げ、二人とも地声を出したり表情を崩したり、女方としてのイメージを壊して劇画的に観客を楽しませるが、近頃、それが悪癖になってしまった嫌いがある。そろそろ女方芸の大成を目指して軌道修正して欲しい。彼らに向かって、「怖いのは神様の目ではない。人間じゃ、何も見通すことのできぬ人間の目」と抵抗する濃姫の台詞に野田の思いが込められているのだろう。

血で血を洗う戦争の敗者と勝者を代表するのが三津五郎の織田信秀と弥十郎の斎藤道三である。信秀の目には敵への恨みと憎しみしか映っておらず、駄目助左衛門から美濃軍の秘密を聞き出すよう愛陀姫に迫る場面など、三津五郎が「尾張の虎」と恐れられた冷酷ぶりを見せる。一方、弥十郎の道三はいかにも立派な体格に「蝮《まむし》の道三」を象徴する派手な衣裳を身にまとい、その彼さえ祈禱師の言葉を信じて国家の命運を委ねてしまうところに権力者の愚かしさを感じさせる。

野田の演出は歌舞伎座の大舞台を持て余すことなくフルに活用し、堀尾幸男の美術、勝柴次朗の照明、ひびのこづえの衣裳もすっかり歌舞伎と馴染んで効果を上げている。途中、合戦の様子を描いた影絵をスクリーンに映写するのは演劇としては安易だが、戦勝に浮かれる人々に迎えられる駄目助左衛門が風船の象に乗って登場するあたり、いかにも軽薄な世相を風刺し続ける野田らしい演出である。なお、音楽は「凱旋行進曲」にトランペットを用いるなど和洋折衷にしているが、むしろ和楽器の生演奏でお洒落に統一したかった。

勘三郎と野田の友情から生み出される「野田版歌舞伎」は、次第に一つの表現形式が確立しつつあり、世話物から時代物へ、歌舞伎の古典を離れて自由に新しいドラマを描けるようになってきたといえるだろう。歌舞伎と現代劇が違和感なく融合した私たち同時代の演劇として、早くも次の新作への期待が高まる。

（平成二十年八月・歌舞伎座）

共鳴する二十一世紀歌舞伎組

横内謙介＝作『新・水滸伝《すいこでん》』

猿之助率いる二十一世紀歌舞伎組の熱演が猛暑を吹き飛ばしてくれた。この一門がスクラムを組むと、互いに共振共鳴して個々の総和以上のマンパワーが引き出される。

梁山泊に集う豪傑は善悪の区別なく、民衆の底知れぬ欲求を表象している。脚本の横内謙介は原作の混沌の中から、悪計にはめられて働きどころを見失った林冲《りんちゅう》の物語を描き下ろした。これまでも『八犬伝』や『新・三国志』で繰り返し描いてきたのと同じテーマだが、右近の林冲が量感溢れる台詞廻しで孤独な男の屈託を聞かせる。「ここに居るのは、林冲の抜け殻だ」とつぶやく寂しい表情や、仲間を救いに独龍岡《どくりゅうこう》へ立ち向かう背中に漂わせる哀愁が印象に残る。

「新」という題に相応しい趣向は、笑也の扈三娘《こさんじょう》と猿弥の王英の恋愛で、すらりと勇敢な男装の麗人と、でっぷりと粗暴な武将の名コンビ。笑也は嫌味のない資質が役にはまり、優しさにほだされて敵将に心を開く繊細な表情を見せる。京劇の「武旦」という役柄さながらの剣捌きもしなやかである。猿弥は雄々しい魅力に愛嬌を滲ませ、「野に咲く花も生まれたままだ」「そなたはそなたじゃ、それでよいではないか」という口説き文句が笑也の自然体の演技に向けられる。

笑三郎の顧大嫂《こだいそう》の気骨、春猿の孫二娘《そんじじょう》の色香、個性豊かな二人の女方が彩り豊かに進行役を勤め、欣弥の高俅、猿三郎の宋江といった一門のベテランも協力し、特に猿四郎の祝彪《しゆくひよう》の冷徹な敵役ぶりが際立つ。他にも、喜猿の時遷、猿若の戴宗、猿琉の李逵《りき》、次世代もめきめきと頭角を現わす。彼らを温かく見守る晁蓋《ちようがい》には金田龍之介の客演を得た。晁蓋の存在感が圧倒的なだけに、晁蓋が林沖に総大将の座を譲って「替天行道《たいてんぎようどう》」の旗印を翻す結末にはいささか性急な飛躍がある。

演出にはスーパー歌舞伎のスタッフが力を寄せて、特に、湖水に見立てた客席が青白い月光を浴びる幕開きなど、成瀬一裕の照明が静寂と喧騒を巧みに表現した。

「猿之助歌舞伎」の創造精神は、今日、歌舞伎全体に広がって様々に芽吹いている。猿之助は歌舞伎に同時代の演劇としての生気をもたらした。のみならず、世襲でなく大勢の歌舞伎役者を手塩に掛けて育てた猿之助の功労は、もっと高く評価されて然るべきだろう。

（平成二十年八月・ル・テアトル銀座）

源氏再興の白旗

『源平布引滝《げんぺいぬのびきのたき》』

新橋演舞場の九月大歌舞伎は、昼の部の『源平布引滝』で海老蔵が奮闘している。木曾義仲の生い立ちを描くこの作品を、義仲の父が壮絶な死を遂げる「義賢最期」、琵琶湖の御座船での事件を見せる「竹生島遊覧」、葵御前が駒王丸つまり義仲を生む「実盛物語」の三幕で通し上演し、海老蔵は木曾先生《せんじょう》義賢と斎藤別当実盛の二役を演じ分けて、源氏再興の象徴である白旗を受け渡す。

まず「木曾義賢館の場」は、埋もれていた作品を復活した仁左衛門から教えを受けて丁寧に演じている。五十日鬘に病鉢巻が細面によく似合い、思わず連想させる『寺子屋』の松王丸が今から楽しみになる。前半、平家打倒を多田蔵人《くらんど》に明かす腹の探り合いで、松の枝で手水鉢《ちょうずばち》を割るのが不可解に感じられるのは、憂いたっぷりに思い入れなどするからで、芝居の「嘘」はもっと手早く様式的に見せるべきだろう。平家の使者が登場して兄義朝の髑髏《どくろ》を足蹴にせよと迫られ、〽地獄の呵責、目の当たり」と、耐えかねて怒りを爆発させる瞬間に海老蔵ならではの力強さがある。なお、首桶の髑髏は観客にそれと分かるように正面向きに置いた方がよい。

大時代な百日鬘に変えて登場する後半の立廻りは、大紋の浅葱色が死を覚悟した義賢の潔さに相応しい。襖の戸板倒しで高所から飛び下りる見せ場も威勢よく、地響くように唸り声を上げると鮮血がほとばしるかのようである。いよいよ眼目、両袖を広げて地蔵倒れになる幕切れは、単なるスペクタクルに終わらず、武士として矜持を保つ義賢の孤高の姿と、怪我をも恐れぬ海老蔵の勇敢な姿が重なり、わが子を身ごもった葵御前への未練、小万に託した白旗への執念が伝わってくる。

門之助の小万は古風な役者ぶりが他に得難く、特に今回は白旗を持って全幕に登場する活躍が頼もしい。義賢からただならぬ思いを受け継ぐからこそ、死してなお息を吹き返すことになるのだろう。新蔵の九郎助も抜擢によく応えて、老役にも違和感がなくほのぼのと勤めている。梅枝の待宵姫にはふんわりとした魅力があり、次世代を担う女方として期待される。

「竹生島遊覧」は門之助の小万と猿弥の塩見忠太の立廻りを見せる琵琶湖畔から始まる。琵琶湖に飛び込んだ小万が御座船に救い上げられ、実盛が白旗を持った小万の腕を斬り落とす場面を実際に見せることによって「義賢最期」と「実盛物語」がつながる。この場の出来事を実盛が語り聞かせる「物語」が繰り返しになってしまう嫌いはあるが、役者の説得力と観客の想像力を補うには通し上演も必要である。実盛が「源氏は埋もれ木」と言うのを聞いて、小万は彼の性根を見抜いて自ら進んで白旗を持った腕を差し出す覚悟が一つの解釈として面白い。海老蔵の実盛は余り周囲を警戒すると安直な「二股武士」になってしまうので、飽くまでも冷静に小万の冥福を祈るだけにしたい。なお、朱塗りの御座船にしては何やら寂しい雰囲気なので、友右衛門の平宗盛を始めとした御公達の酒宴に相応しく賑やかに管弦を奏じて開幕したり、折角ならば幕切れに廻り舞台を用いるなど演出にはもう少し派手な趣向を凝らしたらどうだろう。

「九郎助住家の場」で花道に登場する海老蔵の実盛は、素襖《すおう》から一変して織物の裃姿が明るく水際立つ。赤子と思いきや腕が包まれているのに驚いて、自分が斬ったものに違いないと思い当って膝を叩き、〽あきれ果てたるばかりなり」ときまる手順も手慣れたものである。「干将莫耶《かんしょうばくや》が剣」のたとえは台詞廻しにムラがなく快調に聞かせるが、最後に「手孕村《てはらみむら》と名づくべし」という落ちがいささか説明的になってしまった。

さすが三演目だけのことはあって「物語」は緩急自在に、「浮いつ、沈みつ」はゆったりと水面を表現し、〽折りから比叡の山下ろし」からの扇捌きも清々しく、〽追手と見えて声々に」と扇で前方を指して見得する表情が精悍である。前幕を付けた効果というべきか、〽不憫やと涙交じりの物語」という通り、死んだ小万に武士の情を感じさせたのが海老蔵にとって芸の成長であった。運び込まれた小万の亡骸《なきがら》に腕をつなぐと息を吹き返す奇跡は、新蔵の九郎助と右之助の小よしが上出来で、子役の太郎吉も熱演して遺された家族の悲しみを健気に訴える。

市蔵の瀬尾十郎はかつて襲名披露の持ち役にしただけに堂々としており、先々月『矢口渡』の頓兵衛を勤めおおせたこともあって一回り役者ぶりが大きくなった。自らの首を斬る最期に「平馬返り」といわれるトンボを返る意気込みも貴重である。この瀬尾と小万の親子の犠牲がターニングポイントとなり、平家から源氏へ歴史が塗り替えられていく。海老蔵の実盛は篠原合戦で義仲軍に敗れる自分の未来を予言する眼光が鋭いが、幕切れが近づくと緊張が持続しないのか、台詞の息継ぎがはっきりせず、「鬢《びん》、髭を墨に染め、若やいで勝負を遂げん」といったあたりが棒読みになってしまう。ここで手綱《たづな》を緩めることなく、歌舞伎役者として自ら鞭打つ芸の研鑽に期待したい。

海老蔵は夜の部では『加賀見山旧錦絵《かがみやまこきょうのにしきえ》』の岩藤に初挑戦し、精一杯背伸びして悪女役の睨みを利かせる。時蔵の尾上を相手にすると役が小さく見えてしまうが、亀治郎が慎ましく勤めるお初との組み合わせが丁度よい。他に、海老蔵と亀治郎が男と女の妄執を踊る『かさね』は、松に蔦が絡むような怪しい退廃美にしばし幻惑される。

（平成二十年九月・新橋演舞場）

菊五郎の世話物二題

『新皿屋舗月雨暈《しんさらやしきつきのあまがさ》』「魚屋宗五郎」
『雪夕暮入谷畦道《ゆきのゆうべいりやのあぜみち》』

秋めく十月の歌舞伎座は、昼の部の『新皿屋舗月雨暈』「魚屋宗五郎」、夜の部の『雪夕暮入谷畦道』、河竹默阿弥の世話物二題で、菊五郎がこれまでの当たり役を総仕上げするかのように完成度の高い名舞台を見せている。

「魚屋宗五郎」は上演頻度が高い人気作品だが、酒を飲んで暴れる宗五郎の酔いっぷりを見せるだけでなく、菊五郎の宗五郎はどっしりと肚《はら》の据わった一人の江戸っ子像を描き出し、人生の浮き沈みをしんみりと感じさせる名品に仕上げている。

前半の「芝片門前魚屋内の場」は、憤懣やるかたない家族を説得する長台詞で、「虫をこらえておりますのさ」というつぶやきが自分自身に言い聞かせるように沈痛で、宗五郎の気持ちはこの一言に極まっているといえるだろう。お蔦の位牌を前にして心静かに木魚を打つ背中に、突然の妹の死を受け入れようとする兄の悲哀を漂わす。ここで宗五郎の堪忍袋を最大限に膨らませておくからこそ、制する側が制される側に転じる面白さが出る。

宗五郎が禁断の酒を口にしてしまうのは、腰元のおなぎから事件の真相を知らされたからで、いわば確信犯として酒の勢いを借りて屋敷に乗り込むのかもしれない。実にうまそうに杯を飲み干すところは、下座の三味線が喉越しを表現するのが先人の工夫で、「寝起きで朝湯に飛び込んだような気がするぜ」というあたりに菊五郎ならではの陽気な気質が生きる。すっかり酔いが回ると一変、角樽《つのだる》をトンッと立てて深く呼吸し、「矢でも鉄砲でも持ってきやァがれッ」と言い放っておもむろに立ち上がる姿は、ついに堪忍袋の緒が切れて怒りが噴出する音が聞こえるかのよう。片肌脱いで、花道七三で樽を振り上げたきまりもでっぷりと貫禄を膨らませる。

今回は玉三郎がお浜を初役で付き合っているのが贅沢で、お馴染みの芝居も新鮮に感じられる。玉三郎の世話女房といえば、昨年の『怪談牡丹燈籠《かいだんぼたんどうろう》』のお峰が記憶に新しく、砕けても下世話にならず、さばさばした江戸前の魚屋の女房らしい粋を感じさせる。「あたしゃもう、注がれないよッ」と宗五郎を突き放したり、「どこか行くなら行き先を、はっきり言っておくれよッ」と肩を押さえるところなど、要所要所を様式的にきめて芝居を盛り上げていく。

権十郎の三吉がほのぼのとして、菊之助のおなぎは矢絣《やがすり》の着付が初々しくよく似合う。萬次郎の茶屋女房おみつ、松也のおしげがしっかり脇を固めている。團蔵の太兵衛は体格が立派なだけに、白髪の老役にはまだ早く気の毒な配役かもしれない。

後半、「磯部屋敷玄関の場」の冒頭、菊十郎の岩上典蔵を始めとして、寿鴻、辰緑という強面《こわもて》を揃えて悪巧みの一端を見せる。玄関先に座り込んだ宗五郎が「親爺も笑やあ、こいつも笑い、わっちも笑って暮らしやした」と思い出を語る件りは人生経験を要するところで、菊五郎の宗五郎は回数を重ねるたびに表現の厚みを増している。〽ままよ、三度笠横ちょにかぶり、旅は道連れ、世は情け」と唄う都々逸《どどいつ》も、庶民のささやかな暮らしの喜怒哀楽をしんみりと聞かせる。人生とはまさに山あり谷ありの「旅」に他ならない。

舞台が廻り、酔いから醒めた宗五郎を相手に、左團次の浦戸十左衛門、松緑の磯部主計之介《かずえのすけ》が彼の思いをしかと受けとめる。この「庭先の場」の敷居の高さは武士と町人という超えられない「身分」であり、私たちを責め苦しめる社会の不条理を象徴している。そんな深読みをしないまでも、菊五郎の宗五郎は思い切り鬱憤を晴らしたあと、あっけらかんとした江戸っ子の気風が爽やかで、観客を安堵させてしまうのも役者の腕前といえるだろう。どんなにあらがっても、お蔦はもう生き返らないということを痛感していたのは宗五郎その人であった。

一方、『雪夕暮入谷畦道』は菊五郎の片岡直次郎を相手に、菊之助が三千歳《みちとせ》を初役で勤めるのが注目される。三千歳は亡き梅幸が大切にしていた役で、その最後の舞台を見ることができなかった私にとって、ぷつんと途切れた思いを未来につないでくれた。

「入谷蕎麦屋の場」に登場する菊五郎の片岡直次郎はいつもより顔を白く若やいだ雰囲気の役づくりである。黒襟の羽織を懐手に弥蔵をつくり、下駄履きに裾を端折った姿にダンディズムがあり、背筋をしゃんと胸を張って刀は差さなくても「侍」の気風を感じさせる。蕎麦屋に上がり込んでから、菊五郎は型を感じさせず淡々と芝居を運んでいく。但し、股火鉢は誰もがすることだが、足先まで温めるのはやめた方がよい。また、三千歳への手紙を書こうとして筆の穂先が取れるのは彼の命運を暗示する訳だが、口でくわえるよりも紙の上でぽろりと落とした方がよいだろう。

按摩の丈賀は田之助が楽しそうに勤めるが、こうした役は大幹部ではなく菊五郎劇団の脇役に活躍の場を与えるべきだろう。蕎麦屋の亭主は権一、女房は徳松に庶民の生活感がある。團蔵の丑松が背を屈めて下卑た悪党らしさを表現し、「筑波下ろしに行く先の」「見えぬ吹雪が天の助けだ」という直次郎との割り台詞を夜空に寒々しく聞かせる。

「大口屋寮の場」の庭の雪景色は、最近、江戸ならぬ東京では雪が積もることが少なくなっているだけにどこか懐かしさを感じる。〽さえ返る春の寒さに降る雨も、暮れていつしか雪となり、上野の鐘の音も凍る、細き流れのいく曲がり」云々と清元が語る『忍逢春雪解《しのびあうはるのゆきどけ》』は、何度聞いても洒落た名詞章で、その情緒の中に歩み出る菊五郎の直次郎は、花道の七三で足を滑らせて傘を持ってきまる姿などまさに出端《では》の芸といえるだろう。〽風に鳴子の音高く」で木戸口の鳴子がカランカランと音を立てて、屈んで見上げるお定まりの姿も一幅の絵に収まる。

いよいよ、〽知らせ嬉しく三千歳が」で登場する菊之助の三千歳は「直はんッ」という第一声が涼しく、紫の襟を付けた「胴抜き」の衣裳に遊女らしい色気を漂わせる。その昔、出の前に冷水で手を冷やしたという三代目菊次郎の芸談がよく知られているが、菊之助の手先はいかにも繊細で、寂しさの余り冷たく凍えているかのようだ。「わずか別れていてさえも」という吐息が熱気を帯び、菊五郎の直次郎を相手にとても親子とは思えない似合いの恋人同士である。

〽一日逢わねば千日の」でじっと直次郎を見詰めて寄り添い、〽思いにわたしゃ恵うて」でまじないの煙管の紙縒《こよ》りを解いてくわえる悲し気な表情に注目したい。火鉢の埋み火が再び燃え上がるように感情を高ぶらせ、行灯《あんどん》を持ち出して、〽いとど思いの増鏡《ますかがみ》」で二人が互いに反り返る肢体が絶景で、艶めかしい三千歳の襟の中に思わず吸い込まれそうになる。

直次郎が遠くに旅立ってしまうことに恐れおののき、〽殺していって下さんせ」と訴える三千歳は、直次郎の他に頼る身寄りがなく、孤独だからこそ恋に落ち、孤独だからこそ気病み、孤独だからこそ一緒に死のうとするのだろう。捕り手を振り払い、遠く走り去って行く直次郎を見送る三千歳の叫び声は、雪降る空に吸い込まれてしまうかのようにか弱い。

（平成二十年十月・歌舞伎座）

「一期一会」の覚悟

『大老』

人は誰しも「公」と「私」の顔を持ち合わせている。幕末の動乱に命を散らした井伊直弼を描く北條秀司の大作『大老』は、国難に立ち向かう政治家であり、茶の湯の道を極めた趣味人でもあり、表裏一体になった直弼の人生を織りなす。

「彦根城外埋木舎《うもれぎのや》」の冷飯《ひやめし》暮らしから始まるので、十五年後の桃の節句、当時を懐かしむ直弼と側室のお静の会話が身につまされる。この「千駄ヶ谷下屋敷」の居室が情愛溢れる名場面で、今回は『井伊大老』という題で単独上演される原型を生かしてそのまま組み込んだことが功を奏した。もとより北條作品にしては大味な全二十場から九場を抜粋し、史劇としては腹八分目にとどめ、初演では五時間を要したという作品も三時間半に短縮されている。

卑しい野心ではなく気高い志に導かれた立身出世。吉右衛門の直弼には職責の大きさにふさわしい泰然とした風格が漂う。大老でさえ思い通りにならぬ世の中、次第に疲労を募らせる役づくりだが、歌六の水戸斉昭と対立する「千代田城接見室」ではもう少し鋭気を発してもよかっただろう。「外桜田上屋敷奥庭」の茶の湯の点前《てまえ》もさり気なく、小さな碗の中に安らぎを求める直弼がふと浮かべる人間らしい喜怒哀楽の表情に注目したい。

お静は魁春、正妻の昌子は芝雀、立場と気性の異なる二人の女の機微がドラマに潤いを加えてくれる。芝雀の昌子はいかにもお嬢様育ちだが、「上屋敷広庭」に設えられた立派な能舞台で、長唄の踊りで衣裳の引き抜きまで見せるのは大名の奥方らしからぬ。由次郎のハリスや桂三のヒュースケンのみならず、観客を喜ばせようというご趣向であればむしろ必要ないだろう。

先述の「千駄ヶ谷下屋敷」では、魁春のお静の慎ましい女方芸を雛祭りの雪洞《ぼんぼり》がほのかに照らし出し、直弼とともに「一期一会」を覚悟する姿が涙ぐましい。酒の相手をしながら、「女のお祭りでございますもの」とか「静は今日から大人になりました」という台詞がいかにも可愛らしい。吉右衛門の直弼はいつもとは違う白い着付が潔く、お静との語らいの中で次第に十五年の歳月を遡って若やいでいくかのようである。歌江の持ち役となった老女の雲の井がお静を陰で支え、段四郎の仙英禅師が鋭いまなざしで直弼に迫る剣難を見抜く。

直弼の歴史的な評価には賛否あり、反対派を退けた安政の大獄にも苦悩するのが作者の文学的な解釈で、代わりに梅玉の長野主膳が冷酷な悪役を引き受ける。かといって、鋭い懐刀《ふところがたな》として主膳を重用した直弼の政治家としての責任は免れず、そのことを最も痛感していたのは直弼自身であったのかもしれない。気炎を吐く水戸浪士、歌昇が好演する古関次之介も主膳の凶刃に倒れる。

しかし、権力で人を支配できると思うのは傲慢で、どんな権力者も時代に動かされて右往左往しているにすぎない。「政道を預かる者は皆、捨て石なのじゃ」という直弼の血を吐くような台詞が政治というものの本質を突き、直弼とお静が二人手を取り合う姿が歴史の彼方に消えていく。

死を覚悟して出仕する朝、「桜田門外」で徒党に襲われて直弼が立ち姿で息絶える幕切れは、無常の風が寒々しく吹きすさぶ。

（平成二十年十月・国立劇場）

本蔵一家の肖像

『仮名手本忠臣蔵《かなでほんちゅうしんぐら》』

「忠臣蔵」はしかつめらしい忠義をたたえる物語ではない。「色」にふけって塩冶判官の刃傷に居合わせなかった早野勘平、「金」を用いて高師直に媚びへつらった加古川本蔵、色と金、二人の不忠不義を描いたのが歌舞伎の『仮名手本忠臣蔵』である。

勘三郎率いる平成中村座が浅草寺境内に場所を変えて『忠臣蔵』の通し上演に挑む。いつものように昼夜に分けたAプロとBプロだけでなく、本蔵の筋に絞り込んだCプログラムの「大序」「二段目」「三段目」「八段目」「九段目」という構成が興味深く、もちろん新演出ではなく、平成中村座に初出演する仁左衛門の本蔵が、「松切り」はもとより「進物場」も「喧嘩場」も全て本役で演じ通すことによって、もう一つの物語がくっきり浮かび上がってくる。

Cプロの「大序」は古式をきちんと守りながら、「還御《かんぎょ》だッ」と師直が怒鳴ったところで幕を引くのがすっきりしている。弥十郎の師直と勘太郎の判官は初役だが、既に経験済みの橋之助の桃井若狭之助が大きく立派な本役である。孝太郎の顔世御前は夫を思う情愛に溢れているが、花道の引っ込みであからさまに泣くと安っぽく見えてしまう。

「二段目」は建長寺ではなく原作の通り桃井館という設定で、大星力弥が塩冶の上使として訪れ、本蔵に代わって許嫁《いいなずけ》の小浪が応対するちょっとした色模様を見せる。勘三郎の戸無瀬《となせ》と七之助の小浪が出迎えに登場するとたちまち芝居が濃厚になり、「八段目」「九段目」への期待が高まる。仁左衛門の本蔵は、若狭之助から師直を討つ覚悟を聞くと、庭の松の枝を切って松脂《まつやに》で短刀を抜けなくするという解釈をはっきり示す。あるいは、勇み立つ若狭之助を見送って、慌しく賄賂を用意するところで、金包みを一つだけ袂《たもと》にしまって後段で鷺坂伴内に手渡す下地にするのも分かりやすく、お家の一大事に機転を利かせるところが小細工にならないのは、仁左衛門の本蔵に家老職としての肚《はら》が据わっているからだ。本蔵が馬に乗って足利館に向かう花道の引っ込みは、小さな芝居小屋だけに、まるで客席が土ぼこりを被るような臨場感に観客は手に汗握る。今回、この桃井館を一場にまとめているが、本来は廻り舞台を用いて、前半の「力弥上使」は広座敷、後半の「松切り」は庭のある二重舞台で区別して見せるべきところだろう。

「三段目」の本蔵を脇役でなく主役としてクローズアップするのは、国立劇場二十周年で亡き羽左衛門が自ら演じて以来で、お家を守ろうとする一人の家老の必死の思いが『忠臣蔵』の底流をなしているのが分かる。本蔵から師直へ賄賂を受け渡す松之助の伴内がふてぶてしく個性的。そして、松の間の衝立《ついたて》に隠れていた本蔵は、若狭之助が怒りを収めて危機が回避された安堵から、武士の本分に思い至らず咄嗟に判官を抱きとめてしまう。潔く死ぬ武士の理想主義ではなく現実主義が本蔵の人物像といえるだろう。勘太郎の判官は若々しいところが身上で、誠実な大名が意地の悪い指南役に頭を垂れる屈辱感があり、師直を討ち損ねて悔しそうな幕切れの表情がくっきりと鮮やかである。

思いがけない刃傷事件によって妨げられた力弥と小浪の恋の行方。「八段目」の道行は、勘三郎の戸無瀬と七之助の小浪がさすが親子ならでは、女同士、導き導かれて一筋の街道を旅する姿がほほえましい。勘三郎は昨年の政岡に続く「片はずし」役がいかにも古風で、太い輪郭の踊りっぷりが義太夫の連れ弾きによく似合い、このまま歌舞伎座の大舞台に乗せても遜色ないだろう。

はるばる山科に着いた「九段目」は、嫁入りを断られて娘とともに死を覚悟する母の姿を、勘三郎は自分の身体を絞って女方の型にはめ込むように熱演し、汗も涙も流し、辺りの雪を溶かしてしまうかのように温かい。それに対して、七之助の小浪はガラス細工のように身を震わせる。本蔵、戸無瀬、小浪の親子三人は、既に「二段目」で仲睦まじい家族愛を見せているので、「二段目」と「九段目」が呼応して本蔵一家の肖像がくっきりと浮かび上がる。

仁左衛門の本蔵は虚無僧の深編笠を取った立ち姿がすらりと雪景色に映える。髪は胡麻塩だが老役ではなく壮年の気迫があり、「割れ三宝のふち離れ」という怒号も憎々しく、力弥の槍を取って自ら腹を刺すのではなく、刀を構えて力弥に刺されるのが堂々としている。断末魔、「忠義ならでは捨てぬ命、子ゆえに捨つる親心」と言い放つ仁左衛門の口跡はまさに血が滲むように響く。

橋之助の由良助と孝太郎のお石は初役と思えぬ落ち着きがあり、山科に閑居する夫婦の釣り合いがよく、本蔵一家の悲劇をしっかりと受けとめる。勘太郎の力弥が等身大のはまり役で、前髪の若衆らしい柔らかさと、討ち入りに意気込む雄々しさのバランスがよく、折角ならば「九段目」だけでなく「二段目」の力弥も本役で演じて欲しかった。

仁左衛門はAプロでは東京で久しぶりに大星由良助も勤めており、二人の家老職、本蔵と由良助が一心同体になって観客の眼前に立ち上がる。「四段目」の仁左衛門の由良助と勘三郎の判官の共演が大舞台で、まさに以心伝心の主従関係であることが分かる。勘三郎の判官は「三段目」で怒りをこらえて身を震わせるのが様式的になってしまっているが、切腹はさすがに入念で、師直への恨みを露わにしないところが一国一城の主の最期に相応しい。仁左衛門の由良助が駆けつけると場内が一気に華やぎ、細身の身体でありながらどっしりとした重量感があり、「評定」で大勢の諸士を説き伏せることができるのは、十三代目仁左衛門の由良助から受け継いだ人徳というべきだろう。表門に場面が変わり、「引こう、引こう、引こうてやッ」と声を荒げるところは義太夫の重厚な息遣いを学び、提灯を掲げてバタバタと派手にツケを打ち上げて見得する瞬間、まさに押戻しの荒事芸のように力強い。表門には竹矢来を組むのが上方風だが、あおり返しではなく引き道具を用いて遠ざかっていく。

なお、このAプロの「三段目」は松の間のあとに裏門を付けて、いつもは「落人《おちうど》」で代替される勘平とお軽の駆け落ちする芝居が珍しく、折角ならば、「進物場」の代わりにお軽の「文遣い」を付けて、袴の股立ちを取った勘平とお軽が色にふける情事を見せたらよかっただろう。

いずれにしても、平成中村座は入場料が高額なだけに、せめて若手公演のDプログラムだけでも安く設定して気軽に見られる機会を増やしたいが、江戸の芝居小屋を模した楽しい劇空間で、大顔合わせの息遣いを身近に肌で感じられる実に贅沢な体験であった。


（平成二十年十月・平成中村座）

「乱歩歌舞伎」という奇態

江戸川乱歩＝原作『江戸宵闇妖鉤爪《えどのやみあやしのかぎづめ》』

私たちは誰しも心に「闇」を秘めている。少年時代、毒々しい表紙絵の江戸川乱歩のミステリーを恐る恐る紐解いたのは、怖いもの見たさの冒険心だけでなく、自分自身の心の闇に潜む魔物を探ろうとしていたのかもしれない。国立劇場の「乱歩歌舞伎」は染五郎の発案で、『江戸宵闇妖鉤爪』は明智小五郎が活躍する探偵小説『人間豹』を歌舞伎化したものである。

昭和九年に「講談倶楽部」に連載された原作は、「人間豹」と恐れられる偏執狂が殺人を重ねるのがいかにも猟奇的で、彼が何の為に殺人を重ねるのか、その正体を知りたいという思いで小説を読み進むが、結局、謎は謎めいたまま空の彼方に消え去ってしまう。今回、『江戸宵闇』という外題の通り、昭和モダニズムの東京から幕末の江戸に設定を変えたのは岩豪友樹子の脚本で、乱歩作品のエロ・グロ・ナンセンスによって歌舞伎が本来持っていた猥雑な大衆性がよみがえる。

確かに原作では人間と黒豹の混血が疑わしく、歌舞伎化では、百御前が赤子を獣の姿に作り変えて見世物小屋に出したという設定になっているが、人間豹を単なる半身半獣の怪物として描くことに終始したのは惜しい。最初から奇態をさらすのではなく、一人の「人間」が社会から疎外され、被害妄想をエスカレートして凶暴化する物語として膨らませれば、乱歩作品を掘り起こす今日的な意義が見出せたかもしれない。「虐げられた民衆の恨みつらみを一身に背負って、江戸の暗闇に生まれてきた」云々と明智に解説させるよりも、たとえば歌舞伎の「見顕わし」の手法を用いて、人間が狂暴化する様子を目の当たりに見せることもできただろう。

新しい芝居づくりに意欲を燃やす染五郎は、人間豹こと恩田乱学と、恋人を立て続けに殺される神谷芳之助を二役早替わり、脅し脅されるナーバスな心理が二重写しになるのが面白い。染五郎の恩田は衣裳や化粧などのコスチュームプレイに奇をてらい、獲物に飢えて目を光らせる殺気に乏しく、染五郎という人気スターを配しながら魅惑的な悪役に仕立てることができなかった。一方、御家人崩れの神谷は二枚目の染五郎によく似合っており、自責の念に駆られて狂気に陥ってしまう。明智が「神谷と恩田は表と裏、光と影という訳か」とつぶやくように、折角ならば、もっと早替わりの回数を増やして恩田と神谷の人物像の重なりを観客に体感させた方がよい。

一幕目の「不忍池　弁天島の茶屋」は、〽朧月《おぼろづき》かすむ夜雨の小夜《さよ》ふけて、忍んで歩く傘の内」

という新内仲三郎の出語りで情緒たっぷりに始まり、突然、人間豹の咆哮がその静けさを引き裂く。「江戸橋広小路の支度小屋」と「ウズメ舞の場」は原作のレビュー劇場を劇中劇に仕立てた趣向ならば、その場に居合わせた明智が客席から颯爽と登場したら面白かっただろう。

幸四郎の明智小五郎は「隅田河畔の茶屋」に初めて登場して、錦吾の目明し恒吉との会話でようやく江戸の捕物帳らしい匂いが漂ってくる。名探偵ならぬ隠密同心の明智は、幸四郎の知性に似合うはずの役だが、残念ながら台詞が饒舌《じょうぜつ》な余り存在感が軽くなってしまった。

どこからともなく茶屋の前を通り過ぎる鐵之助の百御前が、「うつし世は夢、夜の夢こそまこと。昼は夢、夜ぞ現《うつつ》」と声を震わせ、寿鴻の鯉売りとともに「乱歩歌舞伎」のおどろおどろしい雰囲気を醸し出す。町娘のお甲、女役者のお蘭、武家女房のお文、恩田に狙われる三人の女性を演じ分ける春猿は、とりわけてお蘭のウズメ舞で悪所の退廃美を感じさせる。

二幕目の「団子坂　明智小五郎の家」は菊人形を並べた季節感のもと、染五郎が病鉢巻をして神谷の狂乱ぶりを踊りで表現し、どこかで人間豹がそれを見てほくそ笑んでいる不気味な気配を感じさせる。「笠森稲荷」の立廻りは、明智が大勢の乞食たちに取り囲まれ、あたかも社会の底辺のうごめきを活写するかのようである。

「洞穴　恩田の隠れ家」では高麗蔵の蛇娘お玉の冷たい表情がいかにも寒気立ち、この「洞穴」をセリ下げると「浅草奥山の見世物小屋」へ、さらにその「裏手」へとスピーディーに展開する舞台装置が目新しい。しかし、各場ごとに印象が異なり、写実なのか抽象なのか、立体なのか平面なのか、一つの作品として美意識が貫かれていない。

いよいよ大詰、明智に追い詰められた人間豹の「この世に俺を裁く掟《おきて》はねえんだッ」という決め台詞は、明智に向かってではなく私たち観客に向かって力強く訴えたい。原作ではサーカスのアドバルーンで逃亡するが、「大凧にて宙乗り相勤め申し候」と思いきや、どこ吹く風とばかり、傘に持ち替えてふわふわと飛び去って行くのはどこか当世風な感じがする。

以上、二幕十一場を正味二時間にまとめ上げたのは幸四郎の苦心の演出で、出演者が少ない舞台上のすきまを漆黒の闇で埋め合わせている。確かに、客席を見渡すといつもとは客層が異なり、大勢の江戸川乱歩のファンが初めて劇場を訪れたのは間違いなく、国立劇場の門戸を開いて歌舞伎を身近な娯楽として普及する企画は成功したといえるだろう。引き続き、その新しい観客をいかにつなぎとめるかがもっと難しい課題であり、民間とは違う独立行政法人が担うべき使命であろう。

今年の下半期は、七月の『高野聖《こうやひじり》』、八月の『愛陀姫《あいだひめ》』、そして今月の『人間豹』と立て続けに意欲的な新作が上演された。様々な賛否を巻き起こしたその中でも、「乱歩歌舞伎」は人間豹と同じように、平成歌舞伎の試行錯誤から生み落とされたまさに「奇態」であったのかもしれない。

（平成二十年十一月・国立劇場）

『伽羅先代萩《めいぼくせんだいはぎ》』

ひたむきな菊之助の政岡

歌舞伎は役者の芸を楽しむ芝居である。芸が円熟すると役と役者が一つに溶け合うが、若手花形の場合、古典の役に肉薄する姿勢に魅力がある。十一月の新橋演舞場の花形歌舞伎には『伽羅先代萩』と『伊勢音頭』、時代物と世話物の通し狂言が並ぶ。

夜の部『先代萩』の菊之助の政岡は、肩肘張らず、戦後最年少で女方最高の大役に挑むひたむきな横顔が美しい。いわゆる「烈女の鑑《かがみ》」とは異なり、純真無垢、健気で誠実な若い母親像になった。

「足利家竹の間の場」が付くと役づくりも一貫し、八汐の悪巧みにじっと耐え忍ぶ様子を繊細に演じる。「何、この政岡に詮議とは」で扇子を構えて八汐に向き合う姿勢が潔く、言葉の端々に政岡の人柄がよく表われている。愛之助の八汐が芸達者で、「上から見えぬ人心《ひとごころ》、はて恐ろしいたくみじゃのう」とねちねちと嫌味を言う憎らし気な表情で芝居を盛り上げる。

「奥殿の場」は竹本葵太夫が端正に語る浄瑠璃に支えられ、その型枠の中で菊之助は涼しい声を震わせて悲しみを凝縮させる。目前でわが子を殺されて、「何のまあ、お上へ対し慮外せし千松、御成敗はお家の為」と平然を装うところは、細身の体から絞り出すように発する台詞が痛ましい。そして〽あとには一人政岡が」でしばし目を閉じて瞑想する表情を観客は固唾《かたず》を呑んで見守る。

わが子を犠牲にするナショナリズムで凍えた観客の心を氷解してくれるのは、「三千世界に子を持った親の心はただ一つ」というヒューマニズム。乳人《めのと》に必要な温かい包容力は、これからの長い人生でゆっくり膨らませて欲しい。今回は玉三郎に指導を仰いだらしいが、梅幸、菊五郎、菊之助、三代の政岡に連綿と受け継がれている芸脈を感じさせる。

右之助の栄御前が小柄ながらもベテランの風格で、帰りがけに千松の死骸を横目に見てあざ笑う思い入れなど念が入っている。門之助の沖の井、吉弥の松島とともに手堅く、升寿の医女の小槙がいかにも古風なつくりで謎めいた雰囲気を漂わせる。

場面転じて「床下」は化け鼠を取り逃がす獅童の荒獅子男之助の怒気と、暗闇に出現する海老蔵の仁木弾正の妖気が場内に渦巻き、いずれも人気者ならではの華やぎに溢れている。「問註所対決の場」は松緑の細川勝元が舌足らずで、勝元と仁木の対立が今一つ盛り上がらない。殺気に満ちた「詰所刃傷の場」では、海老蔵の仁木が目を見開いて観客までも睨み据える。亀三郎の足利頼兼と男女蔵の絹川谷蔵が底力を発揮する「鎌倉花水橋の場」も見逃せない。

昼の部『伊勢音頭』は「相の山の場」から「妙見町宿屋の場」「地蔵前の場」「二見ヶ浦の場」を出して、獅童の奴林平を相手に、新蔵の杉山大蔵と新十郎の桑原丈四郎が狂言廻しを好演して青江下坂の刀を巡るお家騒動の背景を明かす。夫婦岩《みょうといわ》の日の出で、海老蔵の福岡貢《みつぎ》が「読めた、読めたぇ」と手紙を構える幕切れが上出来で観客も大喜びである。男盛りの貢は海老蔵にとって等身大の初役で、黄八丈から十字絣《じゅうじがすり》に着替えて「油屋見世先の場」に登場すると、〽伊勢に遊ばば古市あたりの」という下座唄の通り遊廓に通う放蕩気分が漂うが、青筋立てる怒りの顔色に血なまぐさい惨劇を予感させる。吉弥の万野、愛之助の喜助、猿弥のお鹿、笑三郎のお紺がそれぞれの持ち場で貢を引き立て、門之助の今田万次郎と宗之助のお岸の大らかな芸風も楽しい。

他に、菊之助の静御前を相手に松緑が踊る『吉野山』の佐藤忠信は、車鬢《くるまびん》が古風で鳥居派の芝居絵のように力強く太い輪郭線で描かれる。

（平成二十年十一月・新橋演舞場）

清濁併せ呑む菊五郎

『遠山桜天保日記《とおやまざくらてんぽうにつき》』

粋でいなせな江戸前の気風が菊五郎の役者ぶり。国立劇場の復活通し狂言『遠山桜天保日記』で、序幕「河原崎座楽屋の場」に登場する遊び人の金さんの着流し姿が素敵に似合っている。お馴染みの「遠山政談」を竹柴其水が脚色したこの作品は、金さんこと町奉行の遠山金四郎と盗賊の生田角太夫を兼ねるのが趣向で、まさに清濁併せ呑む菊五郎の度量の大きさを感じさせる。

角太夫は巷を騒がせたピストル強盗がモデルだといわれており、夜桜の美しい「隅田川三囲堤《みめぐりづつみ》の場」に黒い宗十郎頭巾を被った怪しい姿で登場する。「月をよすがの隅田堤、朧《おぼろ》に霞む花の下」とうそぶく菊五郎の角太夫は悪の陰影に乏しいが、頭を剃って按摩の電庵になり澄ます「花川戸須之崎政五郎内の場」ではコミカルな芝居っ気で大いに羽目をはずす。さらに、佐渡金山の御用金略奪を企んで「新潟行形亭《いきなりや》広間の場」でおけさ踊りに興じているところを捕り手に囲まれ、大詰に「北町奉行所白洲の場」を設けた補綴《ほてつ》が巧みである。様々な復活通し狂言に手慣れた菊五郎劇団ならでは、商業演劇の娯楽味をたっぷりに盛りつけて客層を掘り起こす。

このところ女方として成熟してきた時蔵は、角太夫の娘おわか、妻おもと、娘と母を演じ分ける。役不足になるかもしれないが、さすがに娘役は息子の梅枝に譲るべきだろう。左團次の須之崎政五郎のゆったりした貫禄の背後で、菊五郎の電庵と時蔵のおもとが視線を合わせる緊迫感が心地よい。菊十郎の山番の勝五郎を始め、劇団を支える面々も充実している。

角太夫とつるむ菊之助の小三郎は色恋に身を持ち崩した若旦那で、「成田山護摩木の場」の劇中劇で團蔵が演じる不動明王の霊夢にうなされる。〽さんさ時雨か萱野の雨か」の下座唄で強請《ゆすり》にやって来る花道の出が際立ち、遠からず菊之助には『源氏店《げんじだな》』の与三郎を期待できそうだ。

一方、松緑の佐島天学は平然と殺人を繰り返す極悪人に仕立てられ、否応なく極刑に処せられてしまう。天学の恐ろしい憤怒の形相には、「北町奉行所白洲の場」で桜吹雪の刺青《いれずみ》を背負った遠山の人情裁きも入り込む余地がない。しかし、原作に描かれている天学は、冤罪の恨みを晴らす為に同心にまで成り上がり、遠山にその性根を見抜かれて恐れ入るという役である。遠山政談を取り上げるに当たって、敢えて冤罪を組み込んだところに作者の意図があったに違いない。

この芝居が初演された明治二十六年は近代的な裁判制度が整えられた時代であった。因みに、ヒロインが法廷で自害する場面で知られる『滝の白糸』の原作、泉鏡花の小説『義血侠血』も明治二十七年に発表されており、当時、司法に関する社会的な関心が高まっていたのかもしれない。それから百年を経た今日、新たに「裁判員制度」が始まろうとしているが、人が人を裁くことの危うさは今も昔も変わっていないだろう。

（平成二十年十二月・国立劇場）

随想〈其の一〉

「歌舞伎座」についての断章

歌舞伎座の建て替え

三ヶ月続く勘三郎襲名で賑わう絶好のタイミングを見計らったかのように、平成十七年四月、松竹は歌舞伎座と連名で「歌舞伎座再開発の検討開始のお知らせ」と題して、「再開発の可能性を検討するために、自治体等関係者から意見聴取を始める」と発表した。最初は飽くまでも「可能性」という表現だったが、その後、有識者を集めた「歌舞伎座再生検討委員会」を発足して検討を重ねた結果、十一月の「協議開始に関するお知らせ」では、もう一歩踏み込んで「建て替えを前提に詳細の検討を開始」と明記し、「現在の歌舞伎座の設備では機能性やバリアフリー等の観点から不十分な点も多いことから、鑑賞環境の一層の改善を目指し、より良い劇場を実現するため」と説明されている。これから準備に二年、建て替えに三年を要するらしい。

建て替え計画が公然となってからというもの、客席に座って見慣れた天井を眺めると、あちこち傷みも激しく、あたかも歌舞伎座が最後の力を振り絞って体を震わせているのが伝わってくる。いわば孫にとっての祖父母のように、私たち観客をいつも優しく温かく迎えてくれた歌舞伎座。しかし、空襲で焼け落ちた遺構を再建した現在の建物の六十年近い老朽化は誰の目にも明らかである。

これまで松竹系列の劇場再建には様々なパターンの成功事例があり、完全に取り壊して高層ビルと劇場の複合施設となった新橋演舞場、古い建物の軀体を生かしてリニューアルした南座、正面の外壁だけを残して新築した大阪松竹座など、歌舞伎座はどの方法を採用するのだろうか。

折りしも、銀座界隈では松坂屋の跡地に高層ビルを建てる再開発計画が明らかになり、地元商店街から強い反対の声が上がって景観論争が起きている。

これまで、銀座資生堂ビルを始めとして、建物の高さを制限して高級感ある銀座の街並みを守ってきからである。銀座という街とともに親しまれてきた歌舞伎座も、東京のシンボルに相応しく、ランドスケープによる外観の設計は重要である。

一方、劇場の内側に目を向ければ、慣れ親しんだ横長の舞台寸法や、舞台と客席の距離感など、細密に積み上げていくインサイドアウトの設計も大切で、内外二つの設計思想をいかに調和させることができるか。その際、経済的な合理性を追求するだけでなく、役者も観客も温かく包含してくれる人間的な快適性を大切にして欲しいと思う。

いずれにしても、都市における劇場は時間と空間を超えて様々な思いが集積するトポスであり、これから次の百年の歌舞伎が発信され続ける拠点として歌舞伎座が新しく生まれ変わることを、期待と不安を募らせながら見守りたい。（平成十七年十二月）

ハードウェアとしての劇場

平成十八年十二月、松竹の永山武臣会長が急逝された。享年八十一歳。創業者の大谷竹次郎の志を受け継ぎ、戦後、興行主として歌舞伎を守り育てた絶大な影響力の喪失は歌舞伎界にとって一つの時代の終焉を意味する。特に、この五年間は連続襲名というイベントを達成したばかりで、二十一世紀に入った平成十三年一月の三津五郎襲名に始まって、松緑、海老蔵、勘三郎、坂田藤十郎という大名跡を次々と世に送り出して歌舞伎界を活気づけたのも、永山会長の興行師としての優れた手腕に他ならない。志半ば、悲願であった歌舞伎座の建て替えを見届けられなかった無念は察するに余りある。

さて、その歌舞伎座の建て替えについて、この一年間何の発表もなかったが、具体的にどこまで進展しているのだろうか。昨年、「建て替え」が発表されると、日本建築家協会に続いて日本建築学会からも「歌舞伎座の保存に関する要望書」が提出され、近代遺産として建物の価値を認め、もし老朽化による建て替えがやむを得ないとしても「伝統的意匠を継承した建築計画」を求めている。

しかし、松竹では着々と地元と協議を進めているらしく、今年十月、銀座の景観を保全する中央区の地区計画「銀座ルール」が見直され、歌舞伎座のある昭和通りから東側は建物の高さ制限五十六メートルの対象外となり、厳密な「銀座」の範囲はますます狭められようとしている。しかも、条例に「文化等の維持・継承に寄与する大規模開発に限り特例を認めます」と注記されたのは、歌舞伎座の高層ビル化を容認する行政判断なのだろう。一方、同じ銀座でも中央通りの中心街は今まで通り禁止区域で、松坂屋の再開発には歯どめがかかって計画は見直されることになったらしい。

それにしても、都市再生特区という名のもとに都市計画がなし崩しにされ、都内各地で虫食いのように進む乱開発には目を覆いたくなるばかりである。銀座に隣接する汐留の超高層ビル群に続いて、もし築地まで再開発されることになれば、将来、銀座の街並みが寒々しい殺風景な高層ビル群に取り囲まれてしまう。果たして、新しい歌舞伎座はどの程度の高層化を計画しているのだろうか。

そもそも、「劇場」というものは単なる建築物ではなく、演劇をパソコンにたとえるならば、歌舞伎という演劇手法はオペレーティングシステム、そこで上演される演目はアプリケーションで、劇場はその二つのソフトを搭載するハードウェアということになる。今回の建て替えで新しい舞台機構が導入されてハードが進化すると、ソフトのバージョンアップが可能になり、歌舞伎の演出や演目にも少なからず影響を及ぼすことになるだろう。

戦後の混乱期に再建された現在の歌舞伎座は、多くの人間がそこで立ち働くことで設備の不足を補ってきた。たとえば、舞台の大セリがバランスを崩して動かなくなった時、奈落に道具方が大勢集まって鉄パイプをねじ込んで力任せに持ち上げるのを手伝ったことがある。そんなことが可能なのは歌舞伎座の舞台機構が全くの旧式だからで、電気系統が複雑に張り巡らされた最新設備では、専門業者を待たなければ簡単に修理できないだろう。今後、様々な機構をコンピューターで制御してボタン一つで操作できるようになると、まさか幕引きまでが自動化されることはないだろうが、これまで長い間、舞台を支えてきた裏方の職人技が減って、芝居づくりの気質は微妙に変化するかもしれない。

同様に劇場の表方についても、たとえば最近多くの劇場が導入しているサービスのアウトソーシングが導入されると、見ず知らずの若いアルバイトが入れ替わり立ち替わりして接客の雰囲気も変わってしまうだろう。かつて、歌舞伎座の楽屋の下足番の定年延長を役者たちが署名嘆願したという心温まるエピソードがあったが、劇場のあちこちで働く人々の人間関係が希薄になることが懸念される。

先般、小説家の丸谷才一が「新しい歌舞伎座のために」と題して、入場口、ロビー、洗面所、食堂、ロッカーなど、特に客席のホスピタリティについて提言された（「朝日新聞」平成十八年六月六日）。しかし、弁当の匂いが漂って観劇の興を削ぐから客席での飲食を禁止せよという発想にはいささか違和感を覚える。幕間に自席で膝の上に弁当を広げ、菓子をほおばるのは芝居見物の楽しみである。丸谷氏にとって幕間は単なる休憩で、舞台鑑賞に集中したいというスタンスなのかもしれないが、もし散漫な観劇態度が許容できなくなっているとするならば、歌舞伎の本質的な変化と大きくかかわる問題である。観客を心身ともにリラックスさせる仕掛けの一つが飲食をともなう観劇スタイルで、そこに「芝居見物」と「演劇鑑賞」の違いがある。そういえば、先頃、三階にあった蕎麦屋とおでん屋が閉店し、幕間の楽しみがまた一つ減ってしまった。

あるいは、現在の歌舞伎座の観劇料金は一等席で一万五千円、三等B席で二千五百円、同じ芝居を見るのにも六倍の格差がある。それが今日の社会の階級格差と対応するかのように、芸術として真面目に鑑賞する人々から、ささやかな弁当持参で楽しく見物する人々まで、老若男女、貧富を問わず客層が広く、これだけキャパシティの大きな劇場は他にない。歌舞伎座という清濁併せ呑む大きな器によって、これまで歌舞伎は大衆性をかろうじて維持し続けてきたともいえる。

劇場の真のホスピタリティとは、エレベーターやエスカレーター、自動販売機、コインロッカーなどの無人化された設備の充実ではなく、ちょっとやそっと不便でも、そこで立ち働く人々の温かいもてなしがあり、そこに集まる人々の喜怒哀楽で満たされている人間臭さこそ大切なのだと思う。

もう二十年以上前のことだが、歌舞伎座の舞台裏に野良猫が住みつき、舞台の奈落で子供を産んだのを見たことがある。古びた檜舞台の切り穴のすきまから奈落を見下ろすと、舞台から舞い込んだ紙の雪や桜が積み重なった中で温かそうに子猫がじゃれて遊んでいた。それは夢か現か、歌舞伎座の奈落が江戸時代と通じているかのような幻想的な風景であった。そういう前近代的な「すきま」にこそ、目に見えない何か、言葉では表わせない何かが潜んでいる。残念ながら、今回の建て替えによってそのすきまは消えてしまうに違いない。

もう一つだけ余談を書き残しておくと、歌舞伎座の建つ木挽町は築地の海岸にほど近く、潮の満ち引きによって地盤が上下し、廻り舞台と舞台面に微妙な段差が生じることがあったらしい。それが本当かどうか目で確かめたことはないが、歌舞伎座があたかも生き物のように呼吸し、土地に根差していることが分かるエピソードだと思う。

現在の歌舞伎座は歌舞伎の専用劇場として、建物と運営の両面において、芝居小屋の趣きを残した微妙なバランスの上に成り立っている。今後、歌舞伎座の建て替えによって歌舞伎の近代化がさらに加速することになるだろう。もちろん、その時の流れを否定するつもりもないし、もう誰も制止することはできない。しかし、私たちが歌舞伎に求めているのは、今日の日常生活から失われてしまった古きよき情緒だということだけは忘れて欲しくない。

新しい歌舞伎座がそういう思いに応えて、観客を優しく迎えてくれる空間として再生されることを切に願っている。

（平成十八年十二月）

歌舞伎の観劇態度

先日、「クラシック演奏会トラブル急増」（「朝日新聞」平成十九年三月十六日）という記事を興味深く読んだ。それによると、近頃、演奏会で観客同士のトラブルが相次ぎ、パンフレットをめくる音、咳払いなど、かつては問題にならなかった些細なことで苛立つ観客が増えているらしい。マナーを知らない若者と常連の対立が背景にあり、観客が激昂する原因を「公共空間において五感が妙に潔癖になり、自分の空間を浸食されることへの不安が強くなっている」と分析している。

歌舞伎座でもクレームが多くなっているのだろうか、上演中の話し声や前傾姿勢を注意する場内放送が繰り返され、それでも静かな場面で携帯電話が鳴るのは嘆かわしい。その一方で、私自身の許容度が低くなっているのも確かで、客席の雑音が気になって舞台に集中できないことがあるのは、高ストレス社会にあって知らず知らず神経質な「人間嫌い」になってしまっているのかもしれない。

歌舞伎には『四段目』の判官切腹のように「通さん場」といわれる沈痛な場面もあるが、最近はそれ以外でも客席はすっかり行儀よくなっている。かつて、歌舞伎座の場内はもう少し雑然として、上演中、舞台裏で次の大道具を組み立てる金槌の音が鳴り響き、プロンプターが台詞を伝える声が聞こえても役者も観客も平然と芝居を続けた。あるいは、空席が目立った三階席では、観光バスの団体客が途中で出入りすることがしばしばあり、それでもうるさいと文句を言う観客はいなかった。

同じ芝居でも、新劇では釘一つ落としただけでも雰囲気が壊れ、観客は単語一つ聞き逃すまいと耳を澄ますが、歌舞伎では台詞を一節まるごと忘れても誰も気が付かない。なればこそ、背後で黒衣がうごめいても、客席で掛け声を発しても役者の芸を損ねることはない。将来、まさか掛け声が禁止になることはないと思うが、咳払いもためらわれる能楽堂のように静粛にしてみたところで、もとより粗雑なつくりの歌舞伎は鑑賞に耐え得ず、かえって退屈な思いを強くしてしまうのではなかろうか。
「見物」から「鑑賞」へ、観客の観劇態度とともに歌舞伎も変質していくかもしれないが、もう少し寛容な気持ちで歌舞伎を楽しみたい。

（平成十九年三月）

時代を象徴する「顔」

「時代」にはその時代を生きた人々が何を考え、何を感じたかを象徴する「顔」がある。そこに様々な異論反論があったとしても、文化というものは飽くまでも総体として語られる。

間もなく建て替えられる歌舞伎座も、明治二十二年に西洋風の外観で創建された当時は演劇改良運動を「牽引」し、帝国劇場に対抗して和風に改築された後、関東大震災を受けて大正十四年に再建された巨大な破風造りは、国威を「発揚」するものであったのかもしれない。そして、空襲で焼け落ち、昭和二十六年に再開場した現在の歌舞伎座には、敗戦からの「復興」という人々の願いが込められていたのはいうまでもない。「明治」「大正」「昭和」という時代を象徴するまさに「顔」として、歌舞伎座のファサードはそれぞれに意匠が凝らされてきた。

そして、戦後六十年を経た今日の歌舞伎座は、消えゆく昭和への郷愁を満足させてくれるノスタルジックな空間になっている。その過去に決別して未来を切り拓くにはそれなりの覚悟が必要である。しかし、「平成」になってから国は迷走するばかり、長引く不況に私たちはすっかり自信を失ってしまった。過去と未来の狭間にそびえる新しい歌舞伎座は、一体いかなる時代を象徴するものとして語り継がれることになるのだろうか。

ようやく、この平成二十年十月、松竹は「歌舞伎座さよなら公演及び再開発計画に関するお知らせ」と題して、来年一月から再来年の平成二十二年四月まで「さよなら公演」を始めることを発表した。その後の建て替え計画については「劇場とオフィス棟を併せ持つ複合建物を建設する」という一文だけで、詳細はまだ正式発表されていないが、とうとうタイムリミットが設けられた。

私たちが長年慣れ親しんだ現在の歌舞伎座の温かい空間が失われることは残念極まりないが、その懐かしい「記憶」を塗り替えることができるのは新しい歌舞伎座での「体験」であり、私たちの関心は、むしろ歌舞伎そのものがどう変わっていくかということに向けられなければならない。

「新しい酒は新しい革袋に」という言葉もあるように、新しい歌舞伎座の舞台で興行される新しい「歌舞伎」が今日を生きる「演劇」として力強く感動を与え続けてくれることへの期待が高まる。

いよいよ、来年から「歌舞伎座さよなら公演」が始まる。

（平成二十年十月）

第二部　平成二十一年から平成二十二年まで

「歌舞伎座さよなら公演」開幕

『寿曾我対面《ことぶきそがのたいめん》』

「歌舞伎座さよなら公演」が始まった。来年四月まで十六ヶ月の長期にわたるので、演目や配役はすべて発表されている訳ではないが、一連の公演を通して、慣れ親しんだ歌舞伎座が取り壊されてしまう寂しさが日増しに高まっていくことだろう。

まず、最初の『三番叟《さんばそう》』は、富十郎の翁の「トウトウタラリ、タラリラ」という力強い第一声でおごそかに開幕する。幸四郎の『俊寛』、玉三郎の『鷺娘』、勘三郎の『鏡獅子』といった得意演目を持ち寄った賑やかな狂言立てだが、特に夜の部の『寿曾我対面』が「さよなら公演」ならでは豪華な配役で、吉右衛門の曾我五郎時致と菊五郎の曾我十郎祐成の組み合わせは、今や歌舞伎の二大勢力を率いる座頭が手を携えてさよなら公演を盛り上げようという心意気が嬉しい。

吉右衛門の荒事は珍しいが、むき身隈を取った顔が古風で、お定まりの浅葱色の長裃も大柄によく映えて、さすがに裾捌きが颯爽としている。「参りまァすべいッ」という声音が高いところから降り注ぐかのように明快な登場である。「曾我の五郎ッ」で「カッカッカッ」とこき上げて「時致ッ」と名乗るところ、「親の敵、祐経、観念ッ」と勇み立つところも鋭い切れ味で、父を殺された怒りで全身を震わせる肚《はら》がどっしり据わっている。

荒ぶる吉右衛門の五郎の暴走を制止できるのは、菊五郎の十郎をおいて他になく、これまで何度も演じてきた当たり役ならではの安定感がある。「必ず粗相の、ないように」という台詞の抑揚など、江戸和事のふんわりとした情味を漂わせるのが芸の年輪。十郎が曲線を描くように力をためるのに対して五郎は直情径行で、いわば十郎が「弓」で五郎が「矢」の組み合わせになっている。

曾我兄弟を館に迎え入れる幸四郎の工藤祐経は初役で、思慮深いところはこの役に似合っているが、もっと晴れやかに、鎌倉幕府の一臈職《いちろうしょく》に登用されて祝宴を主催する意気込みが欲しい。近江小藤太には染五郎、八幡三郎には松緑といった花形を付き従えている。

酒肴を振る舞う遊女たち、芝雀の大磯の虎、菊之助の化粧坂《けわいざか》の少将は清楚だが、こうした古風な芝居ではいささか線が細い。魁春の小林妹舞鶴は帽子下の眉をきりりと引いた化粧がよく似合い、鬼王新左衛門を勤める梅玉も今日の歌舞伎にとって欠かせぬ存在となった。余談ながら、最近は舞鶴で代替することが多いが、小林朝比奈が登場するのが本来の『対面』で、今回、もし勘三郎が朝比奈を付き合えば絶好の配役になったのになどと想像を巡らせてしまう。

歌舞伎座という劇場は舞台と客席の親和性が高く、この『対面』でも私たち観客は舞台上で繰り広げられる儀式に列座しているような臨場感を覚える。引き続き「歌舞伎座さよなら公演」ならではの平成の名舞台に期待したい。

（平成二十一年一月・歌舞伎座）

生命のエネルギー

『象引《ぞうひき》』

「市川團十郎」という名跡は、当代、十二代目の身体を通して平成の今日も生き続けている。昭和六十年に襲名して以来二十四年の歳月を経てしっかり根を下ろした。

正月の国立劇場で半年ぶりに舞台復帰する歌舞伎十八番の内『象引』に感じるのは、ふつふつと湧き上がる生命のエネルギー。白血病の再発を克服してこうして元気な姿を見せてくれるだけで、一人の男が「團十郎」として生き、生かされているという感動がある。

『象引』は昭和五十七年に二代目松緑が復活したことがあるが、今回は面目を一新して「豊島館の場」と「奥庭」の二場構成に収めた。勇猛な英雄が登場するシチュエーションは『暫』と同じで、「待てェエ、待ちやがれェエ」と叫びとめて團十郎の箕田源二猛《みたのげんじたける》が花道に登場すると、待ってましたとばかりに万雷の拍手で迎えられる。淡い黄と緑の市松模様の素襖《すおう》を身にまとい、鬘は油で固めず、荒削りな荒事の原型をよみがえらせようと工夫している。名乗り台詞の「主もなけりゃあ、金もねえッ」というのは失業率が高まる今日の世相への皮肉にも聞こえる。

象の雄叫び声を銅鑼《どら》で響かせ、八雲の鏡が象の鼻息で吸い取られてしまう珍騒動があって、館内から奥庭へ、團十郎の猛と三津五郎の大伴褐麿《かちまろ》が象を奪い合う姿がセリ上がってくるが、大道具の転換はもう少し工夫を凝らしたカラクリで観客を喜ばせてもよかっただろう。松緑は大小の白象の小道具を使い分けて最後は象牙を抜いて振りかざしたが、團十郎は灰色の象の縫いぐるみをそのまま綱で引いて花道を引っ込む。たどたどしい象の動きが可愛らしく、團十郎ならではの荒唐無稽な花道の引っ込みは日頃の憂さを蹴散らしてくれる。

もう一つの話題、『誧競艶仲町《いきじくらべはでなかちょう》』は鶴屋南北の未翻刻台本からの上演という国立劇場ならではの地道な仕事である。『双蝶々曲輪日記《ふたつちょうちょうくるわにっき》』の書き換えで、郷士の南方与兵衛と鳶頭の与五郎の男の「意気地」を描く。深川の遊女屋で与兵衛が遊女の都《みやこ》への恋を諦め、腕に彫った誓いの刺青《いれずみ》を刀で削るのが作為に満ちているが、三津五郎の誠実な役づくりが虚構を真実に変える。傷ついた腕を拭う姿は心の傷を隠す形容で、渋扇をくゆらしながら「風が変わって、降らねばよいがなァ」と憂える三津五郎の表情が印象に残る。福助の都は色気をいささか持て余し気味である。

江戸からはるばる与五郎と都が与兵衛を訪れる下総《しもうさ》八幡村は、「引窓」と同じように鄙《ひな》びた造りにして、江戸と下総の場違いをもう少しはっきり印象づけたらどうだろう。橋之助の与五郎が「水道の水で洗った白米の肝っ玉」と江戸ッ子風を吹かせる。

他に、人間国宝の山勢松韻の箏曲連中が奏でる『十返《とかえ》りの松』は、成駒屋一門が揃って、傘寿の芝翫が二人の息子と大勢の孫たちに囲まれて踊る幸福感がめでたい。

（平成二十一年一月・国立劇場）

海老蔵の八面六臂

『義経千本桜《よしつねせんぼんざくら》』「いがみの権太」

歌舞伎の四座競演となった正月、新橋演舞場は海老蔵を中心に市川姓の役者を集めた。父の團十郎の『象引』に負けまじと海老蔵も歌舞伎十八番の復活に挑み、『七つ面』を常磐津と大薩摩が掛け合う所作事に仕立てた。背景に描かれた赤富士が情熱的で、海老蔵の元興寺赤右衛門《がごぜのあかえもん》が「翁」「猿」「荒事」「公家荒」「関羽」「般若」「恵比寿」の面を使ってコミカルに踊る。〽江戸紫の牡丹花は、弥猛心《やたけごころ》の根元若衆」の見得が荒事らしいアクセントになっている。

八面六臂《ろっぴ》の活躍の中でも、昼の部『義経千本桜』の「いがみの権太」が注目の的で、海老蔵は昨年の「碇知盛」と「狐忠信」に続いて『千本桜』の三役を演じおおせたことになる。三役の中でも権太が最も等身大で、海老蔵ならではの野性的な若者の魅力に溢れている。

「下市村椎の木の場」に山道という柄の手拭いを被った野暮な姿で登場する海老蔵の権太は、まるで何かに飢えたような鋭い表情が印象的。主馬《しゅめ》小金吾から金をだまし取って花道に逃れ、「俺の腕には筋金が入っていらあッ」という怒号も図太い。夫の悪事をたしなめる笑三郎の小せんは、遊女上がりの色気がほのかに匂い、どちらかというと姉さん女房のような感じが好ましい。街道に立つ大きな椎の大木は下市村の境界で、恐らく村八分の憂き目にあっている小せんは、やむを得ず村外れで旅人相手に茶店を営んでいるのだろう。海老蔵は息子の善太を抱いて「冷てェ手だなあ」という嘆息に親から勘当されてしまった疎外感を漂わせる。

実家の「釣瓶鮨屋の場」では、母おくらを相手にする前半、〽しゃくり上げても出ぬ涙」という仕種など型をきちんと学んで愛嬌を見せ、まんまと三貫目をせしめて平身低頭、木戸を閉めるとたちまち急変する態度が心憎い。弁慶格子の衣裳で暖簾口から登場する威勢は、さすが花形ならではの鮮やかさで、花道の引っ込みの鮨桶を抱えた見得で観客の視線を釘づけにしてしまう。梶原景時の首実検に偽首を差し出す大博打で、絶大な権力を相手に、身を屈めてじっと様子をうかがう権太の姿が何故か悲しく小さく見える。〽貧乏揺るぎもさすこっちゃあございません」とうそぶきながら、身替わりに差し出した小せんと善太を見送る海老蔵の権太の目から大粒の涙がこぼれ落ちる。良きにつけ悪しきにつけ、海老蔵は感情が激していく表現が真に迫る。

左團次の弥左衛門の風格と、右之助のおくらの慈味が貴重で、海老蔵の権太にとっては金屏風の役割を果たしている。「おいとしや親爺様」と、この老父母に真情を明かす権太の断末魔の述懐は、海老蔵の父の團十郎に対する素直な思いが重なる。「ここで性根を入れ替《け》えずば」という文句をぶっきらぼうに強く張るあたり、破調というか破格というか、台詞の調子が不安定に揺れるのが海老蔵の難点。今後、回数を重ねて役の肉づきをもっと豊かに膨らませて克服したい。

門之助の弥助実ハ平維盛と笑也の若葉内侍《ないし》は、誠実な人柄が滲み出て都人の気品を漂わす。門之助は弥助から維盛へ、〽たちまち変わる御装い」という風情や、〽御膝に落つる涙のいたわしき」で泣き上げる哀愁がふっくらしている。内侍の登場に驚き、〽そろそろ立ち寄り見給えば」と、お里の寝入った様子を確かめるところも慌ただしくならない。獅童の景時はいかにも不敵な面構えで、権太一家の命をかたり取る恐るべき使命を果たす。残念ながら、段治郎の小金吾、春猿のお里は、若衆役、娘役とはいささかニュアンスが違う。

海老蔵のもう一役、夜の部『弁天小僧』は不良少年の危うさがあるが、お馴染みの名台詞はもっと抑揚たっぷりと耳に心地よく響かせたい。豪胆な南郷力丸をすっかり持ち役にした獅童は、繊細な『封印切』の忠兵衛も演じ分け、小手先でなく、激情ほとばしる体当たりの熱演がむしろ清々しい。他に、右近と猿弥が年初を飾る猿翁十種の内『二人三番叟《ににんさんばそう》』が久しぶりで、義太夫の太棹三味線の連れ弾きに心躍らされる。

（平成二十一年一月・新橋演舞場）

仁左衛門の口跡

『元禄忠臣蔵』「御浜御殿綱豊卿《おはまごてんつなとよきょう》」

「歌舞伎座さよなら公演」の『元禄忠臣蔵』通し上演で、幸四郎、團十郎、仁左衛門、三人の大石内蔵助が花道の引っ込に名残りを惜しむように万感をこめる。特に「南部坂雪の別れ」を飽くまでも「歌舞伎」として見せた團十郎の胆力が凄まじく、涙で潤む目をきらりと光らせ、下座の大太鼓が奏でる雪音さえも観客の胸にずしんと響く。芝翫の瑤泉院が亡き夫への思いだけでなく、一国一城を失った浅野内匠頭の無念を継いだ存在感が通し上演の要になっている。

敢えて一つだけ推すとするならば、やはり「御浜御殿綱豊卿」が歌舞伎座の大舞台にふさわしい出来栄えで、仁左衛門の徳川綱豊の爽やかな口跡にほれぼれする。

まず「松の茶屋」では、芝雀のお喜世と秀太郎の江島がバランスよく、そこに登場する仁左衛門の綱豊がいかにも機嫌よさそうな笑顔で、鶸《ひわ》色の着付が細身によく似合って小春日和の温もりに包まれる。「とかく浮世は短いものじゃ」というつぶやきには遊び心があり、お喜世に向かって富森助右衛門のすき見を許すところではしっかりと肚《はら》の内を表現する。

一変、「御座の間」では紫の羽織をまとって威儀を正すと理知的な雰囲気になるが、かしこまらず、高座で脇息《きょうそく》にもたれて新井勘解由《かげゆ》の言葉に耳を傾ける気持ちのゆとりを感じさせる。富十郎の勘解由は明晰な学者として若々しく役づりをしている。

さて、そこに登場する染五郎の助右衛門は「世のすね者」と自称する屈折感はないが、仁左衛門の胸を借りた大熱演で、一介の浪人が身分を越えて大名に肉薄していく。敷居を越えて盃を受けるのを潔しとせず、「手前、これまで修業してきた貧乏という奴が無駄になります」と強がるところでは拍手が湧く。綱豊が浅野家再興の願いを取り次がず、赤穂浪人に吉良上野介を討たせる覚悟を決める過程は、いかにも真山青果の新歌舞伎ならではの台詞が冗舌でいささか難解だが、こうして歌舞伎役者の身体表現を通すと何となく分かった気にさせられる。

闇夜に満開の桜が幻想的な「御能舞台の背面」は、槍を持って息をひそめる助右衛門と、能装束をまとった綱豊が月光に照らされ、仁左衛門と染五郎という華のある役者の立廻りが緊迫する。折から聞こえる能の囃子を巧みに取り入れた演出も新歌舞伎ならでは。「義の義とすべきはその起こるところあり、決してその仕遂げるところにあるのではない」と一喝し、男子の本懐を説く仁左衛門の綱豊は、助右衛門一人に向かって言うのではなく、『忠臣蔵』という敵討ちの本質を私たち観客に広く訴え掛けるかのようである。

（平成二十一年三月・歌舞伎座）

民衆のレジスタンス

『新皿屋舗月雨暈《しんさらやしきつきのあまがさ》』

国立劇場の花形歌舞伎は『新皿屋舗月雨暈』の通しで、本当はお蔦と宗五郎を一人で演じ分けるのが原作の趣向だが、今回は孝太郎のお蔦と松緑の宗五郎が分担している。

河竹黙阿弥は怪談「皿屋敷」を手本に、権力者が奸臣にそそのかされる「原因」を際立たせ、娘を殺された家族が嘆き悲しむ「結果」を丁寧に書き加え、通し上演によってその因果関係が明かされる。初演の明治十六年は時あたかも自由民権運動が高まり、宗五郎が角樽《つのだる》を片手に旗本屋敷へ乗り込む姿が象徴するのは民衆のレジスタンス。当時、徴兵制が導入され、士族のみならず農民や商人まで戦争に送り込まれ、国に奉公したばっかりに亡骸《なきがら》で帰される悲劇を見聞きして、その涙を黙阿弥は『月雨暈』という題名に込めたとはいえないだろうか。

「お蔦殺し」はすべて磯部屋敷内の出来事で、愛妾のお蔦が悪巧みに陥る「弁天堂の場」、無実の罪を覚悟する「お蔦部屋の場」、そして拷問を受けて無残に殺される「井戸館詮議の場」まで足早に展開する。孝太郎のお蔦には古風な女方の温もりがあり、殿様に見初められるのもむべなるかな。お蔦部屋は原作を簡潔に刈り込み、召使いのおなぎを相手に『鏡山』の尾上とお初を思わせる主従関係が描かれている。お蔦が黒髪を振り乱して井戸に身を投じる最期、孝太郎のお蔦は「恨み晴らさでおこうかッ」と悲痛な声音を荒立て、信頼を裏切られた女の悔しさを表情に滲ませる。

嫉妬に駆られた磯部主計之介《かずえのすけ》が権力者のエゴイズムを象徴していることは間違いないが、友右衛門の主計之介は殿様らしく超然と構えており、幕切れに一言「思えば不憫な」とつぶやいてお蔦を思いやる。亀蔵の岩上典蔵がいかにも憎らしく、この殺し場が付くと、恨むべき悪役は主計之介ではなくお蔦に横恋慕した典蔵が元凶であることが分かる。

妹の死を弔う兄の「魚屋宗五郎」は松緑にとっては祖父の当たり役で、「芝片門前魚屋の場」で数珠を手に花道を虚心で歩み出る。折角ならば、障子を開けて家に入るところで立ち止まり、ほんの一瞬思い入れて気分を変えるような工夫があってもよいだろう。「虫を殺しておりやすのさ」という一言を噛み締め、おなぎを迎え入れるところでふと涙をこぼし、「お浜ッ、一杯注いでくれ」と茶碗を差し出すまで、松緑は完成された世話物の型をきちんとなぞっている。禁酒の誓いを破って暴れ回る酔態はまだ大づかみだが、「磯部屋敷玄関の場」の「酔って言うんじゃございませんが」と真情を吐露する長台詞など、宗五郎の一本気で不器用な人柄を感じさせる。
お浜は孝太郎が世話女房を演じ分け、全幕出突っ張りの奮闘になった。橘三郎の太兵衛が娘を亡くした老父の苦味を利かせる。お蔦への恩愛と惜別の情に満ちた梅枝のおなぎには新星の輝きがあり、魚屋を訪れて真実を打ち明ける繊細な心の震えが伝わってくる。いつも、おなぎはお蔦の親しい朋輩のように思われがちだが、こうして召使いという上下関係が明らかになると、武家社会における階級というものが見えてくる。最後、彦三郎の浦戸十左衛門が「性が善なる人心、酔いが覚めなば諭しやらん」というちょっといい台詞で舞台を締めくくる。
なお、宗五郎とお浜が駆けて行ったあと「魚屋」の幕を引かず、そのまま廻り舞台で「屋敷」に続けて観客の緊張感を保ちたい。また、折角の通し上演だけに、宗五郎が典蔵を捕らえる芝神明の祭りの場面を復活して、お蔦の無念を晴らしたらよかっただろう。

（平成二十一年三月・国立劇場）

仁左衛門と玉三郎の共演

『伽羅先代萩《めいぼくせんだいはぎ》』

陽春を迎えた四月の歌舞伎座で仁左衛門と玉三郎が久しぶりに共演し、昼の部は『伽羅先代萩』の政岡と八汐、夜の部は『吉田屋』の伊左衛門と夕霧に見応えがある。

思えば、玉三郎が亡き歌右衛門の指導を受けて政岡に初役で挑んだのは平成七年、あれから十数年の歳月を経て立女方《たておやま》の地位を揺るぎないものにした。「歌舞伎座さよなら公演」の中でも玉三郎にとって『先代萩』は最も大切な演目のはずで、特に「足利家竹の間の場」を演じるのも、仁左衛門の八汐との組み合わせも今回が初めてである。「竹の間」が付くと、政岡が八汐に比べて政治的に弱い立場に置かれていることがよく分かる。。飽くまでも乳人《めのと》として若君の鶴千代を慈しみ、若君に慕われているにすぎなかった政岡は、知らず知らず政争に巻き込まれてしまったのだろう。

仁左衛門の八汐も「竹の間」が付くと存分に活躍でき、「上から見えぬ人心、ても恐ろしい企みじゃなあ」というあたりの憎らしい口ぶりは、ギロリと政岡を睨みつけながらも役者の愛嬌がこぼれるところが面白い。「伯父君の御意じゃがやッ」と政岡を圧倒し、急に態度を変えて鶴千代につくり笑顔を向ける変わり目も芝居っ気たっぷり。玉三郎の政岡と仁左衛門の八汐がすっくと立ち並び、下座の大太鼓を打ち込むをきまりはまさに大舞台になった。

やはり政岡を演じたことがある福助が沖の井に回り、孝太郎の松島とともにしっかり脇を固めている。政岡と対照的に沖の井は弁舌達者に描かれているが、「政岡、召しますッ」と機転を利かせるところなど、勢い余って出しゃばりすぎないように気をつけなければならない。歌女之丞の医女の小槙が真面目に勤めて古風な趣きを醸し出している。

沖の井が持参した膳を持って上手に引っ込む政岡の歩みは薄氷を踏むように慎重で、次の「奥殿の場」の〽科は晴れても晴れやらぬ」という気持ちにつながる。よく見ると、金襖の竹に雀の家紋はいつもより小さく描かれ、政岡の裲襠《うちかけ》の雪持ち竹の柄が細かいのも玉三郎好みなのだろうか、優しい撫で肩の体形によく似合っている。玉三郎の政岡の「飯炊《まま》たき」はさすがに型の運びが自然で、虚心坦懐に茶道の点前《てまえ》で食事の支度を見せる形容の美学が面白い。

玉三郎の政岡がこれまでと見違えるのは、千松を殺された時の表情の険しさで、「お上《かみ》へ対し慮外せし千松、御成敗はお家の為ッ」と、苦痛を絞り出すような声とともに、眉間に皺を寄せて八汐を睨み据える。しかし、観客に役の気持ちを伝えようとして表情をつくるのは、女方芸としてはもっと慎重になるべきだろう。もちろん、能面のように無表情でもいけないが、玉三郎は「役者」の芸と「俳優」の演技の間を揺れ動いているようにも思われる。千松の亡骸《なきがら》をかき抱く「愁嘆」も、〽死んでくれいというような」というあたり、これまでにない突っ込んだ熱演だが、「かたじけない」ではなく「有り難い」と現代語に変えてしまったのは耳触りがよくない。

御殿の幕切れで、政岡の様子をうかがっていた八汐が上手の襖から登場すると、下手から福助の沖の井が小槙を連れて来て、栄御前と八汐の悪事を暴露する件りを復活したのが面白い。夫を殺された小槙が栄御前に取り替え子だと言い含めたのだという。これは文楽でもしばしば上演されている型で、女方が勢揃いして華やかな幕切れになった。

「床下」は吉右衛門の仁木弾正と三津五郎の荒獅子男之助。三津五郎はたっぷりした台詞廻し、きびきびした動きで、精一杯に荒事の力感を表現して小柄なところを補っている。三津五郎はどんな役も芸で観客を魅了してしまうのはさすがだ。吉右衛門の仁木にはまさに「国崩し」、見上げるような大きさがあり、白塗りの顔が妖しく青光りして艶をたたえている。「問註所対決の場」では仁左衛門もう一役の細川勝元との共演が見もので、二人の大立者の当たり役が火花を散らす。なお、歌六が玉三郎を相手に栄御前、吉右衛門を相手に渡辺外記左衛門《げきざえもん》を二役兼ね、どちらも存在感が必要な役をそつなく演じ分けていることを書き添えておきたい。

『吉田屋』は仁左衛門と玉三郎の組み合わせが錦絵の美しさ。男の愚かさと女の哀れみを描きながら、上質な干菓子を口に含んだ時のように思わず観客の顔もほころぶ。我當と秀太郎が吉田屋夫婦で登場すると、すっかり上方歌舞伎の雰囲気に包まれる。

（平成二十一年四月・歌舞伎座）

成田屋の「睨み」

『暫《しばらく》』

『恋湊博多諷《こいみなとはかたのひとふし》』「毛剃《けぞり》」

いよいよ来年四月の閉場まで一年を切った歌舞伎座では、正面に設けられたカウントダウン時計が時を刻み始めた。例年五月は「團菊祭」なので、今年はそうとは謳《うた》っていないが、やはり團十郎と菊五郎の共演が見られないは残念だ。

昼の部の一番目は海老蔵の『暫』。前回は五年前の海老蔵襲名の時で、やはり名跡が役者を大きくしたのだろうか、すっかり貫禄がついて、花道に登場した柿色の素襖《すおう》大紋の姿も見違えるように立派になった。目をぎろりと見開いて「睨み殺すぞッ」などと脅し、周囲を上から見下ろして威圧するような態度で鎌倉権五郎を役づくりする。花道七三で「さらば神輿《みこし》を引き上げようかッ」と立ち上がるところはまるで山が動くかのようで、本舞台で元禄見得をきめると細い顔が紅潮して大きく膨らむのは気迫が充実しているからだろう。

ウケは左團次の清原武衡がいかにも老獪な表情になってきた。なお、ウケが座している二畳台を舞台の中央から上手に動かして権五郎を待ち構える演出が定型になっているが、そんなことをしなくても最初から上手に設えておいても構わないだろう。腹出しには、権十郎の成田五郎を筆頭に、市蔵、亀蔵、男女蔵、亀三郎が威勢よく並んだ。鶺雀の鹿島入道震斎、扇雀の照葉はやはり江戸前の気質とは違う。太刀下には、友右衛門の加茂次郎が白塗りの顔が何とも立派。門之助の桂の前の他、亀寿、萬太郎、家橘、右之助が賑やかに舞台面を彩る。

「いざ、引きずり下ろしてくれべえェかァッ」という絶叫で権五郎の怒りは頂点に達し、荒事というものが権力者に対する怒りの表現であり、江戸の町人たちが芝居を見て日頃の鬱憤を晴らした思いがよく分かる。幕切れにウケをやり込め、「言い分あるかッ」は低音を響かせて、「どうしたとッ」は高音で言い放って奔放に声音を使い分けるのも面白い。そして、花道の引っ込みの六方は、大太刀を構えて前のめりに踏み込むのが凄まじく、この威勢はもう誰にも真似できないだろう。これで父の團十郎ならではの春風駘蕩とした包容力が加われば申し分ない。

夜の部は團十郎と藤十郎が東西共演する『恋港博多諷』「毛剃」が「さよなら公演」に相応しい大

舞台。團十郎の毛剃九右衛門はいかにも海賊船の首領らしい貫禄をたたえ、「木場《こば》という所にャァ目ン玉の太か奴がおると見ゆる」などと七代目團十郎を当て込むはまり役。満月の下、船首に立つ潮見の見得は大入りの客席を圧倒する。馴染みの遊女、小女郎を身請けするという情夫を前に、嫉妬心に駆られる男の怒りの表現であることが分かる。藤十郎の宗七の「しゃべり」の芸がこの人ならではの面白さで、菊之助の小女郎、秀太郎の茶屋女房といった顔合わせが貴重な舞台になった。

海老蔵の『暫』も團十郎の「毛剃」も、成田屋の「睨み」は邪気を祓うというが、この歌舞伎座の舞台から睨まれるのもいよいよ見納めである。

（平成二十一年五月・歌舞伎座）

碁石の黒と白

『祇園祭礼信仰記《ぎおんさいれいしんこうき》』「金閣寺」

新橋演舞場の昼の部『祇園祭礼信仰記』「金閣寺」は、吉右衛門の松永大膳、芝雀の雪姫、染五郎の此下《このした》東吉と最適の役者が揃った大舞台である。大膳に占拠された金閣が建っているのは中世の時空で、そこに潜入した東吉が近世への扉を開く。

前半は大膳と東吉の「碁立て」が見どころで、吉右衛門の悠々とした芸の奥行きと、染五郎の若さならではの華やぎが、さながら碁石の黒と白のように際立つ。そして、囲い囲われ、盤上で繰り広げられる碁の対局で大膳の敗北が予言されるのである。

吉右衛門の大膳は「王子」の鬘がよく似合う国崩しで、雪姫が意のままにならないことに苛立ち、雪姫を組み敷いて「雨を帯びたる海棠桃李《かいどうとうり》」とにやける面構えに色艶を滲ませる。染五郎の東吉は生《なま》締《じめ》の鬘がきりりとした捌役《さばきやく》で、花道から本舞台へ向かう時に金閣の上層をちらりと見上げる視線が鋭い。碁盤を捧げたきまりの見得など瓢箪柄の裃から爽やかな水気を発して、心身ともにもう少し贅肉がつけば舞台映えがするだろう。

後半は、鐘の響きに散る桜の元、雪姫が涙と花で描いた鼠が雪姫の縛り縄を喰い切ってくれる「爪先鼠」はまさに春爛漫。芝雀は父の雀右衛門から当たり役を受け継ぎ、日本画の面相筆で描いたように繊細なまなざしで、絵描きにもかかわらず「姫」と尊称される凛とした気品が漂う。

夫を慕って魂が体から飛び立とうとする衝動を劇中劇として誇張したのが人形振りで、今回、京屋のお家芸の復活に挑む芝雀の意気込みに拍手を贈りたい。かつて、雀右衛門も演じたことはあるらしいが、私にとって人形振りの雪姫を見るのは初めての貴重な体験である。まず、黒衣《くろご》が「人形振りにて相勤めまァす」と「口上」を述べ、〽無残なるかな雪姫は」という義太夫の連れ弾きが始まる。緋《ひ》毛氈《もうせん》で囲って拵えをして、よく見ると、雪姫は文楽人形のような大きな花簪《はなかんざし》に差し替えている。〽野寺の鐘も更々と響きに散るや桜花」で、雪姫は井戸に座ったり柱巻きになったり、黒衣が巧みに操る裾捌きが面白い。竹本葵太夫が雪舟の鼠の故事を畳み込むようなタテ詞で語って軽快に進行する。

播磨屋一門の最古参、吉之丞の慶寿院が滋味に溢れ、福助が珍しく立役を勤める狩野之介直信、歌六の十河軍平、錦之助の松永鬼藤太、いずれもバランスのよい配役だ。

一転、吉右衛門は『らくだ』の久六で、歌昇の半次と組んで笑劇を繰り広げる。段四郎の家主女房、由次郎の馬吉が面白い。夜の部の『お染の七役』は福助にとって出世作でもあり、早替わりがこれ見よがしでないのは初演の緊張感を取り戻したからだろう。七役の内でも、土手のお六の伝法肌がよく似合って、「かかあ煙草と評判の、いわば真面目な商人《あきんど》さ」といささか奔放に開き直る。染五郎の鬼門の喜兵衛はシャープな悪役で、錦吾の番頭善六、蝶十郎の久太が面白い。他に、池波正太郎『鬼平犯科帳』の「狐火」は、長谷川平蔵が吉右衛門ともう不可分一体になっており、歌舞伎にとって新しい客層を掘り起こす。

（平成二十一年五月・新橋演舞場）

富十郎の一世一代

『勧進帳《かんじんちょう》』『連獅子《れんじし》』

めでたく傘寿、八十歳を迎える富十郎の自主公演「矢車会」を見た。昼の部の『勧進帳』も夜の部の『連獅子』もまさに一世一代の意気込みで、愛息子《まなむすこ》の鷹之資と共演して、父から子へ芸の神髄を伝えたいという熱い思いが歌舞伎座の檜舞台を鳴り響かせた。

『勧進帳』の武蔵坊弁慶は富十郎の当たり役で、上演回数にこそ恵まれなかったが、これまで一舞台一舞台を大切に完全燃焼してきた。今回は鷹之資に源義経を勤めさせ、いわば能の子方と同じように貴種流離譚の神秘性を表現する。まだ十歳の鷹之資は富十郎にとってまさに掌中の珠《たま》、弁慶が体を張って義経を守り抜く気持ちと重なり合う。

客席は大入り満員、一回限りの舞台の開演を待つ高揚感は久しぶりのことで、幕が開くと長唄連中が九丁九枚ずらりと居並んでいるのが壮観である。富十郎の弁慶に拮抗できるのは吉右衛門の富樫左衛門をおいて他になく、藤舎名生の笛の音で登場し、朗々と聞かせる名乗り台詞にはこの物語全体を覆うような包容力がある。吉右衛門も珍しく緊張しているのだろうか、白塗りした顔色がいかにも古風で、義理と人情の狭間に立たされた武士の気骨を感じさせる。

富十郎の弁慶が花道に登場して意表を突くのはその出で立ちで、水衣は黒地に凡字散らしではなく茶の縞柄、いつもの大口袴とは違って雲立湧《くもたてわく》模様の半切れを用いている。歌舞伎の華やぎには乏しいが、化粧もほとんど淡彩のまま、いわば素踊りのようにありのままの自分の芸を見てもらおうという思いなのだろう。かつて、武智鉄二が演出した伝説の「武智歌舞伎」で能の様式に復した実験的な意味とは違って、八十の年輪を刻んだ名優がたどり着いた一つの境地である。

勇み立つ四天王を制止する「やあれ暫く、御待ち候え」という第一声も、さすが富十郎の声音には地響くような底力がある。「この関一つッ」と甲高く変調して危機感に苛立ち、「君を、強力《ごうりき》と、仕立て候」という一言一言を呑み込んで主君の境遇を憂うる。

勧進帳の「読み上げ」は歌わずに語り聞かせ、「上下の真、俗を進めて」と区切るなど言葉の意味がよく通り、「一紙半銭、奉財の輩《ともがら》は」からは勧進帳の本文とは違うという解釈で語気を和らげる。「山伏問答」で「胎蔵、金剛」で左右を見分けるのも然り、「日月清明」を「じつげつ」ではなく「にちがつ」と発音するのは聞き慣れないが、確かに仏教用語としてはそれが正しいらしい。「宗祖」と「役《えん》の小角」もきちんと言い分ける。いよいよ問答が山伏の形式論から「九字真言」という本質論に及ぶと、「急々如律令《きゅうきゅうにょりつりょう》ッ」という呪文を富樫に向けて威嚇するように発して火花を散らす。富十郎の弁慶は得々と仏教の知識を披歴するのではなく、ところどころ富樫を見やり、万が一の時は関所を強行突破しようという決死の思いでこの難局に立ち向かっていく。

「杖折檻」は「憎ゥし、憎しッ」で身を揺さぶったりはせず、富十郎の弁慶は率直に台詞に感情を込めて義経を打ち据え、天にすがるような悲痛な思いで「通れッ」と言い放つ。〽いかなる天魔鬼神《おにがみ》も」で四天王を背後に金剛杖を構えるところは、反り返って口を開けたりせず、前傾姿勢で富樫に向かって突進していくのが懸命な感じで面白い。段四郎の常陸坊海尊、染五郎の亀井六郎、松緑の片岡八郎、右近の駿河次郎が晴れ舞台を支えている。

富樫が引っ込んで思わず観客もホッと安堵する静寂の中、鷹之資の義経の「弓矢正八幡の神慮と思えば」という声が凛々と響く。富十郎は膝に配慮して鬘桶に座し、「山野海岸に起き伏し明かす武士《もののふ》の」から立ち上がって「物語」になる。

酒宴では酒器を転がしたり桶の蓋を頭に被るおかしみを省いた。富樫は義経の正体を知って見逃すのが歌舞伎の解釈だが、富十郎の弁慶は富樫の情に流されることなく警戒し続ける。「延年の舞」

は「万歳《ばんぜい》ましませ、万歳ましませ、巌の上」という謡いも音吐朗々と、中啓を左右に振り下ろす勢いは風を起こすかのようで、所作板を踏み破るのではないかと危ぶまれた往年の熱演を思い出させる。「あれなる山水の、落ちて巌に響くこそ」という文句など、余興ではなく祈禱として舞っているように思われる。「エイッ」と二声、飛び上がって地霊を踏み鎮め、〽鳴るは滝の水」を長唄が繰り返すと幕切れまではもう急転直下、鷹之資の義経が無事に花道を駆け抜けて行く。

それを見送る富十郎は、八十歳で弁慶を見事に演じおおせた感謝の思いが全身から溢れる。飛び六方は手ぶりにとどめて摺り足で入ったのはやむを得ないが、この手に汗握る「緊張」からの「解放」こそ、『勧進帳』という芝居の核心であることを改めて思い知らされた。

夜の部の『連獅子』も親子共演に相応しく、富十郎の父親としての優しさと、役者としての厳しさが重なり、鷹之資にとってはまさに試練の舞台になった。

〽それ牡丹は百花の王にして、獅子は百獣の長とかや」という長唄の祝言で、万雷の拍手に迎えられて前シテの狂言師が手獅子を持って登場する。きびきびした白足袋《たび》の動きに思わず目を引かれ、二人の足拍子が綺麗に揃っているのは、吸う息、吐く息、富十郎の呼吸に鷹之資が敏感に感応しているからに他ならない。〽雨後に映ずる虹に似て」で石橋《しやっきょう》を見上げる二人の後ろ姿に、八十歳の父と十歳の息子という不思議な巡り合わせを思う。

〽峰を仰げば千丈の」からの扇の振りの切れ味は富十郎ならでは深山幽谷の景色を彷彿とさせ、わが子の行く末を思う真剣なまなざしを見せる。鷹之資が行儀よく舞い踊る内、あっという間に親獅子が子獅子を千尋の谷に蹴落とす件りになり、〽剛臆ためす親獅子の、恵みも深き谷合へ」で、二人揃って顔を見合わせる呼吸もピタリと合った。何といってもまだ幼い鷹之資が必死に親にしがみつこうとする様子が面白く、〽爪を蹴立てて駆け登るを」では元気に足拍子を響かせる。

子を突き落とした親獅子が心配そうに舞台を一巡りして、〽あら育てつるかいなやと」と胸をかき抱く姿に親の情愛が溢れる。〽雲霧にそれとも分かぬ八十瀬川《やそせがわ》」というのは傘寿に相応しい詞章で、ここで静かに水音を響かせる訳で、『連獅子』には「雨」「滝」「浪」という単語が連なり、牡丹を咲かせる水の恵みが織り込まれている。

息を吹き返した子獅子が花道七三から本舞台へ、〽翼なけれど駆け上がり」というまさにその通り、鷹之資は富十郎の胸元へ飛び込み、二人手を取り合う歓喜で歌舞伎座の場内が満たされる。再び手獅子を振るい、〽風に散りゆく花びらの」で天地にきまるお定まりの姿も和やかで、すっかり上気した観客の盛大な拍手に包まれながら花道を引っ込む。

間狂言《あいきょうげん》の「宗論」は勘三郎の蓮念と橋之助の遍念で、勘三郎は髭を生やしてまるで盗人のようだが、よく息が合ってほのぼのとした笑いを誘う。こうして富十郎の自主公演に買って出てくれるところに彼らの仁義があり、梨園が古き良き社会なればこその名舞台が生まれる。

いよいよ後シテの毛振りで、富十郎は二畳台の上から舞台中央の子獅子を見守り、鷹之資は幼いながらも親獅子の分までという意気込みで赤頭《あかがしら》を振るのが微笑ましい。こうして父と一緒の舞台を通して、以心伝心、鷹之資が肌で感じたことが歌舞伎役者として血肉となっていくに違いない。

（平成二十一年五月・歌舞伎座）

ロンドンからの凱旋

シェイクスピア＝原作『NINAGAWA十二夜』

シェイクスピアの祝祭喜劇を翻案した『NINAGAWA十二夜』がロンドン公演から凱旋した。本場で「洗礼」を受けて芝居の目鼻立ちが引き締まり、場面転換を省いて三幕から二幕にまとめ、大団円に向けて畳み込むような勢いが生まれた。定式幕を引くと一面の鏡に映る客席の景色も、これまでの歌舞伎座とは違って新橋演舞場ではモダンな印象になっている。

すっかりヒロインの〈琵琶姫＝ヴァイオラ〉になりきった菊之助は、恋する少女の吐息が熱気を帯びて、嵐で生き別れた兄妹を早替わる趣向さえ色褪せてしまうほどである。琵琶姫が男装した〈獅子丸＝シザーリオ〉の所作事は、新鋭の尾上青楓が振付を工夫して言葉の壁を超える舞踊の可能性を広げた。〽尽きぬ思いは増鏡《ますかがみ》、焦れて、焦がれて身悶《じ》ゆる」と身をねじるように恋の苦しみを訴える菊之助の女方芸に英国の観客も鮮烈な印象を受けたに違いない。獅子丸は倒錯美というよりも、ジェンダー論を超えたところに人間的な魅力があるといえるだろう。

時蔵の〈織笛姫《おりぶえひめ》＝オリヴィア〉と錦之助の〈大篠左大臣＝オーシーノ公爵〉の憂い顔が高貴で、いずれも獅子丸の純情に魅せられて元気を取り戻すまで物語の中軸を支える。なお、織笛姫は墨衣をまとって喪に服するのもよいが、水晶の数珠を持って哀愁漂わせたらどうだろう。

そして、真の主役である菊五郎の〈丸尾坊太夫＝マルヴォーリオ〉は、派手な鬱金《うこん》色尽くしの出で立ちで浮かれるうぬぼれ者を遊び心たっぷりに役づくる。道化役の〈捨助＝フェステ〉も兼ねて「阿呆な利口者よりは、利口な阿呆たれ」という名台詞をクローズアップ。いかにも太っ腹なところが菊五郎らしい道化役になった。この捨助の楽観主義こそ今日の私たちに必要なのかもしれない。

蜷川幸雄の演出は歌舞伎の本質を見抜き、歌舞伎役者の個性を最大限に生かしたところに肩肘張らぬ余裕を感じさせる。左團次の〈洞院鐘道《とういんかねみち》＝トービー・ベルチ〉がいかにも朗らかで、翫雀の〈安藤英竹＝アンドルー・エーギュチーク〉、團蔵の〈比叡庵五郎＝フェービアン〉とともに貴族の享楽生活を描く。亀治郎の〈麻阿＝マライア〉は新たに口元に付けたほくろが異彩を放ち、激しい気性の役づくりを極める。彼らが悪巧みを企てる第二幕第二場「織笛邸中庭の場」がコミカルで、鏡面を背景に砂山が抽象的に配され、月明かりが美しく照らし出す舞台装置が優れている。

英国の劇評には賛否両論あったらしいが、異国情緒への興味ではなく、厳しい評価も演劇として正当に受け入れられたからに他ならない。シェイクスピアが書き残した「文学」という果実が、歌舞伎の様式的な「娯楽」という糖蜜にひたされた甘美な味わいに観客も思わず笑顔になる。

（平成二十一年六月・新橋演舞場）

「コクーン歌舞伎」の変奏曲

長塚圭史＝作『桜姫《さくらひめ》』

東急文化村が二十周年を迎えたことを記念して、鶴屋南北の『桜姫東文章《さくらひめあずまぶんしょう》』を元に現代劇と歌舞伎を二ヶ月続きで上演し、六月は長塚圭史が書き下ろした新作『桜姫』、七月は串田和美が演出するコクーン歌舞伎という興味深い企画である。

「聖」と「俗」を象徴する清玄と釣鐘権助。対照的な二人の男の死に様を描く原作とは逆に、〈セルゲイ＝清玄〉と〈ゴンザレス＝権助〉は生き延びて、長塚は「死」の物語を「生」の物語へ巧みに反転させた。幕切れで、二人は「命ある限り、また、擦れ違おう」と別れを告げて翌月につなげる余韻を残す。この「南米版」は歌舞伎を単に翻案したものではなく、歌舞伎をモチーフにした変奏曲というべきで、墓守の少年に「この国には情緒の雨は降りませんッ」と言わしめ、日本とは地球の反対側に位置する南米大陸を舞台にしたのは、この世には自分の知らないもう一人の自分が存在し、幸せを分け合っているというテーマが全編を貫いているからである。

大きな十字架を背負わされたセルゲイは、弟子の〈ココージオ＝残月〉とルカがマスコミ相手にあることないこと言いふらして聖職者に祭り上げられる。各地を巡るセルゲイは少女の〈マリア＝桜姫〉の手中に握られていた宝石に驚き、彼女が〈ジョゼ＝白菊丸〉の生まれ変わりだと信じて、十字架を打ち捨てて執拗に追い回すことになる。

それに対して、ゴンザレスは革命家を気取る荒くれ者。しかし、勘三郎のゴンザレスには南米の混沌の中に立ち上がって大衆を扇動するだけの豪快さに乏しく、熱演すればするほど空回りしてしまう。彼の典型的な日本人体形は歌舞伎の衣裳をまとってこそ舞台栄えするのだろう。後半、重傷を負ってココージオに裏切られ、飢えて墓場をあさり、「生きてえッ」と泣き叫ぶ人間臭いところだけは勘三郎に似合っている。それにしても、こうして現代劇の大立者たちとの共演に挑み、体当たりで自分の可能性を試そうという意気込みには恐れ入る。

大竹しのぶのマリアはさすが個性派女優ならではは独特の雰囲気で、十六歳の少女になる違和感を遥かに超越してしまう。恐らく、大竹が墓守の少年を兼ねるのが作者の意図で、この芝居の仕掛け人として少年がマリア役を演じる虚構の二重構造になっているのである。青蜥蜴《とかげ》の毒を飲んでも死なないのは、もとよりこの世の存在ではないからだろう。名家のお嬢様が娼婦に落ちぶれてしまう聖と俗のギャップを表現するのは難しいが、注目すべきは、マリアが自分の父を殺した犯人を知る場面で、過去の恐ろしいトラウマがよみがえって硬直する表情が凄まじい。原作の桜姫は清玄と権助だけでなく、赤子まで殺して自分は生き延びる訳だが、セルゲイとゴンザレスの目の前で忽然と姿を消したマリアは、再び墓守の少年に戻って「やめられねえッ」と言い残して走り去っていく。大竹が太鼓を叩き、もう一人の墓守を演じる笹野高史がトランペットを鳴らして、「筋書なんてあるようでないようなもの」という芝居の開幕と閉幕を取り仕切る。

ココージオには古田新太、〈イヴァ＝長浦〉には秋山菜津子を配して、その野性的なキャラクターで観客をくすぐりながら、じりじり照りつける太陽と、砂埃が舞う南米の荒野を彷彿とさせてくれる。いかにも誠実な白井晃のセルゲイに対して、本当は、古田をゴンザレス、勘三郎をココージオに配した方がしっくり収まったのではないだろうか。ココージオは師匠のセルゲイを陥れ、意気投合したゴンザレスを裏切り、「思い立つ日が吉日か」とか「俺が信じているのは今のこの瞬間」とうそぶき、欲望の余りに肥満して身動きがとれなくなってしまう。イヴァは「必要なものが分かっていて必要なだけ働く」「桁はずれなことはもう沢山ッ」と思い至り、この奇妙な夫婦像はもう一つの主人公になっているといえるだろう。原作の残月と長浦は身包みはがされても生き長らえるが、ココージオとイヴァが絶命するところにも生と死の反転が仕組まれている。

〈イルモ＝入間悪五郎〉の佐藤誓は花組芝居で活躍していた独特の存在感があり、赤子を連れ去って執拗にマリアを追い駆けるが、最後、「その辻を曲がれば、俺たちも幻よッ」と吐き捨てる台詞が耳に残って芝居全体を綺麗に修飾している。

演出は串田和美が引き受けたが、もし、長塚が自ら演出して脚本をもう少し練り上げれば、また新しい演劇の可能性が生まれたかもしれない。とはいえ、大竹、白井、古田、そして勘三郎という豪華な共演で、彼らの剛腕な表現力にはただ圧倒されるばかりであった。

（平成二十一年六月・シアターコクーン）

七之助の透明感

『桜姫《さくらひめ》』

コクーン歌舞伎の『桜姫』は、先月、長塚圭史が書き下ろした現代劇の「南米版」から続けて見ると、死に損なった人々が地球の反対側から転生してきたような錯覚が面白い。ドラマは繰り返され、彼らは再び欲望の赴くまま社会の底辺へ落ちていく。今回、清玄と白菊丸が心中しようとする「江ノ島稚児ヶ淵の場」を付けたが、もしかすると、先月の南米版こそ壮大な発端だったのかもしれない。つまり、〈マリア＝桜姫〉が先立って男たちが生き残る南米版の幕切れと、白菊丸が入水して清玄が嘆き悲しむ歌舞伎の発端の図像が重なるのである。

串田和美の新演出は、「新清水の場」の桜、「三囲堤《みめぐりづつみ》の場」の雨、「岩淵庵室の場」の雷など、歌舞伎の美しい心象風景をスクラップして二幕の見世物に仕立て直した。南米版と同じく四方を客席に囲まれた舞台上で古典の「役」を矮小化してしまう。

しかし、七之助の桜姫が女方らしく冷ややかな透明感をたたえているのは、女優と違って生々しい感情表現に陥らないからだろう。南米版の大竹しのぶが墓守も兼ねて、舞台を縦横無尽に走り回って私たちを翻弄したのとは全く趣きが異なり、山台に乗った操り人形として押し出されてくる一幕目は固い蕾のままで、娼婦になっても生き抜く貪欲な力強さは感じられない。しかし、二幕目で「毒喰わばッ」と覚悟してようやく花開き、「権助住居の場」で「手慣れし爪琴あるならば、今宵の憂さを」などと、ふと寂しく曇らせる横顔に散り初めの美しい風情がある。

橋之助の釣鐘権助は陰険な悪党ではないが、生粋の江戸前が好ましく、もっとじっくり芝居を見たいところだが、串田演出ではドラマがせわしなく先へ先へと進んでしまう。危うい濡れ場は桜姫が「忘れもやらぬ去年《こぞ》の春」と語り出すと廻り舞台が一周して、二人抱き合って「不思議な縁《えにし》もあるものじゃなあ」ときまるのがいささか安易だが、刹那《せつな》的な若さがコクーン歌舞伎ならではの魅力で、橋之助には七之助ともども今回の経験を踏み台に型通りの古典歌舞伎にも挑戦して欲しい。歌舞伎役者として古典の経験を積み重ねることが彼らの表現をもっとふくよかなものにするだろう。

先月とは打って変わり、勘三郎が存在感で他を圧倒する清玄の破戒堕落。粘り気のある口跡を聞かせて、桜姫への愛着心の高ぶりを情緒豊かに演じている。「桜谷草庵の場」で「罪をこの身に恋衣、仏の御弟子《みでし》がこの有様」と濡れ衣を着せられて目をつむるところは胸騒ぎを鎮めるかのようで、「稲瀬川の場」で薬を手渡して桜姫の温もりに触れると、たちまち欲望の炎を立ち上がらせてしまう変化を勘三郎はきめ細かく仕上げている。枕を交わしたいと桜姫を口説き、「こなたの見る前、まッこの通りッ」と数珠を切るところなど大芝居である。心身ともに病んでしまった庵室では、桜姫の振袖を懐かしそうに抱く涙声や、惨殺されても落雷の衝撃でよみがえり、桜姫にまとわりついて鉈《なた》をくわえた凄まじい形相には弱く愚かな人間の本性が滲む。

「権助住家の場」で、家主の寄り合いに出掛ける権助は橋之助だが、酔っ払って帰って来る権助は勘三郎が入れ替わりに演じて都鳥の一巻を取り落としたり、清玄の幽霊が背後に立って権助の口を開かせるなど、実は兄弟の清玄と権助の面影を交錯させて悪行を暴く工夫が面白い。そして、桜姫が権助に続いて赤子を殺そうとするのを清玄の幽霊が制止して幕切れにつながるが、「人を助ける出家の身」と自分に言い聞かせて赤子を守り育ててきた清玄の思いは首尾一貫する。

先月から二ヶ月続きの出演となる笹野高史の勘六は、「さて、お立会いッ」と快活な見世物師として舞台と客席の間を取り持ち、弥十郎の残月が俗気たっぷりに活躍する。扇雀の長浦は女方としては羽目を外しすぎて嫉妬激しい悪女になってしまった。他に、亀蔵の入間悪五郎が苦味を利かせ、橋吾の粟津七郎が抜擢に応えて舞台上を爽やかに疾走する。

季節が巡って吉田家を再興する幕切れで、子殺しの神話性を排して、桜姫が神々しい聖母子像に収まる新解釈がセンチメンタルである。地獄に落ちたはずの清玄と権助が昇天する死生観を持ち込んだのも、南米版の「マリア」という役名に触発されたのだろうか。

（平成二十一年七月・シアターコクーン）

三津五郎と勘三郎の舞踊二題

『六歌仙容彩《ろっかせんすがたのいろどり》』『船弁慶《ふなべんけい》』

八月の「納涼大歌舞伎」が始まって二十年。この間、八十助は三津五郎を、勘九郎は勘三郎を襲名して名実ともに花形から幹部へ伸し上がった。二人が活躍の場を広げる突破口にした夏芝居も現在の歌舞伎座では最後ということで、初回に上演された『豊芝賀の死《とよしがのし》』や『乳房榎《ちぶさのえのき》』といった怪談が再演されているが、三津五郎が踊り通す『六歌仙容彩』、勘三郎の待望久しい『船弁慶』、それぞれの思いを込めた舞踊二題は見逃しならない傑作である。

第一部の『六歌仙』は、僧正遍照、文屋康秀、在原業平、喜撰法師、大伴黒主の五役を歌舞伎座の檜舞台で一手に引き受けた三津五郎の意気込みが客席にまで伝わってくる。

まず、「遍照」は出家の身でありながら「身にまとうたる色衣、未来永劫《えいごう》仏罰を」と小野小町を口説く老いらくの恋で、三十一文字《みそひともじ》で男女が恋心を伝える『六歌仙』の世界へ私たちを誘う枕詞になっている。福助の小町は容姿が立派だが、僧正を見送って表情を曇らせたりせず、絶世の美女らしくもっと超然と振る舞った方がよい。折角ならば、御簾の前で済ませず御所の塀外という設定に改め、二人が門に入って大道具を転換すればより豪華になるだろう。

「文屋」は小柄な三津五郎ならではの愛嬌があって、〽鼻の障子へたまさかに」など「手踊り」のコミカルな振る舞いについ見惚れてしまう。〽その通い路も君故に」から曲調もしっとり聞かせる「くどき」では何気ない仕種や表情が巧み。烏帽子を取られ、狩衣も脱ぎ、〽逢う恋、待つ恋、忍ぶ恋」で官女を抱きかかえるなど滑稽味に溢れた型で、文屋の萌黄の狩衣はいささか渋好みと思いきや、三枚目から二枚目へ、「業平」の爽やかな浅葱の狩衣への替わり映えに目を見張る。「百人一首」の絵柄としても親しまれているように、業平が弓矢を構えているのは小町の心を射とめようとする雄々しさの表われで、その点、三津五郎の業平は長身の福助の小町と釣り合わないが、〽九重《ここのえ》かざす誰《た》が花扇」という扇捌きをきっぱりと芸で柄の不足を補おうとしている。

いよいよ眼目の「喜撰」。業平が花道に引っ込んだあと大道具の転換に手間取るが、拵えの時間をかせぐならば所化の問答でも入れたらよい。清元の語りで花道から登場する三津五郎の喜撰は、早替わりの苦しさを全く感じさせず、ぬらりくらりとした飄逸な浮かれ気分が楽しい。下駄の音を蹴立てて勘三郎のお梶が登場すると、三津五郎の喜撰も気合が入って、〽どう見直して、胴震い」で喜撰がうっとり見惚れる「永木振り」や、〽朧《おぼろ》の月や松の陰」で背中合わて一回り、お梶が前垂れを掲げた上下のきまりなど、さすがに三津五郎と勘三郎の息はぴたりと合っている。

勘三郎のお梶が「くどき」で熟女の色気を振りまいたあと、曲調も賑やかになり、喜撰が花錫杖《はなしやくじよう》を振るう「ちょぼくれ」は腰の動きが絶妙で、〽釈迦牟尼仏の床急ぎ、抱いて涅槃《ねはん》の長枕」などと仏罰が当たりそうな念仏踊りでは喜撰とお梶が軽やかに叩き鉦《かね》を打ち鳴らし、「性」が「生命」に通じる人間の営みだということを大らかに語り聞かせる。大勢の所化たちが出迎えを受けた「住吉踊り」

では、喜撰が姉さん被りで下世話を表現する悪身《わりみ》の振りも三津五郎は決して下品にせず、〽天下泰平、国土安穏めでたさよ」まで一気に踊り抜く。

そこに紅白の横断幕を下ろして続ける幕切れの「黒主」は、小町の草紙洗いの故事を見せるのが主眼だが、わざわざ再び屋内に戻すより広々とした裏庭の景色の方がよい。それにしても、理屈抜きに平安の宮廷社会を洒落のめして楽しんだ江戸の町人文化のエスプリには全く恐れ入る。

さて、第二部に配された勘三郎の『船弁慶』は歌舞伎座では十七年ぶり。勘三郎にとって祖父の六代目菊五郎の当たり役として『鏡獅子』と並ぶ大切な役であろう。

まず前シテ、勘三郎の静御前は五色幕に登場する姿が小柄で可愛らしく、どんなに恋人との別れが辛くても、命じられるまま烏帽子を被って舞わねばならない白拍子の境遇が悲しい。〽春の曙、白々と」で中啓を広げる舞い始めも奈良の一刀彫のように鑿《のみ》あとくっきりと、〽鳴いて北野の時鳥《ほととぎす》」で空を見上げるところは、目に涙を溜めているかのように見える。静にとって舞いの終わりが恋人との別れで、〽明日まばゆき朝日山影」で白拍子から一人の女に戻って思わず涙を流す。松羽目物の中でも『船弁慶』の静が難役なのは、能装束を写した壺折の着付がいかにも窮屈そうで、謡曲と長唄では詞章が差し替えられてはいても歌舞伎舞踊として発散できないからである。その様式の中で、勘三郎は身も心も精一杯に凝縮させていく。よく考えれば能面の代わりに白塗りの化粧で済ませるのも奇妙なはずだが、勘三郎の神妙な舞いぶりはそんな違和感も吹き飛ばしてしまう。

橋之助の武蔵坊弁慶がいかにも重厚で、福助の源義経は背筋をしゃんとした立ち姿が凛々しく、義弟二人が勘三郎の前シテと後シテに互角に向き合うのも頼もしい。間狂言《あいきょうげん》の舟長《ふなおさ》には三津五郎が付き合って朗らかに気分転換させてくれる。

一転、後シテの平知盛の霊は思い切り発散できるところで、勘三郎の知盛はさすがに昔のように生々しい激しさとは違って、声音もドスを利かせずに幽玄なところを表現している。弁慶の祈禱に苦しんで開口する舌もことさらに赤く塗っていない。薙刀《なぎなた》を背負って旋回する花道の引っ込みは、これまで技巧にばかり目を向けていたが、平家の怨霊が海底に吸い込まれていく無常感を思わせたのは、観客にとっても演者にとっても歌舞伎座さよなら公演だからかもしれない。

今後、新しい歌舞伎座になって八月興行がどうなるのか分からないが、普段は役に恵まれない花形がしっかり古典に取り組める機会として是非とも続けて欲しい。

（平成二十一年八月・歌舞伎座）

絵心に満ちた娯楽作品

『石川五右衛門』

その昔、狂言作者が「狂言は絵の如く作るがよし。文字のやうに作りては女子《おなご》どもよめず。見物は内の苦労を忘れに来るなり」という口伝を残したのは、観客の理性より感性に訴える「絵心」が芝居づくりの要諦だからである。

海老蔵に請われて、人気漫画プロデューサーの樹林伸が構想した新作歌舞伎『石川五右衛門』は、まさに漫画らしい絵心に満ちた娯楽作品に仕上がった。人形振り、早替わり、引き抜き、セリ上げ、宙乗りといった歌舞伎の古風な手法をふんだんに用いて、大勢の分身が登場する「大坂城天守閣大屋根の場」の立廻りなど、漫画の異時同図を見るようでどこか懐かしい。藤間勘十郎の演出が要領よく、前田剛の美術も洗練されている。

一人気炎を吐く海老蔵の石川五右衛門は、これまでの五右衛門の重厚なイメージを破り、ニヒルな暗い影を帯びた若者像。ぶっきらぼうなところが海老蔵の個性だが、盗賊として次第に貫禄を増していく成長は彼にとって現在進行形の物語でもあろう。意外にも「三條河原釜煎りの場」から始まり、暗転で昔に遡って、紅葉や雪の景色を織り込んだ「伊賀山中の場」の忍術修行では、猿弥の百地《ももち》三太夫に首領らしい風格があり、右近の霧隠才蔵が五右衛門と組んで鋭い刀捌きを見せる。

五右衛門が侵入する「聚楽第《じゅらくだい》広庭の場」で、偶然に出会ったお茶々と互いに一目惚れするが、折角、箏曲を用いるならば、きちんと所作板を敷いて本格的な所作事として独立させたかった。たとえば、五右衛門が鷹に化けて庭に舞い下り、鷹から盗賊へ、盗賊から貴人へ姿を変えるような工夫があってもよいだろう。「お茶々寝所の場」では、紅一点、七之助のお茶々が五右衛門と秀吉の間で揺れ動く女心を繊細に描く。赤袴を着た守り役で登場する市蔵の前田利家が面妖で、折角ならば、右近の才蔵、猿弥の三太夫ともども、もっと活躍させたかった。

老獪な豊臣秀吉を演じるのは團十郎で、五右衛門と秀吉が対面する「南禅寺山門の場」は親子競演ならでは、義太夫の語りを用いて肚《はら》を探り合うのがクライマックスになっている。五右衛門は秀吉が父であることを悟りながら「所詮、こなたは国盗人ッ」と責め立てて火花を散らし、互いに決別して花道を引っ込む團十郎は万感迫って目に涙を浮かべ、海老蔵は未練を断ち切る哀愁を背中に漂わせる。この場は「内陣」から「回廊」への舞台転換が目にも鮮やかで、そして「山門」がセリ上がるお馴染みの場面も五右衛門の孤独感に裏打ちされ、海老蔵が激情をほとばしらせる「絶景かな、絶景かな」という台詞が、人生の迷いの雲を晴らした歓喜の叫びに聞こえる。

蠟燭の面明かりで照らし出される謎めいた「破れ寺の場」で五右衛門があれこれ思い悩むように、「勧善懲悪」といっても善と悪は裏表で、歌舞伎の観客は悪党の活躍に喝采し、悪党の最期に滅びの美学を見る。再び「釜煎りの場」に戻って、五右衛門の「世に盗人の種は尽きまじ」という辞世は、まさに大胆不敵、今日の偽善をあざ笑うかのようである。

（平成二十一年八月・新橋演舞場）

「暗闇」の名場面

『浮世柄比翼稲妻《うきよづかひよくのいなづま》』「鈴ケ森」

九月の歌舞伎座は七代目幸四郎と初代吉右衛門を偲び、幸四郎が『勧進帳』、吉右衛門が『時今桔梗旗揚《ときはいまききょうのはたあげ》』で父祖の当たり役を熱演する。夜の部の『浮世柄比翼稲妻』「鈴ケ森」で、吉右衛門の幡随長兵衛が歌舞伎座では初めてというのは意外だが、初代吉右衛門が最晩年にこの同じ舞台で演じた役でもあり、当代にとっては一入《ひとしお》思い入れがあるだろう。

今回は「鈴ヶ森」の前に「鞘当《さやあて》」を付けて、染五郎の名古屋山三と松緑の不破伴左衛門が花形ならではのライバル心を燃やす。芝雀の留め女がカッカッと下駄の音を鳴らして花道を登場し、大きな箱提灯を構えて花道七三できまった姿には江戸前の女の意気地を感じさせる。

暗闇の名場面である「鈴ヶ森」は、藪から大勢の乞食が這い出して来るのが不気味で、戦後の歌舞伎座の古びた劇場空間ならではの独特の雰囲気に包まれる。思えば、私たちの日頃の暮らしから「暗闇」の恐怖が失われつつある今日、歌舞伎座が新しく建て替えられて綺麗になると、このような芝居を理屈抜きに楽しめなくなってしまうのではないかと一抹の不安がよぎる。

梅玉の白井権八は黒紋付に赤い手甲脚絆《てっこうきゃはん》が鮮やかで、「待て待て、待ァて」と乞食たちを制したり、「雉《きじ》も鳴かずば撃たれまいに」などと手をはたく仕種をふっくら仕上げている。鷹揚なところが梅玉の人柄だが、一瞬なりとも殺気立つ隠し味を加えれば芝居も盛り上がるだろう。

駕籠の垂れを上げて姿を見せる吉右衛門の長兵衛は、さすがに大俠客のずっしりとした重量感で、「お若えの、お待ちなせえやし」という第一声も地響くかのようである。「思わず見とれておりやした」という一言は艶っぽく、そして「まあお刀を」で草履を放って「お収めなせェやし」と権八に迫るところには有無を言わせぬ押しの強さがある。

暗闇を背にぬっと立ち上がると、吉右衛門の立派な体格は髭題目の石碑よりも立派に見える。長兵衛が提灯を掲げて権八が刀の刃こぼれを確かめる緊迫感は、蠟燭の燃える音がじりじり聞こえるかのようで、生温かいほの明かりに照らし出された二人の顔を見詰めて観客も思わず息を呑む。いよいよ名乗りの名台詞「幡随の長兵衛という」を時代に張って「ケチな野郎でござえやす」と世話に砕ける息遣いが絶妙。「阿波座烏は難波潟、藪鶯は京育ち」という洒落た言葉を語るのでも歌うのでもなく、吉右衛門の声音に聞き惚れてゆったりした波長に身を任せるのが心地よい。今回は「高麗屋の爺《じじ》いや播磨屋の親爺」などと言って観客を喜ばせ、「男の中の男一匹、陰膳据えて待っておりやす」でちょっと照れる表情には苦み走った男の魅力がある。

なお、同じ夜の部の『勧進帳』は幸四郎の弁慶が昨秋一千回を達成しためでたい凱旋で、珍しく花道の「滝流し」を付けて完演した。思えば、私が幸四郎の弁慶を初めて見たのは昭和五十四年六月の国立劇場の歌舞伎鑑賞教室で、当時、先代染五郎の弁慶、孝夫の富樫、勘九郎の義経という配役が贅沢であった。三十代の染五郎から六十代の幸四郎へ、花形から大幹部へ、この三十年の歳月を振り返るとことさらに感慨深い。

（平成二十一年九月・歌舞伎座）

現代社会の「油地獄」

倉持裕＝作『ネジと紙幣』

劇団ペンギンプルペイルパイルズを主宰する倉持裕が、近松門左衛門の『女殺油地獄《おんなころしあぶらのじごく》』を元に『ネジと紙幣』という新作を書き下ろした。親に勘当された不良少年が殺人事件を犯す原作のプロットを現代に置き換え、古典のままでは見落としてしまう細密なリアリティを浮き上がらせる。

一見不可解な題名だが、原作の油屋の代わりに、油まみれになってこつこつと「ネジ」を製造する下町の金物工場を舞台にしたところが新進気鋭の劇作家らしい卓抜な発想である。「紙幣」はいうまでもなく殺人の動機になるもので、主人公の兼坂行人が向かいの人妻の照内桃子を殺して金を奪う。しかも、工場が用地買収の地上げにあって札束飛び交う背景を加えたことで、単に一人の少年の特殊な犯罪に終わらせず、現代劇として私たちに訴えるメッセージ性を強めている。もし『ネジと紙幣』を「労働」とその対価である「賃金」という意味に読み替えれば、資本主義という仕組みの歯車となった若者たちが希望を見失って、逃げ場のない閉塞感が漂う現代社会こそまさに「油地獄」ではないのかという問題提起になっている。

まず、原作では野崎詣りの「徳庵寺堤」であるところ、第一景は工場近くの河川敷の花火大会で、殺された桃子が事件に巻き込まれる発端となったあの日の出来事を語り始める。桃子と行人を幼馴染みに設定したので、行人が桃子に甘え、桃子も行人を思う気持ちが自然に描かれる。行人がキャバクラ嬢を巡って地上げ屋のチンピラを殴り倒して大金を強請《ゆす》られることになる。行人は森山未來、桃子はともさかりえで、この若い二人が繊細にして強靭な演技力で役になりきる。

　第二景、第三景は行人の実家の工場。油まみれの工作機が騒々しく、上手にはテレビの置かれた畳の居間があり、継父と実母、そして父親の違う妹と暮らす行人の微妙な家庭環境が描かれる。そこに、独立した兄が登場し、地上げ屋に工場を売り渡そうとしていることが露見して行人は家を追い出される。義父は田口浩正、実母は根岸季衣という個性的な配役で、下町によくありそうな生活感が漂う。そんな複雑な家庭環境で育った妹役を満島ひかりが飾り気なく演じる。

　そして第四景の桃子の工場は、洗濯物を乾かそうと石油ストーブを炊いて生温かい空気が満ちている。向かい合わせの二つの工場がガラス越しに見えて人々が行き交う演出が秀逸だ。桃子は夫と本音で語り合えない倦怠期にあるらしく、小林高鹿が演じる夫は平然と振る舞いながら妻の行人への思いに嫉妬している。行人と桃子が二人だけになって、子供の頃の思い出を語る場面が楽し気で、純情な彼らが一変して凄惨な殺人事件の加害者と被害者になってしまう運命が呪わしい。

　人生の歯車を狂わせて希望を見失ったことを打ち明ける行人に対して、桃子が「ちょっと先のことでいいのよ」と目を前に向けるように諭す。しかし、最期に「始めっから先なんてないのにね」「ずゥっと、ずゥっと、同んなじ」と吐き捨てる桃子の絶叫は、現代社会の「油地獄」を生きる私たちが心の奥底に秘めている真情なのかもしれない。

（平成二十一年九月・天王洲銀河劇場）

『平家物語』幻視行

『義経千本桜《よしつねせんぼんざくら》』

芸術祭の歌舞伎座の夜の部『義経千本桜』は、吉右衛門の「碇知盛」と菊五郎の「狐忠信」が双璧で、まさに船矢倉と花矢倉を見上げるようにそびえ立つ。

まず、「渡海屋の場」は武蔵坊弁慶がこの家の娘のお安が安徳帝である正体を確かめる端場から始まる。段四郎の弁慶が渋い味わいで、源平合戦がまだ終わっていないことを暗示する。歌六の相模五郎、歌昇の入江丹蔵も釣り合いよく「魚尽くし」のチャリ場で笑わせる。玉三郎のお柳実ハ典侍局《すけのつぼね》と富十郎の源義経は初役で、吉右衛門の銀平実ハ平知盛を盛り立てる大顔合わせになった。

前半、吉右衛門の銀平は五郎と丹蔵をねじ伏せて「キリキリこの家を、立ち去りおろうッ」と一喝する台詞を高らかに歌い上げ、奥にいる義経一行に聞かせる肚《はら》がよく分かる。知盛に見顕わしてからは、目張りもくっきりと古怪な表情をつくり、軍扇を構えたツケ入りの見得は夜空にひらめく稲妻のように鋭い。白い狩衣の肩をピンと張った厳めしい姿で、〽あれを見よ不思議やな」と謡がかりの舞いを見ていると、平曲から能へ、能から浄瑠璃へ、そして歌舞伎まで受け継がれてきた『平家物語』の芸能伝承の奥ゆかしさを感じる。

義経は銀平夫婦の正体を見抜いている訳だが、富十郎の義経はそれをあからさまにせず平然と構え、いつもながら明朗な口跡に流浪の身の上の哀愁を滲ませる。銀平を「ギンペエ」ではなく「ギンペイ」と発音するのもさすがに折り目正しい。義経の四天王には、種太郎、巳之助、右近、隼人という将来有望な若手を従えている。

「大物浦《だいもつのうら》の場」の玉三郎の典侍局は薄墨の眉や十二単《じゅうにひとえ》の色調など役づくりに繊細なセンスが光る。〽身もわなわなと震いける」で檜扇《ひおうぎ》を持って身を反らす姿形が美しく、安徳帝を抱いて「ただ今、君の御幸なるぞ、守護したまえッ」と毅然と言い放って立女方《たておやま》の貫禄を見せる。

いよいよ血眼《ちまなこ》になって駆け出た吉右衛門の知盛は、悔しそうに「身の上までも知られしは」と怒鳴ると、薙刀《なぎなた》を持つ手をはらりと虚脱して「天命、天命」と小さくつぶやくあたり、台詞の緩急と強弱が巧みで、目をつむって聞いているだけでも芝居が立体的に感じられる。この世にありながら六道の苦しみを語る「述懐」が最大の見どころで、手をポンと膝に乗せて立ち上がる動きや、〽お召しの船を荒磯に吹き上げられ」で諸手を上げるところなど、吉右衛門は全身を義太夫の語りと三味線のリズムに乗って様式的な型の中に万感の思いを凝縮させていく。幕切れはむしろ足早な芝居運びで、断崖に登って碇綱を巻きつけると太刀を佩いたまま一気に身を投げるのが潔い。そして、富十郎の義経が黙禱し、段四郎の弁慶の引っ込みで大芝居を締めくくる。

続く「狐忠信」は「道行初音旅」と「川連法眼館《かわつらほうげん》の場」の二場構成。「道行」は吉野山の満開の桜の景色の下、菊之助の静御前と松緑の逸見藤太を相手に、菊五郎の忠信が小手先ではなくいかにも歌舞伎役者らしい大らかな踊りを繰り広げる。「物語」で赤い襦袢に諸肌脱ぐと、兄の戦死を語りながらも陽気な雰囲気になる。なお、この「道行」では、狐の正体を表わす鼻下を割る化粧はもう少し薄くしておいた方がよいだろう。

「法眼館」は彦三郎の法眼の戻りからで、秀調の妻の飛鳥が若づくり。この場の義経は珍しく時蔵が立役を勤め、菊之助の静が涼しい声音を聞かせて忠信の真偽を追及する。

菊五郎の忠信はいつの間にか回数を重ね、前半の本物の忠信では貫禄を増してすっかり武将らしくなった。後半の源九郎狐は童心を強調して、クレパスで描いた童話の絵本のような明るい風合いに仕上げている。初音の鼓の由来を語り、雨を降らせて「民百姓は喜びの声を初めて上げしゆえ」云々というところで、菊五郎の源九郎狐はちょっと自慢気に嬉しそうな顔をするのが心温まる。〽五臓を絞る血の涙」では精一杯に体を動かして熱演している。

義経に呼び返されて源九郎狐が再び出現するところは、菊五郎型では欄間抜けではなく、御殿の壁に出現して欄干を飛び越えるのが見せ場になっており、まだ元気だとはいえ菊五郎の年齢を思うと思わず手に汗握る。なお、初音の鼓の音に誘われて御殿の階《きざはし》に出現する仕掛けでは、うつ伏せのままではなく、すぐに正面に向き直って耳を澄ました姿にきまりたい。

こうして、海へ、山へ、私たち観客を『平家物語』の幻視行へ誘ってくれる『義経千本桜』。知盛と忠信に出会った義経は、彼らの命運に自分自身を重ね合わせて歴史の彼方に消え去ってしまうことになる。いずれにしても、今日の歌舞伎の一つの規範を示した吉右衛門と菊五郎の二役をしかとこの目に焼きつけておきたい。

（平成二十一年十月・歌舞伎座）

「人間豹」の孤独

江戸川乱歩＝原作『京乱噂鉤爪《きょうをみだすうわさのかぎづめ》』

「ホラーサスペンス」調の足早な展開が、じっくり語り聞かせて背筋が凍るような恐怖に陥れる古典的な「怪談」とは印象を異にする。国立劇場の『京乱噂鉤爪』は、昨年、染五郎の発案で江戸川乱歩の小説『人間豹』を改作して話題になった『江戸宵闇妖鉤爪《えどのやみあやしのかぎつめ》』の続編である。

今回は乱歩の原作を離れ、幕末の京都を舞台に一条戻橋や羅城門といった伝説の地霊の力を借りて、全く新しい物語をまとめた脚本家、岩豪友樹子の才筆のほどがうかがえる。現代社会への風刺も織り込み、「ええじゃないか」と狂喜乱舞する群衆に人間豹が襲いかかるプロローグは今日の無差別殺人を連想させる。乱歩好みの奇怪な幻想世界を描く幸四郎の演出は、義太夫や常磐津を用いた所作事など歌舞伎の様式を取り入れ、実験的であった前回に比べると色調が落ち着いた。

幸四郎が自ら演じる明智小五郎は、マントをひるがえす姿など誰にも真似のできないダンディズム。「お前にはけがれのない魂が残っているはずだッ」などと人間豹に同情的なところはいささか不可解に思われるが、明智は「人に生来、仏性あり」という性善説に立っているらしい。

人間豹を操る黒幕として登場する梅玉の鏑木《かぶらぎ》幻斎の存在感が大きく、政治の混乱と人心の荒廃に乗じて妄想を膨らませる。「人間はうつし世の影、人形こそ永遠の生き物じゃ」とにやける表情に、人間嫌いに陥ってしまった現代の青年像が重なる。この幕末の陰陽師を時代錯誤というなかれ、まやかしの宗教がもてはやされ、今も神秘に惑う私たちの心のすきまに「魔」が忍び寄るのは人間の弱いところである。幻斎の言葉をあっさり信じてしまう翫雀の鶴丸実次は、朗らかな人情味に溢れた和事の役で、幻斎の陰気と実次の陽気の対照が面白く描かれている。

残念ながら、主人公の染五郎の人間豹こと恩田乱学は、恐ろしい仮面が真情を覆い隠して、「ちっぽけな国だぜ、この国はッ」と吐き捨てる決め台詞も、社会から疎外された者の孤独と絶望がなかなか伝わってこない。客席上を斜めに飛ぶ筋交いの宙乗りが話題だが、幻斎の妖術で吹き飛ばされてくるくる旋回するばかり。染五郎はもう一役兼ねて、実次と恋に落ちる町娘の大子《だいこ》の役づくりに工夫を凝らし、自ら犠牲になって明智の窮地を救うことになる。

他に、梅丸の人形の花がたみ、錦成の丁稚の長吉、あどけない子役の活躍も特筆したい。

確かに、こうした新作による歌舞伎の活性化は国立劇場が掲げる方針の一つで、もとより創造と伝承は分かち難く、役者も裏方も新作づくりを体験して感性を磨き続けることが大切だろう。しかし、古典の名作の通し上演や、門閥にとらわれない人材登用など、独立行政法人として国立劇場が担うべき本来の「公」の役割にもっと注力して欲しい。

（平成二十一年十月・国立劇場）

歌舞伎座見納めの『忠臣蔵』

『仮名手本忠臣蔵《かなでほんちゅうしんぐら》』

戦後の歌舞伎座では見納めとなる『仮名手本忠臣蔵』の通し上演。

思えば、この劇場で一体何回『忠臣蔵』を見ただろうか。「四段目」で幸四郎の大星由良助が「御先祖代々、昼夜詰めたる館の内」と場内を見渡すところ、歌舞伎座への名残りを惜しんで場内を見渡して感極まっているように思われた。

「大序」と「三段目」は富十郎の高師直が傑作で、ことさらに憎らしい敵役の化粧をせず、簡単に皺を描くだけで高家の風格を漂わせ、よく響く口跡で老獪ぶりを鮮明に表現する。松の間の前半は膝が悪くて鬘桶に腰掛けるが、後半は畳に座して熱演し、「鮒だ、鮒だ、鮒侍だッ」と判官を執拗にいじめても下品にならない。勘三郎の塩冶判官は一国一城の大名に相応しい貫禄を膨らませ、いかにも鷹揚な雰囲気が歌舞伎の「判官様」になっている。肚《はら》に据えかねて「気が違うたか武蔵守ッ」と憤るところは潔く真横を向く。梅玉の桃井若狭之助は「馬鹿な侍だ」と罵らず、師直も「たわけほど怖いものはない」と応じているのは芝居として香辛料が抜けたように感じる。

「四段目」の判官切腹はさすがの勘三郎も歌舞伎座で演じることに緊張気味なのだろうか、ちょっと硬い表情が切腹を覚悟した者の気持ちを表わしている。切腹の懐剣に懐紙を巻く時、ふと手をとめて一呼吸する間が絶妙で、「由良助か、待ちかねたわやい」という一言も自然に口を突いて出る。幸四郎の由良助は大勢の諸士に囲まれても、どっしりと揺るぎない貫禄。史実の「大石内蔵助」と芝居の「大星由良助」が幸四郎の身体を借りて違和感なく重なり合う。仁左衛門の石堂右馬之丞が華を添え、段四郎の薬師寺次郎左衛門が芝居っ気たっぷりに憎まれ役を勤めている。

昼の部で印象的なのは魁春の顔世御前で、地味ながらも古風な女方芸によって近世の『忠臣蔵』ではなく中世の『太平記』の登場人物のように思われるのが面白い。七之助の足利直義は端正だが、「兄、尊氏の厳命なり」という台詞は「げんめえ」ではなく「げんめい」と発音すべきだろう。大星力弥は孝太郎がふっくらとした前髪の若衆役にはまった。

「落人《おちうど》」に引き続き「五段目」「六段目」の早野勘平は菊五郎。「侍の女房が、お駕籠でもあるめえじゃあねえか」という一言からして気風のよい江戸前の勘平である。見覚えのある縞の財布を見せられて、義父の与市兵衛を撃ち殺してしまったと思い込む瞬間、勘平の手からはらりと落ちる煙管のように、勘平自身も神の見えざる手から落ちこぼれてしまう。芸風が明朗なればこそ切腹に至るまでの苦悩の深まりが際立つ。菊五郎の勘平はこれまで以上に男っぽくなり、二人侍相手に言い訳する「述懐」も、舞台上にとどまらず、歌舞伎座に満員の観客にまで力強く訴え掛ける説得力がある。三十歳になるやならずで人生を終えた無念が『忠臣蔵』の核心であることを実感する。

時蔵のお軽は菊五郎とは夫婦役者の釣り合いがよく安心感がある。時蔵は「落人」の腰元姿が満開の菜の花畑に見劣りしない美しさ。東蔵のおかやは熱演すればするほど勘平の悲劇性が増していく役回り。芝翫の一文字屋お才、左團次の源六が贅沢な配役で、二人侍には段四郎の不破数右衛門と権十郎の千崎弥五郎も脇を締める。但し、弥五郎が五十両の金を血染めの財布と一緒におかやに返してしまうのはよくない。原作では由良助が財布を討ち入りに帯同して、勘平の魂魄も討ち入り参加することになるのである。梅玉もう一役の斧定九郎は線が細く気の毒な役違いだろう。

「七段目」の仁左衛門の由良助は歌舞伎座では久しぶりで、幸四郎も寺岡平右衛門で付き合うのが嬉しい顔合わせ。幸四郎の平右衛門は愛嬌に乏しいので足軽という感じはしないが、お軽を相手に「髪の飾りに化粧《けわい》して、その日その日は送れども」と、妹の身の上を憐れむ台詞が幸四郎ならではの聞かせどころになった。この場のお軽は福助が華やかな遊女ぶりだが、女方として「花」よりも「実」の芸が必要になってきた。なお、このところ惰性になってしまっている太鼓持ちの「見立て」を省いたのはむしろ正解である。幕切れの「水雑炊を食らわせい」という決め台詞を歌い上げず、写実に低く重く響かせるところに仁左衛門の由良助の討ち入りへの覚悟を感じさせる。

大詰の大道具は江戸の「両国橋」ではなく鎌倉の「花水橋」という設定なので、折角ならば、梅玉が服部逸郎などではなく、原作通り桃井若狭之助の役名で登場すれば首尾一貫しただろう。「歌舞伎座さよなら公演」も残すところあと半年、本懐を遂げて川向こうから花水橋を渡って来た大勢の浪士の引っ込みは、役者たちが花道を一歩一歩大切に踏みしめている思いが伝わってくる。

（平成二十一年十一月・歌舞伎座）

歌舞伎が描く青年像

『盟三五大切《かみかけてさんごたいせつ》』
『三人吉三巴白浪《さんにんきちさともえのしらなみ》』

今まさに旬。新橋演舞場十一月の花形歌舞伎は、生きのよい三十代の花形が熱演して、鶴屋南北と河竹黙阿弥が描いた青年像に新しい命を吹き込む。歌舞伎座さよなら公演の『忠臣蔵』通し上演を向こうに回してなかなかの健闘ぶりである。

昼の部の『盟三五大切』は愛憎余って復讐の鬼と化する惨劇だが、『忠臣蔵』を裏返して敵討ちの残酷な本質を暴き、『四谷怪談』さえ笑い飛ばしてしまう大南北の快作である。

染五郎の薩摩源五兵衛は線が細い若侍の風体で、浪人暮らしに疲れ、芸者に振られて誇りを失った虚ろなまなざしが寒々しい。源五兵衛は実ハ不破数右衛門という設定なので、本当は青年でなく中年と解釈するべきなのかもしれないが、白塗りせずに肌色で写実に役づくり、初演通り家主の弥助も兼ねるのが意欲的で、染五郎にとって大切な当たり役にできるだろう。

「深川大和町の場」で畳まで売り払った浪宅に蒲団を敷き、「栄華にも栄耀にも、げにこの上のあるべきや」と鼻歌交じりで寝そべる源五兵衛は、いかにも小万にぞっこん惚れ込んでしまった夢心地。

しかし、小万と三五郎の悪計に打ちのめされる「二軒茶屋の場」は、小万が誓いに彫った刺青《いれずみ》の「五大力」が「三五大切」に書き換えられたのを見て表情からさっと血の気が引くのが分かる。復讐しようと「五人斬りの場」の殺戮を繰り広げたあと、「四谷鬼横町の場」で「誠に人では、あるかも知れぬて」と謎めく台詞を吐き捨てるのは心の揺らぎなのだろうか。染五郎の源五兵衛は正気から狂気への変化を段階的に演じ分け、〽しんと更けたる虫の音の」という下座の独吟で、花道を歩み出る黒紋付姿にはすっかり別人になってしまった殺気を漂わせる。

亀治郎の小万があだっぽく、「源五兵衛さんより他に男は持たぬ心の錠前」などと小気味よく扇子で胸を叩くところなど雀右衛門の小万をそのまま活写しているかのようである。亀治郎の女方にとって気性の激しい小万はよく似合っている。悪事を後悔して表情を陰らせる繊細な気持ちも巧みに表現している。菊之助の三五郎は若さ溢れて水も滴る美男ぶりだが、いかんせん船頭の野性味に乏しく、序幕「佃沖新地鼻の場」で小万を抱く濡れ場に汗ばむような熱気が感じられない。とはいえ初役に気負い立って、源五兵衛に向かって「斬れるもんなら、斬らっしいッ」と身構える覚悟がシャープで、「愛染院門前の場」の切腹では「忠義の武士と末代まで、その名を上げて下さりませ」と、『忠臣蔵』の敵討ちの捨て石になる最期を熱演する。

愛之助の六七八《ろくしち》右衛門がいかにも健気な若党を好演する他、家橘の富森助右衛門、竹三郎の了心といったベテランが脇を固め、「佃沖」の舟上で亀蔵の賤《しず》ケ谷《がや》伴右衛門を相手に、菊市郎の船頭の伊之助が「面舵だよ、面舵だよッ」と芝居の口火を切るのが爽やかである。

夜の部の『三人吉三巴白浪』に登場する青年たちも、人から人へ巡り巡る百両の金に翻弄され、人生に挫折して死に場所を探す。幕末のせちがらい世相は現代の閉塞感と共通するが、黙阿弥が描いた江戸ッ子気質の悪党たちは根性を腐らせなかった。

　父祖のお家芸を継承した菊之助のお嬢吉三は、単に女装した盗人でなく、「大川端庚申塚の場」で夜鷹のおとせを蹴落として川を見込み、百両を奪ってほくそ笑む立ち姿など、水面に映った自分の顔にうっとり見惚れるようなナルシスティックな倒錯美で観客を魅惑する。菊之助にとっては十数年ぶりとは思えない余裕の出来栄えで、川の流れに沿ってすっと横に視線を動かして、月明かりに気がついてふと夜空を見上げ、おもむろに「月も朧《おぼろ》に白魚の」という名台詞にかかるまで、芝居の型の段取りを一つ一つよく考え抜いて丁寧に組み立てている。

　松緑の和尚吉三はいかにも直情径行でどっしり構えた貫禄が頼もしく、愛之助のお坊吉三は甘い風貌と口跡が二枚目に似つかわしい。三人三様の芸風が役にぴたりとはまったが、いかんせん悪びれたところがなく、世間からはじかれたアウトローの陰影に乏しい。七五調の台詞も歌い上げるばかりで苦味が利いていないところが今後の課題である。

　その点、「割下水伝吉内の場」で暖簾口から登場する歌六の土左衛門伝吉には、うらぶれた江戸の生活感が漂い、立て膝で煙管をくゆらす姿に風格を感じさせる。白髪の役でも老け込まず、これまで散々に悪事を働いたやくざが発起して信心の数珠を首に掛けた苦味が利いている。双子の十三郎とおとせが愛し合っていると知り、「積もる悪事の締め高に、算用される閻魔の帳合」という名台詞で因果応報の責め苦をしんみり語り聞かせてくれる。権一の八百屋久兵衛もこの物語には重要な役で、梅之助、徳松、段之の夜鷹ともども個性的な脇役たちがいい味わいを出している。

　伝吉がお坊に殺される「本所お竹蔵の場」で、「要らぬ殺生してしまった」と顔を曇らせる愛之助のお坊は、その名の通り育ちのよい素性を感じさせ、宗十郎頭巾を被った姿もキザに感じさせないのが叔父の仁左衛門譲りといえるだろう。

そして、お嬢の強盗とお坊の殺人が一つに絡むのが「巣鴨吉祥院本堂の場」。因果応報を一身に背負った和尚の苦悩を演じおおせるには芸の年輪が必要で、松緑は本当に血を吐くかのように熱演しているのはよいが、もう少し表現に余裕がないと、惨劇を目の当たりにする観客までも息苦しくなってしまう。今回、一際目を引くのが松也の十三郎と梅枝のおとせで、次世代の芽吹きが初々しく、「裏手墓地の場」で畜生姿となって和尚に殺される二人の最期はいかにも哀れである。彼らの首をお坊とお嬢の身替わりに差し出して、松緑の和尚が「水でも手向《たむ》けてやってくれッ」と絶叫すると客席から大きな拍手が沸き起こる。

『三五大切』にしても『三人吉三』にしても、大詰に降る雪が青年たちの罪業を消滅する芝居の美学が清々しく、歌舞伎の世代交代が着実に進行していることを改めて実感させられた。

今月は所作事にも見応えがあり、『弥生の花浅草祭』では愛之助と松緑が四変化を激しく競い合って、善玉悪玉の軽妙、獅子の精の威勢、賑やかな祭り気分で場内が華やぐ。思えば、それぞれ楳茂都《うめもと》流と藤間流の家元共演は貴重である。亀治郎は『鬼揃紅葉狩《おにぞろいもみじがり》』で伯父、猿之助が工夫した新演出に意気込み、芸容を一層大きく膨らませている。

（平成二十一年十一月・新橋演舞場）

将軍頼家の悲劇

『頼朝の死』
『修禅寺物語』

年の瀬の国立劇場は「新歌舞伎」を並べた珍しい企画で、「戯曲」のストイックな台詞を耳に心地よく響かせて「芝居」に仕立てる歌舞伎役者の身体表現に注目したい。

真山青果の『頼朝の死』は、源頼朝の死因をひた隠しにする北條政子と源頼家の母子対立を描き、岡本綺堂の『修禅寺物語』では、伊豆の修禅寺に幽閉された頼家がついに暗殺されてしまう。二つの作品は全く独立した作品で、それぞれ完結しているが、こうして並べてみると、近代の劇作家たちが鎌倉幕府の二代将軍となった頼家の悲劇に興味を抱き、想像力豊かに歴史と歴史の謎めくすきまを埋め合わせようとした試みが興味深い。

『頼朝の死』の前半は畠山重保が主役で、頼朝を曲者と間違えて図らずも主殺しになってしまった重保の苦悩を歌昇が熱演する。重保に心を寄せながら、重保に斬られてしまう薄幸の侍女の小周防は芝雀。後半は、富十郎の政子と吉右衛門の頼家の台詞の応酬が今月最大の聞きどころ。富十郎が珍しく女方を勤める政子は、さすが尼将軍と称されるだけの貫禄で、夫を亡くしてわが子を見限り、鎌倉幕府という組織を守り抜く覚悟で立ち上がる。「家は末代、人は一世じゃッ」という叱責が薙刀《なぎなた》の切っ先のように鋭い。吉右衛門の頼家も声音を高く若づくりして、生まれながらの将軍といっても名ばかりで、何事も自分の思い通りにならず、苛立ち、悩み苦しむ孤独な貴公子を造形する。館で柱にもたれてぼんやり月を見上げる横顔や、「そのお言葉にわが身の末も見たッ」と吐き捨て、子供のように泣きじゃくる幕切れが『修禅寺物語』につながっていく。

『修禅寺物語』は吉右衛門の夜叉王が初役とは意外であった。数々の面を彫った職人と、様々な役を演じた役者の人生が重なり、「伊豆の夜叉王、われながらあっぱれ天下一じゃ」という高笑いが、単なる自惚れでなく、一つの道を極めた者の達観として観客に対する説得力がある。

夜叉王の姉娘、芝雀のかつらは清楚な表情からはとても想像できない激情を秘めているのに驚かされる。かつらと夜叉王がはっしと向き合って、父が娘の断末魔の姿を活写する幕切れ、芝雀のかつらの晴れがましい表情が印象に残る。妹のかえでは高麗蔵で、純朴に役づくりして姉との気性の違いを際立たせる。段四郎の婿の春彦は誠実な人柄を感じさせる。錦之助の頼家は人品卑しからず、組織からはじき出されてしまった若者の疎外感が悲しい。なお、夜叉王の住家の舞台装置がいつもと違って、下手に階段を付けて高台に続くのは芝居運びに必要ないだろう。

もう一つ、中幕に配した坪内逍遙の『一休禅師』は大正十年の作品で、老僧と遊女の禅問答を描いた洒落た新舞踊。富十郎の一休の一挙手一投足に飄逸な味があり、魁春の地獄太夫はちょっと恥じらうような表情と細やかな仕種に特徴がある。富十郎の娘の愛子が禿《かむろ》で舞台に立つのが御愛嬌で、富十郎が目を細めて見守っているのが心温まる。

（平成二十一年十二月・国立劇場）

團十郎の弁慶の闘魂

『勧進帳《かんじんちょう》』

年が明けて「歌舞伎座さよなら公演」も残すところあと四ヶ月。正月の賑やかな見取り狂言の内、芝翫が初役で桜丸を勤める『車引』は別格として、昼夜に配した人気演目、團十郎の『勧進帳』で勘三郎が源義経を引き受け、勘三郎の『娘道成寺』には團十郎が「押戻し」で箔を付ける二人の顔合わせが見逃しならない。

今の歌舞伎座では『勧進帳』も見納めになるという思いから、開幕の片シャギリを聞くだけで次第に気持ちが高揚していく。これまで團十郎は熱演の余り空回りすることがあったが、今回は舞台と客席が一体となって、團十郎の武蔵坊弁慶が発するエネルギーが真っ直ぐ観客の胸にぶつかってくる。團十郎にとって『勧進帳』は大切なお家芸、歌舞伎十八番の「荒事」に他ならず、むしろ台詞が一本調子で所作も粗削りなところに猛々しい魅力がある。

まず、花道に登場した時の表情がこれまでになく険しく、全身に力をみなぎらせる團十郎の弁慶の「闘魂」に驚かされる。関所の通行を拒まれて弁慶が祈る「祝詞《のっと》」は、あたかも護摩木を焚いてめらめらと炎立つような熱気に満ちて、密教の呪詛を恐れて富樫左衛門が思わず声を掛けてしまうのもむべなるかな。勧進帳の「読み上げ」も「山伏問答」も台詞劇にとどまらず、團十郎の凄まじい声音は飽くまでも身体表現として弁慶の思いを訴える。不動の見得で團十郎の弁慶が不動明王を化するだけでなく、敢えて誇張するならば、不動明王の本体である大日如来の包容力まで感じさせるところが團十郎の到達した境地である。「杖折檻」では義経に詫びる思い入れはせず、團十郎は表情ではなく脂汗を流すような苦悩を全身で表現する。そして、源平合戦を回想する「物語」は、弁慶が薙刀《なぎなた》を振って戦場を駆け抜けた雄姿を彷彿とさせる。

後半も全く気を緩めず、「延年の舞」は単なる酒宴の余興ではなく、所作板を踏んで地霊を鎮め、袖を振るって邪気を祓い退け、團十郎の力強い舞いぶりは天地に祈りを捧げる「儀式」になっている。いよいよ花道の飛び六方になり、関所を通った安堵感とは違って、團十郎がぎろりと輝かせる大きな目玉には、まだこの先に待ち受けている運命に立ち向かう覚悟を感じさせる。「六方」の起源には諸説あるが、團十郎の弁慶の六方には大勢の観客を陶酔させる呪力がある。

久しぶりに見る勘三郎の義経は、立役でも女方でもない優しい魅力があり、團十郎の弁慶も勘三郎の義経を前に本心から平伏することができたに違いない。梅玉の富樫は線が細いので本来の柄ではないが、冒頭の名乗り台詞から超然としているのがよい。

夜の部の『娘道成寺』も「押戻し」が付くと「舞踊」というよりも「芝居」になり、勘三郎の清姫の霊の藍隈と團十郎の大館左馬五郎の紅隈が花道で向き合って五ツ頭を振るところなど、歌舞伎座が江戸の芝居小屋にタイムスリップしたかのような面白さであった。

（平成二十二年一月・歌舞伎座）

天下泰平の象徴

『旭輝黄金鯱《あさひにかがやくきんのしゃちほこ》』

菊五郎劇団による『旭輝黄金鯱』は、大凧に乗って尾張名古屋城の鯱鉾の鱗《うろこ》を盗んだ「柿木金助」の伝説である。金運よろしく、今日の不景気を吹き飛ばしてくれるだろうか。並木五瓶の原作『けいせい黄金鱐《こがねのしゃちほこ》』を換骨奪胎して、傾城《けいせい》の色恋沙汰など猥雑な面白さを省いた代わりに、菊五郎の金助の宙乗りを盛り込んで分かりやすく筋を通している。

芝居の見どころは盗人猛々しい金助と向坂甚内が鉢合わせする「那古野《なごや》城内大書院の場」と、金助の母の村路が秘密を明かす美濃の「笠縫《かさぬいのさと》里金助隠れ家の場」。城内では勅使になりすました菊五郎の金助が正体を暴かれて開き直り、「やかましい、静かにしろッ」と一喝して私たち観客の溜飲を下げてくれる。但し、菊五郎の金助と松緑の甚内は東西の大盗賊として並び立たず、むしろ菊五郎が村路に回って菊之助の金助で再演したら釣り合うだろう。甚内は「とんぼうと見れば小さき秋津国」と野心を抱き、悪党が国取り大名に収まるところに心憎い作意がある。隠れ家は野趣に富み、囚われの身になっている梅枝の国姫を相手に、時蔵の村路が古風でちょっと素敵な役に仕上げている。

大詰、伊勢の「御師《おし》大黒戎太夫《えびすだゆう》内の場」は遊び心たっぷりに工夫を凝らして正月のお屠蘇《とそ》気分というべきか。菊五郎の金田金太夫と團蔵の大黒戎太夫がほのぼのと笑わせてくれる。一転、金助が秘術で洪水を起こすと「木曾川の場」は「鯉」ならぬ「鯱つかみ」になる。菊之助の裸武者が全身白塗りに赤い褌《ふんどし》というまぶしい姿で登場し、寒中、しとどに濡れる本水の立廻りで拍手喝采を浴びている。なお、今回は開府四百年を記念して名古屋周辺が場面になっているが、原作は江戸の隅田川で金助が足利家の花館を水攻めにしようと企てるのだから大胆不敵な芝居である。

金助の野望もついえて「鳴海潟《なるみがた》の場」で遠望する天守閣には再び鯱鉾が光り輝く。関ヶ原合戦の後、徳川家康が名古屋城に鯱鉾を掲げたのは天下泰平の象徴でもあり、その鯱鉾を見上げつつ、今年も和やかな一年であることを祈らずにはいられない。

（平成二十二年一月・国立劇場）

「猿之助歌舞伎」の継承

『甦紅葉汗顔見勢《はじもみじあせのかおみせ》』

新橋演舞場の幕を開ける『寿曾我対面《ことぶきそがのたいめん》』は、破魔矢のように鋭い獅童の曾我五郎と、笑也が珍しく立役を勤める曾我十郎という異色顔合わせが新鮮で、澤瀉屋《おもだかや》一門の長老、寿猿の鬼王が脇を締める。

今月は「猿之助歌舞伎」が世代を超えて継承され、昼の部では右近が『黒塚』に挑み、東京で十年ぶりの待望久しい上演となった。老女岩手が「今こそ仰ぐ真如の月、心清《すが》しき眺めじゃなあ」と浮き立つと、大きな三日月に照らされて一面のすすきの原がまるで彼女の心のひだのように輝く。名曲の力を得て、右近の入魂の舞いに猿之助の姿が重なり、門之助の祐慶、猿弥の強力《ごうりき》も好助演する。

　夜の部の『艶紅葉汗顔見勢』「伊達の十役」は奈河彰輔の脚本で猿之助が復活した通し狂言の傑作で、海老蔵が粉骨砕身の早替わりに挑み、江戸の民衆が喝采した芝居の楽しさをよみがえらせる。『先代萩』のお家騒動で犠牲となる姉妹、高尾太夫と累《かさね》の怨念が渦巻き、今回は初演通り大喜利所作事「累道成寺」を付けて、花道から登場する荒獅子男之助の「押戻し」で姉妹の霊を鎮魂する。奇しくも、歌舞伎座の『娘道成寺』の團十郎の「押戻し」と親子競演となった。

　しかし、かつて猿之助が歌舞伎に娯楽性を取り戻そうとしたように、役者として確固たる「思想」がある訳ではなく、海老蔵のスタイリッシュな快演は、観客を熱狂させた猿之助歌舞伎とはどこか異質である。十役の内でも際立つのは「二枚目」の絹川与右衛門の風情で、浪々する身の切なさが物語を貫く。若さなればこそ、むしりの鬘に鼻筋の通った顔が美しく映える。血走るように睨みを利かせる「国崩し」の仁木弾正はもとより本役だが、「捌役《さばきやく》」の細川勝元の裃姿も細身によく似合う。弁舌爽やかな「虎の講釈」の長台詞にも説得力があり、問註所の幕切れの祝言、〽齢《よわい》授くるこの君の」と謡う声音にほれぼれ聞き惚れてしまうのは想定外の収穫であった。猿之助が最も得意とした「半道敵」の土手の道哲はもっと憎らしく下卑た粘り気が欲しい。「腰元」の累、「傾城《けいせい》」の高尾太夫、「片はずし」の政岡、女方三態は目を細めて雰囲気を出すばかりで素っ気ないが、わが子を犠牲にした政岡の激情は確かに伝わってくる。

　海老蔵の奮闘を支える相手役の中では、特に市蔵の渡辺外記左衛門《げきざえもん》に味わいがある。右近の八汐は手鏡を使って政岡の様子をうかがって、千松に刺した懐剣をトントンと叩いて挑発する型が珍しい。笑也の京潟姫《みやがたひめ》は虚飾がないところに好感があり、紅葉鮮やかな「累道成寺」ではびらり帽子がよく似合い、海老蔵の姉妹の霊と背丈も揃って伸びやかに連れ舞う。

他に、再演で手に入った昼の部の『鏡獅子』も然り、人気にかまけず自らの可能性を広げようと意気込む海老蔵の舞台姿は温かく春めいている。

（平成二十二年一月・新橋演舞場）

座頭役者をめざす橋之助

『金門五山桐《きんもんごさんきり》』

国立劇場が「花形歌舞伎」に取り上げた『金門五山桐』は、過去に通し上演した古典作品を手軽に楽しめるように刈り込み、中堅若手が貴重な舞台経験を積む好企画である。

題名の「桐」は豊臣秀吉が朝廷より賜った紋で、百姓から太閤への成り上がりを皮肉っている。正月の「柿木金助」に続く並木五瓶の作品で、秀吉ならぬ真柴久吉と敵対する石川五右衛門の父が大明国《こく》の左将軍、宋蘇卿《そうそけい》という「異人論」に封建時代の庶民の反骨精神を読み取りたい。五右衛門は五代目歌右衛門の当たり役で、橋之助にとっては成駒屋に所縁の役への挑戦でもある。

序幕は五右衛門が千鳥の香炉を盗む遊廓の放蕩気分から始まる。二幕目は、真柴家に仕える此村大炊之助《おおいのすけ》実ハ宋蘇卿が正体を顕わす「大炊之助館の場」、絵抜けの鷹に密書を託す奇跡を経て、敵勢に囲まれ立ち腹を切る「奥庭亭座敷《ちんざしき》の場」まで要領よくまとめて、お馴染みの名場面「南禅寺山門の場」に続く。なお、宋蘇卿の密書は筆で墨書するより、指を嚙み切って血染めにした方がよい。

橋之助の五右衛門は明朗快活な芸風で、将来の座頭役者をめざして器量を膨らます。芝翫譲りの面長に百日鬘がよく似合い、「入相の鐘に花ぞ散る、はて麗らかな眺めじゃなあ」とほくそ笑む表情が錦絵のように鮮明である。宋蘇卿と五右衛門、親と子の老若を巧みに演じ分けるが、敵討ちの憤怒をもっと煮えたぎらせれば凄味も増すだろう。折角ならば、通し狂言の小道具として登場する千鳥の香炉を傍らに置き、蘭奢待《らんじゃたい》を焚いて悦に入るような工夫をしたらどうだろうか。山門をセリ上げ、巡礼姿の久吉と互いにはっしと睨み合う幕切れの構図は、いわば下剋上の危ういパワーバランス。扇雀の久吉は桜を愛でる柔らかい風情が欲しい。今回は大薩摩を大詰「奥庭の場」に使っているが、やはり、いつも通り山門の幕前で聞かせて名場面への期待感を高めたい。

後半の「大仏餅屋の場」と「桃山御殿の場」は粗筋を追うのが慌ただしいが、扇雀が五右衛門の女房お律も兼ねて、亀蔵の惣右衛門を相手に愁嘆場らしい雰囲気を残している。餅屋の入婿、次郎作実ハ五右衛門が公家になりすまして登場する件りは、大仏への勅使ならば衣冠束帯に正装して登場すべきだろう。眼目の葛籠《つづら》抜けの宙乗りは、五代目歌右衛門を引き合いに出して「曾爺《ひいじい》さんの面影しのび」と意気込むのはよいが、かといって御殿に忍び込むのに再び宙乗りで下り立つのは余計である。

他に、萬次郎が蛇骨婆で楽しそうに役づくり、亀三郎の奴八田平と種太郎の岸田民部の熱演が健やか。亀寿が女方に挑む傾城九重《けいせいここのえ》は声音が涼しい。立廻りが盛り沢山で、橋之助の長男の国生の王明安が矢田平の代わりに活躍する。

（平成二十二年三月・国立劇場）

「歌舞伎座さよなら公演」のフィナーレ

『助六由縁江戸桜《すけろくゆかりのえどざくら》』

賑やかな「祭り」は人々の「祈り」の集積であり、時の流れに一つの節目をつくり、私たちの気持ちを新たにする儀式に他ならない。

さよなら公演という祭りのフィナーレを飾ったのは『助六由縁江戸桜』で、團十郎の助六実ハ曾我五郎時致、玉三郎の揚巻、左團次の髭の意休を中心に、菊五郎、仁左衛門、勘三郎、三津五郎といった看板役者が付き合う豪華配役で、歌舞伎役者の「芸尽くし」の魅力を改めて実感した。単純明快な芝居だけに、正味二時間退屈させない為には、通常の興行とは違う儀式としての大義名分が必要で、昭和六十年四月の團十郎襲名、平成十六年六月の海老蔵襲名の時にも増して、舞台と客席が交歓する『助六』の祝祭性が生かされた。

團十郎の助六と玉三郎の揚巻という顔合わせは、これまで昭和六十三年一月に「歌舞伎座百年」を祝った時の一回だけという事実には驚かされるが、その後二十二年間、團十郎は「平成の團十郎」という存在を定着させ、玉三郎は「平成の立女方《たておやま》」の地位を極めて今回の舞台を迎えて再会したことになる。戦後の歌舞伎座の最後の演目を主演する栄誉を担った二人に共通するのは、心地よい緊張の内に漂う大人の「余裕」。特に、團十郎の『助六』はこれまで十八回、歌舞伎座でも丁度十回を数え、この作品を平成の今日に定着させたのは当代の功績だが、戦後の平和が続いているからこそ、こうして祭りに興じていられるということも忘れてはならない。

開幕の「口上」を勤めるのは海老蔵で、千秋楽では「いずれも様、歌舞伎座さよなら公演も、本日が千秋楽にござりまする」と鋭く切り出されると、客席の高揚感はいやが上でも高まる。その心のざわめきを鎮める茶屋回りの金棒引きは二人一組で、廣太郎と廣松、種太郎と萬太郎という平成生まれの新世代が勤めた。並びの傾城《けいせい》は、松也、梅枝、巳之助、新悟、そして梅幸の部屋子だった菊史郎が抜擢された。その中でも瓜実顔《うりざねがお》の梅枝の浮橋の美貌が際立つ。

これまで何回も演じてきた左團次の意休は、吉原の遊客にしてはいささか武骨だが、髭面がよく似合い、大舞台の一翼を担う気迫を感じさせる。どんな役も「演じる」のではなく「勤める」という大らかさがいかにも歌舞伎らしい。意休に付き従う男伊達には、権十郎、松江、男女蔵、亀三郎、亀寿が並び、是非、男女蔵には父の意休を受け継いで欲しい。

満場の客席を割って揚巻が登場する花魁《おいらん》道中は、舟に揺られるようにゆらゆらと、黒塗りの桐下駄を一歩一歩踏みしめて花道七三まで歩むと、歌舞伎座の花道の効用で、場内の赤い提灯が吉原の茶屋街の景色に見える。当月、還暦を迎えた玉三郎の容色は衰えを知らず、かつて外形の美しさが冷ややかに感じられたこともあったが、今回は舞台に立つのを心から楽しんでいるような陽気があり、揚巻のほろ酔い気分が場内を温かく包み込む。「お歴々のお揃いで、この揚巻をお待ち受けとは有難い」と観客を喜ばす第一声も、高音が割れず、ちょっと舌足らずな口跡にぼんじゃりした愛嬌が滲む。まさに女方芸の全盛といってよい絶好のタイミングでさよなら公演の千秋楽を迎えたことになる。

揚巻の性根は「何かにつけて女子《おなご》ほど、はかないものはないわいなあ」という憂いで、玉三郎の揚巻は寂し気な表情に特徴があり、意休との会話で次第に顔をこわばらせていく繊細な変化に注目したい。「鬼の女房に鬼神とやら」と言い放つところも得意気でなく、心を鬼にする決死の覚悟のよう。正月飾りの裲襠《うちかけ》をはっしと構え、金糸銀糸で桜を縫い取った雛祭りの衣裳に変わる華やぎを目の当たりにすると、『助六』が桜の季節に上演される臨場感を思う。「悪態」で感心したのは台詞の緩急で、煙管を突いて「間夫が無けねば女郎は闇」と大仰に誇張しておいて、一転「暗がりで見てもお前と助六さん、取り違えてよいものかいなあ」と口早にまくし立てる変化が面白い。

いよいよ團十郎の助六の花道の「出端《では》」になる。

最近の團十郎は眉間に皺を寄せて眼力強く、まるで何かと闘っているような精悍な顔つきになり、白血病を克服してからというもの、舞台上に身を捧げて「生きる」ということを確かめているように見える。〽「思い染めたる五つ所」で傘から飛び出してから、〽「風情なりける次第なり」の本舞台のきまりまで、振りと振りが切れずに連なっていると感じさせたのは、助六の俠気と五郎の怒気を重ね合わせ、「敵討ち」という物語の骨格が芝居全体を貫いたからだろう。肉づきよく重量感を増し、鳴り響かせる下駄の音が五郎の憤りの表現に聞こえる。〽「雨の箕輪のさえ返る」ですぼめた傘を持った見返りでは古びた歌舞伎座の天井をしかと見納める。今回、「全体」が剛直になったことで柔和な「部分」が際立ち、〽所縁の筋の紫の、君が許しの」のあたり、はらりと広げて捧げる指先から水滴が落ちるようで、〽巡る日並の約束に」で指折り数える仕種には廓通いの情感が漂う。

かつて團十郎襲名の当時は口跡の悪さが案じられた「啖呵」も、刃先は鈍いままだが、何でも断ち切れる青龍刀のように図太く、怒鳴っても神経質に聞こえない。いわば鳥居派の芝居絵のように太い輪郭線のある声音が荒事に相応しい。

他の役々に触れておくと、まず、仁左衛門のくわんぺら門兵衛は、やはり助六を当たり役にする人がこうした端敵《はがたき》で付き合う心意気がさすがで、右之助の遣り手を相手にするチャリ場が面白い。歌六の朝顔仙平は役違いかと思われたが、「煎餅尽くし」など器用にこなす。三津五郎の福山のかつぎには爽やかに街を駆けて行く少年の初々しさがある。

福助の白玉はもう若女方といいはいえないこの人には気の毒な配役かもしれないが、こうして玉三郎の揚巻と並ぶ緊張感はよい経験になるだろう。秀太郎の三浦屋女房、家橘の文使いがさり気なく出演して隠し味になっている。

白酒売新兵衛は菊五郎で、團十郎の助六とともに平成の「團菊」が居並ぶと、いかにも曾我兄弟らしく釣り合う。兄弟が立派なので、東蔵の満江が若づくりに見える。「股潜り」はすっかり定番となった市蔵の国侍と亀蔵の奴に続き、勘三郎の通人里暁が登場し、「新しい歌舞伎座で一杯夢を見せてもらいましょうよねェ」と客席に語り掛け、「しばしの間、歌舞伎座からは、さよならァ」と場内を見上げる目には涙が溢れ、まさに「通人」という役で観客の気持ちを代弁してくれた。

吉原の夜更けとともに、あれだけ大勢の登場人物で埋め尽くされていた舞台の賑わいも静まり、祭りが終わる予感に思わず手に汗握る。助六と揚巻が同時に舞台に立つのは満江の見送りからで、十郎と満江が引っ込み、初めて二人きりになれた團十郎の助六と玉三郎の揚巻にとって、逢瀬《おうせ》はほんの僅か、原作にある恋人の痴話喧嘩を見てみたいと思わせた。

今回、揚巻の裲襠の裾に隠れていた助六が飛び出し、意休と並んで三幅対にきまる瞬間、舞台中央にすっくと立ち上がる玉三郎の揚巻は、草履を脱ぎ捨てて裸足になった。これまでは草履を履いたままだったと思うが、團十郎の背丈とのバランスを考えたのだろうか、一人の女が虚飾を脱ぎ去り、愛する男を守る心意気を見せる優れた型といえるだろう。ひたひたと色気漂う揚巻の裸足は、助六のやつしの紙衣《かみこ》姿ともよく釣り合う。

ついに、助六に説教する意休が友切丸を抜いて堆朱《ついしゅ》の香炉台を切る瞬間は、祭礼の宝刀が抜かれる儀式を見るかのようで、この刀が抜かれると芝居はもう後戻りできない。

一気呵成の幕切れは、團十郎の助六が「おおッ、そォおォだァッ」と声を張り上げ、花道の所作板を一歩一歩力強く踏みしめて、本舞台で玉三郎の揚巻がその後ろ姿を寂し気に見送る気持ちは、歌舞伎座に名残りを惜しむ観客の気持ちと重なる。瞬く間にその視線を定式幕が遮断してしまったが、曲《きょく》撥《ばち》の大太鼓が胸の鼓動を高鳴らせ、火の玉となった助六の荒ぶる魂は、間違いなく私たちの胸に飛び込んできたのである。

打ち出しになってもしばし拍手は鳴りやまなかったが、それをかき消すかのように、終演を告げる場内アナウンスが流されると、感傷に浸る間もなく、いつもと変わらぬ平静を取り戻して観客は思い思いに席を立った。まさに「宴のあと」、十六ヶ月にわたる長い祭りを終えた歌舞伎座の場内には、役者の達成感と観客の満足感が心地よく充満していた。

（平成二十二年四月・歌舞伎座）

直助権兵衛のエピソード

『四谷怪談忠臣蔵《よつやかいだんちゅうしんぐら》』

欲望の赴くまま罪を重ねて陥る畜生道。『四谷怪談』が初演された時に『忠臣蔵』と交互に上演されたことに想を得て石川耕士が補綴《ほてつ》した『四谷怪談忠臣蔵』は、いつも省略されてしまう直助権兵衛のエピソードが絵草紙を読むように興味深い。

民谷伊右衛門と悪事を企む直助は、お岩の妹のお袖をだまして「深川三角屋敷の場」で同居している。屋敷といっても寺門前で香華を売る貧乏暮らし。この場にお岩の霊は登場しないが、母の形見のべっ甲の櫛に思いを託して、どこか近くでじっと見守っているような恐怖感が漂う。

右近の直助は小柄なので薬売りや鰻掻きといった江戸風俗がよく似合い、野性味たっぷりお袖に言い寄る。姉が死んだと聞いて悲しむお袖と夫婦となることになり、「ええもう腕が、ムズムズするなあ」と目を光らせ、お袖の後ろ姿に見惚れて舌なめずりする男の欲望が生々しい。「ぬらァりくらりと世を渡る」という粘るような台詞廻しも面白い。結局、因果応報を思い知り、「人の皮着た畜生が、往生際の懺悔話《ざんげばなし》」と悔やむ最期を脂汗流すように熱演する。

笑也のお袖は擦れていない素直な女方芸が役にはまり、次々と身寄りを亡くす孤独感が哀れ。貞節と不倫、淑女と娼婦の葛藤をあからさまに表現しないのが笑也らしく、〽南無阿弥陀、南無阿弥陀」と下座の「地蔵経」の鉦《かね》が響く暗がりで、自ら死の床を設える場面は暗澹たる気持ちになる。直助にとって恋敵、門之助の佐藤与茂七は「砂村隠亡堀の場」で水門から登場するやつし姿がすらりと印象的。与茂七はお袖と直助の犠牲を踏み越えて『忠臣蔵』の敵討ちに立ち戻るが、それでも身勝手な優男だと思わせないのは門之助の立役に好感が持てるからだろう。

あちこちに出没する猿弥の按摩の宅悦は、鶴屋南北の作品には欠かせない軽妙な道化役として観客の笑いを誘う。段治郎の伊右衛門がはまり役で、小細工を弄さず、色悪ながらも浪人してやつれた青年像を淡々と仕上げている。「伊右衛門浪宅の場」では笑三郎のお岩が心を込めて丁寧に演じているが、今回は短縮版なので「髪梳《かみす》き」が省かれたのは残念だ。

後半に『忠臣蔵』「十段目」も組み込まれ、いきなり堺の廻船問屋に場面が転じるのは唐突だが、右近もう一役の天川屋義平が「男でござるッ」と威勢よく、大星由良助は弥十郎が引き受けた。討ち入りに向けて、雁木模様の火事装束へぶっ返るのも猿之助歌舞伎らしい素敵な工夫である。

発端に新田義貞の怨念が高師直に乗り移る怪異を付けて、評定の席を抜け出した伊右衛門が塩冶家の御用金を盗み、小林平八郎と名を変えて高家に仕えて「討ち入り」の泉水の立廻りで与茂七に討たれるなど、『忠臣蔵』と『四谷怪談』を織り合わせた書き換え狂言の遊び心を散りばめている。暁《あかつき》星五郎と名乗る義貞の遺児を登場させ、右近が宙乗りや本水の立廻りで奮闘するのも一興だが、やはり『忠臣蔵』は清々しい雪景色で見納めたい。

(平成二十二年四月・新橋演舞場)

井上ひさしへの追悼

井上ひさし＝作『化粧』

渡辺美佐子が二十八年間、六百回以上演じ続けた『化粧』は一人芝居の傑作で、図らずも、先月逝去した井上ひさしへの追悼公演になってしまった。

舞台上に登場するのは大衆演劇の女座長、五月洋子。取り壊し直前のさびれた芝居小屋の楽屋を舞台にしたバックステージの設定で、古びた開幕ベルが鳴ると、〽男ならどうする」という演歌が聞こえてくる。洋子は渡世人の伊三郎役に扮して、幼いころ母に捨てられた伊三郎は「やくざはいやな渡世ェだなあァ」と自らの境遇を嘆き、舞台と楽屋、表と裏が巧みに交錯していく。

洋子は夫に死に別れて劇団を引き受けたと語るが、夫は死んだのではなく女と逃げたとも言うから、彼女の言葉はもう最初から嘘で塗り固められている。楽屋を訪れたテレビ局の記者から息子と再会する企画を持ち掛けられた洋子は、下手を向いて座員を相手に芝居の稽古をして、上手を向いて記者の取材に受け応え、母に捨てられた子と、子を捨てた母を同時に演じ分ける。渡辺は軽やかに身をひるがえしてトンと足を踏み鳴らし、二役の気持ちを切り替えながら手際よく伊三郎の扮装をするところが第一幕の見どころである。果たして、「捨てられた息子の役を演じながら、捨てた母親を叩くことで自分自身を罰している」と記者が評するのは本当だろうか。

そもそも『化粧』の初演は一幕だけで、あとから第二幕を書き足したものらしく、前半の芝居を後半でものの見事に覆して観客を混乱させるのが作者のトリックであった。第二幕、立派に成長した息子が楽屋を訪れたのだろうか、「龍雄、後生だから許しておくれ」と泣き崩れ、次第に打ち解けて「これが私の息子だよ」とか、「孫を抱いてみてえなあ」などと喜ぶ表情が次第に狂気を帯びてくる。もしかすると、子を捨てた悲しみを埋め合わせようと、母の願望がそのまま妄想になってしまったのだろうか。実はこの芝居小屋は取り壊しの工事中で、洋子はただ一人楽屋に居残って、これまで舞台上で繰り広げられた物語は全て「虚構」であったことが明らかになる。

果たして、洋子のどこまでが正気で、どこまでが狂気だったのか。厳しい現実と向き合えなくなった時、あらぬ妄想に逃げ込んでしまうのが人間の危うさである。芝居小屋を取り壊す工事の騒音や野次が次第に大きくなり、舞台装置が解体されていくのを見ると、私たちが今まで見ていた「演技」とは、「芝居」とは何だったのかを考えさせられる。

洋子は白塗りの化粧を何度も塗り重ねて汗と涙でドロドロに汚れていくが、不思議なことに、まるで純粋無垢な子供のような朗らかな表情になっていく。それは、実際に大衆演劇に学び、一人の女座長になりきった渡辺美佐子という女優の一つの到達点なのかもしれない。

渡辺はこの芝居を今回で演じ納めるにするのが惜しまれるが、カーテンコールで渡辺と一緒に私たち観客も井上ひさしに静かに祈りを捧げたのであった。

（平成二十二年五月・座・高円寺）

前進座歌舞伎の前途

『処女翫浮名横櫛《むすめごのみうきなのよこぐし》』

今年の前進座の国立劇場公演は『処女翫浮名横櫛』の通しで、国太郎が祖父の当たり役「切られお富」に初挑戦する。歌舞伎で「悪婆」といわれる毒婦役は、悪びれない自由奔放な生き方が痛快で、出刃包丁を振りかざし、世間のしがらみを断ち切って私たちを解放してくれる。この悪婆を得意とした先代国太郎のすがれた味わいは今にして思えば女方として貴重であった。

正味二時間、テンポよく展開する二幕七場の通し上演が功を奏して、国太郎のお富は井筒与三郎に一目惚れして抑えられなくなった恋慕の情に実感がある。与三郎と浮気する「滑川《なめりがわ》地蔵堂の場」が艶めかしく、旦那の赤間源左衛門に切りさいなまれる「長谷小路赤間妾宅の場」は、血潮が吹いて襖が赤く染まる幕切れが惨たらしい。九死に一生を得て、お富が街道で茶店を営む「薩埵峠《さつたとうげ》一ツ家の場」では、浪々する与三郎との再会を囲炉裏の炎が火照らして二人の気持ちは再び熱くなる。国太郎のお富は袖なし羽織を着てひなびた生活感を漂わせる先代の工夫を受け継いだ。今回、亡父の名跡を襲名した七代目芳三郎が与三郎を勤めている。

いよいよ、与三郎に貢ぐ二百両を工面しようと、お富が乗り込む「赤間屋内証の場」の強請場《ゆすりば》は、かの『源氏店《げんじだな》』のパロディ。弁慶格子の着付が目にも鮮やかで、「総身の傷に色恋も薩埵峠の崖っぷち」という啖呵は、女方として羽目をはずさないが、再演を重ねればもう少し余裕もできるだろう。「狐ヶ崎畜生塚の場」で与三郎とお富が実は兄妹であったことは明らかにせず、唐傘の立廻りでお富の決死の覚悟を表現する。

お富と連れ立つ矢之輔の安蔵は憎めない小悪党の愛嬌があり、お富に惚れ込み、与三郎の話を立ち聞いて嫉妬するところなど、芸達者らしく各場それぞれに見せ場をつくっている。梅之助の赤間は剛胆な敵役というよりも、按摩の丈賀の身上話に動揺したり、女房の手前、お富に脅されて気まずそうにするあたり人間味に溢れている。「おらあ盗人だッ」と言い放って刀を振るう姿には圧倒的な存在感がある。盗まれた北斗丸を探索して赤間を捕らえる舟穂幸十郎は圭史。辰三郎の赤間の女房お滝、靖之介の丈賀も老練に舞台を支え、海松杭《みるくい》の松に抜擢された松涛喜八郎がなかなかの好演である。

かつて、前進座歌舞伎は門閥外による演劇の草の根運動で、大劇場と違って、分かりやすく誰もが気軽に楽しめる大衆性を追求してきた。しかし、古典歌舞伎を演じられる役者が手薄になり、今後、世襲に頼らずもっと積極的に人材を掘り起こし、いかに次世代の看板役者を売り出していくか、来年、創立八十年を迎える前進座にとっては重大な課題だろう。

（平成二十二年五月・国立劇場）

気軽に楽しめる「赤坂大歌舞伎」

『人情噺文七元結《にんじょうばなしぶんしちもっとい》』

「赤坂大歌舞伎」は仕事帰りに立ち寄れる開演時間など、社会人が気軽に楽しめる興行として定着して欲しい。前回の『狐狸狐狸ばなし』と『棒しばり』と同じように、『人情噺文七元結』と『鷺娘』の二本立てで分かりやすい喜劇と舞踊を組み合わせた。

映画監督の山田洋次が演出した山田版『文七元結』は、三年前の新橋演舞場で「シネマ歌舞伎」のハイビジョン撮影に合わせて、大道具や衣裳のリアリティを追求したものの再演である。娘のお久が奉公して借りた五十両を見ず知らずの手代に与えてしまう左官職人の長兵衛。貧しくても潔い彼の善意は、豊かでも卑しい現代社会への批判として受けとめることもできる。山田はハッピーエンドの笑いを盛り上げ、うらぶれた裏長屋の暮らしを明るく美しく見えるように試みている。

勘三郎の長兵衛は親しみやすい愛嬌が特徴で、暗闇の舞台に登場するとたちまち観客の心をつかみ、扇雀が熱演する女房お兼との夫婦喧嘩では口角泡を飛ばし、最初はクールだった客席も笑いに包まれて温かくなってくる。娘の気持ちを知って涙もろくうなだれ、いかにも気弱で愚直な中年男に仕上げているが、腕の立つ職人が博打をやめて「堅気」を取り戻すだけでなく、江戸っ子らしく太っ腹の「豪気」をもう少し強調した方がよいだろう。

勘太郎の手代の文七は真面目な青年像を好演。身投げをとめられた文七が身寄りのない孤独を涙ながらに訴えると、長兵衛が思わず「独りぼっちか、可哀えそうになあ」と嘆息する会話にちょっとしんみりさせられる。この大川端で、下座の風音だけでなく本当に風を吹かせて大道具の柳の枯れ枝を揺らしたり、文七が五十両を包んだ手拭いの臭いをかぐような小細工は余計だろう。

吉原の角海老に奉公を申し出る娘のお久には芝のぶが抜擢され、親を思う気持ちを精一杯に好演している。お久が先妻の子でお兼とは生《な》さぬ仲という設定は、落語に精通した山田監督ならではの補綴《ほてつ》で、長兵衛の家族の複雑な事情をお兼に語らせるのが珍しい。角海老の女将には秀太郎が客演し、長兵衛への説教は優しい口ぶりの内にもピシャリと手厳しい。弥十郎の和泉屋清兵衛の他、家主に井之上隆志を配役したのは歌舞伎の門戸を広げようとする勘三郎の挑戦なのだろう。

思いがけずお久が家に帰り、長兵衛が「夢見てるようでございます」とむせび泣くまではよいが、お久と文七の縁談がめでたく成立したことを一人だけ理解できない間抜けな設定は芝居を間延びさせてしまう。やはり、文七が元結の工夫を明かす落語のオチに向けて小気味よく話を進めたい。

東京では初演となる七之助の『鷺娘』は期待によく応え、真夏に涼感をもたらす氷の彫刻のようだ。恋する娘の楽しさと苦しさを白鷺に託して繰り広げる所作事で、清楚な姿に激しい情念を秘め、雪景色の中で生命が燃え尽きる幻想を激しく踊り込む。振袖や裾捌きはまだ未熟なところもあるが、薄氷の上を爪先立つ仕種は細やかに、〽余る色香の恥ずかしや」という表情は朗らかに、七之助は気鋭の若女方として着実に成長している。

（平成二十二年七月・赤坂ＡＣＴシアター）

「亀治郎の会」の挑戦

『義経千本桜《よしつねせんぼんざくら》』「狐忠信」
『上州土産百両首《じょうしゅうみやげひゃくりょうくび》』

今年の「亀治郎の会」はついに『義経千本桜』の「狐忠信」への初挑戦。

どういう訳か、亀治郎は「歌舞伎座さよなら公演」に出演しなかっただけに、この夏の自主公演には大いに期待が集まる。伯父の猿之助が完成させた「狐忠信」はこれまで右近と海老蔵が手掛けており、丁度、今月は新橋演舞場で海老蔵が訪欧凱旋公演と銘打って忠信篇を通し上演しているが、同じケレンを使っていても、海老蔵の狐忠信は猿之助型の濃厚な味わいとはどこか異質で、遅れ馳せながらいよいよ本命登場、亀治郎にとって大切なお家芸の継承である。

自主公演といっても清元延寿太夫の語りで「吉野山」を付けた。花道スッポンに姿を現わす亀治郎の佐藤忠信実ハ源九郎狐は、心なしか痩せて見えるが、芝雀の静御前に導かれて踊り込むと次第に大きくなっていく。どうか、伯父の猿之助の緩急自在の境地を目指して精進して欲しい。

さて、「川連法眼館《かわつらほうげん》の場」に登場する本物の佐藤忠信は、「堀川御所没落、と、承る、口惜しさ」と悔しそうに一言一句を粒立たせる口調が猿之助写し。義経に問い詰められると表情を硬くするが、身に覚えのない疑いならば、武将らしくどっしり構えておいた方がよい。

小柄な亀治郎には侍の裃よりも源九郎狐の長袴姿がよく似合い、初音の鼓を取り上げて頬を寄せたり、しょんぼりと爪先立って階段を下りるところなど、一つ一つの仕種に親を慕う子狐の気持ちを込めて可愛らしい役に仕上げている。これまで女方として活躍してきた経験も、男でも女でもなく中性的に演じるという口伝がある狐の役づくりに功を奏しているのだろう。義太夫をよく学んだ猿之助型の「狐言葉」は、「こりゃ静様には、何ァんと、なされます」と語尾を詰めたり、「千年功経る牝狐《めぎんね》、クン、牡狐《おぎんね》、クン」と息を鼻に抜いたり、初演でここまでできればもう大成功といってよい。やはり血は争えないもので、亀治郎の声音を聞いていると、元気だった頃の猿之助の舞台が懐かしく思い出されるのに驚く。猿之助の呼吸をよく心得ている竹本葵太夫の語りが亀治郎の初演をしっかり支えていることも大きいだろう。

狐の縫いぐるみに衣裳を引き抜いてからの「愁嘆」もたっぷり大熱演で、「お名残り惜しかるまいか」と悔しそうに小さくつぶやき、次第に感極まり「あっと申して往なれましょうかいなあァ」と声を張り上げて強弱巧みに観客の心を揺さぶる。「百回り」にしても「欄間抜け」にしても単なるケレンではなく、この溢れんばかりの感情表現があるからこそ、観客が手に汗握る緊迫感が生まれるのである。なお、「人間では、おっしゃれども」と言うのは確かに原文通りだが、「人間様」に改めた方が卑しい獣の身の上が伝わるだろう。

芝雀の静御前は姫役が似つかわしく、刀を構えても女らしさを失わず、子狐を憐れむ女心が優しい。友情出演の染五郎の源義経は、「静はいかがいたせしぞ」と心躍らせて脇息《きょうそく》にもたれるきまりなど当代の一級品である。

もう一つの『上州土産百両首』は思いがけない今回の収穫で、川村花菱がオー・ヘンリーの小説を翻案したと伝えられる股旅物。幼馴染みのスリ仲間が足を洗って十年後に再会を約するが、運命のいたずらで、捕らえ、捕らえられる関係になってしまう。福士誠治をゲストに迎え、亀治郎の正太郎と福士の牙次郎《がじろう》のコンビが出色の面白さである。

正太郎は「俺はただ嬉しいだけだ。お前もただ懐かしめ」など、ちょっときざな台詞が似合う憂い顔の男。牙次郎に財布を盗まれたと知って驚いたり、誤って殺人を犯してしまうところなど、大袈裟ともいえる亀治郎の役づくりに見応えがある。一方、牙次郎は慌てふためいて「あじゃァ」と言うのが口癖で「あじゃがじ」と仇名される間抜け男で、正太郎を兄のように慕っている。爽やかな二枚目俳優の福士にとっては全く意外な配役だが、初めての大舞台にも気負うことなく演じているのは大した度胸である。親分肌の金的の与一には渡辺哲、正太郎の過去を暴こうと殺気立つチンピラのみぐるみの三次には亀鶴。その他、門之助の岡っ引き、寿猿の料理屋の亭主も好演している。

石川耕士の演出が要領よく、村松隆敏の美術が洒落ていて、たとえば待乳山《まっちやま》聖天の鳥居を斜形に設えるなど、シンプルで象徴的な空間が観客のイメージを膨らませる。大きな月に二人がシルエットで浮かび上がる美しい景色も国立劇場の広い舞台を存分に使いこなしている。埋もれた作品を今日によみがえらせるには、このように新風を吹き込む仕立て直しが必要である。

亀治郎の役者としての才能と意欲を目の当たりにすると、歌舞伎の本興行でもっと活躍できる機会を与えて欲しいと願わずにはいられない。

（平成二十二年八月・国立劇場）

青果史劇二題

『天保遊俠録』
『将軍江戸を去る』

真山青果の歴史劇二題、吉右衛門が『天保遊俠録』と『将軍江戸を去る』を巧みに演じ分ける。平成十九年の『堀部弥兵衛』と『松浦の太鼓』に始まり、一昨年は『大老』、昨年は『頼朝の死』と『修禅寺物語』で、国立劇場の新歌舞伎の企画に意欲的に取り組み続けている。

『天保遊俠録』には幕末の旗本の退廃が描かれており、組織の中で上役のご機嫌取りができない勝小吉は無役を貫く。彼の自由人の気風を受け継いだ愛息子《まなむすこ》の麟太郎がのちの勝海舟。『将軍江戸を去る』では、その勝海舟が西郷隆盛と談判して、最後の将軍、徳川慶喜が江戸城を明け渡すことになる。この二つの物語をつなぐには観客として豊かな想像力が必要だが、どちらの幕切れも隅田川の岸辺で、静かに聞こえる大太鼓の水音に、誰もあらがえぬ滔々とした「時勢」を感じさせる。

吉右衛門の小吉は「遊俠」らしく奔放な役づくりで、親子涙の別れもカラリと晴れやかなあと味である。小股の切れ上がった深川生まれの芸者、芝雀の八重次が登場すると舞台が華やぐ。染五郎の松坂庄之助は一連の騒動を引き起こす野暮な役をドタバタ仕立てにした。東蔵の阿茶の局が中老の貫禄を見せ、梅丸が健気に演じる麟太郎を城に召し連れる。この『天保遊俠録』は史劇というよりもむしろ青果の任俠物として位置づけるべきなのかもしれない。

陽気な小吉とは対照的に、沈痛な面持ちの「将軍」を勤める吉右衛門の慶喜は、「寛永寺大慈院の場」で時鳥《ほととぎす》の鳴き声に静かに耳を傾ける風姿が墨絵のような陰影を帯び、暗闇に浮かび上がる蒼白の顔には耐え難き苦悩が満ちている。そして、「千住大橋の場」で「江戸の地よ、江戸の人よ、さらば」と過去の栄光に決別し、おもむろに一歩踏み出す吉右衛門の慶喜の大きな背中を見るにつけても、歴史の敗者として彼方に消え去る者への共感を覚える。

慶喜に恭順を説く染五郎の山岡鉄太郎は、無刀流の剣豪にしては線が細く端正だが、まさに不惜身命《ふしゃくしんみょう》の熱情で補って余りある。下駄ばきでつかつかと黒門に乗り込む歩みが切れ味よく、地味な場面にあって当代の花形役者ならではの明るさを放つ。山岡に批判されると慶喜の表情はたちまち険しく、「尊王とはッ」「勤王とはッ」と畳み掛ける緊迫感が凄まじい。吉右衛門との共演で染五郎の芸は厳しく鍛えられることだろう。山岡を後押しする東蔵の高橋伊勢守も口跡がよく通る。

今回、「寛永寺」の前に原作通り「江戸薩摩屋敷の場」を付けて、歌六の勝と歌昇の西郷が熱弁をふるう。「実に戦争ほど残酷なものはごわはんなあ」という西郷の非戦論は、いつも山岡の決め台詞として転用されているものである。西郷は富士山を眺めて日本の国を思い、御殿山から江戸の市街を見渡すマクロの視点から、門前で僅か五十文を争う鰯《いわし》売りの喧嘩に目配せするミクロの視点に移る訳だが、余りにも冗長な台詞はほどほどに刈り込むべきだろう。歌昇は西郷らしく貫禄を出そうとする余り、動作だけでなく口調まで悠長になってしまった嫌いがある。

今日の騒々しい政局とは大違いで、明治維新をなしとげた偉人たちは、勝った官軍も、負けた幕軍も、私情を捨て、国家の未来と市民の生活を思って手を取り合った。青果史劇の魅力はそのストイックな「志」の一字に尽きる。

（平成二十二年十月・国立劇場）

新橋演舞場の顔見世

『天衣紛上野初花《くもいにまごううえのはつはな》』

歌舞伎座を建て替える間、新橋演舞場に場所を移した顔見世で、昼の部は『天衣紛上野初花』の通し上演である。「歌舞伎座さよなら公演」では世話物が少なかっただけに、幸四郎の河内山《こうちやま》宗俊と菊五郎の片岡直次郎の共演に期待が高まる。

原作から直次郎の強請場《ゆすりば》を省いた五幕十一場、序幕は梅がほころぶ春の「湯島天神境内の場」で、剣術試合の侍たちと暗闇の丑松が縄張り争いしているところに河内山が割り込む。幸四郎の河内山と段四郎の金子市之丞がはっしと向き合うと、いかにも歌舞伎役者らしい二人の立派な面構えに魅了され、上手下手に別れて歩み出す幕切れの緊張感が心地よい。裸足で短刀を振るう團蔵の丑松はいかにも切れ味鋭いチンピラである。

幸四郎の河内山はもう何度も演じている当たり役ならでは、「上州屋見世先の場」からは台詞も軽快に運び、奉公先の大名屋敷から娘を救い出す相談に応じて、「いい工夫が」でポンと煙管をはたいて「続々出る」と身を揺するところなど巧妙で面白い。〽時雨しぐれに鳴く鴫《しぎ》も」という下座で、悪巧みを思いつき、ポンと膝を叩いて大股で花道を引っ込む芝居が次第に様式的になってきた。そういえば頬のほくろがいつもより大きいが、野暮にならないようもう少し小さくした方がよい。上州屋の後家おまきは秀太郎が勤めているが、江戸の世話物とはちょっと毛色が違う。友右衛門の和泉屋清兵衛にすっかり貫禄がつき、幸太郎の番頭が老練に脇を固める。

二幕目「大口楼廻し部屋の場」で布団に横たわって酒をあおる菊五郎の直次郎には、遊廓に居残り続けた遊び人の色気が漂っている。それでいながら、次の「三千歳《みちとせ》部屋の場」で黒羽織を着込んで市之丞と対面すると、どんなに身を持ち崩しても御家人という侍の気構えを感じさせる。

時蔵の三千歳は深刻な面持ちで登場し、酒を飲んでも憂さが晴れず、直次郎に一緒に死んでくれと訴える遊女の気鬱が伝わってくる。三千歳を身請けしようとする市之丞は、本当はまだ男盛りのはずだが、段四郎が古怪で謎めいた人物に役づくりしているのは妥当だろう。

市之丞が去ったあと、幸四郎の河内山が登場して菊五郎の直次郎と並ぶとさすがに豪華である。大名屋敷に踏み込む茶番劇を打ち合わせて、帰り際に河内山がくしゃみをして、直次郎が俺の方が若いと言って羽織を貸すところ、菊五郎と幸四郎は丁度同じ年生まれなので、河内山が「二人はそう違いやしない」と応じて客席を大いに沸かせる。直次郎が三千歳の借金を返済した金は、河内山が上州屋から前借りした百両であることが明かされ、まさに金は天下の回りもの、彼らは神の見えざる手に運命を翻弄されていく。幕切れ、時蔵の三千歳が直次郎の肩を抱いて「鉄砲弾は、ご免だよ」と言うところが小粋で、このあとの入谷の名場面に気持ちをつなげる。

「吉原田圃根岸道の場」はほんの短い場面だが、「今光ったのは、ハハ、星が飛んだか」という幸四郎の河内山の台詞が闇夜に響き、下手に手拭いを被った菊五郎の直次郎、上手に頭巾姿の段四郎が並ぶと、三幅対の絵面が演舞場の舞台からはみ出すかのようである。

三幕目の「松江邸」は三場構成で、前回の国立劇場では「書院の場」と「広間の場」を一場にまとめていたが、やはり今回のようにきちんと広間は花鳥、書院は水墨という襖絵の違いで大名屋敷の格式を見せるのが本格である。幸四郎の河内山は「北谷の道海といえる者、以後、お見知り置かれ下されい」と嘘をつくとふっと息を抜き、呼吸の微妙な変化で心理を表現するのがさすがにうまい。次第に語気を強めて、「もっての他なる御乱行ッ」と問い詰めるところは目つき鋭く殺気立つ。まんまとだまし終えてからは、幸四郎は台詞を転がすようにして「あい、なるべくは、山ァ吹の」と物欲しそうに訴えたり、「然らばァ、受納、致すでござろう」とほくそ笑むところなど、いかにも飄逸な味わいでこの当たり役を練り上げている。

眼目の「玄関先の場」では、「ただ、このままにゃあ、オゥ、俺ァ帰《けえ》らねェよォ」という抑揚が皮肉たっぷりで、「悪に強きは善にもと、世のたとえにも言う通り」云々という反権力の名台詞には胸がすく。「馬ァ鹿めッ」という一言もまさに白無垢鉄火。折角の通し上演なので、河内山の玄関先の引っ込みを幕外にして直次郎が供侍で付き従うところを見たかった。

錦之助の松江出雲守は神経質にならず、温室育ちのわがままな殿様という感じが面白い。梅枝の腰元浪路が登場すると広間が華やぎ、彦三郎の高木小左衛門がこうした役で存在感を発揮するようになった。錦吾の北村大膳は大男ではないが渋い味わいである。

後半の「入谷蕎麦屋の場」と「大口屋寮の場」は雪景色の詩情溢れる名場面。菊五郎の直次郎もこれまで回数を重ねてきた当たり役である。「蕎麦屋」では田之助が機嫌よく按摩の丈賀を勧め、冒頭で蕎麦をすする捕り手に菊十郎が元気な姿を見せる。蕎麦屋の夫婦は大蔵と徳松で、いかにもほのぼのとした下町の風情がある。直次郎を裏切る團蔵の丑松は、序幕とはうって変わって落ちぶれ、身をかがめて上目遣いで下卑たところを強調している。

〽一日会わねば千日の、思いにわたしゃ患うて」という清元の名曲にはいつもながら聞き惚れるが、菊五郎の直次郎と時蔵の三千歳の釣り合いがよく、〽いとど思いの増鏡《ますかがみ》」のきまりで二人とも若やいで見えるのが芸の力だろう。〽見るたびごとに面痩せて」で髪を梳《す》く簪《かんざし》を取り落としたり、〽ともに涙に暮れにける」といとしそうに恋人の肩を抱く三千歳の姿に、自分の思い通りにならない遊女の身の上の悲哀が伝わってくる。

なお、いつも省略される市之丞が登場する幕切れが付いて、市之丞は妹の三千歳の身を案じて直次郎と別れるように説得する。段四郎の市之丞は唯一「既にこの身も畜生に」というつぶやきに万感を込めて、あとは飽くまでも敵役として演じ通して去って行く。

大詰の「池之端妾宅の場」は、折角ならばもう少し屋台を小さく設えて不忍池の景色を広げたい。そこに上州屋のおまきと清兵衛が訪れて、娘が無事に家に戻されたことの礼を述べるが、河内山から事件の真相を聞いて恐れおののく。入れ替わりに直次郎が登場して再び二つの物語が交差する。いよいよ大勢の捕り手に囲まれるが、大胆不敵にも、「小塚原《こづかっぱら》の獄門に首をさらすが本望だッ」とうそぶいて悠然と盃を交わす河内山と直次郎。そこに、ちらりと雪が降りかかる風情が絶妙で、久しぶりに世話物の通し狂言の楽しさを満喫した。

（平成二十二年十一月・新橋演舞場）

獅子と牡丹の取り合わせ

『国性爺合戦《こくせんやかっせん》』

『国性爺合戦』の通し上演で藤十郎と團十郎が共演する。近松門左衛門が想像たくましく描いた時代物を彩るのは鎖国時代の異国への憧憬と畏怖から生まれた滑稽なエキゾチシズム。

今回は大明国《だいみんこく》が韃靼国《だったんこく》に滅ぼされる「大明御殿の場」と、漁夫の利を悟った和藤内が海を渡る「肥前国平戸の浦の場」を序幕に据えた。團十郎の和藤内は浜辺で沖を望む立ち姿や、唐船の上の潮見得に一人の若者の野心を漂わす。漂着した栴檀《せんだん》皇女を女房小むつに預ける件りは省き、すぐに船出となって和藤内が大陸に渡るまでを簡潔にまとめた。翫雀の李蹈天《りとうてん》と右之助の呉三桂が悪と善の対立を好演し、亀鶴が珍しく女方を勤める栴檀皇女に古風な趣きがある。

いわば英雄への通過儀礼である「千里ヶ竹の場」の虎退治は、團十郎らしいの荒事の稚気に溢れ、唐の官人たちの月代《さかやき》を剃るたわむれも決して嫌味にならない。なお、千里ヶ竹では派手な金襴の着付を用いているが、和藤内らしくお定まりの碇綱模様の衣裳で通したい。市蔵が安大人を敵役に仕立てたのは、松江の韃靼の梅勒王《ばいろくおう》と重なるのを避けたからだろうが、やはり従来通り滑稽な三枚目で演じた方が和藤内の虎退治の面白味が増すだろう。

「獅子ヶ城楼門の場」は夫の留守を預かる錦祥女が、幼いころに生き別れた父、老一官と再会する。藤十郎の錦祥女は獅子ヶ城に香放つ「牡丹」のように艶やかで、團十郎の和藤内を「獅子」に見立てると、まさに東西名優の豪華な取り合わせ。藤十郎は「一々、覚え」というあたり、台詞の一言一句を噛み締めるように発音する。手鏡で絵像と実物を見比べて「親子の印、疑いなし」と欄干に身を乗り出し、〽東の果てと聞くからに」で全身全霊を震わせて泣き崩れ、〽嘆き暮らし、泣き明かし」では三味線の糸に乗って悲しみに耐えてきた歳月を凝縮していく。娘の気持ちを受けとめる左團次の老一官が言葉少なく明の遺臣の存在感を示す。

城内の「甘輝館の場」では夫の甘輝を相手に、「孝行の為に捨つる命は惜しゅうない」と胸を張り、死を覚悟して「いで、紅溶いて流し申さん」と静かに立ち上がる姿が沈痛である。〽落ち滝津瀬の紅葉葉と」で、苦しみに耐えて生血を流す息遣いをたっぷり熱演する。錦祥女にはこれという決まった型がなく、近松作品をライフワークとしてきた藤十郎の錦祥女は今後一つの手本となるだろう。

「甘輝館」から「紅流しの場」への場面転換は、館の大道具を上手の舞台袖に引き、一旦、石橋を後方にセリ上げてから手前に押し出し、舞台の奥行きが広い国立劇場ならではの演出を見せる。石橋の上で笠を掲げた團十郎の和藤内が「南無三ッ、紅が流るる」と怒髪天を突く。この場面にも官人が絡む立廻りを付けたが、むしろ一気呵成に花道を引っ込んだ方がよい。

元の「甘輝館」に踏み込む和藤内は團十郎に相応しい三本太刀で、「もっちょうずりゃあ、放図もねえッ」という怒号をいかにも奔放に言い放つ。それに対して梅玉の甘輝は全く動じることなく、立派な髭をたくわえた知将の風格が似つかわしい。なお、和藤内が国性爺と名乗って出陣する準備に手間取っているが、唐装束への早替わりなどもっと工夫する余地がある。

東蔵の渚は意気地を貫く老母をたっぷり熱演し、甘輝を前に少しも臆せず、〽わが恥ばかりか、日本の国の恥」などと、「恥」とは何かを説く近松の「日本人論」を繰り広げる。名詞章として知られる〽口にくわえて唐猫《からねこ》」の件りは、藤十郎の錦祥女と東蔵の渚が一体となって、義太夫の三味線のリズムに乗って芝居を盛り上げている。

そして、錦祥女と渚が手を取り合って息絶える幕切れが印象的で、女たちの犠牲の上に男たちの「合戦」が成り立つ悲劇の構図が明らかになる。

（平成二十二年十一月・国立劇場）

大星由良助の「無念の涙」

『仮名手本忠臣蔵《かなでほんちゅうしんぐら》』

師走の国立劇場の『仮名手本忠臣蔵』は「大星由良助本伝」と称し、「三段目」「四段目」「落人《おちうど》」

「七段目」を並べて「討ち入り」を付けた。いよいよ芸の円熟期に入った幸四郎の由良助に焦点を絞り、いつも昼の部と夜の部で別々になってしまう「四段目」と「七段目」をこうして続けて見ると、彼の「無念の涙」が敵討ちの底流をなしていることが分かる。「四段目」の〽無念の涙はらはらはら、判官が末期の一句、五臓六腑に染みわたり」という詞章と、「七段目」の「無念の涙、五臓六腑を絞りしぞや」という台詞が一対に呼応しているのである。

幸四郎が初役で高師直を兼ねて塩冶判官を責めさいなむ「三段目」も興味深い。「進物場」は付けず、「松の間」の幕が開くと茶坊主たちがあれこれ噂話をしているところに師直が花道から登場する。そこに諸大名が集まってご機嫌をうかがい、師直が大名からの進物で私腹を肥やしていることが明らかになる。師直は威圧的な黒い大紋に烏帽子を被った姿で、折角ならば「姿見の師直」の趣向を見せることもできただろう。染五郎の判官とは親子共演ならではの年齢差があり、顔世御前に横恋慕した老人が判官の若さに嫉妬しているかのようである。師直が桃井若狭之助に平身低頭する件りを省いたので、幸四郎の師直は陰険な性格を強調して、「本性なりゃ、お身ゃどうするのだッ」と目をぎらつかせて立ち上がってまさに権柄《けんぺい》ずくで判官を見下す。

染五郎の判官も初役を丁寧に演じて、師直への怒りの顔色は内に秘め、ガラスのように繊細な透明感をたたえる「四段目」の切腹に人生のはかなさを思わせる。上使には左團次の石堂右馬之丞と彦三郎の薬師寺次郎左衛門が並び、諸士には友右衛門の原郷右衛門を筆頭に、右之助、秀調、家橘などのベテランを揃えた重厚な大舞台。福助の顔世が慎ましく、錦吾の斧九太夫が苦味を利かせる。大星力弥は高麗蔵だが、染五郎の判官よりも年下を起用したい。

勇み立つ諸士に詰め寄られて黙然とうつむく姿から一変、幸四郎の由良助は「血気にはやるは匹夫《ひっぷ》の勇」と皆を説き伏せる雄弁術がたっぷり力強く、「まだ御料簡が」でぐいと身を乗り出して「若い若いッ」ときまるあたり、これまでとは一味違って様式的になってきた。門外で一人になってからは、男の孤独感を背中に漂わせるダンディズムが幸四郎によく似合う。

中幕、染五郎と福助が判官と顔世から早野勘平とお軽に替わり、春景色が美しい道行「落人」を踊る配役は一つの作品解釈でもある。

「七段目」の「一力茶屋」は前半を省いて、由良助が釣り灯籠で顔世からの手紙を読む場面から始まる。幸四郎の由良助は年相応に重々しい貫禄をつけて、先代写しのふっくらと朗らかな表情を見せる。福助のお軽にはもう何度も演じてきた余裕があるが、それだけに染五郎もう一役の寺岡平右衛門とは兄妹の年格好が釣り合わない。染五郎の平右衛門はこれが初めてではないが、ネイネイと粘らせる下卑た奴言葉などもう少し工夫が欲しい。亀鶴の鷺坂伴内がなかなか上出来で、「三段目」「落人」そして「七段目」に出没する大切な狂言廻し役になっている。

なお、「七段目」の幕が開く前に、講談を用いて「六段目」でお軽が泣く泣く勘平と別れ、祇園に身売りした経緯を説明するのが親切だが、折角ならば、泉水の立廻りに代えて討ち入りの模様を一くさり聞かせ、いきなり義士引き上げの「花水橋」に続けたら鮮やかだったろう。また、由良助の花道の引っ込みは幕外にすると「四段目」と重なってしまうので、左團次の石堂が義士を見送って扇を掲げたところで幕を引いた方がよい。

いずれにしても、『忠臣蔵』でさえも世間一般に通用しなくなろうとしている昨今、このような上演方法も一つのアイディアとして試みる価値はある。今後、国立劇場には「二段目」「三段目」「八段目」「九段目」を並べて加古川本蔵一家に絞った通し上演も期待したい。

（平成二十二年十二月・国立劇場）

『摂州合邦辻《せっしゅうがっぽうがつじ》』

玉手御前に挑む菊之助

菊之助が祖父の梅幸の当たり役、『摂州合邦辻』の玉手御前に挑む。

日生劇場での歌舞伎公演に備えて、モザイク壁のプロセニアムに白木の破風を飾り、短いながらもスッポンの付いた本格的な花道を設けた。深海をデザインしたという幻想的な劇場空間で、こうして古典が上演されるミスマッチが面白い。『合邦辻』四幕五場の通し上演に松緑の舞踊『達陀《だったん》』を付けた二本立ての昼夜同一狂言である。

序幕「住吉神社境内の場」に花道から登場する菊之助の玉手は、若女方ならではの爽やかな印象である。いささか緊張気味なのか、継子の俊徳丸に恋を打ち明ける態度が「心にもない嘘偽り」であることが見え透いてしまうのが惜しい。「酔いもせぬ、気も違わァぬッ」と口説く台詞も、酒に酔った勢いでなりふりかまわず本性を出しているような危うさを感じさせたい。俊徳丸は梅枝が珍しく立役を勤め、鮑《あわび》の貝殻の盃に注がれた毒酒を口にする瞬間にちょっと戸惑いの表情を見せる。弟の次郎丸は亀三郎で、口跡の切れ味はよいが、むき身隈の役らしく、もう少しやんちゃな感じが欲しい。松緑の入平はこの場では浅葱色の繻子奴《しゅすやっこ》だが、浅香姫に横恋慕する次郎丸との立廻りは省かれた。近頃、若手の身長が伸びたこともあるが、奴の着物の裾はもう少し丈を短めに着付けた方がよい。

二幕目の「高安館の場」は次郎丸の悪計と俊徳丸の家出を見せる場面で、勅使になりすました権十郎の桟図書《かけはしずしょ》のおどけぶりが面白い。團蔵の高安左衛門は壮年に役づくるが、むしろ白髪の老役にした方が、玉手が後妻に入った年齢の差が分かりやすいだろう。今回、局の羽曳野《はびきの》に時蔵が付き合って、俊徳丸を追う玉手をとめようとする「庭先の場」の立廻りが贅沢な場面になった。

〽地獄の沙汰も金次第」という下座で三幕目の「天王寺万代池の場」に登場する合邦道心は、菊五郎にとって初めての役柄への挑戦。合邦の念仏踊りも義太夫の三味線の軽快な連れ弾きで楽しそうに浮かれる。右近が赤姫役に挑む浅香姫には古風な雰囲気があり、これから女方として経験を積めばもっと磨かれるだろう。なお、この場面は大道具の書割りを「西門」と「万代池」に分けて、天王寺界隈の空間の広がりを見せた方がよい。

幕間《まくあい》をはさんで大詰が「合邦庵室の場」。

菊之助の玉手は「十九《つず》や二十《はたち》の年ばえ」という設定通り、紫紺の着付が健やかな身体によく似合う。折角ならば、庵室に入る前、〽心の隔て泣き寄りの」で花道に飛び退いてわが家を見返る梅幸の型を是非継承して欲しい。「くどき」は原作通り前後に分けず、〽面映ゆ気なる玉手御前」からうっとりとした表情で俊徳丸への恋心を語る。〽あとを慕うて徒裸足《かちはだし》」の見返りもすらりと美しい身ごなしで、年頃の女の艶めかしい色気が背中に漂う。〽芦の浦々難波潟」で一心不乱に俊徳丸を探す様子など、一つ一つの義太夫の詞章の表現に工夫を凝らしている。

後半、浅香姫に対する嫉妬心が刺々《とげとげ》しいのは菊之助がまだ若いからだろう。俊徳丸を前に「苦しみ給う」で息を呑み「と思うほど」で含みをもたせたり、〽いつか鮑の片思い」で遠くを見る寂しい表情が繊細である。〽玉手はすっくと立ち上がり」からは一変して殺気立ち、菊之助にしては珍しく体当たりの大熱演。いつもの「邪魔しやったら許さぬぞ」ではなく、「蹴殺すぞッ」という原作通りの台詞を決めると客席に拍手喝采が沸く。割って入った父の合邦に刺されてからは、断末魔の苦痛に耐えて言葉にならないうめき声を発したり、「せめて奉ずる」を大きく張り上げて「百部一でござんすわいのう」を小さくつぶやくあたり義太夫の語りをよく学んでいる。

菊五郎の合邦も熱演で、娘の手を取って「おいやい」と嘆くところなど、菊之助との親子共演ならでは娘を思う父親らしい情感に溢れている。菊五郎はこの役で一気に芸域を広げた。東蔵の母お徳はいささか戯画的なところもあるが、このまま枯れればよい老女方《ふけおやま》になるだろう。

玉手の恋は誠か嘘か、いずれにしても一人の女の人生としては余りにも残酷だ。しかし、汗と涙にまみれて熱演する菊之助の姿と、自らを犠牲に俊徳丸を救った玉手の姿が重なって、人生を全うした者の晴れがましい表情に研ぎ澄まされていく。どうか、これから四十代、五十代と再演を重ねて、菊之助なりの玉手像を練り上げていって欲しい。

（平成二十二年十二月・日生劇場）

随想〈其の二〉

「歌舞伎座さよなら公演」を振り返る

戦後歌舞伎座の建て替え

平成二十二年四月二十八日、「歌舞伎座さよなら公演」が盛況裡に千秋楽を迎えた。翌五月には、早くも白い鋼板で仮囲いされて歌舞伎座の解体工事が始まり、これまで大勢の観客で賑わっていた芝居前も一変、scrap and build の激しい東京からまた一つ「昭和」の景色が消えてしまった。

この十六ヶ月の間、日本では選挙による政権交代、世界的な金融危機、新型インフルエンザの流行など、政治も経済も社会も何かと騒々しく、私たちの生活は不安定に揺らぎ続けているが、意を決して毎月欠かさず「さよなら公演」に通うと、あの木挽町の一角だけはまるで別世界で、安穏と芝居見物できる幸せを実感させてくれた。まず何よりもそのことに感謝しなければならない。昭和二十六年一月に再開場してから五十九年四ヶ月、火事、地震、戦争に遭わず、いわば還暦で天寿を全うした歌舞伎座は、戦後の「平和」を象徴する幸せな劇場であった。

建物についてもう少し正確に書くと、岡田信一郎が設計した大正期の歌舞伎座が東京大空襲で焼失したあと、かろうじて残った軀体を生かして弟子の吉田五十八が改修したのが戦後の歌舞伎座で、新築とは違って無機質なところがなく、床壁の歪みや建具の古びに使い込んだ愛着があり、どこかで戦前と戦後がつながっているような錯覚を抱かせる不思議な劇場空間であった。改修の際、中央の大きな破風屋根を復活せず、左右の入母屋を平屋根でつないだのは、物資が乏しい当時の経済事情もあったと伝えられているが、近代感覚から生まれた優れた意匠に仕上がり、戦後の平和の明るい青空の下、あのシンプルな平屋根が実によく似合っていた。

しかし、戦後の歌舞伎座は平和の象徴であると同時に「戦争」の痕跡をとどめていた。戦前の歌舞伎座を知る人にとっては空襲で中央の大屋根が焼け落ちた喪失感があったらしく、松竹の亡き永山武臣会長は大屋根を復元して大正期の威風堂々としたファサードに戻す意向であったと伝えられる。

一体、新しい歌舞伎座はどうなるのだろうか。当初、平成二十一年一月に予定していた「再開発計画」の発表は半年延期され、丁度、さよなら公演が折り返す八月にようやく明らかになった。「歌舞伎座の建替え計画」によると、現在の建物は完全に取り壊して、新たに二十九階のオフィスビルを背負った複合建築に生まれ変わるのだという。もし建て替えるならば、思いきってデザインを一新する選択もあったかもしれないが、劇場部分は戦後の歌舞伎座の雰囲気をできるだけ継承する方針で、結局、中央の大屋根も復元されることはなくなった。

ビルの不動産収益で劇場経営を安定させようという現実的な判断も理解はできる。しかし、都市のランドマークに相応しく独立した劇場建築にならず、百メートルを超える超高層ビルが銀座の景観を壊してしまうのは誠に残念で、同時代の一人の観客として、私の率直な気持ちはここに記しておかなければならない。願わくは、設計の工夫によって、新しい歌舞伎座が一つの小宇宙として空間を完結することに期待したい。こうして身近な近代遺産が失われていく代わりに、戦争を「体験」していない戦後生まれの私たちは、せめて「知識」として、あの戦後の歌舞伎座の意匠が生まれた経緯を語り継いでいかなければならない。

体験というならば、歌舞伎座の戦後六十年の内、私の劇場通いはその半分の三十年しかない。しかし、大勢の観客の歓声が反響したあの温かい空間に抱かれて目をつむると、同じ檜舞台を踏んだ名優たちの舞台を夢想することができた。昭和の戦後から戦前へ、さらに大正から明治にまで遡って、体験と知識が混沌とするようなノスタルジーは、明治二十二年に創建されて以来、歌舞伎座が同じ場所に建ち続ける地霊の力だろうか。

さよなら公演が始まった当初、歌舞伎座の建て替えについての賛否が新聞や雑誌を賑わせた。中野翠の「歌舞伎座取壊し　私は許せない」（「文芸春秋」平成二十一年三月号）という悲願や、山川静夫の「〈かべす〉のある風景」（「図書」平成二十一年四月号）、橋本治の「歌舞伎座の改築に関して思うこと」（「熱風」平成二十二年四月号）という随想など。同時期に取り壊された東京中央郵便局ビルや、復元工事が進行する東京駅丸の内駅舎とも関連して近代建築の保存について論争が起きた。

しかし、この十六ヶ月のさよなら公演から得た満足感は、戦後の歌舞伎座に対する私たちの思いを、「惜別」から「感謝」へ、「諦観」から「期待」へ変化させ、人それぞれに何がしかの決着をつけさせてくれたのではないだろうか。

さよなら公演の内、十三ヶ月は昼夜二部制（二十五日間）で、前年八月の「納涼」（二十日間）と、最後の三月と四月は「御名残」（二十七日間）と銘打って三部制で集客率を高めたので、延べ三十五公演（八百七十二日間）、仮に一公演二千人で計算すると、約百七十四万四千人を動員したことになる。客層はこれまで以上に広く、慣れ親しんだ劇場に名残りを惜しむ人はもとより、久しぶりに再訪して懐かしい記憶を確かめる人、この貴重な機会に初めて歌舞伎を見てみようという人もあり、様々な思いが場内に充満してむせぶようであった。旅行会社が主催したツアーの団体客が押し寄せて、場内のみならず路上で記念撮影やスケッチをする人が日を追うごとに増えていったのも、歌舞伎座という専用劇場が歌舞伎を観光資源として際立たせ、冷静な「演劇鑑賞」とは違う賑やかな「芝居見物」であり、「物見遊山」に他ならない歌舞伎の本質を明らかにした。是非、新しい歌舞伎座にもこの大衆性は大切に継承して欲しいと思う。

自分自身への皮肉を込めて言うならば、熱烈な愛好者、頑迷な批評家、偏狭な研究者といった特定層だけでなく、興味本位にあちらこちらに浮遊する一般大衆に支えられて、さよなら公演が盛況を得たことはむしろ心強い。いわば十六ヶ月にわたって繰り広げられた都市の「祝祭」は、余りの混雑ぶりに辟易として人間嫌いに陥りそうなこともあったが、飽くまでも一人の観客として余暇を楽しみ、祭りに興じる「遊び心」を呼び覚ましてくれた。

なお、さよなら公演に先立って歌舞伎座が実施した「好きな歌舞伎二十選アンケート」によると、応募者の年齢構成は、七十歳代一五・二％、六十歳代二五・九％、五十歳代二二・〇％、四十歳代一三・七％、三十歳代一〇・一％、二十歳代五・一％という集計結果（歌舞伎公式ウェブサイト「歌舞伎美人」平成二十年十二月二十日）で、そこから今日の歌舞伎の観客の実態を推定できる。しかし、このアンケート結果よりも平均年齢が高いと感じたのは、やはり長引く不況の影響を受けて若年層の足が遠退き、有閑階級が高齢化しているからだろう。このまま景気が好転しなければ、現在と同程度の収容人数を目論む新しい歌舞伎座にとって、若年層をいかに取り込むかが大きな課題となるだろう。

群雄割拠した幹部の当たり役

まさに群雄割拠、歌舞伎座の檜舞台で幹部が競うように当たり役を演じ納め、一つの「境地」を示したさよなら公演のラインナップは、巻末の〈別表一〉の通り延べ百十二演目と仮定すると、時代物三十四、舞踊二十七、世話物二十二、新歌舞伎および新作十七、荒事七、上方和事四、口上一という内訳になる。地味な世話物より派手な時代物が好まれ、舞踊で役者に華を持たせる傾向にあった。

観客にとっての人気演目は役者にとっても人気演目というべきか、『勧進帳』が三回を数え、前年二月の吉右衛門は「勇将」、九月の幸四郎は「智将」、そして翌年一月の團十郎は「猛将」の趣きで、それぞれに持ち味の違う弁慶が戦後の歌舞伎座の最後の花道を思い入れたっぷりに引っ込み、歌舞伎が「作品」そのものだけでなく「役者」の芸を楽しむものであることを実感させた。次いで二回を数えた『俊寛』は、前年一月の幸四郎の枯淡の境地に比べると、翌年二月の勘三郎の俊寛がいかにも情熱的で、幕切れ、岸壁で遠く水平線を見やるまなざしには、この同じ歌舞伎座の舞台で俊寛を演じた先代の姿が重なった。大きな廻り舞台の鈍い動きを眺めながら、走馬燈のように様々な思い出が巡って万感胸に迫るものがあった。

時代物では、十月に『義経千本桜』、十一月に『仮名手本忠臣蔵』が通し上演され、『菅原伝授手習鑑』は前年二月の「加茂堤」と「賀の祝」だけで、どうなるかと思いきや、翌年一月に「車引」が上演され、芝翫の桜丸と富十郎の時平、人間国宝二人の初役が話題になり、三月の三部制の一部に再び「加茂堤」、二部に「筆法伝授」、三部に仁左衛門の菅丞相と玉三郎の覚寿による「道明寺」を配し、さらに四月の「寺子屋」で完結させたのは心憎い趣向であった。玉三郎の覚寿はいかんせん真女方には無理な役だが、さよなら公演の最終月を飾るに相応しい豪華配役の「寺子屋」は、幸四郎の松王、仁左衛門の源蔵、玉三郎の千代、勘三郎の戸浪、時蔵の園生の前、まさに蟻の這い出るすきまもない緊迫感で、幸四郎の松王の茫洋とした貫禄を相手に、仁左衛門が源蔵という男のリアリティを鋭く描き出した。その他、前年四月の『先代萩』は玉三郎の政岡と仁左衛門の八汐の組み合わせが初めてで、「竹の間」と「飯炊き」を省かずに通し上演し、しかも医女の小槙の証言で八汐の悪事が暴かれる幕切れを復活したのが珍しく、吉右衛門の仁木と仁左衛門の勝元が対照的な「問注所」ともども平成の決定版になった。趣きを変え、翌年四月の『実録先代萩』では、芝翫の浅岡が優しさと厳しさをほどよく調和させ、宜生の千代松と千之助の亀千代を相手に母子の別れを熱演した。残酷な場面を省いたこの作品は歌舞伎座の「御名残」にはむしろ的確な選択で、歌舞伎座最後の舞台に、祖父、五代目歌右衛門の当たり役に挑む芝翫の覚悟が伝わってきた。

世話物といえば、やはり菊五郎の江戸前の気風が爽やかという褒め言葉はありきたりになってしまうが、前年二月の『文七元結』の長兵衛はみすぼらしい中年男、翌年三月の『弁天小僧』は女と見紛う美少年、全く異なる役柄にも、人生の些事にこだわらない男らしい度量が通底する。但し、初役で挑んだ五月の『加賀鳶』の道玄は殺気が足らず、余りコミカルに演じすぎると単なる三枚目に堕してしまう。『三人吉三』「大川端」は二回、前年二月に玉三郎のお嬢が染五郎のお坊と松緑の和尚を相手に勤めた真女方としての意地を見せ、一方、翌年四月の菊五郎のお嬢は妖しい光を放ち、團十郎の和尚、吉右衛門のお坊と並んだ三つ巴のバランスはやはり無類であった。芸の力で魅せる菊五郎の女方の役々をもっと見せて欲しいと思う。

幸四郎も六月に『髪結新三』、九月に『河内山』を出し、いかにも皮肉な表情の河内山はすっかり持ち役になったが、小気味よい小悪党の新三は幸四郎の柄ではないだろう。三津五郎も十二月の『引窓』の南与兵衛や、翌年二月の『壺坂霊験記』の沢市といった地味な役を自然体で演じ、いずれも初役とは思えない出来栄えであった。あのほのぼのした味わいはいよいよ貴重になっている。

上方和事は仁左衛門が一世一代で演じ納めた六月の『油地獄』を加えても四演目だけというのは、今日の歌舞伎にとって寂しい状況である。藤十郎は前年四月の『曾根崎心中』と十月の『河庄』、仁左衛門は前年四月の『吉田屋』でそれぞれのお家芸を披露したが、彼らに代わる和事の継承者が育っておらず、ますます上演の機会が減ってしまうことが危ぶまれる。

舞踊の大曲『京鹿子娘道成寺』は、前年二月に玉三郎と菊之助が『二人』形式で立女方と若女方の艶を競い、翌年一月には勘三郎が元気に踊り抜き、團十郎の「押戻」を付けて物語を完結させた。前年一月の『鏡獅子』や八月の『船弁慶』とともに、勘三郎は当代の兼ねる役者として面目躍如の活躍である。なお、今回実現しなかった玉三郎の一人立ちの『娘道成寺』は、是非、新しい歌舞伎座の舞い初めに披露して欲しい。『連獅子』も二回で、六月は幸四郎と染五郎が四代目金太郎に初舞台を踏ませる御愛嬌の書き替えであったが、翌年四月は勘三郎、勘太郎、七之助の三人立ちで、気力体力ともに充実した親子が揃って、戦後の歌舞伎座の最後の舞台を祓い清めるかのように威勢よく毛を振って舞い納めた。かつて、父の『鏡獅子』で胡蝶を可愛らしく勤めた二人の息子が成長し、彼らの勇ましい舞い姿は余裕さえ感じさせた。

記憶にとどめたいのは、三津五郎が「遍照」「文屋」「業平」「喜撰」「黒主」を軽妙洒脱に踊り分けた八月の『六歌仙』で、踊りの名手ならでは和三盆のような上質な舌触りであった。こうした舞踊の洒落が今日の観客に通じなくなっているが、むしろ積極的に上演を繰り返すしかないだろう。一方、前年一月の玉三郎の『鷺娘』は新しいメルヘンとして一つの完成型を残した。

吉右衛門の「実力」と勘三郎の「人気」

〈別表二〉に掲げた出演回数は多ければよいという訳ではなく、一つ一つの舞台の質を問うべきだが、歌舞伎役者の人気と実力の一つのバロメーターとして、吉右衛門の九ヶ月二十三演目と、勘三郎の七ヶ月二十二演目が双璧といえるだろう。

まず「実力」の吉右衛門は、六月の『幡随長兵衛』、九月の『桔梗旗揚』の光秀、そして翌年四月の『熊谷陣屋』といった重量級の役々で、大きな体格からコントラバスのような包容力のある声音を響かせた。藤十郎の相模と富十郎の弥陀六を得た『熊谷陣屋』は絶後の名舞台となり、初代も歩んだのと同じ歌舞伎座の花道を引っ込んだのは感慨無量であったに違いない。魁春の藤の方も大顔合わせの中で立派に格式を保った。その一方、吉右衛門はこのところ「重」と「軽」、「剛」と「柔」を意識的に演じ分け、幸四郎の濡髪と兄弟共演した六月の『角力場』では放駒を小気味よく仕上げ、九月の『湯島掛額』の紅屋長兵衛や、翌年一月の『松浦の太鼓』といった役も機嫌よく、年齢相応に芸が枯れてくればもっと自然な愛嬌がこぼれるだろう。

今回のさよなら公演では特に菊五郎との顔合わせが贅沢で、吉右衛門の五郎と菊五郎の十郎が互いの個性を引き立てた前年一月の『対面』に始まり、二月の『勧進帳』は吉右衛門の弁慶と菊五郎の富樫、翌年三月の『楼門』は吉右衛門の五右衛門と菊五郎の久吉、二大勢力を率いる平成の「菊吉」が火花を散らす大舞台となった。主役ばかりでなく、前年一月の『十六夜清心』では白蓮、二月の『文七元結』では鳶頭、翌年三月の『弁天小僧』では南郷力丸、玉三郎の『女暫』では舞台番など、積極的に脇役を付き合って芝居に金箔を付けたのも嬉しく、吉右衛門のこれからの芸境の変化に注目したい。

次いで「人気」の勘三郎は、翌年二月に「十七代目勘三郎二十三回忌追善」の「口上」一幕を設けることができたのも当代の絶大な人気があればこそ、父の名跡を継いで五年、今回の追善をもって当代は「勘三郎」という名跡をすっかり自分のものとして定着させたといえるだろう。十二月の『身替座禅』の酔態や、翌年二月の『高杯』のタップダンスで観客を沸かすのもうまいが、むしろ勘三郎の真価が発揮されたのは十一月の『忠臣蔵』の判官と翌年一月の『勧進帳』の義経、神妙に勤めた二つの「判官」の横顔が素晴らしく、「動」から「静」へ魅力の力点が移りつつある。

前年一月の『鰯賣恋曳網』や、八月の『怪談乳房榎』といった遺産の継承だけでなく、当代のオリジナル作品として、十二月には『野田版 鼠小僧』の再演とともに、宮藤官九郎の新作『大江戸りびんぐでっど』が話題になった。今日の格差社会の闇を暴き、歌舞伎の新作に同時代性をもたらそうという試みは認めるが、野球場でサッカーの試合を見るような騒々しい違和感があり、歌舞伎に対する「風刺」が歌舞伎の観客に対する「侮辱」になってしまったのではないか。宮藤が所属する劇団大人計画はそもそも「大人」の良識や偽善を否定する毒気に特徴があり、もし、あの作品を「幼稚」と評したとしても作者はむしろ本望だろう。因みに、勘三郎は昭和三十年生まれの野田秀樹と同い年、四十五年生まれの宮藤は一回り年下、十七年生まれの串田和美は一回り年上、新旧の才能を貪欲に取り込んで勘三郎は疾走し続ける。まさに飛ぶ鳥落とす勢いだが、自分の放つ陽光がつくる影に思い至った時、勘三郎は真の大立者になれるだろう。

さて、吉右衛門と勘三郎にも増して、出演回数が多かったのが梅玉の十一ヶ月二十六演目で、様々な座組みから請われて役を得た結果であり、さよなら公演のいわば「功労賞」に値する。まるで白い生地のように嫌味がなく、九月の『鈴ヶ森』の権八、翌年四月の『熊谷陣屋』の義経など、ふわりと上質な柔らかさは他に代え難い。『俊寛』の丹左衛門はさよなら公演で二回も勤めたが、五月の『加賀鳶』の松蔵や、翌年一月の『勧進帳』の富樫となると、もう少し武張ったところが必要で、そろそろ役を厳選して存在価値を高めてもよいだろう。

その他、期待されていた仁左衛門と玉三郎の顔合わせは回数こそ少なかったが、前年四月の『吉田屋』の伊左衛門と夕霧、翌年二月の『籠釣瓶』の栄之丞と八ツ橋という恋人役に情感があり、『ぢいさんばあさん』の相思相愛をいかにも朗らかに演じたのは、夫婦役者が到達した一つの境地であったのかもしれない。

なお大幹部では、雀右衛門は翌年正月の『春の寿』に一日だけ出演したらしいが、猿之助、澤村藤十郎とともに休演が続いている。また、さよなら公演が始まって間もなく、平成二十一年二月に九十四歳で天寿を全うした又五郎に哀悼の意を表したい。

中堅若手の舞台経験について

幹部に圧倒されたかのように、さよなら公演での活躍の機会を狭められてしまったのが中堅と若手ということになる。現在、四十代には福助、扇雀、右近、橋之助、進之介、孝太郎、三十代には獅童、染五郎、愛之助、松緑、亀治郎、海老蔵、菊之助、二十代には勘太郎、七之助という顔ぶれが並ぶが、残念ながら、彼ら次世代が歌舞伎座の大舞台で古典を体験する機会は少なかった。

その中でも、福助は女方として引く手数多の十一ヶ月二十六演目で、前年四月の『毛谷村』のお園の女武道、九月の『湯島掛額』のお七の人形振り、十二月の『野崎村』のお光、翌年一月の『源氏店』のお富、二月の『壺坂霊験記』のお里を主演し、娘から女房まで幅広く活躍した。しかし、自分の気持ちを観客に伝えたいという思いが強すぎるのか、喜怒哀楽を顔で表現して美貌を損ねる嫌いがあり、役者が感極まると観客はむしろ興醒めてしまう。間もなく五十路、「華」から「実」への過渡期にある今日の福助に必要なのは、役になりきるあからさまな「演技」ではなく、役を突き放して「芸」を研ぎ澄ますことである。型に自信をもち、私たち観客の感受性をもっと信用してもらいたい。

三十代では、染五郎の九ヶ月二十五演目が群を抜く快進撃で、父の幸四郎だけでなく、吉右衛門とも勘三郎とも共演できる恵まれた境遇にある。九月に新作の『竜馬がゆく』三部作を完結させた意気込みは頼もしいが、『鞘当』で松緑の不破と共演した名古屋山三が最も似つかわしい役どころだろう。翌年一月の『源氏店』の与三郎は華やぎに乏しく、小さく器用にまとめてしまった感があり、今後、細筆を太筆に持ち替え、半紙からはみ出すような力強い筆勢が望まれる。前年二月の『賀の祝』の橋之助の桜丸と染五郎の松王や、四月の『先代萩』の橋之助の頼兼と染五郎の絹川は、アンバランスな配役を入れ替えたいと思わせた。

その他、中堅若手の活躍としては、海老蔵の気迫に満ちた五月の『暫』、海老蔵の團七、獅童の徳兵衛、勘太郎のお辰が揃った七月の『夏祭』が鮮烈な記憶を残した。獅童も海老蔵もさよなら公演への出演は三ヶ月だけで、彼らの人気の高さに比べると圧倒的に舞台経験が不足している。

残念ながら、右近、亀治郎、愛之助の三人はさよなら公演についぞ出演せず、内部事情はいざ知らず、歌舞伎の将来を思えば、彼らの優れた個性と確かな実力はもっと有効に生かしていくべきだろう。

参考までに、今日の幹部が当たり役を歌舞伎座の大舞台で初めて演じた年齢を数えると、菊五郎の『弁天小僧』は二十三歳（昭和四十一年）、團十郎の『助六』も二十三歳（四十四年）、勘三郎の『鏡獅子』は二十歳（五十一年）で、これらのお家芸については菊之助、海老蔵、勘太郎も経験しているが、藤十郎の『曾根崎心中』は三十九歳（四十六年）、幸四郎の『寺子屋』も三十九歳（五十六年）、仁左衛門の『油地獄』は四十歳（五十九年）、吉右衛門の『熊谷陣屋』も四十歳（六十年）、玉三郎の『娘道成寺』は三十四歳（五十九年）、その後、上演を繰り返して今回のさよなら公演の高水準に達したのである。あるいは、『勧進帳』の弁慶ならば、吉右衛門が二十八歳（四十七年）、團十郎が二十六歳（四十七年）、『忠臣蔵』の由良助ならば、幸四郎が三十七歳（五十五年）、仁左衛門が三十五歳（五十五年）という若さで大役を得たのは、当時、日替わりダブルキャストで積極的に若手を登用したからで、今後、同様の試みにも期待したい。

さよなら公演が終わった翌五月、工事期間中、歌舞伎座に代わって歌舞伎の本拠と位置づけられる新橋演舞場では、「花形歌舞伎」と銘打ち、敢えて『寺子屋』『熊谷陣屋』『助六』といった四月の歌舞伎座と重なる演目を選び、染五郎、松緑、海老蔵、勘太郎、七之助を活躍させた。しかし、海老蔵の松王も染五郎の熊谷も初役にしては上出来といえるが、さよなら公演の大舞台に比べると一回りも二回りも小ぶりで、彼らの世代の「芸」の未熟は明らかであった。理屈が先行して、頭で演じて体で演じていないのである。感情を型に押し込めて凝固させ、新しい魂を取り出すような古典の役づくりが先決で、個性を発揮するのはそのあとでよい。

今後、新しい歌舞伎座が完成するまでの三年は非常に重要な期間で、中堅若手がいかに舞台経験を積み、幹部に代わって歌舞伎の将来を背負って立つだけの技量を蓄えられるか。新しい歌舞伎座の大向こうをうならせるよう、新橋演舞場の舞台には収まりきらない力強い大きさを心掛けて欲しい。

先述の通り、新しい歌舞伎座にとって若年層の観客の取り込みが大きな課題だが、観客の年齢構成はそのまま役者の年齢構成と連動しており、役者はそれぞれの同世代の観客から支持を得てきた。今後、四十代、三十代の観客を掘り起こそうとするならば、中堅若手を積極的に活躍させていくのが正攻法ではあるまいか。

最近流行っている「動的平衡」という術語を用いるならば、私たちが「歌舞伎」と思い込んでいるものは動的平衡に他ならず、役者も観客もいつしか全て入れ替わってしまう。歌舞伎座という器は朽ちても、昭和歌舞伎から平成歌舞伎へ、さらにその次の時代に向かって、歌舞伎は滅亡と新生を繰り返していく。「歌舞伎座さよなら公演」はその一つの過程であったといえるだろう。

○

最後に私事を書き添えるが、終演後、歌舞伎座の正面玄関を出ようとした時、妻に教えられてロビーの天井を見上げると、二階の回廊に飾られた梅幸の

『藤娘』の絵像と視線が合った。妻曰く、誰かに見られている視線を感じたのだという。あの油絵は長谷川昇画伯が描いたもので、梅幸亡きあといつしか飾られるようになった。もう一枚、全く同じ構図の作品が国立劇場にも飾られている。

学生時代、一介の梅幸ファンであった私は、歌舞伎座に来るとその姿を拝することを習慣にしていたのだが、一階から見えるとは今の今まで気づかなかった。ということは、梅幸さんは亡くなられてからもずっと歌舞伎座のロビーの賑わいを見守っておられたのである。こうして、戦後の歌舞伎座の最後の千秋楽の芝居見物を、梅幸さんが優しく送り出してくれたことに思わず涙が溢れた。

今はただ、戦後の歌舞伎座へ心をこめて一言「ありがとう」という言葉を贈りたいと思う。

（平成二十二年五月）

第三部　平成二十三年から平成二十六年まで

團十郎の剛直球

『源平布引滝《げんぺいぬのびきたき》』「実盛物語」

今年の正月は歌舞伎にとって波乱の幕開けとなった。

新橋演舞場の『三番叟《さんばそう》』で翁を舞う予定だった富十郎が急逝した。八十一歳とはいえ、昨年九月には『浮かれ坊主』を元気に踊っていただけにいまだに信じられず、父を亡くしても鷹之資は舞台を休まず、附千歳《つけせんざい》の健気な舞いぶりを見て思わず涙がこぼれる。

一方、海老蔵の座頭公演を予定していたル・テアトル銀座は、急遽、玉三郎の特別公演に差し替えられた。六本木の傷害事件に巻き込まれて無期謹慎となった息子の身の上を案じる父親の胸中はいかばかりか。しかし、そんな周囲の心配を吹き飛ばすかのように、團十郎は演舞場の昼の部『源平布引滝』「実盛物語」をこれまでになく熱演している。

琵琶湖の浪音とともに、花道を力強く踏みしめて登場する團十郎の斎藤別当実盛は、平家の使者として心ならずも木曾義賢の子を殺さなければならない悲壮な覚悟を秘めている。九郎助夫婦が赤子の代わりに女の腕を持ち出されたことに驚き、〽呆れ果てたるばかりなり」のきまりは、一瞬にして、この難局を切り抜ける活路を見出した思いをツケ入りの見得に込める。「腕《かいな》の講釈」は「昔」を「むウかァしィ」とたっぷり語り始め、「干将莫耶《かんしょうばくや》が剣、即ちこれェなァりィッ」などと声量たっぷり歌い上げて瀬尾に反論の余地を与えない。

眼目の「物語」は誰もが時代から世話に砕ける技巧を凝らすところだが、團十郎の実盛は舞台中央にどっしり座を構えると、一本調子も全く気にすることなく、険しい表情で語り通す剛直球に観客はただ圧倒される。「女が命に代えられじと、白旗持ったる腕をば海にざんぶとッ」という乗り地の台詞も全身で義太夫のリズムに乗る。

段四郎の瀬尾十郎は團十郎との共演が貴重で、目をきょろつかせて驚く表情がいかにも古怪。「日本は愚か唐天竺を訪ねても、腕を産んだためしゃないわい」とか「腹に腕があるからは、胸に思案がなくちゃ叶わぬ」という嫌味な台詞廻しをたっぷり粘らせる。途中、藪畳に身を潜めるところで肩衣を脱いで被る型が珍しい。手負いになって、〽悪に根強き侍も孫に心も乱れ焼き」で刀を突いて身を起こして孫の太郎吉に頬ずりするあたり、娘を失った老父の悲しさを丁寧に演じている。

福助の葵御前は義仲の出生譚に相応しい品格を保ち、この慎ましさを大切に女方としての芸風を定着させて欲しい。市蔵の九郎助と右之助の小よしが釣り合いよく、娘の小万、孫の太郎吉と仲良く暮らす実感がほほえましい。魁春の小万は古風な女方ならではのはまり役で、小万の死骸に腕を接いで白旗を持たせると息を吹き返す奇跡は、九郎助が黄泉国《よみのくに》に通じる井戸で死者を呼び戻す「魂《たま》呼ばい」の風習ともども、私たちが忘れ去ろうとしている古来の死生観が面白い。

幕切れは、実盛の郎党に宗之助、巳之助、種太郎、種之助といった期待の若手が揃う。母の敵を討とうと意気込む太郎吉をたたえ、「蛇は寸にしてその気を得る」と顔をほころばせる團十郎の実盛の表情が優しい。「戦《いくさ》の場所は北国篠原、加賀の国にて見参、見参ッ」という名乗りも勇壮で満場の拍手が沸く。自分の最期を予言した実盛が「ついに首をば討ち落とされ、篠原の土となるとも」という台詞を精一杯絶叫するのは、一度ならず大病を克服してきた團十郎ならではの人生の覚悟なのかもしれない。そして、馬上から「堅固で暮らせよ」と人々を思いやる別れの言葉には、遥か時空の彼方に旅立っていく雄大な響きがある。

幕外の引っ込み、派手にツケを打ち上げて手綱《たづな》を引きつける大見得で、團十郎の「実盛物語」は荒事の迫力と義太夫狂言の魅力が見事に重なり合う。

(平成二十三年一月・新橋演舞場)

サブカルチャーとしての歌舞伎

『四天王御江戸鏑《してんのうおえどのかぶらや》』

国立劇場で菊五郎劇団が復活した『四天王御江戸鏑』は賑やかな顔見世狂言。時代と世話、趣きの違う芝居を重箱に詰めたおせち料理のようで、古風な味わいを残しながら、分かりやすく筋を通して単純明快な脚本に仕立て直した。毎回、最新のサブカルチャーを取り入れて観客を笑わせる趣向は、歌舞伎こそ娯楽の王様だという菊五郎の確信なのだろう。

平将門の遺児、相馬太郎良門の野望を軸に、源頼光の土蜘蛛退治の伝説が絡み、茨木童子や盗賊の袴垂《はかまだれ》保輔も登場する。平安京を舞台にしながら、江戸の風俗で描かれる「羅生門河岸」が面白く、これはもう理屈抜き、時空を超えた歌舞伎ならではの奇想天外である。

序幕の「相馬御所の場」を竜宮城に仕立てたのは原作の趣向を借りたもので、「暫」の代わりに「日招ぎの清盛」の趣向を取り入れて良門の野望を見せる。折角ならば、照明を調整するよりも、古風に書割りのお日様を吊り上げた方がよい。二幕目「一条戻橋の場」はいわば魔界に通じるスポットで、突然、渡り巫女の茨木婆がだんまりに登場するが、むしろ序幕から登場して良門の命を受けて人間界に赴くという設定にすればすんなり受け入れられただろう。二つの宝物、繋馬《つなぎうま》の赤旗は茨木婆の手に、内侍所《ないしどころ》の御鏡《みかがみ》は袴垂の手に渡って物語の伏線となる。

三幕目の羅生門河岸はほぼ原作通りの丁寧な上演で、「中根屋格子先の場」「二階座敷の場」「花咲《はなざき》部屋の場」で構成する。菊五郎の粋でいなせな親分肌にぴったりな中組の綱五郎は、亀三郎の金、亀寿の福、橘太郎の正、三人の子分を引き連れて、「こいつらは欠け徳利で、口が悪いから堪忍しなよ」などという台詞が洒落ている。梅之助、菊三呂、徳松が滑稽な遊女役で場を盛り上げたあと、場末の遊女屋には思いがけず美しい遊女の花咲が登場して男たちを驚かせる。

菊之助の花咲は冷ややかな美貌に魔性を秘めている。花咲実ハ土蜘蛛の精という設定は、「女郎蜘蛛」という名があるように、網を張って獲物を待ち構える蜘蛛の生態を遊女にたとえたものだろう。今回は二幕目の宙乗りで土蜘蛛の精の正体を早々に見せてしまうので、謎めく役づくりは難しく、折角ならば、大詰に土蜘蛛へ見顕わして宙乗りで退散するべきであった。

「一条大宮頼光館の場」は菊五郎の綱五郎が花道から歩いて登場し、「瓜か茄《なすび》か知らねえが」云々と江戸弁でまくし立てるが、駕籠に素網を掛けられて強制連行されて来るという原作の趣向を生かしたかった。菊之助の花咲と梅枝の弁の内侍が綱五郎を奪い合って、女方の華を競う嫉妬事が見どころで、「俺が亭主を捕らまえて、内祝言とは気に食わねえやッ」という江戸前の気性が鮮やか。

綱五郎が四天王の勇、渡辺綱になりすますと思いきや、実は綱が綱五郎になりすましていた。今回、その綱が茨木婆の腕を斬り落として赤旗を取り戻す場面を書き加え、時蔵が茨木婆の卑しい下世話と頼光の名将ぶりを楽しそうに演じ分ける。その他、しかつめらしい團蔵の伴森右衛門はこの人のはまり役。袴垂と平井保昌を兼ねる松緑は一人武者の威勢が頼もしく、水破兵破《すいはひょうは》の鏑矢をくわえた花道の引っ込みや土蜘蛛退治の仁王襷《におうだすき》の姿などすっかり劇団の副将格の貫禄がついてきた。

大詰の「北野天満宮の場」は土蜘蛛の洞穴が炎に包まれる演出など新工夫を凝らすが、むしろ屋根上の立廻りを見せて、天満宮の社殿をセリ上げる方が古風でよかったのではないだろうか。とはいえ、災厄を祓う破魔矢によって土蜘蛛と艮門は滅ぼされ、作者の福森久助が新年を寿ぐ人々の思いを「鏑」という題名に込めたことがわかる。

（平成二十三年一月・国立劇場）

才気溢れる亀治郎

『黒手組曲輪達引《くろてぐみくるわのたてひき》』

その時々の花形の人気と実力を目の当たりにできる恒例の浅草歌舞伎。口火を切る第一部の『三人吉三』は、七之助のお嬢の名台詞が鋭く小気味よく上出来で、亀治郎のお坊、愛之助の和尚が居並ぶと個性の違いが際立って面白い。

見応えがあるのは第二部の『黒手組曲輪達引』で、今年三十六歳になる卯年の年男、亀治郎の黒手組助六が才気に溢れ、「こりゃこれ男のしゃっ面をッ」と仇敵、鳥居新左衛門の侮辱に耐えて眉間に皺を寄せる形相に注目したい。歌舞伎十八番の荒事を写実的な世話物に書き直したパロディは、亀治郎の小柄な体格と細密な芸質によく合っており、今後、『鋳掛松《いかけのまつ》』など、河竹黙阿弥が四代目小團次に向けて書いた同様の作品の復活を期待できそうだ。

亀治郎は伯父の猿之助が工夫した演出を受け継ぎ、「忍岡道行の場」で番頭権九郎と牛若伝次を早替わりして観客を大いに楽しませ、最後は助六の「水入り」も付けて奮闘する。「新吉原仲之町の場」に颯爽と登場する助六は、「寄りゃがると叩ッ殺すぞッ」という啖呵が稲妻のように鋭く、亀治郎はちょっと背伸びして精一杯強がってみせている感じが面白い。なお、十八番とは違うので股潜りはやめてもよいだろう。喧嘩早い助六に意見する紀伊国屋文左衛門には愛之助が付き合う。「三浦屋格子先の場」では煙管も下駄も助六を責める小道具になり、亀治郎の助六は次第に堪忍袋を膨らませる感情の高ぶりが手に取るように伝わってくる。

一触即発のところで、助六と新左衛門の間に割って入る七之助の揚巻は、新進気鋭の若女方の美しさがまぶしく光る。十八番の揚巻の豪華な衣裳を着ているが、「世話の助六」ならばもう少し写実で身軽なこしらえにすべきではなかろうか。「裏手の場」で裲襠《うちかけ》の裾に助六を匿って「この五丁町は暗闇じゃぞえ」と勇み立つところはまだ貫禄不足。揚巻に横恋慕する亀鶴の新左衛門は、白塗りの若づくりで助六の恋敵という実感がある。寿猿の白酒売新兵衛、笑三郎の三浦屋女房、春猿の白玉といった澤瀉屋《おもだかや》一門も舞台をしっかり支えている。

その他、亀治郎が昨年の『悪太郎』に続いて猿翁十種を継承する『独楽《こま》』は浅草の正月気分に相応しい。『壺坂霊験記《つぼさかれいげんき》』はいかんせん地味な芝居だが、愛之助の沢市と七之助のお里がいかにも誠実で、お伽話を聞かせるように朗らかに演じているのがよい。

（平成二十三年一月・浅草公会堂）

地獄と極楽の分かれ目

『絵本合法衢《えほんがっぽうがつじ》』

「衢」つまり「辻」とは地獄と極楽の分かれ道。地獄を恐れない人間が殺人鬼と化してうごめく「巷」という意味もある。国立劇場の『絵本合法衢』は、知る人ぞ知る鶴屋南北の傑作を四幕十二場にまとめた奈河彰輔の脚本をさらに練り上げて決定版を目指した。

お家乗っ取りを企み、殺人を重ねて人間らしい感情を失った左枝《さえだ》大学之助。彼の悪事に加担して金をむさぼろうとする立場《たてば》の太平次。武士の虚無感と、町人の生活感。今回、久しぶりに国立劇場に出演する仁左衛門が趣きの異なる悪党二人を巧みに演じ分けて、人を見下す高慢な視線と、卑しい上目づかいを交錯させる。

序幕の「多賀家水門口の場」「鷹野の場」「陣屋の場」は大学之助の見せ場で、花道の引っ込みで、ベロリと赤い舌を出す白塗りの顔が古怪。二幕目「四条河原の場」「今出川道具屋の場」「妙覚寺裏手の場」は太平次の見せ場。二人は決して同時に登場する訳ではないが、大学之助と太平次は相好がよく似ているという設定の通り、仁左衛門という一人の役者の肉体を通して二役が裏表に共謀して悪事を進める実感が面白い。

太平次に惚れている時蔵のうんざりお松は、社会の底辺を這うように暮らす図太い女。朗らかな愛嬌があるので、太平次に虫けらのようにあっけなく殺される死様が哀れ。道具屋での「おはもじながら虱《しらみ》の辻、泣かぬ勤めの蛍茶屋」という強請《ゆすり》の台詞はもう少し奔放であってもよいだろう。「馬の尻尾」といわれる鬘に珍しい青い玉簪《たまかんざし》が怪しく印象に残る。

太平次の粗暴がいよいよエスカレートするのが三幕目で、「倉狩峠《くらがりとうげ》一つ家の場」と「古宮の場」を往復する暗躍が芝居として最大の眼目である。古宮から一つ家へ駆け戻るところは、下座が派手に半鐘を鳴らし、太平次が刀を担いで韋駄天《いだてん》走りで花道を引っ込む。前半はお亀をだまして金を手に入れ「これで締めて百両」とニタリとほくそ笑む表情、後半は「頃も幸い皐月闇、倉狩峠の土、と、なれッ」という怒号がいかにも憎らしい。木戸口に立ちはだかって横見得をきめるところなど、闇夜に浮かび上がる形相が恐ろしく寒気立つ。幕切れ、朝日が差し込み「夏の夜は」で刀を突いて「もう明けるそうな」とうそぶき、首筋の蚊を殺してつまんで捨てる仕種が皮肉で、彼にとっては蚊の命も人の命も同じだったに違いない。囲炉裏の炎がメラメラと燃え上がるのは太平次の欲望そのもの、夏の暑苦しい熱気がこもる名場面に仕上がった。

大学之助に殺される高橋瀬左衛門には段四郎、大学之助を討つ高橋弥十郎には左團次を配して敵討の発端と結末を縁取る。男女蔵の松浦玄蕃や松之助の番頭伝三など悪事に加担する脇役も舞台に陰影をつくる。一方、悪党の犠牲となるのは愛之助の与兵衛と孝太郎のお亀、高麗蔵の孫七と梅枝のお米《よね》という二組の若夫婦。純情可憐な夫婦像がいわば研ぎ澄まされた鏡となって、色恋、金銭、名誉に満たされない悪党のコンプレックスを映し出す。愛之助は単なる二枚目ではなく元武士らしい芯があるので、お亀に泣く泣く別れを告げて切腹し、兄の弥十郎に後事を託する「合法庵室の場」が盛り上がる。他に、太平次の女房お道を吉弥が好演している。

大詰は庵室を引き道具で片づけ、浅葱幕を降りかぶせて「閻魔堂の場」に続く手際がよく、いよいよ大学之助を討ったと思いきや駕籠には誰も居らず、仕損じた弥十郎が切腹と見せかける意外な展開に客席がざわめく。なお、屋外ならば閻魔像は木造ではなく石造にした方がよいだろう。

大学之助と太平次の早替わりはなく、太平次の最期は省いて台詞で暗示するのにとどめたが、彼の活躍に拍手喝采した私たちの心の奥底に潜んで生き続けているかもしれない。

（平成二十三年三月・国立劇場）


（付記）この『絵本合法衢』は初日の三月五日と翌六日に観劇した。その後、東日本大震災が起きて十一日と十二日は休演で、一旦再開したものの十五日からは公演中止となった。被災地の惨状を思うと、芝居見物を楽しめる平穏な日常の有り難さを改めて痛感させられる。なお、「読売新聞」では十四日夕刊に劇評を掲載予定で校正まで終えていたが、震災の特別紙面の為に掲載は見送られた。

東北の被災地を思う

『義経千本桜《よしつねせんぼんざくら》』「狐忠信」

奥州平泉に落ち延びた源義経は、福島生まれの忠臣、佐藤継信と佐藤忠信兄弟の死を悲しみ、かの地で手厚く弔った。福島県飯山市の医王寺には兄弟の墓があり、松尾芭蕉は寺に伝わる義経の遺品に接して「笈《おい》も太刀も皐月に飾れ紙のぼり」という句を詠んだ。明治座の花形歌舞伎、昼の部で上演されている『義経千本桜』の「狐忠信」は、義経の孤独を一匹の子狐に投影したメルヘンだが、それを見ても、やはり東日本大震災の被災地のことを思わざるを得ない。

亀治郎は昨年の自主公演「亀治郎の会」に続いて、早くも、こうして本興行で大勢の観客に見てもらえるのは嬉しいことである。さすがに一ヶ月続くと体力の配分も必要で、亀治郎の源九郎狐はまだ余裕がなく精一杯だが、静御前が初音の鼓を打つと軽快に小躍りする様子や、「申し上ぐる始まり、ハ」と語尾を呑み込む狐言葉がまるで本当の子狐のように可愛らしい。

親狐を亡くした子狐の正体を打ち明け、「元の古巣へ帰りまする」と覚悟して全身を震わせる亀治郎の熱演を見ると、ふと「狐」と「孤」の音読みが同じことに気づかされる。源九郎狐の寂しい気持ちを察した義経に親の形見の初音の鼓を与えられ、「かえすがえすも、嬉しやなあ」と歓声を上げると客席は温かい幸福感に包まれる。今後、亀治郎には「川連法眼館《かわつらほうげん》の場」だけでなく、忠信篇の通し上演はもとより、将来は『千本桜』三役通し上演を目指して欲しいと思う。

貴種流離譚の哀愁を漂わす染五郎の義経、古風な趣きのある門之助の静御前も、宮廷から賜った大切な鼓を手放すことで、さぞ晴れやかな気持ちになったことだろう。今回は、宙乗り狐六方になっても幕を引かず、義経と静は源九郎狐が彼方に消え去るまで見送る。昨年に続いて川連法眼の夫婦は寿猿と吉弥。亀鶴の駿河次郎、弘太郎の亀井六郎がしっかり舞台を支えている。

夜の部『怪談牡丹灯籠《かいだんぼたんどうろう》』は大西信行の脚本で、「えェ毎夜、毎夜」とおもむろに怪談を話し始める勘太郎の三遊亭円朝が真に迫る。染五郎の萩原新三郎と伴蔵、七之助のお露とお峰、それぞれ二役を兼ねる顔合わせが清新。貧しさから這い上がる伴蔵お峰の夫婦像をさらりと自然体で演じるが、もう少し愚かしく卑しく人間の業を描きたい。亀鶴の宮野辺源次郎との零落ぶりも印象に残る。

めっきり役者ぶりが大きくなった勘太郎は『封印切』の忠兵衛で上方和事を学び、『高杯《たかつき》』の次郎冠者では父祖譲りの愛嬌を振りまき、軽快な足拍子で沈んだ心も浮き立たせてくれる。宗之助の太郎冠者もほのぼのとした芸風が狂言舞踊によく似合う。

明治座で十六年ぶりの歌舞伎が成功して「花形歌舞伎」として定着することに期待したい。

（平成二十三年五月・明治座）

コクーン歌舞伎の世代交代

『盟三五大切《かみかけてさんごたいせつ》』

たとえ忠義の「敵討ち」であっても、怨恨による殺人に他ならない。

狂言作者の鶴屋南北は人間の理性と本能を表裏一体に猟奇的な「忠臣蔵外伝」を書いた。『盟三五大切』は『四谷怪談』の後日談でもあり、南北は幽霊よりも恐ろしい人間の深奥に迫る。

串田和美の新演出で様式的な型から解放された歌舞伎役者が、主役も脇役も生き生きと演じてきたコクーン歌舞伎。今回はチェロの生演奏を加えて幻想性を高め、登場人物の悲痛な心の叫び声を聞かせる。惨劇を目の当たりにする私たちにとってはレクイエムにも聞こえる。

今回、勘三郎に代わって座頭役を任された橋之助の薩摩源五兵衛の安定感、菊之助の小万の清潔感、勘太郎の三五郎の躍動感、釣り合いのよい三角関係が世代交代を印象づけた。

橋之助の源五兵衛は、芸者の小万に振られて偏執狂と化すまで、いかにも愚かしい自惚れ男に役づくる。本来は「薩摩」という苗字が意味するように野暮な田舎侍のはずだが、橋之助は源五兵衛の質実剛健な人柄にはまって、白塗りにしても単なる色悪にはならない。「四谷鬼横町の場」で惨殺した小万の首を抱え、「げに定めなき浮世かな」とうそぶいても動揺を隠せず、いつもは花道を淡々と引っ込むところ、舞台に本水をたっぷり降らせ、ずぶ濡れになった惨めな姿で客席を一巡りする。ようやく「愛染院門前の場」にたどり着いて飯を食らう不気味な場面は、土瓶を高々と持ち上げて茶を飲もうとしても手の震えが止まらない様子など、源五兵衛の放心状態を細やかに描いた工夫が真に迫って恐ろしい。

しかも、幕切れの義士の出迎えを省いたので、源五兵衛実ハ不破数右衛門の忠義は貫徹せず、心晴れぬまままさまよい続けることになる。今回の串田演出は、紗幕を下ろして五人切の装置を象徴的に再現して、これから何が起きるかも知らず、楽しく暮らしている私たちの日常生活を描く。そもそも、一連の出来事は源五兵衛にとっては全くの悪夢で、運命に翻弄される人間の危うさについて感傷的な思いにひたる新しい幕切れになった。

コクーン歌舞伎に初参加の菊之助の小万は、嘘と誠の間で揺れる女心を写実に描きながら、女方芸としてぎりぎり羽目をはずさないのがよい。小万が惚れ込む勘太郎の三五郎は、江戸前の船頭らしい切れ味で若い激情をほとばしらせる。いとしそうに赤子を抱くところなど、二人とも悪党になりきれない若い夫婦像にどこか親しみがある。

小万の兄で家主の弥助は弥十郎、三五郎の父、僧の了心は笹野高史だが、配役を逆にすればもっと発散できただろう。他に、蝶紫の太鼓持ちの虎蔵が出色の面白さで、こうした脇役の意外な素質が明らかになるのはコクーン歌舞伎ならではの掘り出しものである。

（平成二十三年六月・シアターコクーン）

恵みの雨

井上ひさし＝作『雨』

昨年、井上ひさしが亡くなってもう一年が過ぎたが、もし健在であったなら、山形生まれの東北人として今回の東日本大震災にどのような発言をし、どのような復興支援をしただろうか。あの世から忸怩《じくじ》たる思いで日本の行く末を見つめているに違いない。

先月、シアターコクーンで上演された『たいこどんどん』では、蜷川幸雄の演出で幕切れに大津波が人々の暮らしを呑み込む場面を付け加えたが、これは全く時期尚早というべきで、余りにも生々しい「現実」の記憶によって、舞台上の「虚構」が一気に吹き飛ばされてしまった。

新国立劇場で上演されている『雨』もやはり東北が舞台になっている。『雨』という題名にはいろいろな解釈があるだろうが、都市では迷惑でしかない雨も、田舎では大地に恵みをもたらすもので、百姓たちが紅花の成長を願う雨乞いの場面が象徴的である。江戸の屑拾いの徳という若者が、山形で自分に瓜二つの紅花問屋の主人、紅屋喜左衛門になりすます物語である。

演出の栗山民也はさすがに井上作品の雰囲気をよくつかみ、作者が単身上京して故郷を思い出しながら書いたであろうユーモアとペーソスを醸し出している。装置はいたってシンプルで、大きな柱を組み合わせた装置を廻り舞台に乗せ、両国橋の橋下、街道の峠の茶屋、紅花問屋の店先など、巧みに様々な風景に変化させていく。衣裳も渋い色調に抑えられているので、店先に盛られた紅花や、幕切れで舞台一面に広がる紅花畑を見せる趣向が目にも鮮やかに映り、悲劇とはいっても雨上がりの爽やかなあと味で劇場を出ることができる。

初演の徳は名古屋章、喜左衛門の妻のおたかは木の実ナナだったというから、亀治郎と永作博美という若い配役はいささか心細い。しかし、亀治郎の徳は二幕十一場を一目散に駆け抜け、真剣に熱演すればするほどに滑稽に思われる役づくりに成功した。〽羽前平畠《うぜんひらはた》、紅屋の娘、夕日さすよな眉目《みめ》のよさ」云々と歌い踊るところで流し目をしたり、芸者の花虫を殺して逃げ去る体の震えなど、歌舞伎役者ならではの芸もしっかり取り入れている。徳は「俺のしゃべる平畠弁には他人を動かす力がある」という言葉の威力を知り、「平畠中の紅花畑がたった一匹の大きな生き物なんだよ」と百姓の畑仕事の面白さに夢中になる。しかし、落ちた五寸釘を拾う癖がいつまでも抜けない徳は、新しい人生をやり直したいと熱望する余り、自分の正体を暴こうとする人々を殺してしまう。亀治郎は理知的にすぎるところがあり、やむにやまれぬ衝動殺人だということをもう少し強調した方がよいだろう。

紅花問屋を守る女主人おたかを演じる永作は、どこからが嘘でどこまでが誠なのか、性根の底を割らずに徳もろともに観客をだましおおせる。「お変わりなしで、えがったなし」という徳への挨拶に始まり、作者がこだわって丁寧に書き込んだ山形の方言を達者に使いこなす。寝所で「えづものようにすてッ」と叫ぶあたりも面白い。そして、最後の「総仕上げ」といわれる場面、おたかは冷酷なまでに彼女の意志を貫徹して、徳の亡骸《なきがら》を抱いても涙一滴流さないが、「あんだは、徳と言《ゆ》って居《え》だったね」という一言に万感を込める。

二人を取り囲む脇役が充実しており、芸者の花虫を演じる梅沢昌代は井上作品には欠かせない女優。徳を強請《ゆす》る女方崩れの釜六には山西惇、天狗問答をけしかける山伏には酒向芳、それぞれ強烈な個性を発揮して芝居を盛り上げる。そして、作者の指定通り、江戸で群衆の中から徳を見出す親孝行屋と、幕切れで検屍役の到着を告げる藩士をたかお鷹が二役兼ねて、人々を支配する「政治」というものの不気味さを際立たせている。

(平成二十三年六月・新国立劇場)

澤瀉屋一門の再結集

『當世流小栗判官《とうりゅうおぐりはんがん》』

亀治郎の四代目猿之助襲名が発表され、同時に当代猿之助の息子の香川照之が九代目中車、孫が五代目團子の名跡を受け継ぎ、長く断絶していた父と子が関係を修復したことが世間の話題になっている。猿之助は二代目猿翁を名乗るらしい。来年は二月の勘九郎襲名、六月の猿之助襲名と続けて、松竹も新しい歌舞伎座が完成するまで観客を呼び込む話題づくりに余念がない。

今月の新橋演舞場の花形歌舞伎は、夜の部の『當世流小栗判官』で襲名に向けて走り出した亀治郎の意気込みを目の当たりにできる。今年正月は浅草公会堂の『黒手組助六《くろてぐみのすけろく》』、二月はル・テアトル銀座の『お染の七役』を成功させ、いよいよ気力も体力も充実してきた亀治郎の活躍は目覚ましく、猿之助は「猿之助歌舞伎」の継承者として白羽の矢を立てたのだろう。

前回の『小栗判官』は、右近の小栗判官兼氏、段治郎の浪七実ハ美戸小次郎、春猿のお駒で分担したが、今回は亀治郎がその三役を兼ねる奮闘が見ものである。亀治郎は猿之助の小栗を相手にお駒を演じたことがあり、小栗も若々しい二枚目ぶりに猿之助とは一味違う魅力がある。

序幕の「横山大膳館の場」で亀治郎の小栗が花道に登場すると、襲名への期待を込めた温かい拍手で迎え入れられる。足取りも軽やかに紅白梅を飾った烏帽子がよく似合う。人を喰う荒馬、鬼鹿毛《おにかげ》の手綱《たづな》を操る息遣いは、義太夫のリズム感を大切に台詞と所作を練り上げ、大膳から碁盤乗りを請われて、「乗り損じなば」と大きく張って「御免なれ」と砕ける愛嬌も心憎い。大膳は段四郎の休演で猿弥が代役を立派に勤めている。

二幕目「堅田浦浪七住家の場」の漁師の浪七は、他の二役に比べると小柄な亀治郎には不向きな役どころだが、精一杯に熱演して貫禄の不足を補っている。口をへの字にするような猿之助の癖ともども独特の漁師言葉をよく学んでいる。岩場で腹を切って血を流す壮絶な最期は、「南無帰命頂礼《きみようちようらい》、舟を水際《みぎわ》へ戻させ給えッ」と激しく身を震わせ、照手姫を見送って浪七が手を合わせる幕切れまでテンションを高めていくのが猿之助歌舞伎の醍醐味である。この浪七がここまで演じられるならば、『千本桜』の「碇知盛」も射程距離に入るだろう。

亀治郎の浪七の熱演を支えるのが右近の鬼瓦の胴八と猿弥の四郎蔵の名コンビで、上方弁でチャリ場を盛り上げる。矢橋の橋蔵には獅童が客演して持ち前の愛嬌で大いに笑わせてくれる。

ヒロインの照手姫はすっかり笑也の持ち役になり、姫君の初々しい表現がわざとらしくなく、どこか頼りなさそうに見える線の細い輪郭は女方として貴重である。相手役が猿之助から亀治郎へ、三回り三十六歳若返っても決して見劣りしないのには驚く。なお、観客に受けてはいるが、胴八に脅されて「あれェ」という叫び声をわざと小さく言い直すのはやめた方がよい。

第三幕「青墓宿《あおはかのしゅく》」は「宝光院門前の場」を付けた三場構成で、お駒が小栗に一目惚れする場面を早替わりで見せる。「万福長者奥座敷の場」のお駒の嫉妬事は、振袖を握った手をわなわなと震わせ、「あの、照ゥ手ェ姫ッ」と歯を食いしばる形相が凄まじい。亀治郎のお駒はまるで生きながら怨霊と化するかのようで、説経節として語られた小栗判官の宗教世界に私たちを誘う。笑三郎のお槙は亀治郎のお駒とは母娘の釣り合いがよい。なお、母に討たれて生首になったお駒の恨みを録音で聞かせるならば、亀治郎もう一役の小栗は裏向きに顔を隠した方がよいだろう。

三幕八場を飽きさせずに楽しませようと脚本を刈り込み、いざりとなった小栗の台車を引く照手姫の道行も簡略化したのはやむを得まい。「熊野国湯の峯の場」に愛之助の遊行上人が登場すると舞台が華やぎ、小栗と照手姫の白馬の宙乗りから「華厳の滝の場」へは道具幕でつなぐ。幕切れに大量の雪を振り落とす演出も今では珍しくないが、確かこの芝居で猿之助が始めた工夫であった。

猿之助の創造理念を共有している澤瀉屋《おもだかや》一門が再結集して、是非、「猿之助四十八撰」という財産を大切に継承していって欲しい。

（平成二十三年十月・新橋演舞場）

馬琴の反骨精神

『開幕驚奇復讐譚《かいまくきょうきあだうちものがたり》』

国立劇場の『開幕驚奇復讐譚』は、曲亭馬琴の長編読本《よみほん》『開巻驚奇俠客伝』から借りてきた個性豊かな登場人物が活躍する。知る人ぞ知る古典を分かりやすく視覚化して今日に紹介するのも歌舞伎という一つの媒体《メディア》の役割になっていくかもしれない。『俠客伝』の脚色としては河竹黙阿弥の『菖蒲太刀対俠客《しょうぶだちついのきょうかく》』があり、本来はそちらを翻刻して復活通し上演するのが国立劇場の仕事だろうが、今回は敢えて全く新しい脚本を書き下ろした。

南北朝の動乱の後、不遇をかこつ南朝の遺臣が君父の恨みを晴らさんと足利幕府に挑む。新田義貞の子孫の小六《ころく》は松緑、楠正成の子孫の姑摩姫《こまひめ》は菊之助。小六が物語を首尾一貫させたのに対して、姑摩姫の出番が少ないのは惜しい。この二人の物語を綯い交ぜにした馬琴の原作は未完のまま終わったが、今回の芝居では姑摩姫と小六が手を取り合ってめでたく大団円を迎える。

発端の「新田貞方討死の場」は、金閣寺を建てて悦に入る足利義満が南朝の残党狩りを命じ、義貞の子の新田貞方が藤白安同という郷士にだまし討ちにされる。暗闇に首だけ見せるのが印象的で、それが小六の夢であったという趣向ならば、もっとスピーディーに場面転換した方がよい。序幕の「箱根賽の河原の場」「底倉温泉藤白家浴館の場」で小六は父の仇敵の安同を討ち、安同の妻の長総《ながふさ》と若党の褄笠小夜二郎《つまがささよじろう》が新田の系図を持って逃げ去る。

二幕目の「吉野山中の場」は装置も衣裳も新演出の異空間。菊之助の姑摩姫は男女見紛う美貌が魅惑的で、淑やかな「柔」と勇ましい「剛」が混然一体となって立ち上がる。「善を助けてよく悪を除き、順逆の理を正すべし」と意気込む姑摩姫に、菊五郎扮する仙女の九六媛《くろひめ》が飛行之術《ひぎょうのじゅつ》を伝授する。白狼に乗る宙乗りは歌舞伎の初心者にとって楽しい体験になるだろう。

前半は奇をてらった演出に目移りしてしまうが、後半の世話場に菊五郎劇団の本領があり、菊五郎の木綿張荷二郎《ゆうばりにじろう》の悪党ぶりを楽しみたい。三幕目「上多気宿街道筋の場《かみたげのしゅく》」で長総と小夜二郎をだますのは『千本桜』のいがみの権太と同じだが、今回の芝居はもう少し手が込んでいて、「飼坂峠の場《かいさかとうげ》」で祠《ほこら》から登場する荷二郎は小夜二郎を惨殺して長総を自分のものにしてしまう。時蔵の長総は武家の妻が盗賊の女房おふさに収まるまで、不倫や殺人を犯して堕落していく過程が艶やかで、劇中、この悪女が最も生き生きと描かれている。

菊之助が二役兼ねる小夜二郎と姑摩姫は双子の兄妹であったという設定で、四幕目「千剣破村《ちはやむら》荷二郎内の場」で、実は楠家の旧臣であった荷二郎が小夜二郎を殺したことを後悔する。荷二郎という悪党をここまで膨らませるのであれば、たとえば、荷二郎が姑摩姫の屋敷に盗みに入る場面を付け加えて、菊之助の姑摩姫と対面させれば、主筋と副筋をしっかり絡み合わせることができただろう。その他、荷二郎の子分の亀三郎の野狐銀次と松也の小狸金太の野性がきらりと光り、小六に従う梅枝の野上復市《またいち》が初々しい若衆役で、荷二郎と復市の意外な関係も複雑に絡む。

大詰の「北山殿金閣の場」には権力悪を象徴する田之助の義満が登場し、姑摩姫の術によってあっけなく息絶える。大御所の暗殺という大胆なフィクションを描くことで、歴史の敗者の名誉を回復しようとした馬琴の反骨精神を目の当たりに体感したい。足利将軍を徳川将軍にたとえた江戸時代ではとうてい上演が許されなかった禁断の場面である。なお、菊之助の姑摩姫は小柄《こづか》を投げて義満を討つが、原作では足利尊氏が朝廷に向けて放った反逆の矢を射返すところに意味があり、折角ならば、姫が強弓を構える凛々しい絵姿を見たかった。

幕切れ、菊五郎が斯波《しば》義将という捌役《さばきやく》で登場して、なおも勇み立つ姑摩姫に時節を待つよう説くが、原作に従って一休禅師を登場させたら面白かっただろう。

（平成二十三年十月・国立劇場）

明るく健やかな作風

山本むつみ＝作『明治おばけ暦《ごよみ》』

前進座創立八十周年記念の『明治おばけ暦』を見た。

「おばけ暦」とは明治政府が陰暦から太陽暦への切り替えたあとも、密かに民間で使い続けられた暦のことで、突然の布告によって、明治五年十二月三日が明治六年一月一日となった騒動を描く。明治維新で何が変わり、何が変わらなかったのか。単なるエピソードの紹介にとどまらず、「お上《かみ》の勝手な決めごとで、どれだけの人が苦しんでいるかッ」という一般民衆の政治に対する批判精神を交えながらも、飽くまでも観客を楽しませる上質な喜劇に仕上がっている。

ジャズトランペットの響きでミュージカル風に軽快に幕が開くと、浮かれ気分で登場するのは暦問屋の角屋栄太郎。商売に身が入らず芝居小屋に出入りする若旦那を芳三郎が明朗快活な人物に役づくりしている。旧暦の吉凶や方位が迷信だと否定されて廃業の危機を迎えるが、隣家の御家人の娘、千代への恋心も交えながら、商魂たくましくおばけ暦を売り捌き、時代の波を乗り越えて一人の若者が大人に成長していく物語になっている。

「新富町守田座舞台の場」には「ざんぎりお富」の強請場《ゆすりば》が組み込まれ、後に河竹黙阿弥を名乗る狂言作者の河竹新七が登場する。前進座ならばもう少し本格的な劇中劇を見せるべきところ、若い座員たちには歌舞伎の経験が不足している。国太郎の新七は珍しい立役でしゃなりしゃなりとした文人風。「作者部屋の場」には座元の守田勘弥の役で梅之助が登場して舞台に箔を付ける。

「築地ホテル館焼け跡の場」は、栄太郎が新七の知恵を借りて一夜限りの茶番劇を繰り広げ、参議の大隈重信に異議を申し立てる趣向で、『河内山《こうちやま》』の「悪に強きは善にも」とか、『鋳掛松《いかけのまつ》』の「あれも一生これも一生」など黙阿弥作品の名台詞をつなぎ合わせたが、クライマックスとしてはドタバタ劇に終わってしまった。むしろ、たとえば『魚屋宗五郎』の設定を借りて、栄太郎が大隈邸に単身乗り込んで庭先で直訴した方が素直ではなかろうか。圭史の大隈の存在感が圧倒的で、「見送り無用ッ」と一喝して花道を引っ込むところなど舞台の空気がきりりと引き締まる。

最後の「浅草奥山の場」は明治十四年、栄太郎と新七の会話で「急ぎ普請のツケが回って、また戦《いくさ》にならなきゃいいが」という台詞は日清戦争に向かう軍国化を予言している訳だが、平成の今日に向けたメッセージとも受け取れる。栄太郎の父の徳右衛門には津田恵一、盗人上がりの常吉には辰三郎、御家人の佐野源左衛門には志村智雄といった前進座のベテランが脇を固め、車夫の上滝啓太郎、鳶の石田聡といった若手は一人何役も兼ねて健闘している。

作者の山本むつみは、昨年、水木しげる夫婦の半生を描いたNHKの連続テレビ小説『ゲゲゲの女房』をヒットさせた脚本家で、明るく健やかな作風の劇作家の誕生を祝いつつ、久しぶりに晴れ晴れとした気持ちで劇場をあとにすることができた。

（平成二十三年十月・前進座劇場）

少女から大人へ

『京鹿子娘道成寺《きょうがのこむすめどうじょうじ》』

今月、新橋演舞場で菊之助が踊る『京鹿子娘道成寺』は、幕開きに大太鼓と能管の荘重な調べに重ねてチリリンと鈴を鳴らす軽やかな下座の響きがいかにも似つかわしい。菊之助は所作板の上で舞い踊ることを心から楽しんでいるかのようで、健やかで朗らかな舞ぶりを見て私たち観客も思わず幸福な気分になる。繰り返し稽古を重ねて鍛えられた身体は重心がぶれることなく、その上で、一人の少女が恋を知り、恋に苦しみ、次第に大人に成長していく物語として『娘道成寺』を豊かに表現する。それはそのまま菊之助が若女方から立女方《たておやま》に向けて成長していく過程でもあるだろう。

これまで菊之助は玉三郎との『娘二人道成寺』を繰り返し踊ってきたが、一人立ちで「道行」を付けた本格的な上演は今回が初めてで、〽しどけなり振り、ああ恥ずかしや」という踊り始めも何やら嬉しそうで、〽縁を結ぶの神ならで」と鼻先で手を合わせて祈る娘姿が可愛らしい。

紅白の横断幕を上げると、新調と思しき衣裳の真紅が目にも鮮やか。「中啓の舞」は立女方の貫禄とは違って、金の烏帽子を無理やり被らされてしまった緊張感がある。〽真如の月を眺め明かさん」で烏帽子を捧げ持つきまりは無事に一段舞い終えて安心した表情が清々しい。〽言わず語らぬわが心」で自由に解き放たれ、〽どうでも男は悪性者《あくしょもの》」の前に足を滑らせるあたり、少女がちょっとすねる顔を写している。菊之助の『娘道成寺』の特徴がよく出ているのが「鞠唄」で、ともすると屈んだまま舞台を一巡りする体力に注目してしまいがちだが、少女が夢中になって鞠を突く遊び心が楽しく、囃子に合わせてしなやかに全身を弾ませる。〽張りと意気地の吉原」の廓尽くしは、ちょっと背伸びして花魁《おいらん》の真似事をしているような感じが面白い。

〽恋の手習い」からはすっかり背丈も伸びて、うつむき加減の顔がしっとりとした質感を帯びる。〽誰に見しょとて紅かねつきょぞ」の仕種は、恋する少女が生まれて初めて化粧をして、鏡に映った自分の顔に恍惚としているかのようだ。〽誓紙さえ偽りか」で袖越しに恋人を見つめるまなざしが艶めかしく、弓なりに身を反らす後ろ姿など一つ一つポーズをきめながら観客を陶酔させていく。

さすがにここまでで力尽きたのか、「山尽くし」は羯鼓の撥捌《ばち》きが勢い余って忙しくなってしまったのは残念で、もっと振りを大きくゆったり構えるように心がけたい。「手踊り」の衣裳は紫地に細かい鹿子絞りに好みの錦織の帯がよく似合い、鈴太鼓を鳴らしながら帯も引き抜くのが音羽屋の型。しかし、幕切れの帯を市松模様にすると鱗《うろこ》模様の振袖との釣り合いがよくない。

今月は梅幸の十七回忌、二代目松緑の二十三回忌の追善と銘打った顔見世で、菊五郎は『髪結新三』で、左團次の源七、三津五郎の家主を相手に当たり役の完成度を高めた。菊之助の勝奴が精悍で、菊十郎の鰹売りが元気な呼び声を聞かせる。『外郎売《ういろううり》』では松緑の曾我五郎が猛々しく、劇中の追善口上では亡き松助の七回忌に言及し、松也を十郎に抜擢した心遣いが嬉しい。子々孫々、菊五郎劇団の繁栄ぶりに梅幸も松緑も喜んでいることだろう。

（平成二十三年十一月・新橋演舞場）

近松のヒューマニズム

『曾根崎心中《そねざきしんじゅう》』

昭和から平成にかけて藤十郎が演じ続ける『曾根崎心中』の遊女お初。

徳兵衛との恋に人生を燃やす激しさだけでなく、藤十郎はこれまで以上に優しい包容力を増して、国立劇場のどこか冷静な客席がたちまち温かくなる。傘寿を迎えても艶やかな色気は全く衰えず、富十郎と芝翫亡きあと、現役最長老となった藤十郎にはくれぐれも健康を大切に活躍して欲しい。
今回、国立劇場では初めての上演で、この広い劇場空間で改めて見直してみると、宇野信夫の補綴《ほてつ》と演出は古典と一味違う「新演出」で、「生玉神社境内の場」の群衆の動きや、「北野新地天満屋の場」の暗い照明などすこぶる写実的である。当時のスタッフが元禄歌舞伎を復活しようとした意欲を改めて感じさせられる。

翫雀の徳兵衛には嫌味がないので、悪友を信じて金を貸してしまう純朴な人柄が伝わる。若旦那育ちではなく醤油屋の丁稚上がりという実感もある。「三途の川は急《せ》く人も急かる人もござんすまい」と言うお初の手を取り、顔を寄せて小さくうなずき合うところなど、大人になりきれない男の幼児性が面白い。かつて二十一歳でこの役を初演した翫雀も、今や五十二歳で二十五歳の若者を演じて、父の藤十郎との組み合わせにも全く違和感はなくなった。

彼をあらぬ罪に陥れる亀鶴の油屋九平次は、生き馬の目を抜く冷酷な商人像に、お初に横恋慕する男の卑しく愚かな本性を滲ませる。「末は獄門に掛かるやっちゃ」と凄み、「ほな、行こか」と軽く言い捨てる変化をいかにも憎らしく工夫した。天満屋からお初と徳兵衛が逃げ出したあと、お初の部屋に抜き足差し足で忍び込もうとするところも寒々しく殺気立つ。嘘の多い遊女に「誠」があり、誠を守る商人に「嘘」があるという逆説が近松のヒューマニズムである。

いわば社会の底辺、天満屋の縁の下に身を潜めた徳兵衛がお初の足をかき抱き、死ぬ覚悟を伝える名場面は、絶望の淵から神仏の救いを求めて天を仰ぐお初の涙目が清らか。「頼もしだてが身の仇で、誰やらにッ、だまされさんしたものであろう」と九平次に歯向かう台詞は、お初にとって精一杯の抵抗で、近松以後の作品とは違って遊女の気持ちを率直に表現している。竹三郎の平野屋久右衛門が切れ味よく九平次を懲らしめ、寿治郎の下女お玉もすっかり持ち役になった。

遊女にとっての「廓」は、人それぞれの不安と苦痛に満ちた現代社会の縮図である。あの東日本大震災に見舞われてからというもの、何か、私たちはそこから逃れられない堀割に囲われているような閉塞感を覚えている。そんな心境の変化があったこともあるのだろうか、すっかり見慣れたはずのこの近松の心中劇に今までとは違う新しい感動を受けた。

〽この世の名残り、夜も名残り。死にに行く身をたとうれば、あだしが原の道の霜」という名詞章に導かれてあの世へ旅立つお初と徳兵衛の心中劇は、いわば私たちの身替わりとなって汚れた世俗から抜け出す犠牲死なのかもしれない。藤十郎と翫雀は何回演じても型にはまらず、お初と徳兵衛の気持ちを研ぎ澄まして、青白く照らされる「曾根崎の森の場」はまるで鏡面のようになって私たちのその時々の心境をありのままに映し出す。

もう一つ『日本振袖始《にほんふりそではじめ》』もやはり近松の作品で、梅玉の素戔嗚尊《すさのおのみこと》と魁春の八岐大蛇《やまたのおろち》による神話劇で、今回は素戔嗚が出雲国を訪れて稲田姫と出会う場面を復活した。魁春の岩屋姫実ハ八岐大蛇の扇捌きが古風で、木像を荒々しく彫刻するかのように力強い。抜擢によく応えた梅丸の稲田姫がふわりと可憐な花を添える。

（平成二十三年十一月・国立劇場）

「待ってました」

『お祭り』

勘三郎が平成中村座で舞台復帰する『お祭り』。東京では一年半ぶりで、勘三郎が休演していた間、今日の歌舞伎にとって彼の存在がいかに大きいかを痛感させられた。

〽申酉《さるとり》の花も盛りの暑さにも」という清元延寿太夫の語り出しを聞くだけで、御当地の浅草ならではのお祭り気分が盛り上がる。平成中村座には本格的なセリがあり、祭囃子で勘三郎の鳶頭が正面に姿を見せると、客席は感極まって万雷の拍手が沸き起こる。〽言わずと知れし、お祭りの」で上手下手に酔態の千鳥足でふらりふらりと歩み出て、〽頭《かしら》、頭と立てられて」でお辞儀する照れ臭そうな表情や、「待ってました」との掛け声に応えて「ま、聞いておくんねえなァ、よォ」とちょっと舌足らずな口跡など先代によく似てきた。

〽初の一座の連れの内、面白そうな口合いに」で女に見惚れるところ、懐から出した手をあごに当てた立ち姿にはしっとりした憂いが漂う。まだ完全に復調した訳ではなさそうだが、〽その時あいつが口癖に」など、男女の仲を語って踊り込む内に表情に生気がよみがえる。清元の詞章も浮かれていて、〽お客が三人、庄屋ぽんぽん、狐拳《きつねけん》」というおどけや、〽とぼけた色ではないかいな」と手拭いを肩に掛けたきまりなど役者ぶりに思わず見惚れてしまう。

片肌脱いで紅葉散らしの刺青《いれずみ》を見せて威勢を張る立廻りでは、鳶の若い者を相手にフッと肩の力を抜くところにいなせな男の色気が立ち上がる。幕切れは平成中村座ならでは、背景の書割りを開いて後ろの隅田川沿いの景色を見せるのが趣向で、〽よォいよォい、よんやなァ」という木遣唄《きやりうた》とともに勘三郎は上機嫌で花道を入る。大勢の若い者の中では、いてうの動きに気合が入っている。

今月は仁左衛門が友情出演し、昼の部は『千本桜』の「碇知盛」、夜の部は『沼津』の十兵衛で勘三郎の平作と共演する。歌舞伎座の建て替えの期間を埋め合わせるかのように、これから来年の五月まで、平成中村座の連続興行で一体どんな芝居体験をさせてくれるだろうか。

（平成二十三年十一月・平成中村座）

いぶし銀の声音

『元禄忠臣蔵』「御浜御殿綱豊卿《おはまごてんつなとよきょう》」「大石最後の一日」

様々な人生の葛藤を描く真山青果の新歌舞伎。吉右衛門が『元禄忠臣蔵』の徳川綱豊と大石内蔵助の二役でいぶし銀の渋い声音を響かす。

「御浜御殿綱豊卿」は綱豊が催す園遊会に、吉良上野介の面相を確かめようと赤穂浪士の富森助右衛門が忍び込む。一方、浅野家再興の上申をすべきかどうか思い悩む綱豊は、新井勘解由《かげゆ》から示唆を受け、助右衛門との会話を通して浪士たちの討ち入りを確信する。「御座の間」で脇息《きょうそく》にもたれる吉右衛門の綱豊には、甲府宰相、後に六代将軍家宣となるべき器量の大きさがあり、助右衛門の反抗的な態度に腹を立て、あれこれ問い詰めながらも決して神経質にならない。結局、助右衛門は綱豊の手のひらの上で弄《もてあそ》ばれる訳だが、綱豊の態度が嫌味に感じられないのは、「武士相身互いの情というものだ」などというあたり、自分自身に言い聞かせるような含蓄があるからだろう。

歌昇改め又五郎の助右衛門は捨て身の熱演で、浪士の艱難辛苦を体現。綱豊に図星される通り眼光鋭く飢えた痩せ浪人の殺気を漂わせる。初役とは思えない出来栄えで、襲名を経て役者ぶりが一回り大きくなった。梅玉の勘解由は淡々とした芸風がいかにも学者らしい。

冒頭の「松の茶屋」は、魁春の江島と芝雀のお喜世、実力派の女方二人が元禄風の大柄な衣裳を来て居並ぶと舞台が華やぎ、いかにも意地悪そうな上臈、歌江の浦尾も含めて豪華な配役になった。玉太郎の伊勢詣での子供が芸達者でほほえましい。

それから一年後、敵討ちを終えて細川屋敷で幕府の裁きを待つ「大石最後の一日」。

吉右衛門の大石がいかにも自然体で、幕切れの「これで初一念が届きました」という名台詞も派手に歌い上げず、ずっしり肚《はら》の据わった花道引っ込みの芸になった。昭和の新歌舞伎も歌舞伎役者が演じれば紛れもなく歌舞伎なのだということを改めて納得する。

大石が面会を許す磯貝十郎左衛門には錦之助、許嫁《いいなずけ》のおみのには芝雀。いずれも清潔感漂う当たり役で、かたくなな忠義を氷解させて人間らしく温かい涙を流す。切腹の座に向かう磯貝が月代《さかやき》を剃ったという解釈でむしりの鬘を替えるのは錦之助の独自の工夫らしい。たとえ討ち入りの策略であったとしても、愛し合う若い男女を引き裂く非情な運命。この場面が初演された昭和九年は、その前年に日本が国際連盟から脱退して戦争の深みにはまっていった時代で、幕切れで死に旅立つ男たちを見送る客席にはもっと緊迫したリアリティがあったのではないだろうか。

歌六の堀内伝右衛門が情に厚く、おみのの父の失望と歓喜を目に浮かぶように語り聞かせる。大石と対面する鷹之資の細川内記が健やかで、子役を卒業してすっかり少年らしくなった。

冒頭、梅玉の浅野内匠頭、歌六の多門《おかど》伝八郎、新歌昇の片岡源右衛門という配役の「江戸城の刃傷」も付くが、『元禄忠臣蔵』は五年前に通し上演したばかり。国立劇場の演目選定はもう少し中長期的でありたい。

（平成二十三年十二月・国立劇場）

虚無感を漂わす幸四郎

『三人吉三巴白浪《さんにんきちさともえしらなみ》』

いかに人間は非力で矮小な存在か。河竹黙阿弥が因果応報という摂理を描いた『三人吉三巴白浪』。

正月の国立劇場は幸四郎の和尚吉三が傑出して、福助のお嬢吉三と染五郎のお坊吉三を相手にアウトローの寒々しい虚無感を漂わす二等辺三角形の配役になった。

父の土左衛門伝吉が犯した悪事の報いに恐れおののく和尚は、幸四郎ならでは、孤独な男の悲劇性を高めている。幸四郎の世話物の中では最も似合っている役といえるだろう。錦吾の伝吉にも人生経験豊かな厚みがあり、額に傷ある表情が複雑な陰影に富み、「割下水伝吉内の場」では長火鉢の傍らにでんと構えて幸四郎の和尚の芝居をしかと受けとめる。単なる脇役に収まらない錦吾の存在感はいよいよ貴重になっている。売り言葉に買い言葉、伝吉が「来てくれぬ方が孝行だ」と突き放し、和尚が「首にならにゃあ会わねえよ」と強がり、心ならずも喧嘩別れしてしまう父と息子の会話にちょっとしんみりさせられる。

いつもは若手が勤める双子の妹弟、おとせと十三郎に中堅の高麗蔵と友右衛門を配したので、和尚が彼らを犠牲にする「巣鴨吉祥院の場」も見応えがある。裏手の墓地の暗闇で、ぶち柄の衣裳で犬のように這いつくばって死水を飲む二人の哀れな姿を目の当たりにすると、和尚が出刃包丁を振りかざして因縁を絶とうとする血を吐くような思いが真実味を帯びる。「気も違わねば二人を、生けておかれぬその仔細」云々と打ち明ける台詞が涙声になるところが幸四郎らしい。なお、二人が飲んだ死水の残りを和尚が飲む必要はないだろう。

福助のお嬢は声も鋭く顔も険しく、真女方《まおんながた》にしては大胆不敵な役づくりで気性を荒立てる。「大川端庚申塚の場」でおとせから百両を奪うところ、普通は「その人魂《ひとだま》よりこの金霊《かねだま》ッ」などという捨て台詞で間髪入れずにおとせを蹴落とすのだが、今回は、おとせにすがりついて後ろ向きに座り込み、おとせに「ただ世の中に怖いのは、人が怖うござりますッ」という原作通りの台詞を言わせる。そして、お嬢は「ほんに、そうでござりますなあ」と応じながら胸元にヌッと手を伸ばし、財布を抜き取ると、おとせと入れ替わりに正面を向いて「何ともしねえッ、貰うのさ」と凄む。これはコクーン歌舞伎で工夫した型の逆輸入なのだろう。もし、独自の型として練り上げるのであれば、くれぐれも女方としての美貌と愛嬌を損なわぬよう注意したい。

一方、染五郎のお坊は台詞廻しが鷹揚で、立ち居振る舞いにも余裕がある。悪党ながら仇名の通り坊ちゃん育ちらしく、大川端で「駕籠に揺られてとろとろと一杯機嫌の初夢に、金と聞いちゃあ見逃せねえ」とつぶやくあたり、薄紫の小豆色の着付も似合って夢見心地の風情が漂う。吉祥院に向かう花道の出の「天高しといえど背をくぐめ、地厚しといえど荒く踏まず」という嘆息は吐く息が白く曇るようで、「こう忍んで歩いてみると、広い往来が狭めえようだ」と振り返る姿に同情させられる。残念ながら、染五郎の立役と福助の女方の釣り合いは悪く、お坊とお嬢が手を取って温め合う危うい恋愛感情が今一つ盛り上がらない。

今回は少人数の座組ながら、寿猿の八百屋久兵衛が老練な風情を見せ、錦弥の源次坊が抜擢に応えて好演し、幸雀、芝喜松、芝のぶの夜鷹など粒揃い。

他に、宙乗りに新趣向を凝らす『奴凧廓春風《やっこだこさとのはるかぜ》』は黙阿弥絶筆といわれる舞踊劇で、幸四郎、染五郎、金太郎が三代共演する正月の凧揚げがほほえましい。曾我十郎の廓通いに始まり、今回の幕切れは染五郎の仁田四郎の猪退治になるが、原作では、両国橋のもんじゃから猪が逃げ出して、町人たちの賑やかな総踊りになるのが富士の狩り場の洒落た見立てになっており、染五郎が鉄砲を担いだ猟師の野暮な姿で滑稽に笑わせて欲しかった。

（平成二十四年一月・国立劇場）

『一谷嫩軍記《いちのたにふたばぐんき》』

忠度の歌と敦盛の笛

源平合戦で平家一門が瀬戸内の一の谷から敗走した時、船に乗り遅れた平忠度と平敦盛は、源義経が率いる勇猛な関東武者に討たれた。彼ら二人の非業の最期を描く『平家物語』の「忠度最期」と「敦盛最期」はどのように舞台化されたか。

今回、国立劇場の『一谷嫩軍記』は序幕に「堀川御所の場」を据えて、義経が岡部六弥太《ろくやた》忠澄と熊谷次郎直実に密命を発し、二幕目「兎原《うばら》の里はやし住家の場」と三幕目「熊谷陣屋の場」を並べて同時進行する二つの物語を明らかにした構成が興味深い。もっとも、三津五郎が義経と六弥太を兼ねるので序幕に六弥太は登場せず、薩摩守忠度の歌を勅撰に入れるかどうか論争になると、義経は「この短冊は義経が預り」と余韻を残して、あとは、桜の枝に結わえた短冊を見せるだけで観客の想像力に委ねられる。一方、團十郎の熊谷は黒い素襖《すおう》大紋で花道から登場し、義経から件の制札を託されると、義経の真意を測りかね、はてなといぶかしがるところで幕となる。折角ならば、義経に命じられて筆を執った弁慶が制札を持参すれば舞台が賑やかになっただろう。

忠度が彼を討つことになる六弥太と出会う「兎原の里」は珍しい上演である。なお、「流しの枝」というのは文楽の通称で、〽散り行く身にも差しかざす流しの枝の短冊は、世々に誉れを残す種、嘆きの種の別れ際」という段切れの名詞章に由来するものだが、歌舞伎では「兎原の里」とか「はやし住家」の方が落ち着きがよいだろう。

『平家物語』の「忠度都落ち」によると、平家一門とともに都を落ちた忠度は、歌の教えを受けた師匠、藤原俊成に自作の和歌を集めた一巻を託した。そのあと須磨の陣へ向かう途中に一夜の宿を請うという設定で、今回は前半を省き、既に忠度は老女のはやしに匿われている。はやしには秀調、勘当息子の太五平には弥十郎を配して、盗人を捕らえてみればわが子なりというチャリ場を面白く仕上げた。雑兵に雇われた太五平はこのあと戦場で忠度を討つことになる。

〽風誘ふ道の時雨も恋故に」から義太夫が語り出して忠度の許嫁《いいなずけ》の菊の前の出になる。門之助の菊の前は序幕の鴇《とき》色から赤い振袖に変わり、秀調のはやしともども古風で味わい深く、忠度が居ると聞いて喜ぶところなど嫌らしくならない。上手の一間から菊の前を突き返して、團十郎の忠度が白塗りに総髪、狩衣に指貫《さしぬき》の袴の公家姿で登場する。

團十郎の忠度には文武に秀でた人物の器量の大きさがあり、まず菊の前への心ならぬ縁切りが最初の見せ場。屋台の中央で高合引に端然と座して、〽口にはいさめ」と扇で口元を指し、〽これ今生の別れぞと」で見詰め合い、〽弓弦も切れし心地にて」では力強く弦を引き、〽包みかねたる御涙」で扇を開いて泣き顔を隠すといった手順を通して凛然とした風情を漂わせる。なお、木戸は早々に片づけず、菊の前の「くどき」に使ったらよかっただろう。

梶原景高の軍勢との立廻りでは「うぬら如きに刃物は要らぬ」と言い放ち、太刀を天井に差して両手を広げて素手で立ち向かう型が面白く、団十郎ならではの力感をみなぎらせて雑兵を蹴散らす。額に傷を負って次第に血が垂れる工夫を凝らし、「口惜しや、残念やなあ」と拳を握りしめ、眉間をしかめて悔しそうに睨み据える。

そこに義経の命を受けた六弥太が登場し、忠度の和歌の短冊を結わえた桜の枝を持参して詩情を添える。三津五郎の芸風が爽やかで朗らかで花田色の大紋がよく似合う。「さざ波や志賀の都は荒れにしを、昔ながらの山桜かな」という忠度の歌が勅撰の『千載和歌集』に収められることを生前に知らされるのが芝居の趣向で、「和歌の誉れを残すこと、生涯の本望、死しても忘れぬ」と喜ぶ團十郎の忠度の表情が立派で誇らしい。彼の才能を惜しむ人々の恩情を得て、忠度は武士として敗れても、歌人として永遠の生を得て後世に語り継がれることになった。

六弥太が忠度の狩衣の右袖を切り取って菊の前に形見として与えるのは、忠度が六弥太に右腕を斬られる「忠度最期」を暗示しており、忠度が左手で右肩をかき抱く仕種を加えたらどうだろう。屋台を上手に引いて空間を広げ、太棹の三味線と馬の歩みが呼応する段切れに義太夫狂言の醍醐味があり、團十郎の忠度は手綱《たづな》を握り締め馬上で泣き上げる姿に万感の思いを込める。

さて、もう一つの物語、敦盛を討つ熊谷の「熊谷陣屋」では、團十郎が忠度の「柔」に対して熊谷の「剛」を骨太に演じ分け、いわば極限状態に陥った熊谷の体の震えが伝わってくる。

團十郎の熊谷は大きな目をぎろりと光らせた表情が険しく、仕種も声音も荒々しい関東武者。制札の見得など有無を言わさぬ迫力だが、最も印象に残るのは、相模を説き伏せる「戦場の習えェだァわえェ」という血を吐くような大音声《だいおんじょう》である。あるいは、敦盛が遺言した「定めなき世の中を、いかが、過ぎゆき、給うらん」という台詞を、重々しくつぶやくように一句一句丁寧に区切るので、それが熊谷に出家の覚悟を決めさせた痛切な言葉であったことが分かる。僧形になった花道の引っ込みでは、「今は早、何思うことなかりけり、弥陀の御国《みくに》へ行く身なりせば」までを自分に言い聞かせるように、「十六年は一昔」では泣き上げず、真っすぐに叫ぶのが團十郎らしく剛直で、〽ほろりとこぼす涙の露」という義太夫の語りで初めて頭に手をやるのである。

妻の相模は魁春。これまで永らく藤の方を持ち役にしてきた人の満を持した初役である。まだ硬質なところもあるが、子を失った母の悲痛を慎ましく表現して、〽胸はせき上げ、身も震われて」で座り込むあたり、芝居を間延びさせない緊張感は今日の女方芸の模範といってよい。〽音信不通《いんしんふつう》の主従《しゅうじゅう》がお役にたったも因縁かや」で両手を広げると、この夫婦が逃れられなかった運命の大きさを感じさせる。今回は藤の方が陣屋に逃げ込む端場からの上演なので、熊谷夫婦にとって藤の方が命の恩人であり、熊谷は単に主君の命に従った訳でなく、恩人の子を救わざるを得なかったことがよく分かる。東蔵の藤の方はふっくらした顔立ちに鬘帯がよく似合い、原作の通り「思いの他な熊谷の情、わが子の為には命の親」と礼を述べるのが丁寧である。

三津五郎の義経は人々の愛憎を超越した存在で、「花を惜しむ義経が心を察しよくぞ討ったり」という台詞を歌い上げ、爽やかな声音で暖かい春風を吹かす。鎧は敦盛と同じ緋縅《ひおどし》を避けて紫紺にするのが三津五郎の型だという。弥十郎の弥陀六実ハ弥平兵衛《やへいびょうえ》宗清は決して悪くはないが、余りたっぷり熱演すると段切れに向けた芝居の流れを遅らせてしまう。弥陀六の長台詞を観客の心にさらりと浸み入らせるにはもう少し年功が必要だろう。市蔵の梶原は「兎原の里」にも登場してこの物語の敵役として一貫し、先代譲り、軽々しい端敵《はがたき》の本分を守っている。

思えば、忠度が志した歌の道も、敦盛の形見になった青葉の笛も「平和」ならではの遊興。人が殺し殺される「戦争」を、人が生かし生かされる物語に書き換えた浄瑠璃作者、並木宗輔の元禅僧ならではの死生観をしかと受けとめたい。

（平成二十四年三月・国立劇場）

勘太郎から勘九郎へ

『曾我綉俠御所染《そがもようたてしのごしょぞめ》』「御所五郎蔵《ごしょのごろぞう》」

三月の平成中村座は六代目勘九郎の襲名披露。

隅田公園の満開の桜並木を通って芝居小屋に行く途中、川向こうには完成したばかりの東京スカイツリーがそびえ立ち、これから下町の景色も変貌を遂げていくことだろう。「口上」の舞台装置は画家の金子国義が川辺に咲く桜を襖絵に描いた。先月の新橋演舞場ではいささか緊張気味だったが、今月は勘三郎のもとに気心の知れた顔ぶれが揃って、客演の笹野高史の挨拶にはこれまで勘太郎の成長を見守ってきた人ならではの温かい人間味がある。

新しい勘九郎は芸風が骨太で、先月の『鏡獅子』の小姓弥生は小さく型に収まらない膨らみがあり、後シテは四肢をたわめて力感をみなぎらせる獅子の勇猛ぶりに息を呑んだ。今後、父祖とは違った役者に成長する可能性を秘めている。今月の『曾我綉侠御所染』「御所五郎蔵」も、お家芸ではないところに意欲があり、勘太郎から勘九郎へ、一回り大きく脱皮する試金石として注目される。

まず「五條坂仲之町の場」。上手の仮花道に登場した勘九郎の五郎蔵は、立派な面構えに油で固めた車鬢《くるまびん》がよく似合い、彼の周辺だけスポットライトを浴びているように明るく、この華やぎがいわゆる「時代世話」の味なのだろう。「空も朧《おぼろ》に薄墨の絵に描《か》く様の待乳山《まっちやま》、花を慕うか夕潮に、上手《うわて》へ登る白魚や二挺櫓《にちょうろ》立てし障子舟」という渡り台詞は、今まで単なる形容として聞き流していたが、江戸っ子たちが愛した風情、まさに隅田川沿いに建つこの芝居小屋ならではの臨場感を覚える。五郎蔵の型は仁左衛門に習ったらしく、「人に達師《たてし》と立てられて、面ァ、売るだけッ、遣られねえッ」と一言ずつ気合を入れ、斜に構えて肩で風を切る侠客の勇み肌が爽やか。なお、この平成中村座では中途半端に仮花道を設けるよりも桟敷席の通路に並ぶ方がよいだろう。むしろ、芝居小屋としては舞台面が高すぎるのかもしれない。

勘九郎の五郎蔵の「明」に対して、海老蔵の星影土右衛門は「暗」で、五郎蔵とは恋敵、皐月に執着する若い男の欲望で冷ややかな殺気を漂わせる。しかし、貫禄を出そうとする余り、うなるように口ごもる悪癖は改めたい。昨年末、日生劇場の『勧進帳』の弁慶でも力むばかり、このところ優れた力量を持て余しているように見える。

「甲屋奥座敷の場」で皐月の愛想尽かしに驚く勘九郎の五郎蔵は、「俺に愛想が尽きたと言うのか」と吐き捨てるところで涙目になるのは早すぎるが、とはいえ五郎蔵の気持ちが手に取るように分かる丁寧な役づくりで、「明日から世間へ面ァ出せねえ」で目をつむって悔しがり、「一文叭の切れたように思っていりゃあ苦労はねえ」という台詞は自分自身に言い聞かせ、叭が遠く飛び去ってしまうのを見送る寂しそうなまなざしが印象に残る。

浮世の義理を捨て、一暴れしようと勇み立つのを逢州《おうしゅう》にとめられ、尺八を振り上げた見得が立派にきまった。その逢州の顔を見てふと肩の力を抜く瞬間に勘九郎の優しい人柄が出る。「晦日《みそか》に月の出る廓《さと》も、闇があるから覚えていろッ」と一喝する花道引っ込みは、裾をまくりあげて踏み込む所作ともども、再演を繰り返せばもっと様式的にゆったりするだろう。それを「おうむ」で真似する借金取りの吾助は笹野高史がほどよく笑わせてくれる。今後、こうした役でくすりと笑わせることのできる達者な脇役を一門の中で育てて欲しい。

扇雀の皐月は存在感を増しているが、女方としては声音が硬く、「余所《よそ》は時めく春ながら、花も咲かざる身の上じゃなあ」という台詞など、苦界に身を投じた女が身を震わせる繊細さが欲しい。可憐ではかない花を散らす七之助の逢州は、次第に花魁《おいらん》の立兵庫《たてひょうご》の鬘が似合うようになってきた。「廓内夜更けの場」の逢州殺しはいつも付けたりに終わってしまうが、今回は勘九郎と七之助の兄弟の立廻りが見せ場になった。

同じ夜の部の『吃又《どもまた》』は仁左衛門の又平と勘三郎のお徳。勘三郎の女方はいかにも古風で、しゃべり回して「おお、おはもじ」と恥じらうあたり芝居っ気たっぷりで、「身は貧なり、かたわなり」と嘆くところも温かい情が通う。仁左衛門の又平は三枚目でなく、吃音の表現も抑え気味だが、〽名は石魂《せきこん》にとどまれと」で手水鉢《ちょうずばち》の向こうに立ち上がった姿が凄まじい。昨年十一月の『沼津』に引き続き、仁左衛門と勘三郎の名コンビによる名舞台になった。

（平成二十四年三月・平成中村座）

若手花形の『忠臣蔵』

『仮名手本忠臣蔵《かなでほんちゅうしんぐら》』「三段目」「四段目」

新橋演舞場は次世代を担う若手花形による『仮名手本忠臣蔵』の通し上演。

菊之助はこのところ若女方としての活躍が目覚ましいが、今回、初役で挑む塩冶判官高定を見ると、立役の精悍で端正なたたずまいもまた魅力的である。一国一城を預かる青年大名らしく袴捌きも颯爽として、顔世御前と相思相愛の若い夫婦像にリアリティをもたらしている。菊之助は父祖の型を学ぶだけでなく、判官の気持ちになりきろうとストイックなまでに感情を研ぎ澄まし、「三段目」では思いもよらぬ高師直の嫌味に戸惑い、「師直殿には御酒機嫌か」とか笑い飛ばそうとする表情に人品のよさが出る。そこに付け込む師直の雑言過言に対し、怒りを鎮めようとすればするほどに気が高ぶり、我に帰ってハッと息を呑む呼吸で緊迫感を高めていく。
〽判官、腹に据えかね」では本当に涙をほろりとこぼし、ついに「気が違うたか武蔵守ッ」と詰め寄るところは、いつもは朗らかな菊之助が顔を紅潮させ、男の激情をほとばしらせて熱演する。あたかも芝居の「塩冶判官」という虚像に、歴史の「浅野内匠頭」という実像が重なっていくかのようである。確かに、浅野内匠頭が三十三歳で切腹したことを思うと、今年、三十四歳の菊之助にとってはまさに等身大のはまり役といえるだろう。これから再演を繰り返して、歌舞伎の「判官様」らしくもっと鷹揚な人柄を感じさせる役に膨らませていって欲しい。

松緑の師直も全力投球の初役で、いかにも下卑た人物像をつくっているのが面白い。「粋《すい》め、粋め、粋様め」とか、「鼻っ柱、ぶっつけて」など癖のある台詞は、義太夫の呼吸を学んでもっとたっぷり抑揚をつけたい。刀を構えた判官の殺気におびえるところは芝居が小さくなる。獅童の桃井若狭之助は、〽さしうつむきし思案顔」が錦絵のように映え、世間の知名度も高く存在感を増している好漢には、是非、歌舞伎への出演の機会を増やして欲しい。

「四段目」で黒紋付から水裃に替わる菊之助の判官は、繊細なガラスのような透明感を漂わせ、かといって女々しくならず、かねて覚悟の切腹には微塵《みじん》の揺るぎもない。しかし、大星由良助を前にすると気が緩んでしまうのか、「この九寸五分《くすんごぶ》は汝に形見」という遺言が恨みがましく聞こえてしまう。義太夫狂言としては芝居が写実に傾きすぎているからで、その点、祖父の梅幸は表情ではなく大きな瞳の内に炎立つような思いを秘めていた。

座頭の大役、由良助に初挑戦する染五郎は三十九歳。父の幸四郎が三十七歳だったことを思えば決して早くはないが、いかんせんスリムな体格に大小霰《あられ》小紋の裃がまだ似合わず、特に「四段目」の由良助の肚芸《はらげい》はなかなか難しい。染五郎の由良助が芝居らしくなるのは門外からで、勇み立つ諸士を前に立ちはだかり「引こう、引こう、引こうてやッ」と睨み据えたり、判官の九寸五分の短刀を握り締める敵討ちの覚悟など、型が様式化しているところは何とか演じおおせている。とはいえ、幸四郎の由良助に家老らしい貫禄が出てきたのも五十歳をすぎてからで、染五郎も座頭役者としての経験を大切に重ねていって欲しい。なお、幸四郎もそうしているが、由良助が生死の結界を越えて判官切腹の二畳台に上がるのはよくない。

今回の意外な収穫は松也の顔世御前で、「大序」の古風な紫帽子付きの鬘も、「四段目」の羽二重の切り髪もよく似合い、若くして夫に先立たれた妻の薄幸の人生を慎ましく表現している。その他、右近の大星力弥も役にはまり、亀三郎の石堂右馬之丞、亀鶴の薬師寺次郎左衛門など、それぞれの初役に挑んだ若手たちには有意義な舞台経験になったことだろう。薬師寺は余り殺気立てず、赤ッ面らしくもう少し古風に演じた方がよい。ベテランの錦吾の斧九太夫、幸太郎の加古川本蔵、橘太郎の鷺坂伴内もしっかりと脇を支えている。なお、「大序」の口上人形で役人替名に一々拍手が起きているが、これは本来、開演時間の前に終わらせておくべきものだろう。

思えば、今日の若手で『忠臣蔵』を通す場合、配役の組み合わせはそれほど多くなく、歌舞伎役者の層がいよいよ薄くなっていることが懸念される。なればこそ、実力ある若手にはもっと大役を与えて経験を積ませる機会を意識的に増やす必要がある。

（平成二十四年四月・新橋演舞場）

『小笠原諸礼忠孝《おがさわらしょれいのおくのて》』

「お家騒動」のシチュエーション

仮設劇場なればこそ、歌舞伎の見世物としての面白さをよみがえらせた平成中村座。

十年前、平成中村座の初回の演目が『法界坊』で、今回、昼の部で再演している勘三郎の法界坊は、卑猥で残酷な悪性を強調しながら、それを上回る愛嬌が憎めない乞食坊主である。前半は串田和美の新演出で羽目を外しすぎるが、むしろ面白いのは大詰の所作事「双面《ふたおもて》」で、法界坊と野分姫《のわけひめ》の霊が一体となって出現する勘三郎ならではの古怪な形相に注目したい。

夜の部の『小笠原諸礼忠孝』も芝居小屋ならではの大衆的な魅力を再発見できる。これまで橋之助が猿之助から継承して花形歌舞伎として繰り返し上演してきた「小笠原騒動」は、大劇場では本水を使った水車の立廻りなどの大仕掛けが眼目になるが、今回は、暗闇に包まれて舞台と客席が一体になる「岡田良助住家の場」が見せ場として際立つ。

橋之助の岡田良助は善にも悪にも転びかねない人間の弱さを誠実に役づくる。上役の悪事に加担して使い捨てにされてしまった足軽が、悔い改めて「命を捨てる返り忠」を覚悟し、自らの死をもって罪を償う断末魔の表情はむしろ晴れやか。いわゆる古典的な「もどり」とは違って、立役と敵役の境界があいまいで、殺人を犯したのもふとした心の迷いから褒美の金を得て家族の暮らしを立てようとしたのだろう。そんな平凡な男が「幽霊というものは絵に描いたより見たことがない」などとうそぶき、次第に罪を重ねて残酷な敵役に化していく過程が面白い。

事件のほとぼりが冷めた頃を見計らって良助が家に戻ると、殺したお早の幽霊に家族が悩まされているという怪談も怖いが、それよりも恐ろしいのが、信じていた犬神兵部《ひょうぶ》にだまされていたことを知る醜悪な人間社会だろう。思わず涙を流し、畳の埃が目に入って痛いなどととりつくろうあたりに良助の人柄がうかがえる。娘のお雪を殺して「六道の辻で、父《てて》を待っていろよ」と嘆き、母も女房も命を絶つことになる惨劇はもう救いようがない。次第に照明を落とすと平成中村座の客席は真っ暗闇に包まれ、私たちは一人で悶え苦しむ良助の絶望を共有することになる。橋之助の男泣きが印象的で、主役として熱演しながらも、決して泥臭くならず上品に仕上げているのが橋之助らしい。

扇雀の女房おかの、歌女之丞の老母お浦、犠牲となる家族の悲痛な叫びが心の深奥に響いて良助の目を覚まさせる。健気な娘を憐れんで借金を棒引きにする米屋には笹野高史を配して、酒屋の山左衛門、炭屋の国矢ともどども笑わせてくれる。

一座の若女方として活躍する七之助は、邪険なお大の方と貞淑な女房お早、全く趣きの違う女性像を演じ分ける。お大の方の野望がこの物語を貫いており、水茶屋女から大名の奥方に成り上がり、「大望の為には老いぼれ一人何でもないわさ」と平然と父を殺すのが凄まじい。襲名して勢いづく新しい勘九郎は、女房の仇を討つ小平次で若々しい魅力を発散し、お家乗っ取りを企む犬神兵部で芸域を広げる。大詰、悪事が露見して取り囲まれた兵部の大立廻りは、梯子を使った大劇場用のタテをそのまま持ち込んで舞台からこぼれ落ちんばかりの迫力である。

めでたく大団円となって幕を切る小笠原遠江守《とおとうみのかみ》で勘三郎が登場するのが御馳走。他に、扇雀が小笠原隼人と奴菊平実ハ明神ヶ獄の狐を受け持ち、もしかすると、この人は女方よりもこうした役にこそ本領があるのかもしれない。

それにしても、昼夜とも「御家騒動」というシチュエーションに仮託されているのは組織の崩壊。秩序回復に向けた人々の苦闘を目の当たりにして、観客は泣いたり笑ったり、芝居小屋は人間らしい感情で熱気に満ちている。

（平成二十四年四月・平成中村座）

勘三郎の新境地

『梅雨小袖昔八丈《つゆこそでむかしはちじょう》』「髪結新三」

勘三郎が夜の部『梅雨小袖昔八丈』「髪結新三」で、昨年十一月から始まった平成中村座のロングラン公演をめでたく締めくくる。

七年ぶり待望の勘三郎の新三はいよいよ新境地。等身大の「演技」でなく、大立者が小悪党の屈折した心理を表現する「芸」が面白い。これまでは先代譲りの型を見せるあざとさがあったが、肩の力が抜けたのか、江戸の市井を生きる一人の髪結の細やかな息遣いを感じさせる絶品である。「白子屋見世先の場」はいつも下手から登場して門口に立つところを、花道から登場して「番狂わせの仕事をした」云々と愚痴をこぼす台詞を復活したのが面白い。手代忠七の髪を撫でつける仕種や、言葉巧みに駆け落ちをそそのかす口先など、さすがに手慣れていて客席を大いに沸かせる。

今回見違えるように思われたのは、店先の愛嬌から一変、娘お熊をさらってふてぶてしく開き直る「永代橋川端の場」で、勘三郎の新三の苦み走った風貌が隅田川の暗闇に浮かぶ。空を見上げて雨上がりを確かめる目つきなど、無言の内の表情に男の色気を漂わせる。「俺ァ、そんなことを言った覚えはねえよ」とうそぶき、「ぶった、叩いた、殴ったら、おうッどうしたのだッ」と凄味を利かせ、「雨の所縁にしっぽりと濡れる心で帰るのを」でニタリとほくそ笑むあたり、この男を駆り立てている欲望を垣間見せる。忠七を足蹴にして「ざまあみやがれッ」と吐き捨てて永代橋を渡る後ろ姿が得意気で、怒らせた肩に悪党の屈折した心理がよく表われている。

今回、梅玉が平成中村座に客演して忠七役を引き受け、いかにも鷹揚な雰囲気なので芝居が大きくなる。まだ二演目というのは意外だが、お熊に駆け落ちを持ち掛けられて、「こりゃ、困ったことになったなあ」と途方に暮れるあたり梅玉ならではの江戸和事になっている。

「富吉町新三内の場」で正面に注連縄《しめなわ》を吊るした神棚がいつもより立派に見えるのは、平成中村座の舞台幅がそれだけ小さいからだろう。勘三郎の新三は弥太五郎源七を相手に目元や口元に劣情を滲ませて、十両を叩き返し、「親分風が気に食わねえんだッ」とか「強い人だから返されねえ」と息巻く啖呵には観客を快くしびれさせてしまう毒気がある。負けず嫌い、怖い物知らず、媚びへつらいを潔しとしないのが江戸っ子の気性。「生まれは上総《かずさ》の木更津で」云々という名乗りには舞台からはみ出すような威勢がある。

弥十郎の源七は初役とは思えないはまり役で、苦虫をかみつぶして紅潮させた顔が立派で、第一線を退いたやくざの親分に小悪党が歯向かっていく面白さが出た。新三をやり込める家主長兵衛は橋之助で、巧みにとぼけた老人に化けおおせて意外な配役を成功させた。但し、勘三郎が橋之助の老役の顔が昨年亡くなった芝翫のようだなどとからかうアドリブはよくない。勘九郎の下剃《したぞり》の勝奴も初役で、父の新三との共演に意気込み、「ほんに好かねえ小父《おじ》さんさねェ」と鼻で笑って源七を小馬鹿にするあたりいかにも生意気な若造である。橘太郎の家主女房おかくも達者で、名脇役、菊十郎の鰹売りの呼び声も威勢よく、まさに皐月晴れの嬉しい一幕となった。

昼の部の『三社祭』も祭り気分が高まる当月の浅草にドンピシャリ。染五郎と勘九郎が四変化を激しく競い合う。悪玉と善玉は長い手足を伸ばし、しなやかに身体表現を極め、まさに歌舞伎の未来を切り開くように鋭い。滑稽な国侍と通人はもう少し遊び心が欲しい。染五郎は七之助とともに新橋演舞場の夜の部の『椿説弓張月《ちんせつゆみはりづき》』と掛け持ちの大活躍である。

他に、勘三郎は『め組の喧嘩』、橋之助は『毛抜』、七之助は『十種香《じしゅこう》』、それぞれの初役に挑む。『め組の喧嘩』は一座総出演の賑やかさで、辰五郎が別れを告げに訪れる「喜三郎内の場」を復活するなど意欲的だ。珍しく蠟燭風の暗がりで勘九郎が颯爽と舞い踊る『三番叟《さんばそう》』では、鶴松が千歳《せんざい》に抜擢され、幕前に勘三郎が小山三の九十一歳の長命を寿ぐ「口上」が付くのが嬉しい。

（平成二十四年五月・平成中村座）

ファンタジーとしての魅力

宮藤官九郎＝作『天日坊《てんにちぼう》』

天涯孤独の青年が、自分の意志や実力ではなく、大きな「運命」に突き動かされて生かされていることを思い知るまでの旅路。

コクーン歌舞伎が十八年目にして、これまでの古典の「新演出」にとどまらず、宮藤官九郎の「新脚本」を得て同時代演劇として観客への訴求力を高めた『天日坊』。大岡政談の「天一坊事件」を脚色した河竹黙阿弥の原作『吾嬬下五十三驛《あずまくだりごじゅうさんつぎ》』を読み込んで、宮藤はそこから全く新しいファンタジーとしての魅力をつかみ出した。小坊主の法策が将軍の御落胤《ごらくいん》の天日坊になりすまして天下乗っ取りを企むお馴染の物語だが、江戸から鎌倉に時代を変え、実ハ木曾義仲の遺児だったという黙阿弥のトリックも、一たび宮藤の手に渡ると主人公さえ混乱に陥れて、「俺は一体、誰だあッ」という疑問符を発することになる。七五調の台詞に現代語を織り交ぜ、「落胤だか落雁だか知れねえが」とか、「素性がそんなに大事かッ」と吐き捨てる宮藤らしい皮肉も利かせてある。

発端の宮廷の化け猫騒動は原作の通りだが、単なる怪異に終わらせず、法策の耳には「生き延びよ」という何者かの声が聞こえる。宮藤はその「猫」を一つのモチーフとして、生きることは「猫に死人がとり憑《つ》くようなものじゃ」と法策に言わしめる。思いがけず、自分が義仲の遺児、清水冠者義高だという正体を知らされた法策は、まるで何かが憑依したかのような虚ろなまなざしになって「俺は猫じゃ、化け猫じゃ」と浮かされる。

勘九郎の法策はありきたりの歌舞伎の役柄にはめ込まず、体当たりの熱演で血の通った一人の若者像を生み出した。雪が降る寒いある晩、「おさん婆の住処の場」を訪ねた法策が、囲炉裏端で酒に酔って居眠りするおさんを絞め殺し、将軍の御落胤のお墨付を奪う場面は、気弱な青年が咄嗟に殺意を抱いてきらりと目を光らせる瞬間が恐ろしい。彼は単なる悪役ではなく、次第に自分が自分でなく、自分で自分の気持ちを抑えられず、「まじかよ」とつぶやく一言は、このあとも運命に翻弄され続ける若者の口癖として繰り返されることになる。亀蔵のおさんが腰の曲がった老婆を怪演。舞台に雪を降らせずにおいて、法策が逃げる窓の外から雪が吹き込む演出が目にも鮮やかだ。

「世の中ひっくり返せるかもしれねえぞッ」という期待に胸を膨らませた法策は、反体制の正義感を燃やして、父の敵、源頼朝を討とうと鎌倉幕府に乗り込む。しかし、幕府の重臣、大江広元に正体を暴かれて、ついに「化け猫の、化けの皮がはがされたァッ」ということになる。最後、拾い上げた一匹の猫を優しく抱いて立ちすくむ姿は、ようやく自分自身の運命を素直に受け入れた青年の孤独を象徴するかのようであった。

天日坊の家来となる盗賊の地雷太郎に獅童、あばずれのお六に七之助。突然、「蓮華寺縄手の場」に登場して舞台を所狭しと駆け回る。獅童の太郎はいかにも豪放磊落《らいらく》で、錦絵から抜け出たような古怪な顔立ちがどこか昔懐かしい。七之助のお六は「酔っちゃったァ」と溜息交じりに修験者の観音院にしなだれかかる姿が艶めかしい。彼ら三人が勢揃いして鎌倉に向かう「常学院古寺の場」の夜明けは、背景に旭日旗を掲げてキッチュな雰囲気を漂わせている。

一方、彼らの野望を見透かす幕府方には現代劇の白井晃や近藤公園を配し、幻想から現実に引き戻す冷静な役割を明確にした。白井の下男久助実ハ大江広元は、時代と世話の演じ分けはおぼつかないが、そのぎこちなさもまた今回の配役が狙う異化効果なのかもしれない。

もとより歌舞伎としては上演が絶えている作品なので、串田和美の演出も古典の呪縛から解き放たれ、型の「破壊」から「創造」に力点が移り、舞台上に芝居小屋を設えて虚構の上に虚構を重ねていく。衣裳も鬘も串田がデザインしたもので、宮藤のファンタジー世界を視覚化することに成功した。音楽には歌舞伎の下座を使わず、トランペットの甲高い響きがまるで法策の呼吸を形容するかのように、時に緩やかに、時に激しく、舞台と客席を心地よく共感共鳴させる。

幕切れ、大勢のトランペット奏者に囲まれて身動きのとれなくなった法策を見下ろすように、遥か遠くに忽然と浮かび上がった狩衣姿の人物は、顔を見たこともない父の義仲の亡霊か、はたまた討ち損ねた将軍の頼朝だったのだろうか。

先年、宮藤が「歌舞伎座さよなら公演」に書き下ろした『大江戸りびんぐでっど』は勢い余って失敗したが、今回、この『天日坊』で汚名返上できたといってよい。串田和美が演出を引き受けてコクーン歌舞伎の延長線上に位置づけたことも成功の要因だろう。宮藤の才筆を目の当たりにして、早くも次回作への期待が募る。

（平成二十四年六月・シアターコクーン）

「襲名」という覚悟

『黒塚《くろづか》』

亀治郎改め四代目猿之助と、九代目中車、五代目團子の襲名披露口上は、六月は藤十郎、七月は團十郎が東西の歌舞伎を代表して挨拶を引き受けた。大勢居並ぶのではなく、このように人数を絞った方がむしろ「口上」本来の格式を感じさせる。これまで俳優として活躍してきた香川照之が四十六歳にして初めて中車を名乗るのは全く異例のことだが、テレビや映画で認められた演技力をもってすれば、歌舞伎でも何かしでかしてくれるに違いない。「口上」で猿之助と中車が述べた襲名の覚悟には並々ならぬものがあり、彼らのこれからの活躍に大いに期待したいと思う。

新しい猿之助は二ヶ月続けてスーパー歌舞伎『ヤマトタケル』で伯父の創造精神を受け継ぎ、古典としては、先月の『千本桜』の「狐忠信」は再演だが、今月の『黒塚』は澤瀉屋《おもだかや》にとって最も大切なお家芸への初挑戦である。〽巡りくるくる車の糸は、長き夜すがら誰を待つよ」という幕開きの長唄を聞くだけで、これまでの人生をしみじみと振り返らせてくれる名作である。

三段構成の内「上の巻」の糸繰り唄は、〽野末の、霜に、起き伏して」と、猿之助の老女岩手は声低に唄い出し、いかにも不気味な味わいを出そうとしている。〽月をよすがの寝屋の内」で見上げた顔はさすがに伯父と生き写しだが、声も顔もまだ若い生地が透けて見えて節々で鋭敏に感じられる。

岩手が繰る糸車は、誰もが何らかの罪業を重ねてきた私たちの人生を紡いでいる。それだけに、単なる怪談にとどまらず、何かもっと漠然とした普遍的な広がりを聞かせて欲しい。寝屋の内を見るなと言い残して薪を取りに出掛ける時、花道で風音を響かせて見返るところも、キッと凄む表情を見せるよりも、約束が破られるのではないかという一抹の不安にとどめておきたい。

すすき原の景色が美しい「中の巻」は、〽月影走るすすき原、穂波、年波よるべさえ」と踊り始めると、猿之助はこれまで女方として活躍してきた人だけに、能写しの衣裳の下に女の身体を感じさせる。〽仏果の縁を結ぶなる」で祈るまなざしには優しい気持ちを込める。〽ほうやれさ、ほうやれさ」と童唄に浮かれる手踊りが舞踊劇として最大の眼目で、先代に比べて鞠のように身軽だが、これから回を重ねればもっとふっくらと柔らかくなっていくだろう。

「下の巻」になっても舞台下手の松の木は同じ位置に立っており、〽杖に乃の字の影法師」で松の下に立つ岩手の姿が、〽あさましさ、恥ずかしのわが姿や」と松に寄り添って嘆く鬼女の姿が前後重なるところが面白い。猿之助の後シテはまだ貫禄不足だが、よく考えてみれば、鬼女になっても、飽くまでも女であることを感じさせるところが新しい発見であった。

今回の『黒塚』は團十郎が阿闍梨《あじゃり》祐慶に付き合う襲名ならではの豪華版。團十郎の祐慶は単なる脇役にとどまらず、鬼女の凄まじい憤怒を封じ込める大きな包容力がある。祐慶の祈禱で罪業消滅して鬼女が成仏すればこそ、私たち観客も見終えた時に清々しい気持ちになる。猿之助にとって團十郎との共演は貴重な経験になったことだろう。

いずれにしても、猿之助の『黒塚』はまだ先代を写し取るのに精一杯だが、四代目として自分らしい猿之助像を生み出していく歩みはようやく始まったばかりである。
今月は、猿之助改め二代目猿翁が『山門』の久吉役で八年ぶりの舞台姿を見せ、海老蔵の五右衛門を相手に「巡礼に、御報謝」という台詞を精一杯に聞かせたのも感動的で、中車が黒衣《くろご》で付き添って図らずも親子共演になったのもめでたい。その中車は先月の『小栗栖《おぐるす》の長兵衛』に続いて、やはり新歌舞伎の『将軍江戸を去る』で團十郎の徳川慶喜を相手に山岡鉄太郎を熱演。まさに捨て身となって将軍に迫る山岡と中車の姿が重なって見える。

（平成二十四年七月・新橋演舞場）

役者の実力が試される鑑賞教室

『毛抜《けぬき》』

学生が初めて歌舞伎を見る貴重な機会となる国立劇場の「歌舞伎鑑賞教室」は、昨年までの四十五年間、八十回の公演の内『千本桜』の「狐忠信」が七回、『忠臣蔵』の「五段目」「六段目」が六回。そして、今月の『毛抜』は『吃又《どもまた》』と並んで五回を数える人気演目である。
今回、團十郎の指導を受けて愛之助が荒事に挑む粂寺弾正は、前半は愛嬌たっぷり、ナンセンスな喜劇味で客席を和ませる。腰元巻絹に秀太郎が加勢するのが贅沢で、「ビビビビ、ビィ」と、あごをしゃくって弾正を突き放す仕種など、学生にとっては鮮烈な印象を残すだろう。女優の美しさとは違い、女方という奇妙な存在にこそ前近代的な歌舞伎の本質がある。

後半、毛抜が磁石で宙に浮く謎を突きとめる弾正は、本来はもっと粗削りで武骨な役かもしれないが、愛之助は邪悪に対する憤怒を膨らませ、相手に斬り込む鋭い正義感で柄の不足を補った。滑舌もよく、「早く地獄に旅立ちせぬかッ」と偽の百姓万兵衛を問い詰める台詞劇の面白さが生きる。特に、市蔵の万兵衛の卑しさと、宗之助の小野春風の優しさが好対照のはまり役で、万兵衛の脅迫から春風を救う弾正の裁きの緊迫感が高まる。今日、余りにも複雑で窮屈な社会を生きる私たちにとって、単純明快な荒事の発想は日頃の憂さも悩みも鮮やかに解消してくれる。

この鑑賞教室は学生を相手に役者の実力が試されるいわば試金石でもあり、今日の幹部たちも若い頃はこの鑑賞教室で切磋琢磨したのである。これまで鑑賞教室へ最も多く出演したのは團十郎で、『毛抜』であれば自ら三回演じて、二回監修に当たっている。近頃は、若手花形も忙しいのかもしれないが、是非、将来の自分のファンをつくる意気込みで鑑賞教室への出演を買って出て欲しい。先月、橋之助の『俊寛』では、若女方の児太郎が千鳥に初挑戦し、芝喜松の康頼、芝のぶの成経といった国立劇場の研修生出身者も抜擢されて期待によく応えていた。今後とも、いわば夏の高校野球のように鑑賞教室が活気づくことに期待したい。

（平成二十四年七月・国立劇場）

詩情豊かな名場面

『塩原多助一代記《しおばらたすけいちだいき》』

今年の国立劇場のラインナップで最も期待したのが半世紀ぶりの上演となる『塩原多助一代記』である。武士の家に生まれながら、農民に育てられ、商人として出世した立志伝中の偉人、塩原多助の人物像が魅力的に描かれている。

三津五郎の多助は誠実な芸風が素朴な役柄と重なり合い、初演にして当たり役になったといってよい。「沼田在庚申塚の場」が兄弟同様に育った愛馬の青《あお》との別れで、「青よ、お前《めえ》、泣いてくれるか、有難え、有難え」と優しく語り掛ける一言一句に心を込め、おぼろ月の下、秋の虫が鳴き、心に染みる詩情豊かな名場面に仕上げた。馬の縫いぐるみも目や口が可愛らしく動き、〽もの言わぬほど哀れなり」と首をうな垂れ、尾を振って全身で多助に訴える馬の脚の演技も完成度が高い。三津五郎は素朴な上州訛りをやんわりと聞かせ、身体の動きが義太夫の響きとよく調和して、〽行くに行かれぬ恩愛の、絆にまたも困り果て」で青に袖をくわえられて困惑するあたり、人と馬が一体となって後世に伝えられる型を練り上げた。〽引き慣れし駒の名残りに見返り、見返り」と、歯を食いしばる三津五郎の多助の花道の引っ込みには思わず引き込まれる。

多助の代わりに殺される親友、百姓の円次郎には橋之助が好助演し、「はい、はい、はいッ」と調子よく馬の手綱《たづな》を引くところなど、この芝居に相応しいほのぼのした味わいを添える。

原作の三遊亭圓朝の人情噺を脚色した河竹新七の台本を六幕十一場に絞り、序幕は「数坂峠《かずさかとうげ》谷間の場」で幼くして養子に出され、それから十数年後、二幕目の「下新田塩原宅の場」で継母のお亀の浮気と折檻を見せ、そして「庚申塚」で家出を覚悟した多助と青の別れになる。三幕目はお亀と情夫の原丹次が道連れ小平に襲われる「横堀村地蔵堂の場」。三津五郎がもう一役の小平を気持ちよさそうに勤めるが、小平の母の股旅お角を兼ねる橋之助は気の毒な役違いで、折角ならば、立廻りで頭巾を脱ぎ捨てて坊主頭になるような思い切った芝居っ気が欲しい。

場面が上州沼田から江戸に変わり、四幕目は多助が奉公する「神田山口屋店先の場」。再び小平が登場して強請場《ゆすりば》になり、三津五郎が小平と多助を早替わり、巧みに息遣いを変えて善悪の対照を際立たせるのが面白い。今回、この場面を新たに書き加えたのは優れた工夫だが、折角ならば、次の五幕目、天秤棒で炭俵を担ぐ多助が父母と再会する「戸田家中塩原宅の場」と順序を入れ替えるべきである。上州から江戸に出て路頭に迷っているところを山口屋に救われ、山口屋に奉公することになった経緯を話す述懐を先に聞かせた方が分かりやすいだろう。

多助の謹厳実直な奉公ぶりは、路地に敷石を敷いて荷車を通したり、破れた草鞋《わらじ》やこぼれた粉炭を蓄えるなど原作のエピソードには事欠かないが、芝居ではそのあたりを省いて大詰「本所四ツ目茶店の場」に続く。そこで、炭屋として独立した多助が金は商いの目的ではなく手段にすぎないと説くところは、単なる机上の「経済論」ではなく、清廉潔白な「人生観」に裏打ちされた説得力がある。自分を殺そうと企んだ継母お亀の罪を許し、家に引き取って養うことにするのは確かに原作通りである。

しかし、新七が脚色に当たって変更したように、盲目となった継母の零落を憐れみ、黙って恵みを施して見送るだけにとどめた方が芝居としては実感が湧く。なお、お亀の述懐では娘のお栄が馬に蹴られて死んだと言うが、客席から笑いが起きてしまうので、馬に喰い殺されたという原作の設定の方がシリアスになるだろう。多助の行商仲間、萬次郎の空き樽買いの久八が飄々として面白い。最後の「相生町炭屋店先の場」では、婚礼の日に約束の千両の炭の荷が届き、「これで多助も、男になれやんすッ」と胸を張ってめでたく幕になる。

今回は、いかにも厳格な父の塩原角右衛門に團蔵、滋味溢れる実母のお清に東蔵を配したので、多助が父の顔を「ちょっくら見せて下せえやし」と懇願しても、かたくなに名乗り合わない親子の愁嘆場が涙を誘う。それに比べると、吉弥のお亀と錦之助の丹次はいささかバランスを欠く。孝太郎はお栄と多助の女房お花を兼ねて悪女と貞女を演じ分けているが、お栄は三味線を抱えて放蕩する姿が酌婦のように見えるのがよくない。なお、豪農とはいえ、下新田の家が立派すぎるが、三津之助の下男の五八が元気に振る舞って田舎の生活感を補ってくれた。

かつて、二宮金次郎とともに修身の教科書で紹介された塩原多助も、今日ではすっかり忘却されてしまったが、堅苦しい教訓としてではなく、昔懐かしい物語として素直に受けとめれば、私たちが忘れていたささやかな幸福感を思い出すことができる。

（平成二十四年十月・国立劇場）

タテ社会の人間関係

『四千両小判梅葉《しせんりょうこばんのうめのは》』

思いがけず、先月は染五郎が事故、今月は仁左衛門が病気で休演が続き、客席を見渡しても空席が目立つ何とも寂しい顔見世である。急遽、松緑が代役を引き受けた『熊谷陣屋』は、祖父の当たり役ということもあって、初役とは思えない立派な出来栄えに驚かされた。

そんな中にあって、昼の部で『文七元結《ぶんしちもつとい》』、夜の部で『四千両小判梅葉』、菊五郎の世話物二題が傑作である。『文七』は「歌舞伎座さよなら公演」でも出した当たり役だが、『四千両』は十五年ぶりの上演で菊五郎の富蔵は三演目となる。

幕開きは、屋台の燗酒屋を営む富蔵が旧主の藤岡藤十郎と再会する「四谷見附堀端の場」。菊五郎の富蔵はこのところ年齢相応の渋味や苦味を滲ませ、「おでんや、おでェん、甘いと辛い」という売り声もひょうきんにならず、暗闇に低音を響かせて大胆不敵な度胸が据わっている。それに対して梅玉の藤十郎は悪人になりきれない御家人崩れで、江戸城の御金蔵破りと聞いて慌てふためくところが面白いが、恋敵を殺して金を奪おうとする男にしてはやや線が細い。それにしても、『国性爺合戦《こくせんやかっせん》』の甘輝、『御所五郎蔵《ごしょのごろぞう》』の五郎蔵、『引窓』の与兵衛と、次々に代役をこなす梅玉の芸の底力には恐れ入るが、これからはもう少し役柄を絞り込んで存在価値を高めたい。

富蔵が二の腕をまくって雲龍の刺青《いれずみ》を見せ、「旦那、服除《ぼくよ》けでございますよ」とささやくあたりが世話物の妙味で、菊五郎の悪党の魅力に私たち観客も目がくらむ。松太郎と辰緑の中間《ちゅうげん》がうまそうに茶碗酒をすすって下卑た生活感を漂わせ、幕切れに駆け抜ける菊之助の巾着切の長太郎、松也の若旦那の徳太郎が二人とも役によくはまった。

盗んだ大金を運び込んで床下に隠す「牛込寺門前藤岡内の場」では、すぐに山分けせず、ほとぼりが冷めるのを待つように説いて「ここらが秘伝でございますよ」とほくそ笑む富蔵。金を一人占めにしようとする藤十郎の殺意に対して「そんなこっちゃあ、首は斬れねえ」と凄むあたり、富蔵の盗人ぶりは一枚も二枚も上手で、一旦、扶持《ふち》を離れて同じ盗人になれば、御家人と中間の上下関係が逆転してしまうところに作意があるのだろう。

悪事が露見して捕らえられる場面は省かれ、護送される富蔵が妻子と別れる愁嘆場が「中仙道熊谷宿土手の場」。富蔵は唐丸籠の窓から首を出すだけだが、彼の目にはどんな景色が映っていたのだろうか。この時の妻子の顔を思い出して、富蔵は牢獄で涙ぐむことになる。時蔵の女房おさよと東蔵の六兵衛の人情味、彦三郎の浜田左内の存在感が大きい。

この芝居は明治十八年の初演当時、それまで一般の目に触れることがなかった牢内の様子を活写した「伝馬町西大牢の場」が評判だったという。しかし、今日この芝居を上演する意義はそういう興味本位だけでなく、いわゆる「タテ社会の人間関係」の風刺として読み解くべきだろう。格子によって外と内が厳然と区別されている牢獄と同じように、学校、会社、国家など、私たちが所属する組織というものは何らかの閉鎖性を帯びている。一つの組織に入れば同じ穴のむじな。しかし、新しい入牢者があると、富蔵がキメ板を振るって「手前《てめえ》はどこの者だ、何をしてきた、名前を言えッ」と詰問し、罪人が罪人を上下に格付けするのが愚かしく、牢名主が半畳を何枚も重ねて座っているのも組織内の序列を視覚化したものである。

牢内には様々な人間が集まり、左團次の牢名主はまるで人生の悟りを開いたかのようで、家橋の隅の隠居は不気味な笑みを浮かべる。桂三が引き受けた田舎役者の萬九郎は、襦袢一枚ですってんてん踊りを踊らされる滑稽な役回り。上に媚びへつらった分、下に辛く当たって憂さを晴らすのがタテ社会の卑劣なところ。菊之助の長太郎は小賢しく世を渡り、それができない團蔵の生馬の眼八は厳しい仕置きを受けることになる。しかし、牢内にはその他大勢が目立たぬように息を潜めており、組織というものは規律を厳しくすればするほど活気を失ってしまう。

そして、富蔵の「ここは地獄の一丁目で二丁目のねえところだ」から始まって、「地獄の沙汰も、金次第だッ」という痛快な決め台詞は現代社会への風刺として受けとめることもできる。

最後、富蔵と藤十郎が「牢屋敷言渡しの場」に引き出される大詰は、さすがに御金蔵破りの大盗賊らしい貫禄で、市中引き回して磔《はりつけ》の刑の宣告にも全く動じない。藤十郎も最初と比べると人間が変わってしまったかのようだ。折角ならば、暗い牢内から外に出たところで、空を見上げてちょっとまぶしそうに顔をしかめる表情を工夫したらどうだろう。

牢内で大勢の囚人たちが唱える念仏に送られて二人が刑場へ向かう足取りには、ようやくタテ社会から解放された清々しさを感じさせる。

（平成二十四年十一月・新橋演舞場）

刑場と遊廓

『浮世柄比翼稲妻《うきよづかひよくのいなづま》』

刑場と遊廓は人の「死」と「生」を象徴する非日常空間であった。鶴屋南北が二つの世界を綯い交ぜにした『浮世柄比翼稲妻』には、江戸という都市の辺境で繰り広げられる名場面、暗闇の「鈴ヶ森」と吉原の「鞘当《さやあて》」が巧みに組み込まれている。

幸四郎が初役に挑む不破伴左衛門は、序幕の「東海道境木の場」で白井権八と名古屋山三の父を暗殺し、ふてぶてしくお家騒動の屋台骨を背負う。もう一役の幡随長兵衛は父祖譲りの持ち役で、渋い表情が陰影に富み、今年めでたく七十歳となった芸の年輪を感じさせる。

権八は高麗蔵、山三は錦之助が幸四郎を相手に大役に挑む。当初、二役兼ねる予定だった染五郎の休演は残念だが、原作通り「鎌倉初瀬寺《はせでら》の場」で権八と山三が出会うことになったので、「忠と孝ではどちらが重とうござりまするか」と権八が山三に問うて、権八が叔父を討つ決心をするのに無理がない。同じ白塗りでも若衆と二枚目の違いがよく分かる。

「初瀬寺」はあれこれ盛り沢山で、「本庄助太夫屋敷の場」と合わせて序幕が一時間以上要するのはいささか重く、二幕目を「助太夫屋敷」と「鈴ヶ森の場」の二場構成にした方がよい。因みに、高麗蔵の権八は助太夫屋敷の黒紋付よりも鈴ヶ森の鶸《ひわ》色の着付がよく似合う。

山三が浪人して敵を探しているという設定が三幕目の「浅草鳥越山三浪宅の場」で、下女のお国は福助の当たり役になった。立ち居振る舞いはさばさばしているが、山三を慕う熱い情念を内に秘めているのがよい。傾城《けいせい》葛城への早替わりも堂々として、裏長屋を訪れる花魁《おいらん》道中には歌江の新造が介添えして奇想天外を鮮やかに印象づける。

浪人姿がよく似合う錦之助の山三は薄汚れた座敷に居ても華やぎがあり、いかにも鷹揚な雰囲気に良家の武家育ちであることが分かる。この山三は万事を見通していて、「わが心、鏡に映るものならば」という嘆息も自分の本心を恥じているかのようで、お国の自己犠牲を優しく思いやる。息絶えるお国を残して出掛ける花道の引っ込みは後ろ髪を引かれる気持ちが伝わってくる。

弥十郎の又平は序幕で伴左衛門の手下として活躍するので、通し上演によって存在感を増している。誤って飲んだ毒酒に苦しみながら、娘のお国に向かって包丁を振りかざす殺気など、歌舞伎の様式的な殺し場に仕上げている。〽初めちょろちょろ、中ぱっぱ」と飯炊き指南する幸太郎の家主の杢郎兵《もくろべ》衛《え》が、太鼓持ちさながら軽妙に場を盛り上げる。

なお、「浪宅」と大詰の「鞘当」に幕間《まくあい》を設けたが、原作通り、下座の清掻《すがが》きでつないですぐに場面転換した方が、暗から明、死から生へ、吉原のまばゆい幻想性が増すだろう。

（平成二十四年十一月・国立劇場）

花組芝居二十五周年

花組芝居　『菅原伝授手習鑑《すがわらでんじゅてならいかがみ》』

劇団花組芝居が二十五周年で『菅原伝授手習鑑』の通しに挑む。二十周年の『KANADEHON忠臣蔵』と同じく石川耕士の脚本を得て、副題に「天神さまの来た道」とあるように、この名作を約三時間に収めて全貌を見せようという貴重な試みである。

舞台左右に大小の提灯を吊るした幻想的な舞台で物語が繰り広げられる。まず「大内」では唐からの使者、天蘭敬が京劇風の出で立ちで登場し、菅原道真と藤原時平《しへい》が対立した政治的な背景を明らかにする。日本では古代から外交問題が内政に大きく影響してきたのである。顔を図案化した雅楽の雑面を付けた仕丁《じちょう》が並んでいるのが何とも不気味で面白い。

主役の菅丞相を任されたのは桂憲一で、きりりと髭を描いて知的な雰囲気を漂わせ、座長の加納幸和が勤める苅屋姫を相手に親子生き別れとなる「土師《はじ》の里」が前半の見せ場。伯母の覚寿の山下禎啓はベテランの女方で、「初太刀《しょだち》はこの母」と敵を討ち、白髪を切って出家するあたり肚《はら》がどしりとすわっている。苅屋姫がここまで落ち延びる「道行」や「汐待」も付けて原作に忠実に進行するが、丞相の木造の身替わりに驚いて「イリュージョンッ」などと叫ぶ悪ふざけも散りばめてある。途中、池に飛び込む奴宅内がラップ風に熱演する。あちこちに出没する妖精まがいの腰元、ティンカーベルという謎の役を怪演する谷山知宏は花組芝居に欠かせない三枚目役になり、今回は左中弁希世と涎繰《よだれく》りのとぼけぶりでも大いに笑わせてくれる。

梅王丸、松王丸、桜丸の三兄弟には若手を配し、梅王の丸川敬之は正義感に溢れ、松王丸の小林大介は骨太で声量があり、桜丸の美斉津恵友は目元涼しく、いずれも古典に体当たりする熱演に好感が持てる。歌舞伎では派手な様式美に包まれてしまうが、この三兄弟が健やかな青年であるという実感が湧く。「車引」では牛飼い舎人《とねり》を車の運転手に見立て、水下きよしの時平が公家荒れの隈取りも毒々しく、赤いクラシックカーに乗って登場するのがまさに型破り。松王はサングラスを付け、時平は葉巻をくわえて悪役気分。金棒引きがディズニーの『白雪姫』の小人の行進曲のメロディに合わせて、〽はいほう、はいほう、片寄れ、片寄れ」と先触れするのがぴたりとはまった。

「賀の祝」は三兄弟の嫁たちが祝い膳の支度をする茶筅酒の件りから始まる。原川浩明の白太夫の持ち場で、老役が似合うのを見ると二十五年の歳月を感じさせる。このあと「筑紫配所」と「北嵯峨」が付くので、桜丸の女房八重が惨殺され、松王が山伏姿になって園生《そのう》の前を救い出す筋がよく通る。「寺子屋」では北沢洋の武部源蔵が殺気立ち、堀越涼の戸浪との夫婦像も印象に残る。松王の衣裳をよく見れば、「雪持ち松」といっても雪の結晶の模様が描かれている。なお、苅屋姫と菅秀才は確かに姉弟だが、加納が苅屋姫と子役の菅秀才を兼ねるのはブラックユーモアだ。

大詰の「大内転変」に桜丸と八重夫婦の亡霊が登場して時平を滅ぼすのは原作の通りで、終始一貫した役として描かれていることが分かる。最後、天神様となった丞相が雷神の太鼓を背負って客席から登場し、その丞相を囲んで登場人物が勢揃いする絵面の幕切れが賑やかで、周囲に揺らめく白い提灯が、名もなき犠牲者たちの人魂《ひとだま》を象徴しているかのようであった。

この頃、観客の志向に合わせて歌舞伎の上演時間が短縮され、国立劇場でも通し上演が減ってしまっているだけに、こうした意欲的な新演出には観客としても新発見がある。是非、三十周年では『義経千本桜《よしつねせんぼんざくら》』に挑んで三大名作を完結して欲しい。


（平成二十四年十一月・あうるすぽっと）

孤高の生き方

『鬼一法眼三略巻《きいちほうげんさんりゃくのまき》』

ＮＨＫの大河ドラマ『平清盛』は予想に反して視聴率が低迷したらしいが、今月の国立劇場は平家を滅ぼす源義経が世に出るまでの苦節を想像力豊かに描いた『鬼一法眼三略巻』。通し狂言とは銘打たず、「菊畑」と「一條大蔵譚《いちじょうおおくらものがたり》」を並べて冒頭に「六波羅清盛館の場」を付けた。

牛若丸が虎蔵という奴に身をやつして、兵法の六韜三略巻《りくとうさんりゃくのまき》を狙っているのが「菊畑」。

吉右衛門が初役で挑む吉岡鬼一法眼は、軍師の眼光鋭く、肚《はら》に憤怒を煮えたぎらせ、おごる平家を見限って歴史の流れを変えてしまう凄味を利かす。庭に咲き揃った菊花を愛で、「この花開いてあとさらに花なしと思えば、とりわけ色香も身にぞ染む」というつぶやきには、牛若丸に三略巻を託して切腹しようという覚悟が滲んでいる。竹本葵太夫の語りも格調高く、〽御法《みのり》の菊を見る時は、心和らぐ敷島や」で、吉右衛門の鬼一は堆朱《ついしゅ》の杖をトンと地に突いて骨太な人物像を印象づける。鬼一の洞察力はただならず、虎蔵が牛若丸であるという正体を見抜き、さらには平家が滅ぶことも予知している。奴の知恵内《ちえない》が熊野育ちと聞いて自分の兄弟の身の上を語り出すのも、知恵内が弟の吉岡鬼三太であることを確かめる心なのだろう。〽煙に憂さを吹き交ぜて、花に余念はなかりける」と煙管を構えるあたり、吉右衛門の肚芸には謎めいた奥深さがある。

皆鶴姫を残して早々に帰って来た虎蔵を叱り、「六波羅の玄関前、御一門の御所の案内、とっくと見覚え、すわといわば晴れの草履、引っつかまん所存もなく」と苛立つのは、いうまでもなく平家を討つ心構えを説いている訳だが、それも清盛に対する怒りの裏返しに他ならない。

「菊畑」だけだと、鬼一は虎蔵と知恵内を追放して引っ込んで終わってしまうが、願わくは、このあとに「奥庭」を付けて、牛若丸に剣術を教えた鞍馬山の天狗の正体こそ鬼一であったという正体を明かして物語を完結させたかった。「奥庭」は平成五年に京都の顔見世、南座で十三代目仁左衛門が演じてから二十年も上演が絶えている。

梅玉の虎蔵は台詞と所作にふわりと柔らかな上質感があり、今日、前髪の若衆役はこの人の右に出る者はいない。芝雀の皆鶴姫は虎蔵への熱い恋心で色香が匂い立ち、〽菊の真瀬垣《ませがき》締めからむ、涙ぞ恋の誠なる」で捧げた扇をはらりと取り落とす「くどき」に気持ちを込める。又五郎の知恵内はやや小ぶりだが、「ねい、ねい」とへりくだる奴言葉もうまく、陽気で快活な気質が奴の役に似合っている。最初、「こちとらのような、寒ざらしが、遥かましかいッ」と踏み出した足をピシャリと叩くあたり上機嫌で気持ちのよい役である。本来は、虎蔵、知恵内、皆鶴姫は同じ世代で配役して、三人力を合わせて鬼一と拮抗するバランスが欲しい。

牛若丸の母、常盤御前が嫁ぎ先で清盛を恨んで耐え忍んでいることろが「一條大蔵譚」。

吉右衛門の一條大蔵卿長成は播磨屋のお家芸として完成度を高め、平家をあざむく「つくり阿呆」の愛嬌と哀愁を巧みに織り交ぜる。「檜垣《ひがき》茶屋の場」では、観客を大いに笑わせた先代勘三郎の影響も受けているのだろうか、垂れ眉を描き、口を半開きにお歯黒を見せて阿呆ぶりを誇張する。

しかし、吉右衛門の大蔵卿は「檜垣」よりも「大蔵館奥殿の場」で本領を発揮する。「今まで包む、わが本心」という一言を誰よりもたっぷりと歌い上げるので、明らかに正気の青年公卿が力強く舞台上に立ち上がり、そこに虚像としての阿呆を織り交ぜていく。〽うつけとなりて世を暮らせば」では阿呆だが、中啓で顔を隠して、〽また平家にも憎まれず」では正気に戻る。〽世にへつらわぬわがまま暮らし」で正気から阿呆に砕けるなど、目まぐるしく虚と実を交錯させて技巧を凝らすところに歌舞伎ならではの面白さがある。声音も使い分け、阿呆は高音、正気は低音を聞かせるのも吉右衛門の特徴といえるだろう。〽長田《おさだ》が館で、闇々と」で槍を構えてツケ入りの見得をきめたあと、涙をこらえる表情には万感がこもっている。

魁春の常盤は夫に先立たれた孤独感を十二単《じゅうにひとえ》で包み隠しているかのようで、「時世につるる人心、裏の裏なる恐ろしさ」からの述懐にも貫禄があり、恨みつらみを露骨にしない慎ましさが好ましい。大蔵卿が常盤の袖の下でたわむれるところなど、吉右衛門と魁春が夫婦役になると、平家への恨みを共有して互いを思いやる気持ちが通い合う。吉岡鬼次郎には梅玉、妻のお京には東蔵。

珍しい「清盛館」は歌六の清盛が虚勢を張り、錦之助の平重盛が父をいさめるだけでなく、皆鶴姫が笠原淡海を打ち負かす女武道を見せるのが興味深い。「これが白刃であるならば、首か、袈裟か、縦割りかッ」という乗り地の台詞で勇み立ち、さすが鬼一の娘らしい気質がよく描かれている。その他、歌昇が淡海に抜擢されて貴重な経験を積み、種之助の腰元白菊、米吉の小姓弥生といった播磨屋の次世代も登場して将来が楽しみだ。

こうして、吉右衛門の名演によって鬼一と大蔵卿を並べてみると、一見すると全く異なる二役に共通しているのは、時の権力に服従することなく、誰にも媚びへつらわない孤高の生き方。そこに吉右衛門の役者ぶりが重なって感動を増す。

（平成二十四年十二月・国立劇場）

平和なればこその芝居見物

『夢市男達競《ゆめのいちおとこだてくらべ》』

菊五郎劇団による国立劇場の初芝居は、外題の角書《つのがき》に掲げたように「西行が猫」が「頼豪が鼠」の祟りを退治する物語として首尾一貫させた。単なる辻褄《つじつま》合わせに終わらぬよう、歌舞伎らしい見せ場も盛り込んで娯楽作品に仕上げている。

菊之助の遊女胡蝶が猫、松緑の深見十三郎が鼠の化身として活躍する。昨年、『忠臣蔵』の塩冶判官や『籠釣瓶《かごつるべ》』の八ツ橋など次々と初役に挑んだ菊之助は、しなやかな所作、涼しい声音が魅惑的なだけに、最初から胡蝶が猫の本性を顕わしてしまうのが惜しい。可愛がっていた猫の霊が飼い主の敵を討つという設定は分かりやすいが、単に猫を擬人化するのではなく、あどけない少女が内に秘めている嫉妬や憎悪を掘り下げて猫に託して表現することもできただろう。猫が鼠に対して凶暴化するように、人間も動物的な本能に駆られて殺人事件が起きるのだろう。

河竹黙阿弥の原作は『櫓太鼓鳴音吉原《やぐらだいこおともよしわら》』という外題の通り、「日之下開山」という称号を与えられた初代横綱の明石を軸にした相撲の芝居で、もう一役、菊之助が明石志賀之助、松緑が仁王仁太夫《におうにだゆう》という力士役ではっしと睨み合い、田之助の吉田追風《おいかぜ》が行司軍配を持って仲裁に入る「喧嘩場」が素敵に盛り上がる。折角ならば、このまま明石と仁王を存分に活躍させてもよかった。

しかし、今回は明石を贔屓にする俠客、夢の市郎兵衛を主人公にする為に大幅に書き換えられている。「夢市」はかの助六のモデルになったともいわれ、『御所五郎蔵《ごしょのごろぞう》』や『黒手組助六《くろてぐみのすけろく》』と同じ系列で菊五郎には似つかわしい江戸ッ子の役である。花水橋を渡って登場する菊五郎の市郎兵衛は、さすがに座頭の貫禄で周囲を圧倒し、「寝返り打てば極楽も、地獄に変わる夢の世と」という啖呵に胸がすく。しかし、大詰、市郎兵衛が時代物の大袈裟な出で立ちで登場して化け鼠を退治するのは大袈裟で、最後まで男伊達の粋な姿で通して欲しかった。

時蔵は女房おすまと傾城《けいせい》薄雲の姉妹を演じ分け、一家心中しようとする夫婦の「愁嘆」と嫌な客に対する遊女の「悪態」を見せる。他に、明石の弟子の朝霧を勤める亀三郎を始めとして、亀寿、梅枝、萬太郎、右近ら若手が脇を支えているが、歌舞伎の将来を思うと、そろそろ彼らにも古典の大役を体験させて劇団の底力を高めたい。菊之助と松緑の二人だけでは芝居は盛り上がらないのである。なお、左團次の源頼朝が登場してめでたく幕となるが、歌舞伎で鎌倉幕府は江戸幕府の隠喩で、頼朝その人を表舞台に登場させてしまうと洒落っ気が失せてしまう。

中幕の所作事「宝船」は正月の御祝儀で、日本と唐天竺の七福神が仲よく船に乗る。頼豪鼠の力を借りて頼朝の命を狙う木曾義仲の「夢」という設定らしい。波風立たぬ平和な世なればこその楽しい芝居見物である。

（平成二十五年一月・国立劇場）

柿葺落しの「弁天小僧」

『弁天娘女男白浪《べんてんむすめめおのしらなみ》』

いよいよ、平成の歌舞伎座が藤十郎の『鶴寿千歳《かくじゅせんざい》』で幕を開けた。四月の三部制にはずらりと幹部の当たり役が並べられ、その中でも、菊五郎の『弁天娘女男白浪』が柿葺落《こけらおと》しに相応しい華やぎがある。他の演目は全て所作板を敷くので、真新しい檜舞台の生地を見られるのはこの芝居だけである。菊五郎の弁天小僧菊之助は三年前の「歌舞伎座さよなら公演」でも上演されたが、今回は「極楽寺山門屋根上の場」の立廻りを付け、山門のセリ上げがあるので、第二部は玉三郎の『将門』の屋台崩しともども新しい劇場の舞台機構を楽しめる。

今日の大幹部は年齢よりも遥かに若く見えるが、菊五郎にとって大切なお家芸の弁天小僧はふくよかな色艶をたたえ、もう七十歳の古希を迎えたとは全く思いもよらない。新橋演舞場の柿葺落しで上演されたのは三十一年前のことで、「浜松屋見世先の場」に花道から登場する娘姿は、当時に比べると若い美しさは失せて、声もところどころ男の地声になるが、そんなことは一向に構わない図太さがこの役には相応しい。力強くデフォルメされた油絵を見るような面白さ。もとより観客はこの娘が男であることを承知の上で、役を通して菊五郎という一人の役者の魅力を感じているのである。

日本駄右衛門に正体を追及され、「何で私を男とはェ」と差し出す左手、「どちらもまっぴら御免ねえ」と捧げる右手、その白い指先まで神経を行き届かせて美しい「型」をつくる。長い煙管の扱いも余裕で、雁首を灰吹き竹に叩きつける音をきっぱりと響かせる。「名せえ所縁の弁天小僧、菊之助たァ俺のことだッ」という名台詞を惚れ惚れと聞かせて、もうこの役ばかりは菊五郎をおいて他にないと思わせる。「さあ、すっぱりと、やってくんねえッ」と首を差し出すのもきざにならず、嫌味がなく、何とも陽気で底抜けに明るいところが江戸前の芸風である。

前回、南郷力丸を勤めた吉右衛門は、亡き團十郎の代役で日本駄右衛門を引き受け、その渋い風格と口跡は、まさに「日本」という大仰な名前が似つかわしい。扇子を突いて弁天を問い詰めるところも、菊五郎の「世話」と、吉右衛門の「時代」が拮抗する見事な大芝居になった。

左團次の南郷には飄々と演じながら菊五郎の弁天小僧を引き立てる。幸四郎の鳶頭が豪華版で、彦三郎の浜松屋幸兵衛、菊之助の宗之助もバランスがよい。橘太郎の番頭がすっかり手に入り、黄色い声を発して、持ち前の愛嬌で観客を存分に笑わせてくれる。

「稲瀬川勢揃いの場」のつらねは、吉右衛門の駄右衛門が「問われて名乗るもおこがましいが」とたっぷり語り出し、傘を持ち替えてカッと目を見開く賊徒の張本の表情に圧倒される。続いて、菊五郎の弁天小僧も傘を担いで足を踏み出す姿が小気味よく、こうして吉右衛門の駄右衛門と並ぶと、小柄な菊五郎が随分若返って見える。そこに三津五郎の忠信利平が渋味、時蔵の赤星十三郎が甘味を加え、左團次の南郷が締めくくってあっという間の一幕であった。

大道具の転換もスピーディーになったのだろうか、すぐに「極楽寺屋根上の場」となって大屋根の立廻りになる。立廻りは菊五郎劇団の大切な財産で、新しい歌舞伎座ということもあって菊五郎は一世一代の気組みで奮闘し、立腹を切ったまま大屋根のがんどう返しになると、観客は割れんばかりの拍手喝采で新しい歌舞伎座の誕生を祝す。「山門の場」にセリ上がる吉右衛門の駄右衛門は、わざわざ砥粉《とのこ》から白塗りに化粧を改めるのが丁寧で百日鬘がよく似合う。まさに世話から時代へ時空を超え、梅玉の青砥左衛門が登場して締めくくる。

めでたい柿葺落しは客席も華やかで、新しい歌舞伎座を一目見ようと連日大入り満員の賑わいである。引き続き、新しい歌舞伎座に芝居小屋の匂いが定着していくことを期待したい。

（平成二十五年四月・歌舞伎座）

吉右衛門のお家芸

『梶原平三誉石切《かじわらへいぞうほまれのいしきり》』「石切梶原」

大入り続きの歌舞伎座の五月は、第三部の吉右衛門の『梶原平三誉石切』「石切梶原」、玉三郎と菊之助の『二人娘道成寺』が華やかで理屈抜きに楽しめる。

吉右衛門にとって「石切梶原」は先月の『熊谷陣屋』に続いて播磨屋のお家芸である。今回は浅葱幕を切って落とすと大庭三郎と俣野五郎が板付きで立ち、花道から登場する梶原平三景時を待ち受ける。なお、誰もがそうするが、梶原が客席に背を向けて鶴岡八幡宮の社殿に一礼するのは余計で、丁寧に演じているつもりでもかえって片手間に思われる。

吉右衛門の梶原は刀の目利きも悠々として、六郎太夫がただ者ではないことを察し、事の成り行きを静かに見守る気持ちを微妙な表情に浮かべる。娘の梢を使いに遣っておきながら実は折紙がないと言い出すのを聞いて、はてなと小首をかしげ、景時は次第にこの親子に味方する肚《はら》を固めていく。試し斬りしようとする俣野に対して、「近頃もって無礼で御座ろうッ」と一喝し、左手を筒袖にして右手に扇子を構えるところなど、吉右衛門の梶原は袖の扱いが実にうまい。

斬らずに助けた六郎太夫に微笑みかけ、大庭と目が合って気を変え、素知らぬ顔で刀を懐紙で拭き上げる呼吸が絶妙である。吉右衛門型の「石切り」は後ろ向きなので地味なのだが、刀を振り下ろしても暫く何も起こらず、観客におやっと思わせておいて、手水鉢《ちょうずばち》が左右にゆっくり割れる微妙な間合いが面白い。義太夫の三味線に乗って、「これ屈強の稀代《きたい》の剣ッ」と褒めたたえる上機嫌なところ、吉右衛門はこれまでにない愛嬌を出し観客も思わず顔がほころぶ。

歌六の六郎太夫はすっかり老役が板に付き、芝雀の梢と又五郎の俣野は何度も演じている当たり役で、気心の知れた吉右衛門一座ならではの安定した配役である。その中に、團十郎の代役で菊五郎が大庭を勤めて柿葺落《こけらおと》しに相応しい顔合わせになった。

（平成二十五年五月・歌舞伎座）

明治座の花形歌舞伎

『与話情浮名横櫛《よわなさけうきなのよこぐし》』

歌舞伎座の柿葺落《こけらおと》しに並ぶ幹部の完熟の芸に比べると、明治座に集まった若手花形の演技はまだ固く青みを帯びているが、歌舞伎の未来の可能性を広げてくれる。

時代物、世話物、新歌舞伎、所作事、夏芝居と、バリエーションに富む演目の中でも、昼の部『与話情浮名横櫛』に人気者が顔を揃える。俠客の愛妾、お富が若旦那の与三郎と恋に落ちる「木更津海岸見染の場」は、中村屋の最古参、小山三の針女の案内で七之助のお富が登場するちょっと嬉しい幕開きになった。染五郎の与三郎ともども、すらりとした八頭身が爽やかな海風に吹かれるような印象である。浮気が発覚して与三郎が総身に傷を負う「赤間別荘の場」はあっけなく、やはり眼目は二人が再会する「源氏店《げんじだな》妾宅の場」。今回は人形町の御当地ならでは、史実通り「玄冶店《げんやだな》」と称しているが、江戸を鎌倉に置き替えて「源氏」とした芝居の洒落を大切にしたい。

染五郎の与三郎は藍微塵《みじん》の着物が細身によく似合って、強請《ゆすり》たかりに落ちぶれても若旦那育ちの気風を漂わせる。「しがねえ恋の情が仇」という七五調の名台詞は、腹に据えかねるお富への嫉妬をもう少し強調して、女への未練ではなく男として意地を張りたいところである。今回は二演目だが、持ち役として再演を繰り返せば、緩急自在にほれぼれ聞かせる余裕もできるだろう。

七之助のお富は年頃の女が持て余す色気には乏しいが、身寄りがなく芸者から愛妾となって運命に身を任せるしかなかった女の薄幸を感じさせる。お富の述懐は与三郎に向かって言うのではなく、もう少し正面に直って観客に聞かせた方がよい。なお、蝙蝠安《こうもりやす》に一分金を紙に包んで与える時、上から投げつけるよりも下から軽く放るのが女のたしなみだろう。

与三郎の悪仲間、蝙蝠安は亀鶴が下卑た汚れ役を引き受けて巧みに舞台に陰影をつくる。お富への強請では美女に対する男の執着も滲ませ、与三郎に「生言うねえ、生言うねえッ」と叱るところもドスが利いて、役づくりが小細工でないのがよい。これにもう少し愛嬌が付け加われば申し分ない。近頃、世間で人気が高まっている愛之助の多左衛門は下手から登場するだけで拍手が湧き、実はお富の兄と打ち明けて貫禄たっぷり物語を締めくくる。

最近は与三郎が舞い戻ってお富と抱き合うハッピーエンドが多くなったが、この場ではお富に未練を残さず、潔く花道を引っ込んでしまう型も見たい。
勘九郎は鳶頭金五郎で木更津に登場し、ちょっとした小粋な仕種や言葉遣いで江戸前の職人気質を生き写し、大店《おおだな》の若旦那と出入り職人の人間関係がよく分かる。勘九郎は他にも義太夫狂言『実盛物語』の斎藤実盛と、夜の部では新歌舞伎『将軍江戸を去る』の山岡鉄太郎を素敵に演じ分けた。亡き勘三郎の熱い役者魂が確かに受け継がれている。

（平成二十五年五月・明治座）

憎形の悪党

『沖津浪闇不知火《おきつなみやみのしらぬい》』

新橋演舞場の夜の部『沖津浪闇不知火』は四半世紀ぶりの上演となる幻の名作。同じ題材を扱って社会の偽善を暴いた井上ひさしの『藪原検校《やぶはらけんぎょう》』とは趣きが異なり、作者の宇野信夫は飽くまでも淡々とした筆遣いで悪の情景を描いている。先代勘三郎が初演した時の原題は『不知火検校』で、勝新太郎が主演して映画化され、その後「座頭市」が生まれるきっかけになったという。
今回、富の市の父、魚売りの富五郎が誤って按摩を殺してしまう発端を付けて因果応報を明らかにした。その祟りで盲目に生まれ、子供の盗み癖が高じて極悪非道に足を踏み外していく富の市。幸四郎の富の市は前半を細密な演技力で運び、「浜町河岸」で若旦那に言いがかりをつけて一両せしめ、「旗本岩瀬家の居間」で奥方の弱みに付け込んで三十両を奪い、「武州熊谷堤庚申塚」では旅人を殺して二百両を手に入れる。強盗を手引きして按摩の師匠を殺す「横山町検校の居間」では、手に入れた小判にまみれてニタリと不気味な笑みを浮かべる幕切れを印象的に仕上げた。師匠の寝所を二階に設定して大道具のセリを上下させるのも観客を飽きさせない工夫だろう。

盲官の最高位にまで成り上がって不知火検校と名乗る後半は、大名と渡り合うだけのふてぶてしい巨悪の存在感を膨らませる。金では満たされない欲望に苛立つかのように、目元や口元に殺気を滲ませる幸四郎の表情が鮮烈である。途中、三味線片手に地唄の「黒髪」を弾き語り、彼の孤独感に観客を引き込むところも芝居ならではの面白さ。

富の市の手足となって働くやくざ者には、弥十郎の丹治と亀鶴の玉太郎の鳥羽屋兄弟。師匠殺しを持ちかけられて寄席のはね太鼓に腰を抜かすところなど、罪の深さに恐れおののいて次第に憔悴していく亀鶴の役づくりが富の市の残虐性を際立たせる。それに比べて、橋之助の生首の次郎は少しも悪びれるところがなく平然と振る舞っているが、もう少しあだ名通りの凄味を利かせたい。次々と富の市の毒牙にかかって殺される女たち、地味な武家女房の浪江に魁春、蓮っ葉な茶屋娘の湯島のおはんに孝太郎、それぞれ女方の個性が役にはまった。

富の市にだまされた浪江がその後どうなったかまで原作は明らかにしていないが、新たに「神田土手」を書き加え、浪江は富の市に復讐しようとして逆に殺されてしまう。そして、富の市が大胆にも御金蔵破りを企てるのも分かりやすい誇張である。暗転の黒幕に浮かび上がるのは人魂《ひとだま》だろうか、殺された六人の恨みが積み重なって、とうとう富の市は八幡宮の宵祭りで寺社奉行に捕縛される。大勢の見物人に罵声を浴びせられ、石を投げつけられて花道を引っ込む幕切れは、廻り舞台を使って奥行きをつくる演出が優れている。「目明きのくせに面白いことの一つも見ず、せいぜい祭りを楽しむくらいが関の山」と悪態をつく富の市は、劣等感と優越感を裏表に持ち合わせる私たちの心の闇を見透かしていたのかもしれない。

昼の部『河内山《こうちやま》』も同じ僧形の悪党で、幸四郎は河内山の陽気と富の市の陰気、古典の「様式」と新作の「写実」を巧みに演じ分ける。今月は三津五郎の休演で『御浜御殿』の徳川綱豊は橋之助、『馬盗人』は翫雀が代役に立ってそれぞれ昼夜四役で健闘する。『馬盗人』では巳之助がならず者のすね蔵で滑稽な味わいを出しているのに注目したい。

それにしても、歌舞伎座の柿葺落《こけらおと》しの賑わいと比べて空席が目立つ。今後、新橋演舞場の歌舞伎興行は昼夜二部制にこだわらず、たとえば『沖津浪闇不知火』の一本立てにして料金を低く抑えるなど特徴を打ち出す必要があるだろう。

（平成二十五年九月・新橋演舞場）

『一谷嫩軍記《いちのたにふたばぐんき》』

幸四郎と染五郎の親子共演

「戦争」には勝者も敗者もない。

『一谷嫩軍記』の「須磨浦」は身替わりという芝居のトリックで、源氏方の熊谷次郎直実が平敦盛を討つと見せかけて実は息子の小次郎を犠牲にする。幸四郎の熊谷と染五郎の敦盛は、円熟を極める父と進境著しい息子が共演する今日絶好の配役で、熊谷親子は戦場の手柄に飢えた武将たちをだましおおせ、幸四郎親子は肚芸《はらげい》で観客を感動させなければならない。その虚構の二重構造の中心に立つ幸四郎は、優しくも厳しい親の真情に溢れている。

まず、「須磨浦陣門の場」で薙刀《なぎなた》を構える染五郎の小次郎は、「修羅の剣を研ぐことの浅ましさよ」と高い声音を歌い上げ、長い手足でふんわりと科《しな》をつくる。染五郎も四十歳になり、等身大の「実像」ではなく、芸によって生み出す「造形」として役の厚みが増している。一方、息子を追っ駆けて登場する幸四郎の熊谷は、これまで回数を重ねた当たり役のゆとりを感じさせる。小次郎を救出する花道の引っ込みで、前回は敦盛の正体を明かす型を試みたこともあったらしいが、今回は定型通り一目散に花道を引っ込むのが正解である。

「浜辺組討の場」で馬上の熊谷が敦盛を呼びとめる最初の見せ場は、朗々とした声の響きに複雑な思いを込めて感傷的に聞こえるのが幸四郎の特徴。花道から舞台に向かって広々と構えた国立劇場の劇場空間が須磨浦の景色に一変する。子役を用いた「遠見」を見せたあと、熊谷と敦盛が舞台にセリ上がる型は、虚構の二重構造を印象づけるカラクリになっている。

染五郎の敦盛は緋縅《ひおどし》の鎧に炊きしめた香が匂い立つような気品を漂わせ、「忘れ難きは父母の御恩」と、先立つ不孝を詫びる敦盛実ハ小次郎の人物像がぴたりと重なる。小次郎は敦盛の言葉を借りて熊谷に別れを告げ、染五郎は役に仮託して父の幸四郎への気持ちを打ち明ける。親子がしっかと見詰め合う瞬間、〽珠《たま》のようなる御粧い」という詞章の通り、表情を崩さない染五郎の目元が涼しく美しい。それだけに、敦盛の首を討つ寸前、熊谷が小次郎を思いやって「せがれ、小次郎直家と申す者、丁度、君の年格好」とか「心にかかるは親子の恩愛」云々と嘆く台詞を省いたのは残念だ。本音で語り合えなかった父と子が、嘘に包み隠したからこそ正直な気持ちを述べることができたと解釈できるこの場面の核心の台詞なのだと思う。

なお、平山武者所の登場を後回しにする歌舞伎の現行台本では、誰も居ないところで敦盛が「人の疑い晴らされよ」と言う意味が通らず、国立劇場では古典の台本の見直しが必要だろう。

敦盛を慕って息絶える許嫁《いいなずけ》の玉織姫には繊細で誠実な芸風の笑也。十二単《じゅうにひとえ》がよく似合う気品を漂わせる。なお、熊谷が姫の目が見えなくなったことを手を振って確かめる余計な仕種を省いたので幕切れがテンポアップした。錦吾の平山が敵役を引き受け、小次郎をそそのかしたり、玉織姫に言い寄ったり、戦場であからさまになる人間の本性を露わにする。

蕾の花を散らした小次郎と玉織姫。彼らの遺骸を海に流して弔う幕切れ、幸四郎の熊谷は余り感傷的にならず、武士の身の上を捨てて出家する覚悟を固めていく。今回はこのあと「熊谷陣屋」に続く二幕構成で悲劇が完結するので、「須磨浦」で唱える念仏が「陣屋」の花道の出で手に持つ数珠に凝縮され、「須磨浦」の鎧兜の重さと「陣屋」の僧衣の軽さの対比が際立つ。争いの絶えない人間社会を生き抜く私たちも、知らず知らずに目に見えない鎧を身にまとっているのかもしれない。

他に染五郎が渾身で踊る『鏡獅子』が付いて、染五郎の息子の金太郎と中車の息子の團子が胡蝶を舞い遊ぶ嬉しい配役だ。まだ海の物とも山の物とも分からないが、将来のよきライバルを目指す彼らの芸道精進が歌舞伎の未来を拓く。

（平成二十五年十月・国立劇場）

愛之助の上方歌舞伎

『夏祭浪花鑑《なつまつりなにわかがみ》』

愛之助が御当地、大阪松竹座で『夏祭浪花鑑』の通し上演に挑む。『夏祭』はこのところコクーン歌舞伎に席巻されてしまっていたが、我當の指導よろしく、愛之助の團七九郎兵衛、亀鶴の一寸徳兵衛、壱太郎のお梶という花形を揃えた上方歌舞伎である。

まず、序幕「お鯛茶屋の場」から始まり、團七の女房お梶が若殿様の玉島磯之丞の放蕩をいさめる背景を見せる。見晴らしよい海辺の茶屋の大道具が素敵で、この序幕から続くと、いつも見慣れた「住吉鳥居前の場」にも爽やかな潮風が吹き抜けるかのようである。牢から出所して囚人姿の團七が銀杏の首抜き模様の着付に着替え、髪床の暖簾から「俺でェすッ」と言って登場する愛之助の團七は、上方言葉に違和感がなく、ほのぼのとした愛嬌があるので芝居が楽しくなる。

亀鶴の徳兵衛は肩で風を切るように登場して、陽気な愛之助の團七とは対照的なので、制札を振って火花を散らす立廻りも際立つ。壱太郎のお梶は初役と思えない落ち着きで、團七の帰りを待ち焦がれた若い女房の恥じらいが初々しいが、声がきんきんと響きすぎないように注意したい。

珍しい「内本町道具屋の場」と「辻番小屋の場」は、魚屋になった團七が半纏《はんてん》姿で天秤棒を担いで働く生活感が面白く、團七が単なる俠客ではなく私たちにとって身近な存在になる。この場があると物語の全体像が明らかになり、愛之助の團七が橋三郎の義平次と猿弥の番頭伝八を相手にちょっと楽しい場面に仕上げたのは手柄であった。

「釣舟三婦《さぶ》内の場」は翫雀の三婦と扇乃丞のおつぎで、そこに吉弥のお辰が加わると一気に上方の味わいが濃くなる。お辰が頰の火傷を塗盆に映して「これでも色気がござんすかッ」といううきまりも小気味よい。花道から祭り気分で登場する愛之助の團七と亀鶴の徳兵衛は、色違いの團七縞を着て団扇を仰ぐ姿が水際立った男前で、松竹座の手頃な舞台寸法だと役者ぶりが大きく見える。

その夏祭りの気分も一変する「長町裏の場」は、愛之助の團七が精一杯に熱演して、ひたすら義平次の仕打ちに耐え、「こりゃこれ男の生き面をッ」と怒りで全身を震わせる。義平次との絡みで次第に着物が脱げて赤い褌《ふんどし》姿になるのが上方風で、凄惨な殺しを美しく見せてしまう様式美に固唾《かたず》を呑む。今後、もう少しでっぷりと貫禄がつけば背中の刺青《いれずみ》の不動明王も映えるだろう。

このあとの「田島町團七内の場」はいささか地味な場面だが、團七の親殺しを知った徳兵衛が、お梶に不義を仕掛けて團七と離縁させようとする。亀鶴の徳兵衛は旅姿がいなせで、壱太郎のお梶は飾り気のない真面目な役づくりで好感度が高い。團七と徳兵衛の喧嘩に割って入る翫雀の三婦は、人柄がよくて侠客という感じはしないが、一座の上置きとして若者たちへの説得に人生観を感じさせる。大詰は裏長屋の屋根上の立廻りで、大袈裟でなく飽くまでも世話物として完結させてあと味がよい。愛之助にはこうした上方歌舞伎に積極的に取り組み続けて欲しい。

（平成二十五年十月・松竹座）

『伊賀越道中双六《いがごえどうちゅうすごろく》』

旅情ということ

三大仇討ちの一つ、荒木又右衛門が岳父の敵を討つ鍵屋の辻の決闘。『伊賀越道中双六』では唐木政右衛門という役名の剣豪に橋之助が挑む。時代物に相応しい立派な風格の内に、心ならずも離縁した妻を思いやる情味豊かな役に仕上げた。孝太郎の妻のお谷は武家女房としてはもう少しきりりと堅い感じに仕上げたい。

国立劇場の九年前の通し上演の場割と同じで、沢井股五郎に和田行家が殺害される序幕に始まり、前半は「政右衛門屋敷の場」と「誉田《こんだ》家城中の場」、後半が「沼津」、そして最後に「伊賀上野敵討の場」を付けた。前回、まだ鴈治郎を名乗っていた藤十郎は政右衛門と十兵衛を兼ねて奮闘したが、今回は十兵衛一役に専念して当たり役を完成させる。東海道を往復して商いする呉服屋の十兵衛は、運命のいたずらで敵味方に分かれてしまった父の平作と出会う。

藤十郎の十兵衛のふわりとした立ち居振る舞いや、まろやかな上方言葉はまさに至芸といってよく、「駿州沼津棒鼻の場」では何も知らずに上機嫌で、平作の娘のお米《よね》の美しさに浮足立ち、「平作住居の場」の前半は「わしゃこなさんに惚れましたのじゃ」と顔を隠すあたりユーモアたっぷり。後半はシリアスに一変して、目の前の貧しい老人が父であると知りながら、後ろ髪を引かれる思いで慌ただしく旅立つ時、「この蠟燭で、吉原まで持つであろうかな」と涙声でつぶやき、平作を見詰める表情は自分を捨てた老父への複雑な思いではちきれんばかりに膨らむ。「千本松原の場」の暗闇では平作の命懸けの嘆願に応え、敵の股五郎が九州相良に逃げたことを打ち明ける「今際《いまわ》の耳に、よう、聞かっしゃれや」という台詞で、「よう」を低くうめき、「聞かっしゃれや」を高く叫び、忠義と孝行の葛藤を表現する緩急自在の息遣いに引き込まれる。柔和な内にも武士に負けず劣らぬ町人の男気を感じさせるのは、来月、八十二歳になる藤十郎がいつまでも若々しいからだろう。

老役が不足気味の今日、翫雀が平作役を引き受けて体当たりの力演で芸域を広げ、親子反対の意外な配役を自分のものにした。何よりも、暮らしは貧しくても卑しからぬ人品がよく分かる。引き続き、翫雀にはお家芸として十兵衛役にも挑戦して欲しい。扇雀の娘お米とともに一家揃った共演がめでたい。亀鶴の池添孫八、寿治郎の荷物持ち安兵衛がほどよく脇を締める。

国立劇場では文楽と歌舞伎で同じ『伊賀越道中双六』を続けて通し上演する企画で、先月の「千本松原」では竹本住太夫の八十八歳の語りが絶品であった。住太夫にしても藤十郎にしても、年輪を重ねた名人芸には観客の心を温かく包み込む包容力がある。富士山が静かに見下ろす裾野の街道で、人と人が出会い、別れを惜しむ旅情。その喜怒哀楽と紆余曲折に「人生」を思う。

（平成二十五年十一月・国立劇場）

古典と現代社会の交錯

木ノ下歌舞伎『東海道四谷怪談《とうかいどうよつやかいだん》』

木ノ下裕一がプロデュースする「木ノ下歌舞伎」が『東海道四谷怪談』の全幕通し上演に挑む。歌舞伎を現代劇として上演する意欲的な試みは、今日の歌舞伎が忘れてしまった原作の魅力を再発見させてくれる。単純には比べられないが、花組芝居が大胆にアレンジしたパロディの楽しさがあるのに対して、木ノ下歌舞伎は飽くまでも原作に忠実で、今回、演出を任された若手の杉原邦生は歌舞伎の様式的な装飾を丁寧に取り去って物語の魅力を追求する。

延べ六時間を三幕で構成し、第一幕は「浅草境内」「地獄宿」「裏田圃」、二幕目は「浪宅」「伊藤家」「隠亡堀」、そして三幕目は「三角屋敷」「小塩田《おしおだ》隠れ家」「夢の場」「蛇山庵室」。特に「小塩田隠れ家」が珍しく、有名無名の若い俳優たちが力を合わせて『四谷怪談』の上演史に新しい一ページを加えた。舞台装置はシンプルで、奥行きをたっぷりとった無機質な空間に、洋服でスニーカーを履いた登場人物があちらこちらから出入りして軽快に場面転換していく。飛行機の轟音が繰り返し頭上に響くのはちょっとしつこい気もするが、私たちの平穏な暮らしを脅かすものを象徴して、観客の意識を常に覚醒させようとするかのようである。

主人公の民谷伊右衛門はお岩を愛し、愛しながらも、やむにやまれぬエゴイズムに突き動かされて不幸に陥れてしまう。単なる悪役ではなく、赤子が自分によく似ていると言われたり、出がけにお岩から羽織を渡されるところで、伊右衛門を演じる亀島一徳はちょっと眼鏡を持ち上げて照れ臭そうな表情を見せる。後半、伊藤家の誘惑に負けて、取りすがるお岩を足蹴にする時は顔をそむけ、悪役になろうと背伸びしているのがよく分かる。浪宅に出入りする金髪のチンピラたちに囲まれた伊右衛門を見ていると、古典と現代社会が交錯した不思議なリアリティに引き込まれる。

お岩役に挑む黒岩三佳は小柄で華奢な印象だが、愚かな男に見染められたばっかりに人生を狂わせてしまった女を精一杯表現した。だまされて毒薬を飲むところも思い入れたっぷりだが、歌舞伎の女方とは違うので、もう少しさらさらと自然に演じた方が女優らしさを生かせるだろう。「じゃわいのう」という悠長な言い回しも現代語に書き改めた方が無難だろう。「髪梳《かみす》き」では背後に満天の星が輝いて、〽人は生まれてから死ぬまで、何回、真実を見つけられるだろう」云々と舞台袖でラップが歌われ、化粧するお岩の姿がスポットライトで照らされる。怪談として最も恐ろしいはずの場面を、木ノ下歌舞伎ではむしろ明るく美しく仕立てる逆説で観客に訴える。歌舞伎では武士の妻としての誇りを傷つけられた怒りが強調されてしまうが、お岩も悪人と知りながら伊右衛門を愛し、飽くまでも一人の女として夫の浮気に嫉妬しているのかもしれないなどと想像を掻き立てる。伊右衛門との恋愛を懐かしく思い出すような「髪梳き」があとの「夢の場」と呼応することになる。

「隠亡堀」は水辺の効果音として三味線の「佃の合方」を聞かせたり、だんまりの型をなぞった立廻りなど、歌舞伎の「型」にはまってしまったのはちょっと残念で、現代劇として何かもう一工夫凝らしたいところ。今回は舞台を前後に分割して横に溝をつくったが、むしろ左右に分割して、舞台正面奥から手前に戸板が流れ下りて来るようにしたら面白かっただろう。

『四谷怪談』に仕組まれたもう一つの怪談、伊右衛門がお岩と一緒に戸板の裏表に打ちつけた小仏小平のエピソードをきちんと見せるのが今回の通し上演の眼目で、三幕目で原作通り「三角屋敷」と「小塩田隠れ家」を交互に構成して、直助とお袖の兄妹の悲劇と、小平の霊が伊右衛門から盗んだ妙薬、桑寄生《そうきせい》を届けて小塩田又之丞の病を治す物語が同時進行する。廻り舞台の代わりに、芝居の区切りに開幕ブザーを鳴らし、舞台の左右に待機していた役者が入れ替わっておもむろに自分の芝居を始める演出が面白い。又之丞は高山のえみが宝塚の男役風に颯爽と演じて、隠れ家を訪れた赤垣伝蔵と討ち入りの一番槍を争う台詞を盛り上げる。小平の霊が息子の次郎吉に乗り移るところは森田真和が二役兼ねて不気味な雰囲気を漂わせ、「浪宅」と「三角屋敷」をつなぎ合わせる按摩宅悦は、高橋義和が個性的な脇役を存在感たっぷりに熱演している。

主役から脇役まで、善人も悪人も、複雑な人間関係によって織り成されている混沌とした社会。この世とあの世も裏表一体につながっている。木ノ下歌舞伎によって『四谷怪談』の全貌を目の当たりにできたのは貴重な観劇体験であった。

（平成二十五年十一月・あうるすぽっと）

はかなく散った若者たち

『仮名手本忠臣蔵《かなでほんちゅうしんぐら》』「五段目」「六段目」

新しい歌舞伎座で二ヶ月続く『仮名手本忠臣蔵』。十二月は幸四郎の大星由良助が昼夜通して、玉三郎が「道行」と「七段目」のお軽で持ち役の完成度を高め、玉三郎が海老蔵の早野勘平と寺岡平右衛門を相手にしても美貌に衰えを感じさせないのには驚かされる。特に今月は若手花形が活躍し、菊之助の塩冶判官と染五郎の早野勘平が上出来で、『忠臣蔵』がはかなく命を散らした若者たちの物語であることを鮮明にした。

「五段目」の浅葱幕を切って落とすと、染五郎の勘平は笠の振り上げ方が勢いよくシャープな印象で、こうして狩人に身をやつしても田舎暮らしに馴染まず、にわか雨に降られて途方に暮れている都会の若者という感じがする。勘平の濡れた蓑笠姿は、それがそのまま彼の憂鬱な気持ちを象徴しており、思いがけず千崎弥五郎と出会って一筋の光明が差し込むのである。

獅童の斧定九郎が掛け稲から登場すると、古怪な風貌が暗闇に怪しく浮かび上がり、まるで江戸の芝居小屋で見物しているような錯覚を覚える。勘平の鉄砲に当たってもがき苦しむ断末魔は型通りにならず、二つ玉の衝撃で身体をのけぞらせ、勢いが余って舞台中央に飛び出し、いつもの定位置よりも前に飛び出しそうな格好で口から血を滴らせる真剣な役づくり。私が観劇したのは、獅童の母君の葬儀が行われた翌日だったが、もう一役「討ち入り」で泉水の立廻りを繰り広げる小林平八郎ともども立派に勤め上げて客席から温かい拍手が沸き起こっていた。

舞台廻って「六段目」は、七之助のお軽が野辺に咲く花のように可憐で、染五郎の勘平と夫婦の釣り合いもよい。お軽が勘平に大小刀を渡すところで夫の横顔を見上げ、目が合うと悲しそうにうつむく一瞬に廓に身売りする別れのつらさを込める。冷ややかな表情と違って内面に熱いものを秘めているところに七之助の特徴がある。

染五郎の勘平は浅葱色の紋服がよく似合い、与市兵衛を撃ってしまったのではないかと縞の財布を確かめるところで、〽そこら辺りに目を配り」という詞章の通り目をきょろきょろ動かしたり、自分の犯した罪に恐れおののいて身震いするあたり、観客にそれと分かるよう大振りに熱演する。「武士の情けじゃ御両所方ッ、お下《しも》にござってお聞き下さァれェ」と、二人侍の刀を取るところもきっぱりときめている。染五郎の勘平は初演時に亡き勘三郎の指導を受けたらしく、ところどころで勘三郎が熱演する姿を彷彿とさせるのが興味深い。勘三郎の勘平は着崩れもいとわなかったが、染五郎は二枚目のたたずまいが美しく、〽五体に熱湯の汗を流し」と苦悩すると、透明な氷柱が次第に溶けて痩せ細っていくような感じがする。

本当ならば、亡き勘三郎にはこのように後進を指導する大きな役割があったはずで、芸の橋渡し役となる中間世代が手薄になってしまったのは歌舞伎にとって大きな痛手である。その代わり、吉弥のおかや、弥十郎の不破数右衛門、亀蔵の源六が勘三郎と共演した経験を踏まえて染五郎の勘平の芝居を盛り上げる。萬次郎の一文字屋お才には遊女屋の女房の雰囲気がある。

他に、当初予定されていた三津五郎の休演で海老蔵が高師直を引き受け、三十代の若さでこの老獪な役をしこなせるとは大した度胸である。折角ならば、「大序」の「兜改め」で「そでねえ時にゃあ大きな恥だッ」という江戸前の型を用いてもよかっただろう。図らずも、「三段目」は菊之助の判官と海老蔵の師直の共演でさすがに息がよく合っている。

（平成二十五年十二月・歌舞伎座）

権力悪への憤怒

『いろは仮名四十七訓《がなしじゅうしちもじ》』「弥作の鎌腹《かまばら》」

『いろは仮名四十七訓』「弥作の鎌腹」は、『忠臣蔵』の「判官切腹」と「勘平腹切」の巧みなパロディ。吉右衛門にとっては満を持したお家芸「秀山十種」の復活である。

百姓の弥作は弟の千崎弥五郎から討ち入りの秘密を打ち明けられ、弥五郎の縁談を断るつもりで、うかつにも秘密を口外して草刈り鎌で腹を切ることになる。先月、歌舞伎座で大星由良助を昼夜演じ通した吉右衛門は、立派な英雄像から打って変わって、愚直で不器用な生き方しかできなかった正直者の造形に成功した。死を覚悟する弥五郎を制止して、「武士の魂は知らんかて、命の損得ぐらいは知っているわい」という一言が弥作の性根。そういえば、冒頭、猪狩りから帰って来た弥作がうまそうに一膳飯を食らうのも生きることへの執着を表わしている。

武士の切腹の作法を真似して、有り合わせの風呂敷を敷いて四隅に大根を並べたり、九寸五分《くすんごぶ》の短刀の代わりにまな板と包丁を持ち出す滑稽な趣向は、死を様式的に美化することへの素朴な疑問を呈する。武士の潔さとは違って死のうとしても死にきれず、転んだ拍子に鎌が腹に刺さってしまう痛々しい死に様は、私たちを笑わせながらも幕切れにちょっとほろりとさせる。憎むべき敵は高師直、善良な民をあらぬ罪に陥れる権力悪に対する憤怒を覚える。

芝雀の女房おかよは白塗りでない地色の役づくりで、繊細な女方芸が愛らしく、弥作の浮気を疑って心配するところや、親の反対を押し切って弥作と夫婦になった昔話など、仲睦まじい田舎暮らしのささやかな幸せがしのばれる。又五郎の弥五郎は兄の死を看取って旅立つ義士の真剣なまなざしが印象に残る。人の気持ちを平気で踏みにじる上役、代官の柴田七太夫には橘三郎。冒頭に登場する百姓の由次郎、桂三にも朗らかな味がある。

今月は「知られざる忠臣蔵」と銘打った三本立てで、討ち入り前夜を描く『主税《ちから》と右衛門七《えもしち》』は小品ながら、歌昇の矢頭右衛門七、隼人の大石主税、そして右衛門七に恋する娘、米吉のお美津、若手三人のひたむきな熱演に好感が持てる。まだあどけないが、彼ら二十代がじっくり役づくりに取り組む機会が持てることは貴重である。もう一つの『忠臣蔵形容画合《ちゆうしんぐらすがたのえあわせ》』は河竹黙阿弥の舞踊劇を藤間勘十郎が振付けた。隼人の早野勘平と米吉のお軽がお似合いの「裏門」や、魁春の顔世御前と鷹之資の大星力弥が慎ましい「花献上」など、滅多に上演されない場面を織り交ぜた七段返しで、年忘れに相応しく吉右衛門一座が賑やかに出演する。

（平成二十五年十二月・国立劇場）

当たる午年の「馬切り」

『三千両初春駒曳《さんぜんりようはるのこまひき》』

恒例の菊五郎劇団の初芝居『三千両初春駒曳』は、当たる午年に因む松平長七郎の「馬切り」で、往年の時代劇ヒーローが信長の次男、小田三七郎《さんしちろう》信孝という設定に名を変えて登場する。

信長亡きあと真柴と柴田の権力争いを避けて「この日本を気ままに往来」と家を出奔する三七郎は、菊五郎の豪放磊落《らいらく》な気風がよく似合う。高野山への祠堂金の三千両を馬ごと奪い去る「住吉大和橋の場」は、十三代目仁左衛門が型を書き残している松島屋のお家芸でもあるのだが、今回は全く新しい演出で『鈴ヶ森』と同じ暗闇の立廻りに仕立て、肩で風を切る花道の引っ込みが当世の閉塞感を打ち破るかのようだ。黒紋付にこだわらず派手な色柄の伊達小袖は菊五郎好み。旧作の「復元」でなく、飽くまでも自由奔放な「復活」だということなのだろう。

もう一つの趣向「釣り天井」は「柴田旅館の場」で大道具の見せ場に仕立てたが、それよりも芝居として際立つのは菊之助の二役演じ分けで、高麗国の照菊皇女のたをやめぶりと大工の与四郎のますらおぶりが目にも鮮やか。松緑は天下を狙う柴田勝重でふてぶてしい存在感を示す。次世代もめきめき腕を上げ、憎々しい赤ッ面の敵役、宅間小平太に亀三郎、爽やかな白塗りの二枚目、小早川采女《うねめ》に松也という配役が好対照。世話場では与四郎に恋する可憐な娘お園には梅枝。折角ならば、采女と照菊、与四郎とお園の恋の語らいをもっとたっぷり見せて欲しかった。

原作の『けいせい青陽鶪《はるのとり》』は寛政期の上方で流行《はや》った太閤記物で、太閤殿下、豊臣秀吉の人気は寛政の改革で言論弾圧に苦しめられた江戸幕府に対する不満の裏返しだともいわれている。もとより複雑な筋を抜粋した脚本と、軽快に場面転換する演出があいまって、おぼろげながらも当時の観客が憂さを晴らした一つの物語世界が浮かび上がる。

（平成二十六年一月・国立劇場）

新しい猿之助のスタートダッシュ

前川知大＝作『空《くう》ヲ刻ム者』

三月、新橋演舞場の『空ヲ刻ム者』は「スーパー歌舞伎Ⅱ《セカンド》」と称して、四代目を襲名した新しい猿之助の力強いスタートダッシュになった。二十八年前、この同じ劇場で『ヤマトタケル』を初演して一世を風靡《ふうび》した伯父、先代猿之助の創造精神が確かに受け継がれている。

脚本は劇団イキウメを主宰する新進気鋭の劇作家、前川知大の書き下ろし。「若き仏師の物語」という副題の通り、猿之助が熱演する主人公、仏師の十和《とわ》の青春の葛藤を通して、仏像とは何か、仏教とは何か、そして題名に掲げた「空」という究極のテーマに迫っていく。「色即是空、空即是色」の「空」であろう。貴族の注文に応じて仏像を彫る父に反抗して、十和は村を追放されて都で盗賊の仲間に入るが、自暴自棄な暮らしから立ち直ってようやく仏師として自分がなすべきことを悟る。宗教と政治の危うい関係にまで鋭く切り込む意欲作で、宗教が死を美化し、政治がそれを利用することの怖さを訴える。近未来を幻想的に描く前川のこれまでの作風とは趣きを異にするが、人間の内面を深く掘り下げようとするシリアスな姿勢は一貫している。

装置は堀尾幸男、照明は原田保というベテランを迎え、スーパー歌舞伎でお馴染みの毛利臣男の衣裳、長沢勝俊の音楽も転用した。猿之助はスーパー歌舞伎の演出手法を巧みに組み合わせ、廻り舞台、セリ上げなど、新橋演舞場の舞台機構を余すところなく使いこなして三幕二十一場を軽快に展開していく。大詰の立廻りはいささか演出過剰に思われるが、盛り沢山で観客を満腹にするのも「スーパー歌舞伎」のサービス精神である。

優しさと勇ましさを兼ね備えた猿之助の十和は、自問自答しながら観客に向かって死生観を問う。人生は宿命なのか、はたまた偶然なのか。次々と愛する人たちを亡くして、「人生を諦めるのが運命というならば、俺は最期まで運命にあらがってやろうッ」とか、「現実を見据えた上で、なお、あらがおうとするのが人間だッ」と奮い立つ十和の姿に生命力がみなぎる。私たちは誰もが一刻一刻、力尽きるまで自分の像を刻み続ける仏師なのかもしれない。

十和と対照的に描かれる幼馴染みの一馬《かずま》には佐々木蔵之介が友情出演。領主の息子の一馬は、凶作が続く村の窮状を救おうと都に赴任するが、宮廷の権力闘争に巻き込まれて志を見失ってしまう。佐々木は大劇場の観客を相手にやや緊張気味だが、大きな体格が舞台に映え、よい意味で歌舞伎の型にはまらずに自然と滲み出る人柄が共感を集める。

思いがけず盗賊の十和と役人の一馬が再会する場面は、何かもう一工夫欲しいところだが、「多くの民の屍《しかばね》の上に、お前はどんな景色を見ようというのかッ」と十和に問い詰められて一馬ははたと目を覚ます。二人が手に手を取り合って、殺気立つ民百姓をとめようと飛翔する宙乗りの高揚感は、私たちが執着を捨ててこそ得られる「自由」の境地のよき疑似体験になる。

浅野和之の老巫女の鳴子、福士誠治の弟弟子の伊吹、いずれも個性的な役づくりで狂言廻しを勤めている。伊吹の「どうか、仏様を恨まないで下さいね」という遺言が十和の気持ちを和らげる。右近の九龍《くろう》という謎の仏師は十和を導く人生の師匠役で、「人生はままならぬ。人を恨むなよ、人生を恨むなよ」という遺言をずしりと重く響かせる。右近はもう一役、不動明王に再生して利剣を振るう力感が素晴らしい。妖艶な女盗賊の双葉には笑也、荒くれた盗人の吾平には猿弥、母の菖蒲《あやめ》には笑三郎など、澤瀉屋《おもだかや》一門が脇を固めて芝居の完成度を高めている。

幕切れ、大勢の人々に見送られて旅立つ十和はどこに向かうのだろうか。それは、四代目が名実ともに「猿之助」になっていく姿なのかもしれない。

（平成二十六年三月・新橋演舞場）

「失われた街」

川村毅＝作『神なき国の騎士』

川村毅の新作『神なき国の騎士』には、今日書かれるべくして書かれた同時代のメッセージが込められている。もし、中世のスペインの騎士道を信奉するドン・キホーテが、時空を超えて現代の日本に下り立ったら、一体、どんな珍騒動を引き起こすだろうか。

冒頭、ドン・キホーテとサンチョ・パンサが風車に立ち向かうお馴染みの場面から始まり、あっけなく吹き飛ばされて、二人は東京と思しき都市の歓楽街に転げ落ちる。夜もコンビニエンスストアの看板が明るく輝いている。警官、キャバクラ嬢、客引きのやくざに絡まれて、ふと足元を見ればホームレスの人々がたむろしている。デモに集う大衆はキホーテの目には迷える子羊の群れに見えたらしい。と、ここまでは想定の範囲内だが、そこから先は作者の想像力に任せて物語は意外な方向に展開する。怖いもの知らずの勇気をたたえられ、キホーテは一国の大統領に祭り上げられるが、たちまちスキャンダルにまみれて留置所に入れられてしまう。

第一章の「中心の街」に対して、第二章の「失われた街」は、飼い主と離れ離れになった馬のロシナンテとロバが逃げ込んだ暗闇の世界で、劇が進行するに従って、ここが東日本大震災の福島の原発事故で被曝した立ち入り禁止区域であることが明らかになる。残飯をあさっていたのは、猫のネオ、犬のイワオ、牛のゴロー、豚のクロマツ。いずれも人間が避難したあとに野生化した家畜で、擬人化された動物たちの会話を通して私たちが外から眺めるしかない被災地の惨状を暴く。しかも、彼らはバリケードで囲われて外に出られない。野村萬斎がキホーテとロシナンテ、中村まことがサンチョとロバを二役兼ねて観客を錯覚に陥れるところに作為があるのだろう。猫のネオを演じる馬渕英俚可には大人びた魅力があり、境界を越えて空を往復するトリは新人の深谷美歩が幻想詩を歌い上げる。そして、牢から抜け出したキホーテが闇の世界を訪れてロシナンテと再会する第三章の「不思議の街」では、バリケードの外から人間が動物たちに銃口を向ける結末に戦慄を覚える。

萬斎の演出は、麿赤兒率いる大駱駝艦を招いて白塗りの人々が群衆となったり森林となったり、様々な景色を象徴するのが面白い。折角ならば、装置と衣裳をもっと抽象化して、都市と地方、人間と動物、そして何よりも光と闇の対比を明確にしたらよかっただろう。

震災から三年経った今も、福島の「失われた街」は暗闇に包まれたままである。全国で停止している原子力発電所を再稼働しようという動きもあるが、そもそも日本列島それ自体が巨大な活断層の上に位置していると考えれば、この狭い国土に原発は全て不適合だと思う。私たちはこの深刻な負の遺産を後世に押し付けるようなことがあってはならない。ドン・キホーテがたった一人で「世界を終わらせようとする全ての意思」に立ち向かう姿は滑稽かもしれないが、幕切れ、「神はどこにもおりません。だが、皆の衆、ゆめゆめお忘れ召さるな。神々はわれらが胸の内にある。生き抜くのだッ」という萬斎のキホーテの叫びに勇気づけられる。

（平成二十六年三月・世田谷パブリックシアター）

次世代の「團菊祭」

『春興鏡獅子《しゅんきょうかがみじし》』

新しい歌舞伎座で初めての「團菊祭」に團十郎の姿がないのは寂しいが、「團十郎一年祭」と称して海老蔵を活躍させたのは菊五郎の心配りだろう。昼の部は左團次の『毛抜』、海老蔵の『勧進帳』、菊五郎の『魚屋宗五郎』。夜の部は松緑の『矢の根』、海老蔵の『幡随長兵衛』、そして菊之助の『春興鏡獅子』。これまで平成の「團菊」が揃って支えてきたこの興行も、次世代の菊之助と海老蔵に大切に継承していって欲しいと思う。

菊之助の『春興鏡獅子』は東京では十二年ぶりで、これまでは小姓の初々しさが取り柄だったが、このところ女方として実力を高めており、「春興」という通り暖かい東風を招く。踊り始めは丁寧に、〽恋の根笹の伊勢、海女《あま》、小舟《おぶね》」で袂《たもと》を掲げて一画一画をとめる楷書で、歌舞伎座の大舞台にふさわしいたっぷりした筆遣い。〽人の心の花の露」で左右に広げる両手の指先も、鋭角でなくふっくら仕上げている。〽はたち鬘の堅意地も」の踏み込みや、〽櫛の歯にまでかけられし」で左足をすっと差し出す足捌きが美しいのも重心が安定しているからだろう。

菊之助は形容ばかりでなく詞章通りに女心を表現して、〽初の人にも馴染むはお茶よ」で扇子で顔を隠すところは恥ずかしそうにほほ笑み、〽朧月夜《おぼろづきよ》や時鳥《ほととぎす》」では一人寝する寂しさを滲ませ、〽花には憂さをも打ち忘れ」の溜めで恍惚としたあと、ふと我に返る晴れやかな表情の変化など、健やかな少女の心の移ろいを際立たせる。

二枚扇は少女がいかにも勇ましく男勝りに仕舞を舞うという趣向がよくわかる。後シテは端正なつくりで獅子の貫禄にはまだ及ばないが、その代わり足捌きや毛振りはなかなか俊敏である。今後、女方だけでなく立役の活躍も増えれば、次第に父の菊五郎の芸風に近づくことだろう。胡蝶は子役でないのが最近では珍しく、国久と名題昇進した蔦之助が踊っている。

なお、海老蔵が歌舞伎座で初めて演じる『勧進帳』の弁慶は、先年の日生劇場では力任せで空回りしたが、今月は初心に返って落ち着きを取り戻している。よく見れば、弁慶の裃後見を右之助が勤めており、團十郎の襲名時に『勧進帳』『助六』『暫』の後見を任された右之助から亡き父の息遣いを教わろうとしているのかもしれない。歌舞伎役者として海老蔵が今最も大切にすべきことは、このように古典を学ぶ謙虚な姿勢なのである。

（平成二十六年五月・歌舞伎座）

水彩画の筆遣い

『慙紅葉汗顔見勢《はじもみじあせのかおみせ》』

明治座の五月花形歌舞伎。丁度、この季節は劇場前の銀杏並木の青葉が美しく、心地よい二階のラウンジからの眺めはちょっと贅沢な気分に浸ることができる。

今年は染五郎の一枚看板で、夜の部の『慙紅葉汗顔見勢』で「伊達の十役」の早替わりに挑む。登場人物のキャラクターを一目瞭然に造形した歌舞伎の「役柄」。老若男女、生き替わり、死に替わり、様々な役柄を四十数回早替わりする趣向で、いわば最大公約数のように一人の役者の個性と器量が舞台上に浮かび上がる。先代猿之助がこの作品を復活初演したのはまだ建て替える前の明治座で、歌舞伎には丁度よい明治座の舞台寸法で見直すと早替わりもスピード感を増す。

先代猿之助の十役が絵具をたっぷり塗り重ねる油絵だったとするならば、今回、初挑戦する染五郎は淡々とした水彩画の筆遣いで繊細に描き分ける。すらりとした八頭身が端正で、特に、傾城《けいせい》の高尾太夫と腰元の累《かさね》、薄幸の姉妹の寂し気な横顔が印象に残る。伊達騒動を脚色した『先代萩』の勧善懲悪も、殺された高尾が悪霊となって累に祟る怪談と表裏一体になることで物語の奥行きが深まる。染五郎は台詞廻しも丁寧で、正義感溢れる捌役《さばきやく》の細川勝元の「汝ごときはこれすなわち、虎の威を借る狐じゃわッ」と悪臣を問い詰める口跡が鋭く爽やか。

残念ながら敵役は染五郎の柄でなく、土手の道哲は「おっと、これだから、敵役はやめられねェ」などという憎まれ口を粘らせるが、仁木弾正は無言なだけに貫禄が必要で、周囲を圧倒する睨みにもう少し凄味が欲しい。女方の大役の政岡は、歌六の八汐、秀太郎の栄御前というベテランに支えられて行儀よく勤めている。亀鶴の渡辺民部之助が好助演。錦吾の渡辺外記左衛門《げきざえもん》が今日では一級品で、大詰、力を振り絞って「久しき春こそめでたけれ」と謡い納める。

昼の部は幕開きの『義経千本桜《よしつねせんぼんざくら》』の「鳥居前」が上出来で、歌昇の狐忠信が古典の型を素直に学んで荒事の力感をみなぎらせる。狐の正体を表わす火炎隈も映え、狐六方の花道の引っ込みも威勢よい。隼人の義経の品格、米吉の静御前の愛嬌、種之助の弁慶の豪気も初々しく、同世代で『千本桜』を通し上演できる日もそう遠くはないだろう。

（平成二十六年五月・明治座）

「三人吉三」のリアリティ

船岩祐太＝作『3crock』

『3crock』とは三人の半端者という意味だろうか、河竹黙阿弥の『三人吉三廓初買《さんにんきちさくるわのはつかい》』を現代劇に書き改めた意欲的な試みである。しかも、「三人吉三」だけでなく、今日では上演されない木屋文里と遊女一重《ひとえ》の情話も含めて二時間余りで通し上演する。船岩祐太が主宰する演劇集団砂地は、洋の東西を問わず「古典の再発見」を掲げて芝居づくりを続けている。

舞台と客席が暗闇に包まれると、懐中電灯を持った男が無機質な劇場の壁を梯子伝いに下りてくる。その男が土左衛門伝吉で、「土左衛門」というあだ名の通り水死体を引き上げているらしい。古典を現代劇化するに当たって、単に時代設定を書き換えるだけでなく、目を覆いたくなるような生々しいリアリティで物語を先鋭化させている。登場人物が入れ替わり立ち替わり、様々な人生が複雑に交錯しながら、謎めく人々の正体はあとから次第に解き明かされていく。たとえば伝吉と和尚の親子関係など、歌舞伎では一目見てその人物が何者か分かるようになっているが、現代劇ではそのあたりがいささか難解になってしまう。しかし、分かりやすく筋を追うのではなく、むしろ社会の混沌をありのままに提示しているともいえるだろう。

お嬢吉三、お坊吉三、和尚吉三は刀の代わりに拳銃を構え、様式的なチャンバラではなく血なまぐさいバイオレンスが繰り広げられる。お嬢を女優に任せたのは正解で、とみやまあゆみが精一杯熱演して社会から落ちこぼれた弱者の叫びを訴える。お坊の野々山貴之は肩肘張った刺々《とげとげ》しい茶髪の不良少年。そして、和尚の小野健太郎が兄貴風を吹かせて二人をリードする。怒号激しく、会話が擦れ違って聞こえるあたり、原作が描く義侠心とは違う現代の若者らしい人間関係かもしれない。

十三郎が落とした金は百両包みの代わりにジュラルミンのケースに入って人から人へと渡り、借金の取り立てなど人々は血も涙もなく冷酷に振る舞う。文里は妻のおしずを苦しめる非情な男として登場し、一重が生んだ子をおしずが引き取って育てる女たちの愛憎も丁寧に描かれている。

後半、舞台上に灯される蠟燭の数が次第に増え、それがいつしか遊廓の街並みになるという演出が面白い。その遊廓で病死する一重は実はお坊の妹で、原作では「廓通いなど致すまじく候」という一重の遺言に『廓初買』という原題に込めた黙阿弥の意図を考えさせられる。

そして、舞台奥に設えられた堀割が現世と来世を隔てる境界になり、死んだ伝吉と一重が向こう岸に渡って静かに語り掛けてくる。三人吉三が三つ巴に銃を撃つ最期も来世から死者たちが見守っていて、蠟燭の火が吹き消されて場内は再び暗闇に包まれる。

過去、現在、未来。時空を超えて無限に広がる闇の中で、小さな生命が灯され、そして消えて行く人間の人生のはかなさを実感させる優れた演出であった。

（平成二十六年五月・吉祥寺シアター）

「陶酔」と「覚醒」

『三人吉三《さんにんきちさ》』

再開発が進む渋谷の街。見慣れた建物が壊されて、高層ビルがそびえ立つ殺風景な近未来の風景に変わりつつある。これもやむを得ない時代の流れなのだろうか。二十年前、この若者文化の発信地で始まったコクーン歌舞伎も世代を超えて進化し続ける。今回、『三人吉三』の再演に当たり、演出の串田和美は三味線の下座音楽をやめて、七五調の名台詞を軽やかに聞かせる「陶酔」ではなく、一言一句に重くシリアスな情感を込めて観客を「覚醒」させようとしている。これは決して表面的な違いではなく、いうなれば「芝居」から「演劇」への本質的な変化である。

先月、船岩祐太が主宰する演劇集団砂地が河竹黙阿弥の原作を『3 crock』という現代劇に書き直してみせたように、過去、現在、未来は時空を超えて「闇」でつながっている。その闇に身をひそめて人目を忍ぶ若者像に実感を与えるのが勘九郎の和尚吉三で、険しい表情、鋭い眼光は父祖になかった精悍な魅力。「割下水伝吉内の場」の土左衛門伝吉との会話で、父を越えようと強がる息子の姿は、亡き勘三郎の遺志を継ぐ勘九郎の覚悟と重なる。和尚が伝吉の背後にすっくと立つ二重写しが象徴的で、むしろ、この和尚は勘三郎よりも勘九郎に向いているのかもしれない。笹野高史の伝吉は飄々と振る舞ってどこか人生を達観している。

コクーン歌舞伎では、伝吉が安森家から宝刀の庚申丸を盗み出して、犬を殺した拍子に刀を川へ落としてしまう発端を書き足して、その刀が百両の金で人から人に売り買いされる経緯を見せるのが分かりやすい。しかし、海老名軍蔵の悪巧みの説明は新演出をもってしてもいささか複雑で、もう少し登場人物を整理して焦点を絞った方がよいだろう。

「大川端庚申塚の場」で水を張った廻り舞台を用いる演出は前回通りで、七之助のお嬢吉三の名台詞もちょっと居心地が悪そうだ。七之助のお嬢と松也のお坊吉三が釣り合いのよい新生のコンビで、お坊が「武家お構いのごろつきだッ」と名乗れば、お嬢が「世間の狭い食い詰め者さッ」と応じる詰め寄りは一触即発の緊迫感。手に汗握る激しい立廻りに和尚が割って入り、勘九郎、七之助、松也、まさに花形役者の旬を見せる絶好の場面になった。原作を省略せずに上演するので、義兄弟の契りを結んだ三人の「思えばはかない身の上だなァ」というつぶやきが印象に残る。

互いの傷をなめ合うかのように、お嬢とお坊が身を寄せて「今一時か半時の、息ある内が極楽世界」とつぶやく「巣鴨吉祥院の場」も、美女美男と見紛う七之助と松也が鮮烈な場面に生まれ変わらせた。コクーン歌舞伎ではおとせと十三郎が殺される墓場の場を省略するが、勘九郎の和尚の熱演がそれを補って、放心状態で「水でも手向《たむ》けてやってくれッ」と絶叫して二人の間に倒れ伏す。

なお、三人を包み込む真っ赤な血に染まった地獄絵から、真っ白な雪が降り積もる大詰へは幕間《まくあい》を設けずに場面転換した方がよい。雪中の立廻りが冗長に感じられたのは、前回、勘三郎が使った椎名林檎の歌をやめて間《ま》が抜けたこともあるが、先述の通り下座音楽など歌舞伎の様式美を取り除いたあと、立廻りだけが最後に取り残されてしまったからである。

勘三郎亡きあと、コクーン歌舞伎がますます演劇として進化するならば、いかんせん古典歌舞伎の舞台経験が浅い若手にとって、今後、古典と新演出の明確な演じ分けが課題になっていく。

（平成二十六年六月・シアターコクーン）

『修禅寺物語』

中車が熱演する「新歌舞伎」

新しい歌舞伎座の七月興行がこれからどうなるのか期待していたところ、今年は、昼の部に海老蔵『夏祭浪花鑑《なつまつりなにわかがみ》』、夜の部に玉三郎の『天守物語』で、たとえ当たり役であったとしても今一つ観劇意欲が高まらない。昨年、若手を揃えた「七月花形歌舞伎」で『四谷怪談』を通し上演したように、やはり、興行はハイリスク・ハイリターンに懸ける意気込みがなければ面白くない。

『夏祭』には玉三郎がお辰に出演しているが、啖呵の切れ味も悪く、これまでのオーラが消え失せて花道の引っ込みも冴えない。このところ台詞のない舞踊ばかり続いて、今年上半期も芝居には全く出ていなかったのが原因だろう。どうか、平成の立女方《たておやま》として総仕上げの芸を見せて欲しいと思う。

海老蔵の団七は亡き勘三郎から教えを受け、初演時には古典に挑む真摯な姿勢に感動したが、再演を繰り返す内、特に台詞廻しが我流になってしまっている。中車の義平次が意外な配役で、「長町裏の場」で「俺ァ、その愛想尽かしを待っていたのだッ」とうそぶいて網笠を取ると、暗闇にキラリと鋭い眼光はまさに澤瀉屋《おもだかや》の横顔。中車の怪演に圧倒されるかのように、海老蔵の團七も次第に熱気を帯びて芝居らしくなっていく。海老蔵にはこうした四つ相撲に組める相手役が必要なのだろう。

その中車が襲名後初めて歌舞伎座で主役を張るのが夜の部の『修禅寺物語』。三年前の襲名でも『小栗栖《おぐるす》の長兵衛』と『将軍江戸を去る』を熱演した俳優、香川照之の演技力に期待した演目立てなのだろう。確かに、「新歌舞伎」は歌舞伎役者が写実的に演じたところが「新」であったはずだが、先人たちの名演が積み重なってむしろ様式的になり、今日では新歌舞伎の台詞は「綺堂調」とか「青果調」などというように朗詠される。その点、中車の夜叉王は俳優の写実的な「演技」を持ち込まず、歌舞伎役者として新歌舞伎の「型」を必死につかみ取ろうと努力しているところに好感が持てる。中車の捨て身の熱演は、俳優と役者は何が違うのか、そもそも歌舞伎とは何かを私たちに問いかけている。

まず第一場、中車の夜叉王は顔に描いた皺が老いを表わすだけでなく、まるで童話の絵本から抜け出したような古怪な印象を与えるのが面白い。あご髭をしごいてうつむき加減に考え込む姿が小さく見えるのは、まだ舞台慣れせず肩肘張っているからだろう。義平次のような脇役とは違って、歌舞伎の主役は自分の役に没入せず舞台全体に目配りするだけの気持ちのゆとりが役の存在感を大きく膨らませる。目に見える実寸とは違う幻想かもしれないが、私の記憶の中にある亡き名優たちは舞台に収まりきらずに大きくクローズアップされている。

面の仕上がりが待ちきれず催促に訪れた源頼家に対して、夜叉王が「ありとあらゆる善悪邪正の魂を打ち込む面作師」と胸を張るところで、中車は台詞を一言一言力強く刻みつけるように頑固な職人気質を表わす。折角ならば、夜叉王が将軍に対して言うだけでなく、中車が観客に向かって広く訴えるように聞かせたい。娘のかつらが持ち出した不出来の作について、「面は死んでおりまする」と告白する夜叉王は、面を写し鏡にして死相を見抜く予言者として言葉の重みを増していく。中車の夜叉王は目を血走らせて常人とは違う狂気を秘めている。自分ではとても納得できない作品が献上されてしまったことを恥じて「一生の名折れ、末代の恥辱、所詮、夜叉王の名も廃った」という憤りは、まるでギリギリと歯ぎしりが聞こえるかのようだ。幕切れに虚脱して柱に背を持たれた時の横顔が陰影鋭く印象的である。

頼家が討ち死にしたと聞き、夜叉王が自分の眼力に間違いはなかったことを知る第三場、「神ならでは知ろしめされぬ人の運命」云々という名台詞に中車は精魂を込めるが、もう少し声量たっぷり歌い上げた方が歌舞伎座の広い客席の隅々にまでその思いが伝わるだろう。歌舞伎は演歌と同じように、役者が自分の口跡に酔えなければ観客を酔わせることはできない。「伊豆の夜叉王、われながら、天晴れ、天下一じゃ」という大胆不敵な笑いもまだ余裕がない。しかし、初役としては上出来で、幕切れ、娘の断末魔の顔を後の手本に写す夜叉王の凄まじい形相は、汗と涙にまみれ、これでこそ中車を襲名した甲斐があったと思わせた。

今回、中車の周囲を固めるのは澤瀉屋一門のチームワーク。笑三郎のかつらと春猿のかえでは姉妹の釣り合いがよく、将軍に奉公することを夢見る姉のかつらと、職人の女房に収まる妹のかえでの気性からすると配役が逆のようにも思えるが、笑三郎のかつらはヒステリックにならず、母が都育ちであったという凛とした気位があって、意地っ張りでも嫌味な女ではない。「死んでも私は本望じゃ」と絶叫する蒼白な表情に哀愁を漂わせる。

月乃助の源頼家は貴公子役にはまり、清々しい浅葱色の狩衣姿が月に照らされて美しい。第二場の桂川を渡る虎渓橋では、かつらとの会話で「温かき湯の湧くところ、温かき人の情も湧く」という名台詞を明瞭に歌い上げ、一変、鎌倉から遣わされた金窪兵衛《かなくぼひょうえ》に向かって「北條が何じゃ、北條が何じゃッ」とか、「退《すさ》れ、退れッ」と苛立つ声音の切れ味もよい。頼家を討ち損ねて悔しがる欣弥の金窪は、修禅寺への夜討ちを家来に命じる台詞を一気に畳み込んで緊迫感を出す。近頃、新歌舞伎も台詞が悠長になってしまっているが、このようにスピードを速くするだけで見違えるように新鮮な印象を受ける。一門の大番頭、寿猿が修禅寺の僧に出て舞台に金箔を付けている。

この『修禅寺物語』は中車の曾祖父、初代猿翁の当たり役でもあり、澤瀉屋のお家芸が将来につながったことが喜ばしい。願わくは、中車には歌舞伎への出演の機会をもっと増やして、遠慮なく古典歌舞伎にも取り組んで自分の役どころを見つけて欲しい。もし敵役ならば、『太功記』の光秀や『忠臣蔵』の師直を高い目標として掲げるべきだろうし、たとえば『先代萩』の八汐や『鏡山』の岩藤など立役が演じる悪女も素敵に似合うに違いない。

（平成二十六年七月・歌舞伎座）

『傾城反魂香《けいせいはんごんこう》』「吃又《どもまた》」

梅玉と魁春の夫婦役

土産物の大津絵を描いてその日を暮らす貧しい絵師の又平は、身分不相応にも宮廷画家「土佐」の苗字が欲しいと願う。国立劇場の歌舞伎鑑賞教室の『傾城反魂香』「吃又」で、梅玉の浮世又平と魁春の女房お徳が兄弟で息の合った夫婦仲を見せる。

梅玉の又平は初役で、野暮で愚鈍なところを余り強調せず、いかにも誠実で温厚な人柄に役づくりして好感度の高い舞台である。中年ではなく、苦悩する青年の趣きがよく似合う。又平の吃音は思い通りにならない人生の隠喩《メタファー》であり、鑑賞教室に集まった学生たちも、何らかの悩みや苦しみを抱える者であれば共感できるだろう。最初はざわついていた客席も次第に静かになっていく。梅玉は亡き延若の又平を手本にしたらしく、願いが叶えれらず、〽大地を打って声を惜しまず嘆きける」で、悔しさの余りに袖を引き破って言葉にならない悲壮感を表現する。

切腹を覚悟した又平が手水鉢《ちょうずばち》に書いた自画像が裏に抜けるのは、凡庸なるものに崇高な価値が認められる奇跡。哀愁たっぷりに胡弓の音色を聞かせるのが珍しく、近頃、すっかり写実になった「吃又」とは一味違って幻想的な雰囲気を盛り上げる。

魁春のお徳が慎ましい女方芸のよき手本を示し、「今生の望みは、もう切れたぞえ」という叫びも悔しそうに内向させる。夫が絵師としての手柄を立てて土佐光起と名乗ることを許され、裃姿に着替えるところで下女に手伝わせるのはよいが、脱いだ着物を下げ渡すのはぞんざいで、風呂敷に包んで大切に持ち帰った方がつましい暮らしぶりが出るだろう。お徳が鼓を打って又平が喜びを表現する「大頭《だいがしら》の舞」はいつ見ても心浮き立つところで、〽極彩色に劣らじと、勇み進みし勢いは」で、又平が足先をちょっと持ち上げて格好をつけるのも素朴で面白い。

東蔵の土佐将監《しょうげん》と歌女之丞の北の方の夫婦は厳しさの内に温かい思いやりを感じさせ、松江の狩野雅楽之介《うたのすけ》、梅丸の土佐修理之介《しゅりのすけ》、梅乃の下女、梅玉一門が揃って手堅い舞台になった。

（平成二十六年七月・国立劇場）

松也の自主公演「挑む」

『双蝶々曲輪日記《ふたつちょうちょうくるわにっき》』「引窓」

八月の暑い盛りの三日間、松也の自主公演「挑む」は、「熱き役者の新たな軌跡」と謳《うた》っている。九年前、父の松助が五十九歳で亡くなった時、松也はまだ二十歳。その逆境にめげることなく一念発起して始めたものらしい。松也一門に支えられ、気心の知れた仲間たちと一緒に取り組む手作り感も嬉しい。今回選んだ演目は『双蝶々曲輪日記』「引窓」で、地味ながらも義太夫狂言の名作を学ぼうという謙虚な姿勢に好感がもてる。

会場の日本橋劇場は区民センター内の公会堂で、小規模ながらも立派な花道を備え、客席もゆったりとして、外光を取り入れたロビーの螺旋階段などちょっと素敵な劇場である。舞台寸法は江戸の芝居小屋に近く、舞台に立つ役者の息遣いが手に取るように客席に伝わってくる。最初に幕前の口上があり、松也がきちんと鬘を付けて裃姿で挨拶するのが礼儀正しい。そして、定式幕を引いて「引窓」の舞台装置を見せるのが意外で、引窓や手水鉢《ちょうずばち》を実際に指差しながら、放生会について、あるいは南与兵衛が郷代官に取り立てられたという背景を簡潔明瞭に説明する。国立劇場の歌舞伎鑑賞教室が手本にしてもよい優れた解説のスタイルだろう。

松也の南与兵衛は何よりも朗らかさが身上で、いそいそとした花道の出から場内が明るい雰囲気に包まれる。自主公演ならでは、松也ファンの気持ちも高ぶっているのだろう。声がよく通る人なので、台詞があっけらかんと響きすぎるところもあるが、若い内は細かな節回しを気にするよりも、まずは精一杯発散することが大切だ。丁度、与兵衛は松也と同じ男盛りの二枚目で、遊女と恋に落ちて夫婦になったという等身大の実感が湧く。

前半が明るいほど後半の悲劇が引き立ち、二階に濡髪長五郎が居るのを見つけて縄を構える見得が威勢よく、まさに「挑む」の意気込みを感じさせる。母お幸に濡髪の絵姿を買い取りたいと請われ、たちまち全ての事情を察知して精悍な表情を曇らせる変化もよい。「私もあなたの子でござりまするぞッ」と叱り、「粟を拾うように貯め置かれたこの金」云々と憐れみ、台詞の緩急をしっかりとつけて、老母を思う気持ちを一言一言に込める。濡髪に逃げ道を教える「狐川を左に取り、右へ渡って山越えに」という台詞は音吐朗々と、義兄を逃すことに何のためらいもない率直な気持ちがよく分かる。夜回りに出て、「あの長五郎は、いずくにあるゥやァ」という台詞も高らかに張り上げ、〽折りから月の雲隠れ」で振り返る筒袖の姿は、夜空を見上げる目に涙を溜めて思い入れたっぷりの熱演である。

蔦之助のお早はほのぼのとした愛嬌があり、与兵衛がすっかり惚れ込んだ恋女房に相応しい。国矢の濡髪も堂々とした立ち居振る舞いで、立派な顔立ちが衣裳負けせず、死を覚悟した険しい表情で芝居をきりりと引き締めている。歌舞伎は本興行でも彼ら実力ある者たちをもっと抜擢して欲しい。

そして、今回の自主公演を支えているのが吉弥のお幸の客演。義太夫狂言の味わいもたっぷり、熱演しても羽目をはずさない上品な老女ぶりで、松也たちも教えられるところが多かっただろう。しかも、もう一つの所作事『お祭り』で美しい芸者になって花道から登場する代わり映えには驚かされ、出演者が揃って賑やかな打ち出しになった。

近頃、松也はテレビの出演も増えて人気が高まっているようだが、人気は移ろいやすいということをよく心得て、歌舞伎役者の前半生で、古典歌舞伎をしっかり経験するよき機会として「挑む」公演を続けて欲しい。

（平成二十六年八月・日本橋劇場）

吉右衛門の威風

『絵本太功記《えほんたいこうき》』「尼ヶ崎閑居」

新しい歌舞伎座の九月興行に「秀山祭」が戻ってきた。柿葺落《こけらおと》しを終えたあとは、幹部が当たり役を持ち寄る総顔合わせよりも、このように一門が総力を結集する狂言立てが魅力的に思われる。先代の芸を継承する吉右衛門は、昼の部で『法界坊』の通し、夜の部で『絵本太功記』「尼ヶ崎閑居」、世話物と時代物の「柔」と「剛」、「軽」と「重」の演じ分けに妙味がある。

いうまでもなく『太功記』十段目は義太夫狂言の名作だが、上演回数はそれほど多くなく、今回は歌舞伎座で十一年ぶりというという待望の一幕。吉右衛門の武智十兵衛光秀を中心に、染五郎の武智十次郎、歌六の真柴久吉、又五郎の佐藤正清。女方では、魁春の操、東蔵の皐月、そして米吉の初菊。私事ながら学習院大学の学生歌舞伎で光秀を演じた思い出深い演目でもあり、吉右衛門の光秀が待ち遠しく、かぶりつきの最前列で見物した。

〽ここに刈り取る真柴垣《ましばがき》、夕顔棚のこなたより現われ出でたる武智光秀」と、竹本葵太夫が息を押し殺すように静寂を語り、光秀が藪を掻き分けて立ち現われると、夏の夜の暗闇に人影がうごめく不気味な錯覚にとらわれる。菅笠を振り上げると、額に三日月の傷を大きく描いた光秀の顔はまさに「国崩し」の迫力。吉右衛門の化粧は黒々と太い目張りが特徴で、ふっくらした顔に違和感なく馴染むようになってきた。「必定、久吉この内に忍び入るこそ、屈強一ッ」とほくそ笑む第一声は、低音をしっかり響かせながら、小声のつぶやきであることが分かる絶妙な息遣いで、一幅の書にたとえるならば、墨をたっぷり含ませながら擦れや滲みが利いた豪快な筆勢である。竹槍を仕立て、抜き足差し足で忍び入り、誤って母を刺して仰天するところまで義太夫の語りと付かず離れず。

〽ただ呆然たるばかりなり」は立ち姿できまって、その代わり、負傷した十次郎の様子に驚いて濡縁から足を踏み外してへたり込む。気絶した十次郎を介抱して「父《てて》じゃ、父じゃ」と励ますところ、吉右衛門の光秀は優しい父のまなざしになるのが意外で、「やあ、不覚なり十次郎ッ」という一言も、まるで自分自身を叱咤激励しているかのようである。吉右衛門も孫に恵まれて老境に入り、人生経験豊かに芸の厚みを増しているのだろう。母と息子の死を受けて光秀が号泣する「大落とし」は、氷が溶けて水の流れとなるような象徴的な表現で、日頃、平凡な暮らしの中で涙を流すことを忘れてしまっている自分に気づかされる。幕切れ、「京洛中の者どもへ、地子を許すが母への追善」という思い入れも、敵に弱みを見せる訳ではなく、墨にわずか朱を混ぜたような艶を帯びる。

このところ老女方《ふけおやま》が多くなってきた東蔵の皐月は、〽たとえ将軍になったとて」と封建道徳を説くあたり、息も絶え絶えになってわが子を責める最期を熱演する。魁春の操は亡き歌右衛門の発声、仕種、表情の個性をまるで型のように継承して弛緩するところがない。意を決して「これ、見たまえ光秀殿」と立ち上がる操の「くどき」は、夫に黙って仕えていた女房の屈折感がよく表われ、泣き紙をくわえて身もだえる立ち姿は歌右衛門を思い出させる。皐月も操も、光秀をはっしと指差す仕種そのものが、武器を持ち合わせない女たちの精一杯の意思表示であることが分かる。

染五郎の十次郎は前髪の若衆役の甲高い声音をつくって東風《ひがしふう》に歌い上げ、単なる二枚目にならぬように仕種をふわりふわりと柔らかく心掛けている。初陣を祝う盃事で許嫁《いいなずけ》の初菊との別れを惜しみ、〽包む涙の忍びの緒、絞りかねたるばかりなり」と泣き上げるところは、伏し目がちにせず、しっかと目を見開いて恋人への思いを表現したい。後半、瀕死の「物語」が凄まじく、〽不意を討たれて敵は敗亡」のあたりは地を這うような写実的な演技をしているが、折角ならば、立ち上がって刀を振る う型の方が派手でよいだろう。断末魔に「母様《かかさま》ァ、母様ァ」と呼ぶ声がまるで幼子が甘えるように聞こえるのが面白い。

米吉の初菊は歌舞伎座の大舞台に物怖じせず抜擢によく応えている。振袖を使った所作はまだぎこちないが、こましゃくれず、若女方らしい愛嬌が見る者の気持ちを和ませる。〽祝言さえも済まぬ内、討ち死とは曲がない」という「くどき」は身体を精一杯に使って型を丁寧になぞる。十次郎が鎧姿に着替えるまでの間をつなぐ「兜引」は、兜の重さよりも、兜を手渡したくない気持ちを大切に演じたい。今月、米吉は昼の部では『菊畑』の皆鶴姫でも活躍しており、是非、若女方として「三姫」を視野に入れて精進して欲しい。

歌六の久吉と又五郎の正清は白塗りと赤ッ面、播磨屋一門の副将として吉右衛門を相手に歌舞伎座の大舞台に相応しい幕切れの構図を成立させた。捌き役の久吉はもう少し華が欲しいが、歌六の役者ぶりはすっかり大きくなった。幕切れ、「まずそれまでは、さらば、さらば」とシャットダウンして歴史を切り取る断面が鮮やかに感じられたのは、それだけこの一幕が充実していたからに他ならない。

確かに光秀は封建社会の秩序を乱した「国崩し」の敵役だが、「無道の君を誅するは民を養う英傑の志」とうそぶくところで、吉右衛門は敵役の枠を超えた威風を感じさせる。そして、このあと皐月と同じように竹槍で突かれ、歴史の敗者として語り継がれることを知っている私たちは、光秀に滅びの美学を見出す。光秀を謀反に駆り立て、あっけなく滅ぼしてしまう「運命」。吉右衛門の時代物は、私たち誰もが逆らえない運命というものの得体の知れない大きさを語ってくれる。

今月は他に、染五郎が『御所《ごしょの》五郎蔵《ごろぞう》』で一昨年休演した演目に再挑戦し、六月に舞台復帰した仁左衛門が孫の千之助と『連獅子』を踊るのも慶事であった。仁左衛門が孫に芸を仕込む厳しさと、その成長を見守る優しさが入り混じり、千之助のひたむきな舞い姿が爽やかで、将来、祖父写しの二枚目役者として成長することが期待される。

（平成二十六年九月・歌舞伎座）

勘三郎二代の追善

『菅原伝授手習鑑《すがわらでんじゅてならいかがみ》』「寺子屋」

十月の歌舞伎座は「十七世勘三郎二十七回忌」「十八世勘三郎三回忌」と銘打ち、ロビーには勘三郎二代の遺影が並べられた。先代が七十八歳で亡くなったのは天命であったとしても、誰よりも元気だった当代の勘三郎が五十七歳で亡くなったのは余りにも早すぎ、いまだに信じられず、信じたくない思いがする。そんな私たちの喪失感を埋めるかのように、祖父と父から熱い役者魂を受け継いだ勘九郎と七之助が兄弟揃って活躍している。

夜の部の『菅原伝授手習鑑』「寺子屋」は、勘三郎が親しくしていた仁左衛門の松王丸と玉三郎の千代を迎え、勘九郎の武部源蔵、七之助の戸浪が若い夫婦像を熱演。本来、松王夫婦と源蔵夫婦は同じ年頃かもしれないが、宮廷に仕える松王は「時代」、浪人の源蔵は「世話」という異なる時空を生きており、菅丞相の悲劇を江戸時代の寺子屋の日常風景に持ち込んだ役柄の違いを際立たせる。あたかも二つの世界が衝突して生じた断層の地響きが聞こえるかのようである。

若さみなぎる勘九郎の源蔵は、身替わりの企てを打ち明けて「若君には替えられぬわえッ」と女房を叱りつけるところなど、必死にこの危機を乗り越えようと肩肘張っているのが分かる。松王への敵対心もあからさまで、「やあ、いらざる馬鹿念ッ」と一喝してから、「性根を据えて松王丸、しっかりと検分致せッ」と首を差し出すところまで、まさに真剣勝負。広い客席に響き渡るように語気を荒立て、いわゆる「辛抱立役」の枠からはみ出してこれだけ感情を発散する源蔵は初めて見た。

後半、小太郎を迎えに来た千代を斬ろうと諸肌脱ぎになるところで、ちょっと手で詫びる仕種をしてから刀を抜くあたりに情味を込めるが、再び松王が登場すると、刀を大きく振りかざして立ち向かう形相が凄まじい。近頃、上演回数が多くて見慣れてしまった「寺子屋」だが、勘九郎の源蔵の命懸けの挑戦には観客も思わず手に汗握る。仁左衛門の松王を相手に、〽夢か現《うつつ》か夫婦《みょうと》かと、呆れて言葉もなかりしが」のツケ入りの見得も歌舞伎座に相応しい大舞台になった。

一方、七之助の戸浪は二演目。玉三郎の指導を受けているのだろうか、細身の女方らしく白塗りの指先まで表現が繊細で、松王に問い詰められて小太郎の文庫を持ち出して言い訳するあたり、緊張の余り凍えるような心身の震えが伝わってくる。〽天道様、仏神様、憐れみ給えと女の念力」という祈りではしっかり気持ちを内向させる。首実検を終えて松王が帰ったあと、若君の無事を確かめ、夫婦が抱き合って安堵する芝居は兄弟の呼吸がよく合う。そういえば、亡き勘三郎は「歌舞伎座さよなら公演」の最終月に戸浪を演じて、兼ねる役者ならでは、紫帽子がよく似合う古風な味わいを思い出す。七之助は真女方《まおんながた》として、父とはまた一味違った違った役者に成長していって欲しい。

勘九郎の源蔵を新大関にたとえるならば、仁左衛門の松王は揺るぎない大横綱。仁左衛門の義太夫狂言の面白さは先代譲りで、東西様々な型を取捨選択して役を練り上げてきた。いつもは黒地の「雪持ち松」の衣裳だが、今回は勘三郎が用いた鼠地に変えている。黒よりも鼠の方が輪郭線がぼやけて役が茫洋と大きく見えることもあり、仁左衛門の松王はゆったりとした余裕の構えで、これが芸容というべきか、松王の手のひらの上で源蔵が四苦八苦しているように見える。仁左衛門と玉三郎の夫婦役の釣り合いのよさはいうまでもなく、いつにも増して子を思う親の気持ち、妻をいたわる夫の気持ちを感じさせ、「持つべきものは子でござる」とか、「利口な奴、立派な奴、健気な八つや九つで」などと小太郎をたたえる言葉は、泣き伏す女房を励ましているように聞こえる。

玉三郎の千代は黒い紋服から白い喪服に変わる姿がすらりとした身体によく似合い、地味ながらも玉三郎の当たり役の一つに数えられるだろう。わが子を迎えに来たと言いながら、経帷子《きょうかたびら》を取り出して源蔵に立ち向かう振る舞いも精一杯に背伸びしているかのように見える。松王に寄り添ってからは、泣き紙で涙を拭う泣き顔がいかにも自然な美しさで、「子を殺させにおこしおいて」と打ち明ける「愁嘆」の台詞もふわりと響かせる。単なる美貌だけでなく、年相応に滋味を増す玉三郎には、まだ演じていない様々な母親役にも挑戦して欲しいと思う。

他に、亀蔵の春藤玄蕃も気合が入って、扇雀の園生《そのう》の前も気高く、皆それぞれに亡き勘三郎への思いを込めて演じている。そして、幕切れの「いろは送り」では、客席にまで焼香の匂いが広がって、まさに亡き勘三郎の追善に相応しい一幕となった。

夜の部もう一つの眼目は『鰯売恋曳網《いわしうりこいのひきあみ》』で、祖父が初演して父が練り上げた人気作品を兄弟で継承した。勘九郎の鰯売りは亡き勘三郎の生き写しなのには驚かされ、単なる物真似に終わって欲しくないが、こうした役も古典の「型」として固まっていくのだろうか。千秋楽、幕切れの花道の引っ込みで観音様に手を合わせる二人の目には無事に追善の舞台を終えた感謝の涙が溢れ、満場の客席も勘三郎の芸が生き続けていることに歓喜して大喝采であった。

昼の部は『野崎村』で七之助のお光、『伊勢音頭』で勘九郎の福岡貢《みつぎ》。貢は勘三郎も一度しか演じていないが、勘九郎の貢は柔らかさと固さがほどよく調和して、再演を重ねれば持ち役にできるだろう。仲居の万野に玉三郎、料理人の喜助に仁左衛門が付き合う豪華な一幕になった。

（平成二十六年十月・歌舞伎座）

自縄自縛からの解放

『双蝶々曲輪日記《ふたつちょうちょうくるわにっき》』

国立劇場の『双蝶々曲輪日記』は通し上演なので、濡髪長五郎が侍を殺して大坂の難波から八幡の里まで落ち延びる経緯がよく分かる。都市の喧騒と田舎の風情の対比も際立つ。

原作を抜粋した序幕の「新清水の場」は、廓遊びで身を持ち崩して笛売りとなった南与兵衛が、騒動に巻き込まれて清水の舞台から飛び下りる傘の宙乗りが珍しい。染五郎の与兵衛は端正な二枚目役を印象づけるが、与兵衛が救う若旦那の与五郎との二役早替わりは演じ分けが難しく、似たような白塗り役なので観客をかえって混乱させてしまう。

「堀江角力《すもう》小屋の場」に登場する幸四郎の濡髪は勝負師の悲哀を背中に漂わせ、染五郎もう一役の放駒長吉を相手に余裕の構え。濡髪は飛ぶ鳥を落とす勢いの人気力士らしく、もう少し華やぎがあれば申し分ない。染五郎の放駒はいささかヒステリックに感じられるが、「もがり商売、嫌でごんすッ」というツケ入りの見得を威勢よくきめた。なお、「角力場」を通し上演の一場面としてバランスよく収めるには、濡髪を贔屓にする与五郎のチャリ場はほどほどに、角力の場所着に袖を通して大喜びする歌舞伎の入れ事など思いきって省いた方がよいだろう。珍しい「大宝寺町米屋の場」と「難波裏殺しの場」では、濡髪長五郎と放駒長吉が『双蝶々』という題名になった義侠心を見せ、魁春が長吉の姉おせきの「愁嘆」を慎ましく勤めている。染五郎が放駒と与五郎を兼ねると芝居運びに無理を生じており、やはり与五郎は脇役に任せて、染五郎は与兵衛と放駒の二役に徹するべきであった。

濡髪が老母に別れを告げる「八幡の里引窓の場」は、鳥を空に放ち、魚を川に流して災厄を祓う放生会になぞらえて逃亡犯を助ける家族の苦悩を描く名場面。濡髪の「欠け椀に一膳盛り、つい食べて帰りましょう」という不吉なつぶやきに、幸四郎ならではのエロキューションで死を覚悟した心の震えを表現する。「引窓」の主役といってもよい東蔵の母お幸が滋味に溢れ、先月の『太功記』の皐月に続いて老女方《ふけおやま》の愁嘆場を熱演する。通し狂言ならでは、染五郎の与兵衛は地味な辛抱立役というよりも優しい「ピントコナ」の役柄の色調が濃くなる。与兵衛の恋女房のお早も序幕で遊女の都《みやこ》として姿を見せているので、廓上がりの言葉遣いをお幸にたしなめられる理由がよく分かり、芝雀のお早はいかにもそれらしく一味違う色香を漂わせる。

零落する濡髪と出世する与兵衛の人生の明暗。しかし、与兵衛は郷代官に取り立てられて南方十字兵衛と名乗っても増長することなく、継母を思いやり、義弟に当たる濡髪の捕り縄を切り放つ。義理にしても人情にしても、何らかの世間のしがらみに苦しめられる私たちを自縄自縛から解き放ってくれる爽やかな幕切れである。

（平成二十六年十月・国立劇場）

『金幣猿島郡《きんのざいさるしまだいり》』

目を見張る「猿之助奮闘公演」

二ヶ月続きの「猿之助奮闘連続公演」には目を見張る。十月の新橋演舞場は『金幣猿島郡』と『独道中五十三驛《ひとりたびごじゅうさんつぎ》』、十一月の明治座は『夏姿女團七《なつすがたおんなだんしち》』と『四天王楓江戸粧《してんのうもみじのえどぐま》』という通し狂言を並べて、「猿之助四十八撰」を継承するだけでなく、自分の柄に合わせて『女團七』も加えたところに猿之助の名跡を継いだ当代の意欲を感じる。

伯父の先代猿之助が昭和五十六年に復活初演した『五十三驛』は、それまで『鶴屋南北全集』で読むしかなかった作品を実際に芝居として目の当たりに見せてくれた懐かしい作品で、道具幕の前で二代目鴈治郎が作者の鶴屋南北役を機嫌よさそうに演じて幕を開けたことを思い出す。その後、再演を繰り返す内に「岡崎」の化け猫の怪を中心にダイジェストされていたが、今回、「桑名」の水中遊泳などを元に戻して、四幕五十三場、京都三條大橋よりお江戸日本橋まで東海道を旅する達成感をよみがえらせた。十八役早替わりの大半は大詰の所作事に登場するだけだが、先代が最も念入りに役づくりしたのは敵役の江戸兵衛で、汗の臭いにむせぶような夏芝居の濃厚な味わいが懐かしく思い出される。その時、悪婆のおはぎを勤めたのが徳三郎で、歌舞伎座に出演したのはあれが最初で最後になってしまった。今回、おはぎは登場せず、残念ながら当代の猿之助の江戸兵衛には野性味が乏しく、お松を殺して生き胆を取る残酷な場面を省いたのは仕方がない。当代は先代と違って役にどっぷりはまらず、熱演してもどこか冷静な一人の役者が透けて見えるのが惜しい。

そんな当代の個性に最も似合っているのは、昼の部の『猿島郡』の清姫である。「宇治通円の場」を序幕に据え、恋に恋して盲目となってしまった清姫は、七綾姫の身替わりとして犠牲になることを覚悟している設定で登場するが、猿之助はあどけなさよりも、運命を呪って自暴自棄に陥った少女の気性を鋭いタッチで描き出す。彼女の屈折した死の「覚悟」が、生の「執着」に一変して感情を抑えられなくなってしまうのが分かる。

猿之助の清姫と対照的なのが米吉の七綾姫で、美男の安珍を奪い合う女の嫉妬事で清姫に責められる。門之助の安珍が端正なたたずまい。歌六が珍しく女方を勤める母の妙月尼は、後家の切り髪から鬘帯の下げ髪になって、白装束の腰元たちを付き従えて平将門の七人の影武者として槍を構えると、たちまち近世から古代へ物語が時空を超越する。なお、この場の大道具はあれこれ建て込みすぎており、背景も黒幕ではなく、宇治の里で茶を振る舞う田舎の明るく広々した景色に改めた方がよい。台車で運び込まれる釣鐘は、幕切れに道成寺伝説を再現する大切な仕掛けだが、もう少し小さくした方が鐘を焼き尽くす清姫の怨念の大きさを表わせるだろう。

縁切りの神として知られる宇治の「橋姫社の場」は、もう一人の振られ役、藤原忠文が七綾姫との恋に破れて恨み言をねちねちと聞かせる。先代猿之助の忠文は手紙を繰りながら花道を登場すると、涙を浮かべる目元が涼しく、それが一変して、藍隈を取って周囲を睨みつける凄まじい形相が素晴らしかったが、当代はやや三枚目がかりで、青年公家の頼りない感じが似合っている。いかにもふてぶてしい猿弥の寂莫法印《じやくまく》に追い詰められ、復讐の鬼と化す忠文の怒号を聞くと、血は争えぬもので先代の声音に生き写しなのに驚かされる。

「木津川堤の場」は『日高川』さながらの場面で、安珍の後を追って蛇身と化した清姫に忠文の怨念が合体する奇想天外を宙乗りで目の当たりに見せる。なお、新たに照明デザイナーの原田保を招いて新工夫を凝らし、おどろおどろしく渦巻きを映したり、客席まで真っ赤に染め上げたりしている。しかし、名剣の村雨丸を抜くたびに稲光を発する必要もなく、スーパー歌舞伎とは違って、照明を多用すると復活通し狂言の古風な趣きを壊す恐れがあり、宙乗りや屋台崩しなど、ここぞというスペクタクルな場面に絞った方が効果的だろう。

大喜利所作事の「双面道成寺《ふたおもて》」は今日の『奴道成寺』の原曲と伝えられ、白拍子花子と思いきや、狂言師の升六が踊っている内に、清姫の霊と忠文の霊が双面となって出現する。猿之助の升六は前髪の若衆姿が等身大で、おかめ、ひょっとこ、お大尽の三つ面を使った目まぐるしい演じ分けがまさに軽妙洒脱。息の生け殺し、目つき顔つき、巧みに観客の心をひきつけて舞踊の面白さを実感させてくれる。「押戻し」に錦之助の田原秀郷が登場して目出度く物語は完結する。

かつて、『猿島郡』を発掘して補綴《ほてつ》に当たった武智鉄二がこの作品を革命劇として解釈したように、女方が得意な当代の猿之助には、是非、将門の革命思想を継承した娘の滝夜叉姫が活躍する件りも復活して欲しい。

（平成二十六年十月・新橋演舞場）

満を持した染五郎の弁慶

『勧進帳《かんじんちょう》』

歌舞伎座の十月は「白鸚三十三回忌追善」で、満を持して染五郎が『勧進帳』の武蔵坊弁慶に挑む。父の幸四郎が富樫左衛門、叔父の吉右衛門が源義経を引き受けた異色の顔合わせである。

幸四郎が千回という記録を成し遂げた大役を、染五郎が四十一歳になるまで手掛けなかったのは、父祖の大切なお家芸を中途半端に見せられないという覚悟の裏返しなのかもしれない。確かに、すらりと華奢な二枚目の染五郎が弁慶に挑むには大きなハードルがあったが、最近の目覚ましい活躍ぶりを思えば、この大役を彼に任せることに誰も異論はないだろう。

観客の期待も高く大入りで、花道の出で義経主従の最後に弁慶が姿を現わすと万雷の拍手に迎えられ、「やあれ暫く、御待ち候え」という第一声から、一言一言を丁寧に噛みしめるように肚《はら》に響かせる。台詞を「唄う」のではなく「語る」ので、これまで気になっていた口ごもる癖がなく、「山伏問答」も難しい言葉の意味がよく分かる。

やはり緊張気味で肩肘張っているように見えるのはやむを得ないが、役に没入する余り、たとえば義経の前で号泣するところで本当に涙を流す演技をすると、たちまち弁慶から染五郎に戻って弱々しく見えてしまう。染五郎の弁慶で優れているのは屋島合戦の思い出を語る「物語」で、中啓を用いた振りが単なる形容でなく、最後にきめる石投げの見得も源平合戦の凄まじさを表わし、そこから一転、戦争の勝者が敗者となった悲哀をしっかり観客に訴える。「延年の舞」は踊りの達者な人ならでは、颯爽としながらも重心がしっかり安定しているのはさすがである。

いかにも英雄然とした幸四郎の弁慶とは違って、染五郎の弁慶は激しい「憤怒」を内に秘めており、それは関所を守る富樫に対する警戒でも、義経を陥れた鎌倉幕府に対する反感でもなく、自分たちを見捨てた運命に立ち向かっていく覚悟なのかもしれない。まだ余裕がなく精一杯だからこそ、全身全霊を傾けた熱演が観客を感動させる。いずれにしても、染五郎が殻を破って役者ぶりをまた一つ大きくしたのは間違いなく、今後、年齢相応にふっくら肉づきがよくなれば染五郎ならではの新しい弁慶像がつくられていくだろう。

義経は女方が勤めることが多いので、吉右衛門の義経は全くの役違いと思いの他、武将のやつし姿という実感が面白く、これならば染五郎も心から平身低頭できるだろう。「かたじけなく思うぞよ」という高い声音をつくり、弁慶に手を差し延べる姿も柔らかく、いかにも義経らしい雰囲気を生み出せるのは芸の力である。幸四郎の富樫は冷静沈着だが、弁慶の「実」に対して富樫は「華」の役なので、幸四郎はやはり弁慶役者であって富樫には向いていない。なお、孫の金太郎が富樫の太刀持ちに出て、真剣なまなざしで父の弁慶をしっかりと見つめていた。父祖の思いを受け継いで、高麗屋の弁慶が未来につながっていくことに期待したい。

（平成二十六年十一月・歌舞伎座）

顔見世狂言の娯楽味

『四天王楓江戸粧《してんのうもみじのえどぐま》』

十一月の「猿之助奮闘連続公演」は明治座に場所を移して、顔見世月に相応しく、夜の部『四天王楓江戸粧』は源頼光の土蜘蛛退治。平成八年、先代猿之助が国立劇場三十周年の企画で、脇狂言や序開きという儀式も含め昼夜通して復活上演した作品である。当時、澤瀉屋《おもだかや》一門が浅葱色の裃を着て居並んだ口上が印象に残っており、今から考えると、あれが先代の「猿之助歌舞伎」の絶頂期であったのかもしれない。補綴《ほてつ》の石川耕士は長大な脚本から「山姥《やまんば》」の件りを省いて小ぶりに仕立て直し、江戸ッ子が一陽来復の春を待った顔見世狂言の娯楽味を今に伝える。

今回、当代の猿之助が選んだ四役の内、土蜘蛛の精と小女郎狐の精は異界のもののけたち。二役ともに宙乗りがあり、今月で当代の宙乗りは早くも六百回を数えるらしい。謀反人の相馬太郎良門はまだ貫禄不足だが、一方、さらりと涼し気な優男の平井保輔は当代の芸風によくはまった。

まず序幕の「岩倉山の場」で、辰夜叉御前の屍《しかばね》に土蜘蛛の精が乗り移って蘇生するという怪異を大仕掛けで見せる。保輔が袴垂《はかまだれ》の安と名乗って登場する二幕目「一条戻橋の場」は、作者の鶴屋南北が暴く社会の闇。御所を追放された公家たちが暮らしに困って男夜鷹に身をやつしている何とも退廃的な場面である。息子を探しに来た母に見とがめられ、わが身の悪行を恥じた保輔は「お屋敷までも、どこまでも、のさばり行くのが江戸育ち」と意気地を聞かせる。南北の原作が大幅に書き換えられている中にあって、この保輔の一言だけは原作の通りで、もしかすると、この作品で立作者となった南北の江戸ッ子ならではの覚悟が込められているのかもしれない。

　駕籠で連れ去られた保輔が頼光の身替わりに切腹する「平井保昌館の場」には義太夫を入れて熱演。もちろん、南北は義太夫を使っていないので異論反論あるかもしれないが、猿之助は「鬼神となって尽未来、源氏を守護し奉らんッ」などと息巻いて、『六段目』の勘平のようないい役に膨らませたのは一工夫。わが子の首を討つ母の幾野に秀太郎を迎え、笑三郎の和泉式部ともども気丈に振る舞う。保輔の許嫁《いいなずけ》の橋立は笑也らしい赤姫。竹三郎が怪演する遣り手、さぼてん婆が出色の面白さで、昼の部の『女團七《おんなだんしち》』のおとら婆ともども苦味を利かせる。こうした様々な女方の役が揃って登場するのも顔見世狂言ならではの趣向だろう。

　三幕目の「花山《かざん》御所の場」は顔見世には欠かせない「暫」の趣向で、原作では土蜘蛛の精が乗り移った辰夜叉御前が御所を支配する女のウケが珍しく、将来、この場面だけ一幕物として原作通りに上演する試みがあってもよいだろう。今回は大幅に書き換えられてしまったが、辰夜叉の代わりに公家悪の左大臣高明を登場させ、亀三郎の高明が切れ味のよい口跡を聞かせる。後半は『土蜘』の後シテを組み込んだ所作事に仕立て、門之助の頼光は絶好のはまり役で、頼光の四天王には、市川右近が渡辺綱と碓井定光を兼ねて荒事の力感をみなぎらせ、弘太郎の坂田公時も端役《はやく》にとどまらない。卜部季《うらべのすえ》武《たけ》の弟という設定で團子の鬼童丸が元気に力を添える。土蜘蛛が退治されて一番目は完結し、「これより二番目、左様御覧下さりましょう」と切り口上になる。

二番目は雪降る世話場というのが顔見世狂言のお定まりで、「紅葉ヶ茶屋の場」は猿弥の季武が船宿の亭主に身をやつし、そこに船頭姿の良門が登場して妹の七綾姫と再会する。名刀の小狐丸を奪い合う「地蔵堂の場」のだんまりを付けて二場構成にしたが、俗に「顔見世の二番目」といわれる通り粗筋はいささか複雑で、そもそも猿之助が良門と小女郎狐を兼ねているので、良門が隠し持っていた小狐丸を狐に授けるという結末に無理が生じてしまう。もう少し世話場らしく軽快に進行して、江戸の町人たちの生活感を写実的に描きたい。むしろ芝居より立廻りが眼目で、古風な趣きの尾上右近の七綾姫が伊達四天《だてよんてん》の女武者となって雪降る舞台を所狭しと駆け回る。右近にとって、役者として持て余している若いエネルギーを発散するよい機会になっただろう。

今月の『四天王楓江戸粧』は南北五十歳の出世作、先月の『金幣猿島郡《きんのざいさるしまだいり》』は南北七十五歳の絶筆といわれており、猿之助奮闘公演で江戸ッ子たちの夢見心地をしばし楽しませてもらった。こうして座頭公演を任されていく内に、当代猿之助も歌舞伎役者として貫禄を帯びることだろう。

（平成二十六年十一月・明治座）

新派劇の可能性

川口松太郎＝作『鶴八鶴次郎』

十一月、十七代目と十八代目の「勘三郎追善公演」は新橋演舞場に場所を移して、川口松太郎の『鶴八鶴次郎』と北條秀司の『京舞』の二本立ての昼夜同一演目による新派公演である。

近頃、劇団新派ならではのセンチメンタルな作品の上演がめっきり減ってしまったのは残念だが、そもそも、歌舞伎も新派も同じ客層を相手にした大劇場の「商業演劇」であることを考えると、新派の人気低迷は歌舞伎の危機としても受けとめなければならない。

『鶴八鶴次郎』は鶴賀鶴八と鶴次郎という新内語りを描いた「芸道物」の傑作で、歌舞伎によくある女の愛想尽かしとは逆に、女の幸せを願って男が身を引くところが趣向だろう。花柳章太郎と水谷八重子の伝説の名舞台は知る由もなく、私が見たのは平成三年の新橋演舞場で、井上ひさしの新作『ある八重子物語』の台本完成が遅れて演目差し替えになった時のことであった。古めかしい作品と思いきや、当時、先代勘九郎と水谷良重の丁々発止のやりとりは抜群に面白く、まだ若かった勘九郎はまるで自分自身の気持ちを重ねるかのように鶴次郎を熱演していた。

今回、当代の勘九郎と七之助は新派初出演とのことだが、全く違和感なく作品世界に溶け込んでいる。当代の勘九郎の鶴次郎は二枚目でも三枚目でもない中間の役によくはまり、怒って早口になるとちょっと舌足らずになるのは先代譲りの愛嬌。七之助の鶴八は繊細で女芸人の図太さはない代わり、どんなにわがままに振る舞っても娘の可愛らしさを失わない。舞台を終えた二人が「名人会の楽屋」に戻って来るや否や芸熱心の余り喧嘩口論になり、会話のはずみで何事もなかったようにけろりと仲直りする様子は、もしかすると、かつて父に厳しく芸を仕込まれた中村屋兄弟にとっては楽屋の日常風景が重なっているのかもしれない。

互いに恋心を打ち明ける「高野山の山内」は、杉木立の向こうに満月を見つけた鶴八の「いいお月様」という一言があどけなく、鶴次郎はそんな鶴八を妹のように思っていたに違いない。勘九郎と七之助は兄弟で恋人役を演じても違和感がなく、少年と少女が男と女に変わって寄り添う二人の後ろ姿が微笑ましい。ところが、婚礼の支度に忙しい「鶴八の家」で、鶴次郎が贔屓の若旦那に激しく嫉妬して破談となり、途方に暮れた鶴八が「あたしたちは、到底、駄目なんだよッ」と声を震わせて婚礼の熨斗を破り捨てる幕切れが印象に残る。怒った表情がヒステリックにならず、あの悲しくも美しい横顔は、女優では表わせない若女方ならではの輝きといえるだろう。

鶴次郎が落ちぶれた「場末の寄席」。売れない芸人たちがたむろしている中に、中村屋一門、小山三の下座引き女や、小三郎の手品師の姿が見える。冷たいすきま風が吹き抜ける楽屋で寝泊まりする旅芸人の生活感を表現できる脇役は次第に少なくなっていく。そして、最後の「居酒屋」で鶴次郎が酒に酔い潰れて打ち明ける男の真情。柄本明の番頭佐平の好助演に支えられ、勘九郎は「可愛い女の一生を、踏みつけにしちゃなんねえ」という台詞を嚙みしめるように実感を込める。「流しをしたって、飯だけは食えりゃあ」というのが芸人の厳しさで、先代は小鍋の湯気と涙で顔を濡らし、このまま鶴次郎は零落してしまうかと思わせたが、当代の勘九郎は悲恋を乗り越えて新しい人生を切り開いていく可能性を感じさせる。

もう一つの『京舞』は水谷八重子と波野久里子の共演で、すっかり貫禄を増した舞台女優が揃うとさすがに迫力がある。水谷の片山春子は老け役に違和感がなくなり、波野の片山愛子は若さを芸で見せる。幕間に日替わりゲストを迎えて、勘三郎二代の思い出を語る挨拶があり、エピソードの絶えなかった故人にはよい追善となった。思えば、歌舞伎とか新派とかいうジャンルにとらわれない幅広い活躍に「勘三郎」の絶大な人気の秘密があった。

こうして二月続きの追悼公演を成功させた勘九郎と七之助には、今後も機会あるごとに新派にも出演して欲しい。もしかすると、新派も、新国劇も、新喜劇も、その名作の数々は広い意味での「歌舞伎」のレパートリーとして取り込まれていくことになるのかもしれない。

（平成二十六年十一月・新橋演舞場）

『伊賀越道中双六《いがごえどうちゅうすごろく》』

名場面「岡崎」の復活

十二月の国立劇場は『伊賀越道中双六』。昨年十一月も同じ演目で藤十郎の「沼津」を出したばかりだが、もう廃ってしまうかと思われていた名場面の「岡崎」が四十四年ぶりに復活するのが注目の的である。いよいよ円熟の境地に達した吉右衛門が剣豪の唐木政右衛門に初役で挑む。

五幕六場の通し上演の内、三幕目の「藤川新関の場」「竹藪の場」と四幕目の「岡崎山田幸兵衛住家の場」を歌舞伎で見るのは初めてで、作者の近松半二が筆を凝らした物語の全貌が明らかになる。敵討ちが一筋縄ではなく二つの物語が絡み合って、『忠臣蔵』にたとえれば「沼津」が「六段目」に相当し、「岡崎」は「九段目」と同じ冬景色を見せる趣向であったのかもしれない。

仇敵、沢井股五郎の行方を追う政右衛門、その夫を探してさまよう女房お谷。偶然に偶然が重なるというよりも、この夫婦は目に見えない運命の糸に操られて必然的に岡崎で再会することになる。関を破って捕り手に追われる政右衛門を助けたのは剣術の師の山田幸兵衛。思いがけず、幸兵衛から婿の股五郎の助太刀を頼まれるが、正体を知られることを恐れた政右衛門は、驚くべきことに、人質になった幼い息子を殺して他人を装う。

吉右衛門の政右衛門は孤独な男の苦悩をたっぷりの肚芸《はらげい》で表現し、ショッキングな「惨劇」をただそれだけに終わらせずに「悲劇」にまで高めて観客を感動させる。惨劇が表面的な残虐の描写だとするならば、悲劇は内面的な苦悩の表現であり、政右衛門はその場の出来事を一身に引き受けなければならない至難の役。言葉少なく、真情を打ち明ける台詞が全くないので、私たち観客にとっても、政右衛門の一挙手一投足に注目し、表情の微妙な変化を見逃さない心構えが必要である。

雪降る夜、戸外の妻子の泣き声に耳をふさごうと雨戸を閉めて、黙々と煙草の葉を刻む「煙草切り」では、まさに私情を断つ沈痛な面持ちで凍えるように身を震わせる。砥石で包丁を研ぐのも、心のざわつきが聞こえるかのようである。幸兵衛の女房おつやを東蔵が好演。おつやが糸車を回しながら、〽来いと言うたとて行かれる道か、道は四十五里、波の上」と唄う間に、敵討ちという封建道徳が一人の男を冷徹なまでに非人間化していくのが恐ろしい。

おつやがお谷から赤子を預かって奥に入ったすきに、政右衛門は気絶したお谷を介抱して、「お谷、やァい」と叫ぶところだけがほんの一瞬の本心。息子の顔を見てくれたかと問われ、「見た、見た」と涙声で応える一言一言に吉右衛門は万感を込める。手と手を取り合うこの夫婦の情愛がこの物語の核心で、政右衛門にとって敵討ちの原動力になっていることを実感する。

ところが、その大切な息子を幸兵衛に人質に取られ、万事休すと息を呑む表情はまさに顔面蒼白。すかさず奪い返した息子を小柄《こづか》で刺し殺し、その未練を断ち切るかのように「人質を頼りには致しませぬッ」という絶叫には狂気さえ滲ませる。そして、息子の亡骸《なきがら》を庭に投げ捨ててしまうのはいわば捨身往生の覚悟で、身を捨ててこそ浮かぶ瀬もあれ、人生どのような辛苦にも耐えて絶望を希望に変えなければならないということなのだろうか。

今回、政右衛門は最初「誉田《こんだ》家城中の場」に裃姿で登場して、敵討ちに旅立つ経緯が分かるが、吉右衛門が演じると役がやや立派になりすぎる嫌いがある。流浪の末、文楽人形では飛脚の前垂れを付けて身をやつすところ、写実にたっつけ袴の旅姿で登場するのは先代吉右衛門譲りらしいが、もし濡れた着物を着替えるならば、変わり映えするように衣裳の色柄を工夫した方がよい。また、雪中の立廻りでツケを入れると折角の義太夫が聞き取り難く、ツケなしの方がむしろ緊迫するだろう。

今回の舞台の成功は歌六の幸兵衛の好演にも支えられており、政右衛門との肚の探り合いも見応えがある。再会した師弟の語らいは、〽尽きぬ師弟の遠州行灯《あんどん》、掻き立て、掻き立て打ち眺め」という詞章に合わせて円形の遠州行灯を使いたいところだが、いつも見慣れた小道具を用いているのが惜しい。政右衛門とは違って、幸兵衛には長台詞がたっぷり用意されており、股五郎の行方を明かすクライマックスを大いに盛り上げた。果たして、幸兵衛は政右衛門の正体をどこで見抜いたのだろうか。もちろん、台詞では政右衛門の「一滴浮かむ涙の色」を見て初めて知ったと打ち明ける訳だが、歌六の幸兵衛は眼光鋭く、捕り手を次々と投げ飛ばす政右衛門を見て、出会った最初から神影流の達人であることに気づいていたに違いない。それにもかかわらず、政右衛門の決死の覚悟に心動かされて敵の行方を教えることになる。

吉之助の蛇の目の眼八という端敵《はがたき》、橋三郎の夜回りの時六といった脇役もほどがよく芝居に陰影を加えている。前場の藤川の関所破りでは、又五郎の奴助平がはまり役で、ちょび髭をつけた丸顔に、助の字の前垂れを着た全身を振るって独自のキャラクターを作り上げた。この助平の「遠眼鏡」の三枚目ぶりがあとの悲劇を引き立てる。

関所では幸兵衛の娘お袖が茶屋を営んでおり、許嫁の敵である和田志津馬《しづま》を見染めてしまう悲恋も仇討ちのもう一つの犠牲。米吉のお袖は塗り盆に映して志津馬を見る恥じらう仕種など、役に工夫を凝らして客席を大いに楽しませてくれる。若女方として初々しい芽吹きを見せた米吉は今年の新人賞である。菊之助の志津馬は水も滴るような二枚目ぶりで、線が細いので前髪の若衆役に見えてしまう嫌いもあるが、お袖に一目惚れされてしまうのもよく分かる。菊之助にとって岳父の吉右衛門との共演は、父の菊五郎とは一味違った芝居づくりを学ぶよい経験になったことだろう。

芝雀の女房お谷は一見繊細だが、夫を探してはるばる流浪する熱情を内に秘めている。「星の光を燈火《ともしび》と思うて寝入れど今宵の暗さ」という詞章の通り、まるで盲目になって闇を手探りするように演じている。段切れに再登場して子を亡くした母の悲しみで身を震わせる。このお谷が『袖萩祭文《そではぎさいもん》』だとするならば、髪を切って尼になるお袖は『野崎村』のお光さながらで、政右衛門の嬰児殺しと合わせて、この一幕に作者の半二の悲劇のパターンが詰め合わせてあるのが分かる。

国立劇場ならでは原作の浄瑠璃を尊重した脚本づくりが丁寧で、竹本葵太夫の語りと豊澤長一郎の三味線も格調高く、「古典」の力を再認識させる平成の名舞台になった。

（平成二十六年十二月・国立劇場）

随想〈其の三〉

燃え尽きた役者魂

――十二代目市川團十郎と十八代目中村勘三郎

歌舞伎役者は私たち観客にとって華々しい舞台を仰ぎ見る憧れである一方、劇場に足を運べば誰もがその息吹に触れることができる身近な存在でもある。これまで人生の長きにわたって喜怒哀楽の表情を見続けてきた役者の死。團十郎六十六歳、勘三郎五十七歳の死は余りにも早すぎる。

昨秋、病気療養中の勘三郎の重篤を知らせる週刊誌の見出しを目にして半信半疑でいたところ、十二月五日の早朝、ラジオのニュースで突然の訃報を聞かされた。歌舞伎役者の中で最も知名度が高い勘三郎の死は歌舞伎界にとどまらず広く世間を驚かせ、築地本願寺で営まれた本葬には優に一万人を超える弔問客が訪れたという。

残念ながら、今日、歌舞伎は一般大衆の関心の中心からは外れてしまっている。その危機感が勘三郎をやむにやまれず突き動かしたのだろう。勘三郎が狭い世界から飛び出して絶えず新しい話題を提供することで歌舞伎は注目を集めてきた。もしかすると、勘三郎の動機はもっと純粋で、観客を喜ばせたいという役者の本能であったのかもしれない。父の先代勘三郎を亡くした時は三十二歳。それ以来、生き急ぐかのように四半世紀を駆け抜けた。

歌舞伎を同時代演劇として活気づけた勘三郎の功績の内、「コクーン歌舞伎」と「平成中村座」は歌舞伎が「小劇場演劇」化する面白さであったのに対して、「野田版歌舞伎」は歌舞伎座で「大劇場演劇」として上演されたところに意義があった。ここで小劇場、大劇場というのは単に客席のキャパシティのことではなく客層の幅広さを意味し、先鋭的で実験的な小劇場とは違って、老若男女を問わず様々な嗜好の観客が集まる大劇場では最大公約数の無難な芝居づくりが求められる。それを歌舞伎の「大衆性」と言い換えてもよいだろう。勘三郎は同い年の野田秀樹とともに、大劇場の幅広い客層を相手にする妥協点を探り、ぎりぎりのところで絶妙なバランスをとることに成功した。

世間では勘三郎は知っているが歌舞伎は見たことがないという人も多く、また、歌舞伎の観客には勘三郎が好きという人と勘三郎は嫌いという人がはっきり分かれていた時期も長かった。しかし、勘三郎の人気は好き嫌いを超えて大きく膨らみ、座頭役者として大劇場の客席を埋めることができる希少な存在になっていった。本当ならば、いよいよ活躍の場を小劇場から大劇場へ移し、勘三郎は新しい歌舞伎座の檜舞台で大いに活躍するべき人であった。敢えて大袈裟な言い方をするならば、勘三郎の死によって歌舞伎の歴史は大きく変わってしまった。

一方、團十郎は白血病が寛解してからというもの、健康不安など吹き飛ばすような熱演が続いていた。しかし、京都の顔見世を風邪で休演したと聞いてちょっと嫌な予感がしていたところに、二月三日の訃報がもたらされたのであった。

今にして思えば、歌舞伎座建て替えについて、テレビのインタビューで「三年というのは短いようで結構長いんで、その間に歌舞伎がどんな変化をするのかな、というのも期待してますね」と答えたのは、大病を克服し、一刻一秒を大切に生き抜いた團十郎ならではの言葉の重みであった。もしかすると、自分の寿命を覚悟していたのかもしれない。

かつて、私たち夫婦が奈良に在住していた時、丁度、夏の地方巡業が来て、学習院大学の学生歌舞伎で指導を受けた右之助師匠を訪問したことがあった。奈良県文化会館の楽屋で團十郎が囲碁を楽しんでいる最中で、来客と知ると寛いだ浴衣の襟元を合わせて居住まいを正し、今夜は次の巡業先に移動しなければならないので悪しからず芝居を早々に切り上げるつもりですと、カンラカンラと笑い飛ばした朗らかな表情が思い出される。確かに、その日見た『五段目』の勘平は思い入れを省いてテンポアップし、獲り縄捌きなどパントマイムを見るような意外な面白さであった。その代わり『六段目』の腹切りは丁寧に演じて、團十郎の勘平には器用に世を渡れなかった愚直な人物像が浮かび上がった。

それにしても、十九歳で父を亡くした孤独を微塵も感じさせないあの人間的な包容力は一体どこで育まれたのだろうか。父の十一代目が團十郎を名乗ったのは僅か三年だが、十二代目が團十郎であり続けた期間は二十七年で、名実ともに「平成の團十郎」として足跡を残した。青山葬儀所で営まれた本葬で弔辞を読んだ盟友の菊五郎が「六十年のお付き合い、本当に楽しかった。面白かった。そして、心より、ありがとう」と語ったように、まさにその通り、團十郎の芝居は楽しく、面白かった。團十郎の芝居を巧拙で論じるのは野暮というもので、黙って舞台に登場するだけで私たちを安心させてくれたあの絶大な存在を失って、まるで太陽が沈んでしまったような暗澹たる気持ちになる。

團十郎は寡黙で、勘三郎は饒舌。團十郎は慎重で、勘三郎は性急。

性格も行動も正反対に思われる二人であったが、いつも全力投球で熱演し、裏表のない単純明快な人柄が舞台に溢れ出した。役に化ける「演技」ではなく、役を通して自分自身をさらけ出す「芸」。詰まるところ、芸とは人間的な魅力に他ならない。二人の死によって、私たちは「團十郎の歌舞伎」「勘三郎の歌舞伎」という歌舞伎の魅力の一角が大きく欠け損じてしまったことを痛感する。

二人の共演で思い出すのは、私が歌舞伎を見始めて間もない昭和五十五年五月の歌舞伎座の『根元草摺引』で、当時、先代海老蔵の朝比奈と先代勘九郎の五郎が二畳台に乗って舞台正面に押し出された時の絵姿が鮮烈で、二人の勇者が競い合う力感がそれはそれは素晴らしかった。あるいは、昭和六十一年十月、国立劇場開場二十周年の「大忠臣蔵」の『落人』では、團十郎の勘平に惚れ込んだ勘九郎のお軽の狂おしいまでの恋心が伝わってきた。若かりし頃の勘九郎の女方は情味が濃く、勘三郎を襲名してからはめっきり立役が多くなったが、あの女方の魅力は七之助に受け継がれている。

しかし、團十郎と勘三郎の顔合わせは数えるほどしかなく、「歌舞伎座さよなら公演」の『勧進帳』

は團十郎の弁慶の「動」と勘三郎の判官の「静」の組み合わせで、今にして思うとあれが最初にして最後の大舞台であった。そして、勘三郎の『娘道成寺』で團十郎が押戻しで登場し、そして、團十郎の『助六』に勘三郎が股潜りの通人で付き合って戦後の歌舞伎座に別れを告げた千秋楽を思い出すと、二人の死はいまだに信じられない。

彼らの役者魂は燃え尽きてしまった。しかし、私たち観客には沢山の思い出を残してくれた。いよいよ平成の歌舞伎座の杮葺落しを目前に、このような気持ちを書き留めることになろうとは、人生のはかなさを思わざるを得ない。

もし、二人がこの世に思い残すことがあったとすれば、唯一、息子たちの役者としての成長を見届けたいという思いであったに違いない。海老蔵三十五歳、勘九郎三十一歳、七之助二十九歳。歌舞伎役者としては、まだまだ父から教わるべきことは多かっただろう。しかし、團十郎と勘三郎は自らの死によって彼らに最大の試練を与えたのかもしれない。この試練をチャンスに変えられるかどうかは彼らの今後の努力次第である。

平成の歌舞伎座がいよいよ開場するが、團十郎と勘三郎を失った私たちの喪失感を埋められるのは、あとに残された海老蔵、勘九郎と七之助の活躍しかない。彼らが亡き父の遺志を継いで歌舞伎役者として大成することを心から祈るばかりである。

（平成二十五年三月）

歌舞伎座新装開場を祝う

「復元」された歌舞伎座

平成二十五年四月、三年の歳月を費やして建て替えられた歌舞伎座が新装開場した。

二年前に外観デザインの完成予想図が発表されてはいたが、工事の囲いが外れて実際に目の当たりにすると、昔と同じ威容を誇っているのに驚かされ、絵看板を眺めながら開場を待つ芝居前の賑わいが取り戻されたことは喜ばしい。一時、ファサードを一新するプランが報道されたが、結局、奇をてらわずに戦後の歌舞伎座の「復元」に徹している。

劇場の中に足を踏み入れ、新しい絨毯の上を歩む贅沢な気分に浸りながら一巡りすると、朱塗りの柱の回廊など昔の面影をそのまま写している。新たにエスカレーターやエレベーターを設けたり、客席を二重扉で遮音するなど機能性を高めた代わり、惜しむらくは、幕間にゆっくり寛げるロビースペースが充分確保できなかった。そういえば、二階、三階には窓がないので閉塞感がある。

場内の売店も食堂も大幅に縮小され、かつて、百貨店のお好み食堂のように、祖父と一緒の時はちょっと贅沢をして、今日は何を食べようかとメニュー選びから観劇が始まったのも昔懐かしい思い出になってしまった。こうなると、幕間の時間を持て余し気味になり、歌舞伎の観劇スタイルも次第に変わっていくことだろう。なお、地下広場は多くの出店で賑わっているが、観劇の待ち合わせ場所としてはもう少しゆとりが必要だ。

いよいよ、自分の客席に着いて新しい緞帳を目の前にすると、ここが新しい劇場であることを忘れてしまう懐かしい雰囲気に包まれる。舞台寸法も全く変わらず、プロセニアムの檜材や飾り金具には昔の物が使われているらしく、ここまで徹底して復元されると、建て替えたことへの異論反論は封じられてしまう。新しい歌舞伎座の客席は一八〇八席（桟敷八八、一階八五七、二階三九三、三階四七〇）で、建て替え前の一八六七席（桟敷九〇、一階七七〇、二階三九二、三階六一五）から五十九席減っている。しかし、内訳に注目すると、むしろ一階席は増えて、三階席が大幅に減らされた。従来通り幕見席も設けられたが、廉価な三階席から売り切れる傾向にあり、花形歌舞伎などでは思い切って価格設定を引き下げて客層の裾野を広げて欲しい。三階席の傾斜を改良して花道が七三まで見えるようになったのは今回の最大の進化で、これで歌舞伎の専用劇場としての面目が立つだろう。

場内を見渡せば、客席の欄干に飾られた鳳凰紋の提灯も昔のまま灯された。但し、この提灯は戦後の歌舞伎座の当初の設計にはなく、あとから付け加えられたもので、黒い鉄骨を巡らし、提灯だけでなく露出の照明機材を吊るして美観を損ねているのは残念だ。建て替えるのならば内装デザインにはもう少し工夫を凝らして欲しかった。

激動の三年間

平成二十二年から二十五年まで、新しい歌舞伎座の完成を待ったこの三年間、東日本大震災に見舞われた日本はまさに激動の時代であった。歌舞伎界も変化が激しく、平成二十三年一月に富十郎八十一歳、十月に芝翫八十三歳、翌二十四年二月に雀右衛門九十一歳、次々に歌舞伎の支柱となっていた人間国宝が亡くなった。日本の演劇界でも、俳優では山田五十鈴、森光子、大滝秀治、小沢昭一、劇作家では小幡欣治、井上ひさし、斎藤憐、つかこうへい、いずれも戦後演劇を代表する大物たちの訃報が続いた。スーパー歌舞伎の装置を担当した舞台美術家の朝倉摂も亡くなった。戦争体験の語り手が減って、「戦後」という言葉の重みが忘れられ、世論がふわふわと浮遊し始めているように思う。

そして、歌舞伎界のみならず広く世間を驚かせた勘三郎の死。病床の勘三郎を慮ったのだろうか、松竹が歌舞伎座の新装開場の演目と配役を発表したのは年の瀬の十二月十九日のことであった。ところが、年が明けると、追い討ちを掛けるように團十郎が亡くなり、急遽、『弁天小僧』の駄右衛門と『土蜘』の源頼光は吉右衛門、『三人吉三』の和尚は幸四郎、『石切梶原』の大庭は菊五郎が代役を引き受け、眼目となるはずの『助六』は「十二世團十郎に捧ぐ」と謳って海老蔵に委ねられた。

それにしても、三年前の「歌舞伎座さよなら公演」を賑やかに飾っていた看板役者が五人も抜け落ちた喪失感は余りにも大きい。

震災後、私たちには娯楽を楽しむ気持ちのゆとりが失われてしまったのだろうか、この三年間、新橋演舞場や国立劇場ではめっきり空席が目立った。その中でも歌舞伎に活況をもたらしたのが平成二十四年二月と三月の六代目勘九郎、六月と七月の四代目猿之助と九代目中車の襲名披露である。

突然、猿之助が亀治郎に名跡を譲るという意向を発表した平成二十三年は、猿之助七十二歳、亀治郎三十六歳、ともに卯年生まれの年男の覚悟。六月の『口上』だけでなく、七月の『楼門』の久吉で猿之助改め二代目猿翁が舞台にセリ上がると、場内割れんばかりの拍手に包まれ、千秋楽には動きの不自由な体で何度もカーテンコールに応えていた。思えば、この新橋演舞場でスーパー歌舞伎『ヤマトタケル』が初演されてから四半世紀、今回の猿之助襲名には、一つの時代が終わり、一つの時代が始まる実感があった。是非、新しい猿之助には座頭として澤瀉屋一門を率いた奮闘公演を期待したい。

本当ならば、この三年間は新しい歌舞伎座を担うべき若手が実力を蓄える大切な期間であったはずで、新橋演舞場では八回も「花形歌舞伎」を打ち出したが、今一つ話題にはならなかった。もっと思い切って役者を若返らせ、入場料も下げて客層の掘り起こしを図るべきであった。また、海老蔵が六本木で傷害事件に巻き込まれて無期謹慎を受けたり、染五郎が舞踊会で奈落への墜落事故を起こして世間を騒がせた不祥事が残念であった。いずれも無事に舞台復帰を果たすことができたのは不幸中の幸いで、これをよい教訓にして芸道に精進して欲しい。

若手の中では菊之助の活躍がめざましく、『合邦辻』の玉手御前、『忠臣蔵』の塩冶判官、『籠釣瓶』の八つ橋など、次々と古典の大役に挑み、人気と実力のバランスよく若手花形の先頭に躍り出た。吉右衛門の末娘との縁談も歌舞伎座開場前に明るい話題を提供してくれた。

この三年間、名脇役たちが次々と他界したことも書き添えておかなえればならない。吉五郎、幸右衛門、半四郎、芦燕、鐵之助、吉之丞、いずれも八十歳を過ぎて静かに世を去った。これから彼らの抜けた穴を埋めるはずであった三津之助が五十一歳の若さで急逝したのも惜しまれる。

役者ばかりでなく、義太夫の竹本綾太夫が七十七歳、竹本喜太夫が七十四歳で亡くなった。歌舞伎座開場後も、病気療養で舞台を遠ざかっていた竹本清太夫が七十八歳で亡くなった他、囃子方の寳山左衛門、箏曲の川瀬白秋、尺八の山本邦山といった名人の訃報が続く。高齢のベテランに依存してきた邦楽界の現状がいかに危ういか。いずれも、ここに心から哀悼の意を捧げたい。

歌舞伎座が新装なった華やかさの裏側で、忘れてならないのは、建物は三年で建て替えられても、血の滲むような修業で鍛えられた名人芸は一朝一夕で生まれないということである。今後、歌舞伎を支える様々な人材養成にいよいよ本腰を入れて取り組まねばならない。

大幹部の完熟の芸

さて、新しい歌舞伎座の柿葺落しは、最初の三ヶ月の三部制に大幹部が勢揃いして、四月は吉右衛門の『熊谷陣屋』、菊五郎の『弁天小僧』、幸四郎の『勧進帳』、五月は幸四郎の『寺子屋』、仁左衛門と玉三郎の『吉田屋』、六月の『鈴ヶ森』では梅玉の権八というように、敢えて「さよなら公演」と同じ当たり役を並べた。十月は『義経千本桜』、十一月と十二月『仮名手本忠臣蔵』の通しでは、吉右衛門の碇知盛、菊五郎の狐忠信と勘平、幸四郎の由良助。翌年一月は幸四郎の『石切梶原』、三月は吉右衛門の『勧進帳』も同じく、いずれもこの三年の間にさらに熟成して芳醇な香りを立てた。こうして歌舞伎が同じ演目を同じ配役で繰り返しても見飽きないのは、繰り返される芝居の「型」に収まらない役者の個性が溢れ出し、観客は役者の人生を目の当りに確かめることができるからである。もしかすると、鏡を見るように、役者と同時代を生きる私たちは、その時々の自分自身の心境の変化を舞台に映しているのかもしれない。

最初に新しい歌舞伎座の開場を祝ったのは、最長老とは思えない藤十郎の『鶴寿千歳』で、十月の『千本桜』でも「吉野山」の静御前を元気に踊ったのはめでたい。しかも、五月は『先代萩』の政岡、翌年一月は『九段目』の戸浪で、わが子を犠牲にする母親役を熱演した。藤十郎の義太夫狂言は溢れる感情を巧みに表現する息遣いに醍醐味がある。

藤十郎、猿翁に続いて文化功労者となった幸四郎は、一つの頂点を極めた者ならではの余裕だろうか、弁慶、松王、由良助、いずれの当たり役も角が取れて神経質なところが気にならず、まるでバイオリンの名器が妙音を奏でるように全身を響かせて名台詞を歌い上げる。幸四郎と吉右衛門の兄弟競演になった『忠臣蔵』の由良助では、剛直な吉右衛門に対して緻密な幸四郎の個性が明らかになった。

巻末の〈別表二〉に掲げた通り、さよなら公演に引き続き柿葺落しの屋台骨を支えたのは、座頭役者として今日の歌舞伎の二大勢力を率いる菊五郎と吉右衛門。平成の菊吉共演は見逃しならず、『弁天小僧』の弁天小僧と駄右衛門はもとより、菊五郎の判官と吉右衛門の由良助が顔を合わせた『忠臣蔵』の「四段目」、吉右衛門の弁慶、菊五郎の富樫、藤十郎の義経、人間国宝三人が揃った三月の『勧進帳』は、平成歌舞伎の一つの頂点といってよいだろう。

最初の四月に『熊谷陣屋』と『盛綱陣屋』という悲劇を並べたのは、柿葺落しのお祭り気分にはやや重苦しいと思ったが、吉右衛門の熊谷と仁左衛門の盛綱は当代並び立つ名舞台で、悲劇の内にも役者の華を感じさせた。しかも、仁左衛門が『熊谷陣屋』の義経、吉右衛門が『盛綱陣屋』の和田兵衛、互いに相手役を勤めたことも舞台を一層大きくした。仁左衛門は『千本桜』の「いがみの権太」で上方の流れを汲む独自の型を完成させたが、右肩の故障が痛々しく、十一月の『忠臣蔵』への出演を見合わせてしばし治療に専念することになった。

この三年間、新橋演舞場に出演しなかった玉三郎の歌舞伎は久しぶりで、四月は松緑と『将門』、五月は菊之助と『娘二人道成寺』、十一月は海老蔵と『落人』、そして翌年三月は七之助と『二人藤娘』、勘九郎と『日本振袖始』を踊って後進を引き立てた。最初に『将門』を選んだのは、きらびやかな新装の劇場空間に相馬の古御所を出現させ、その暗闇の中で自分自身を輝かせようという女方としての審美眼なのかもしれない。花道のスッポンからセリ上がった滝夜叉姫の妖艶な舞い姿は、差し金の蠟燭の灯に照らし出されて場内の空気をたちまち温かくした。『娘二人道成寺』では、玉三郎が金の烏帽子を綱に掛け、菊之助が中啓に乗せてきまるのは成駒屋と音羽屋の型の組み合わせで、その二人の姿に亡き梅幸と歌右衛門の姿が重なった。この不思議な錯覚で、戦後の歌舞伎座から新しい歌舞伎座へ、先人たちの思いがつながっていることを実感した。

しかし、玉三郎が幹部と共演した芝居は、吉右衛門の『熊谷陣屋』で相模、仁左衛門の『吉田屋』で夕霧、幸四郎の『七段目』でお軽という三役だけというのは残念だ。歌舞伎座の開場に先立って玉三郎が人間国宝に認定されたことは慶事であり、これからは、もう少し新しい歌舞伎座に立って本格的な女方芸を見せて欲しいと思う。

こうして、幹部が一世一代の気組みで挑んだ完熟の芸を通して、戦後の歌舞伎座の「記憶」と平成の歌舞伎座の「印象」が糊代のように重なり、三年間の空白を埋めて、歌舞伎座が、そして歌舞伎が再び新しい歴史を刻み始めた。

花形への期待と不安

さすがに柿葺落しの賑わいも最初の三ヶ月で一段落するかと思いきや、趣きを変えて花形歌舞伎も大当たりで、特に、七月の『四谷怪談』と翌年二月の『心謎解色糸』は、鶴屋南北の名作に初役で挑んだ染五郎と菊之助の爽やかなコンビが期待を上回る好演であった。十二月の『忠臣蔵』でも、染五郎の勘平と菊之助の判官には全く不安がなかった。菊之助は翌年二月に『弁天小僧』を通し上演し、十八歳で初演して以来、回数を重ねてすっかり自分の持ち役にした出来栄えを見ると、やはり、少しでも早く舞台経験を積むことが大切だと痛感する。

たとえば『忠臣蔵』ならば、現在、花形で由良助を演じたことがあるのは橋之助と染五郎だけしかおらず、将来を見越して、愛之助、獅童、海老蔵といった人気役者に思い切って座頭役を任せたい。その点、九月の『新薄雪物語』は貴重な企画で、愛之助の奴妻平、染五郎の園兵衛、松緑の伊賀守、菊之助の梅の方、いずれも至難の役を精一杯に勤めて好感度は高かった。

八月の三部制は「花形」とは謳わず、三津五郎、扇雀、福助を中心に据えたが、平成二年に当時の先代勘九郎と八十助が三十五歳で納涼歌舞伎を始めたことを思えば、もっと次の世代に任せ、たとえば『髪結新三』なら勘九郎の新三、『野崎村』なら七之助のお光を見せて欲しいのである。

橋之助は花形でもなく中堅でもない中途半端な立場に陥って、近頃、なかなか役に恵まれていないのは気の毒だ。それでも、六月の『鞘当』の不破のような赤ッ面から、八月『かさね』の与右衛門のような白塗りの二枚目まで幅広く与えられた役をそつなくこなしている。しかし、時代の流れは否応なく橋之助を第一線に押し出すことになるだろう。

新しい歌舞伎座で初めての新作、九月の『陰陽師』には花形が勢揃いして期待が大きかったが、それだけに失望も大きかった。夢枕漠の原作を分かりやすくまとめた脚色の手際はよかったが、装置の造形、衣裳の色彩、音楽の旋律、照明の明暗、それを一つの空間に収斂していく演出に美的なセンスが不足していた。戦前の歌舞伎座の柿葺落しで『源氏物語』や『羅生門』を上演したのと同じ狙いだったのかもしれないが、新しい歌舞伎座の舞台機構を見せてくれた訳でもない。今日、歌舞伎は様々なジャンルの演劇の一つにすぎず、中途半端に新しくするよりも、「歌舞伎」らしい魅力を明確に打ち出さなければ埋もれてしまうだろう。

勘三郎亡きあと、これらの花形と幹部の谷間を埋める役回りを期待されていた中堅世代では、三津五郎と福助が、思いもよらぬ病で長期休演という不測の事態が起きた。

三津五郎は五月に勤めた『寺子屋』の源蔵がはまり役で、まさに辛抱立役としてこれまで歌舞伎を支えてきた。六月の『喜撰』の飄逸な味わいも余人をもって代え難い。その三津五郎がいよいよ舞台の中心に躍り出ることを期待されていた矢先の休演は惜しまれる。亡き勘三郎を偲ぶ『お祭り』では、三津五郎の鳶頭を相手に巳之助の若い者が絡む手ぶり足ぶりに、スランプを脱した者の勢いを感じさせたことを書き添えておきたい。

柿葺落しの掉尾を飾る三月は、当初、福助の七代目歌右衛門襲名の予定であった。しかし、福助は体調不良で十一月の『忠臣蔵』のお軽を途中休演し、そのまま襲名は延期となってしまった。戦後の大名跡を継ぐ重責が一人の女方の双肩にのしかかってしまったのだろうか。こうなった以上、運を天に任せ、わが同世代の女方の回復を祈るしかない。

さよなら公演の時にも同じ思いを抱いたが、今回の柿葺落しで上演された上方和事は、五月の仁左衛門と玉三郎の『吉田屋』、翌年三月の藤十郎の『封印切』の二演目だけというのは残念だ。将来、翫雀、扇雀、孝太郎、愛之助といった上方所縁の役者たちがそれぞれのお家芸を継承するには、もっと上演の機会に恵まれなければならない。八月、扇雀が『狐狸狐狸ばなし』の伊之助で意外な持ち味を発揮して笑わせたが、この人は女方よりも和事の立役に向いているのかもしれない。来年予定されている翫雀の四代目鴈治郎襲名が一つの契機となって、上方和事がもう少し普及することに期待したい。

なお、亀治郎改め四代目猿之助は、襲名披露の全国巡演があったこともあり、「さよなら公演」に引き続き、ついに柿葺落し公演にも出演しなかった。歌舞伎座を向こうに回す意気込みは買いたいが、観客としては歌舞伎座での「猿之助奮闘公演」が待ち遠しい。猿之助だけでなく、〈別表二〉の柿葺落し公演の出演回数を見ると、海老蔵が三ヶ月九演目、獅童が二ヶ月三演目しかなく、世間の知名度の高い人気者ほど歌舞伎座出演が少なく、歌舞伎以外の仕事が中心になってしまっている。世間と幕内の意識のギャップは明らかで、彼らが持て余すエネルギーを歌舞伎の内側に向けさせなければならない。

今日の歌舞伎の最大の課題は世代交代であり、柿葺落しが終わったあとは、三十代、四十代の役者たちに活躍の場をもっと広げて欲しい。

逆風の時代を迎えて

三月、四月は歌右衛門襲名の代わりに「鳳凰祭」と謳って、柿葺落しを終えた四月は、藤十郎が一世一代と銘打った『曾根崎心中』、三津五郎がめでたく復帰した『寿靫猿』が話題になった。しかし、大幹部が総花的に当たり役を持ち寄っただけでは魅力に乏しく、客足は次第に遠退いてしまっている。やはり、新作と古典を組み合わせたり、幹部と若手をきちんと住み分けるなど、興行としてもっと特色のある企画を打ち出すべきだろう。

こうして新しい歌舞伎座の柿葺落しを振り返ると、開場前から波乱含みで、開場後も決して順調とはいえない一年間であった。

世間には気楽に楽しめるエンターテイメントが溢れ、歌舞伎も含めて演劇というものは、私たちのライフスタイルに合わず、時間的にも金銭的にも高嶺の花になりつつある。何か一つのことにじっくり腰を据えて楽しもうとする行為自体が敬遠されているのではなかろうか。賑やかな歌舞伎座の柿葺落しと対照的に、昨年、一月に吉祥寺の前進座劇場が三十年にわたる歴史に幕を閉じ、五月にはル・テアトル銀座が閉場した。来年も青山劇場の閉館が決まっており、こうして慣れ親しんだ劇場が次々と消えていくのは寂しいことである。

たとえ劇場経営にとって厳しい逆風が吹いたとしても、どうか、新しい「歌舞伎座」には「歌舞伎」の人気を力強く牽引していって欲しい。

（平成二十六年四月）

柿葺落しの宴のあと

平成二十六年は歌舞伎座の新開場柿葺落し公演を三月に終え、まさに「宴のあと」というべき年の暮れを迎えた。果たして、新しい「歌舞伎座」を訪れた観客が、「歌舞伎」を楽しむリピーターとしてどれだけ定着しただろうか。賑やかだった歌舞伎座の客席も次第に熱気が冷め、このところ国立劇場も空席が目立ち、いよいよ、歌舞伎というものが世間一般の関心から遠退いているような気配を感じる。私たち観客よりも、むしろ若い役者たちの方がそのギャップに危機感を覚え、世間の気を引こうと焦っているようにも見受けられる。しかし、一昔前を思い出せば、歌舞伎が大入り満員になるのはむしろ特別なことであった。まして日本の人口が減少していく時代を迎え、新しい歌舞伎座のキャパシティはいささか大きすぎるのかもしれない。

そのような寂しい状況にあって、十月と十一月に「猿之助奮闘公演」と「勘三郎追悼公演」と銘打った二ヶ月の続きの公演がこの下半期のトピックスであった。今にして思えば、歌舞伎と世間の橋渡し役を担っていたのは、先代猿之助と亡き勘三郎の絶大な人気。当代の猿之助や、勘九郎と七之助の兄弟が活躍の場を得ているのも、先代の遺産を継承したからに他ならない。その一方で、地味ながら古典の役を一つ一つ積み上げてきた吉右衛門の実力が頂点に達して、円熟の芸を見事に開花させているのも見逃せない。吉右衛門の芸道は先代への敬意と、歌舞伎というものへの自信に裏打ちされている。吉右衛門だけでなく、幸四郎、菊五郎、仁左衛門、玉三郎といった幹部たちは、それぞれ自分の芸を集大成すべき時期を迎えている。

果たして、今の若手たちは彼ら先人の人気と実力に追いつき追い越すことができるだろうか。

いよいよ来年は戦後七十年。

東日本大震災のあと日本の火山は活動期に入ったのだろうか、九月には木曾の御獄山が噴火して「戦後最大」の火山被害をもたらした。この「戦後〇

○」という言葉を耳にするたび、この七十年間がいかに平穏無事であったかということを思わざるを得ない。年末の衆議院選挙は私たち有権者の油断で、「戦後最低」の投票率から生まれた時の権力者が古めかしい富国強兵を唱えていることが危ぶまれる。そもそも、日本人の人口が減っていく停滞期に入り、いつまでも経済大国を志向し続けると私たち国民は疲弊してしまう。今こそ、「成長」から「成熟」へ国づくりの方向転換が必要である。そして、福島の原発事故も収束しないまま、五年後、東京オリンピックのお祭り騒ぎに興じることになるのだろうか。その時に迎える「宴のあと」を思うと寒々しい思いがする。

さらに、東京オリンピックが終わった翌年、国立劇場が大規模改修に着手する基本構想が正式に発表された。三年間かけて大劇場と小劇場をリニューアルし、新たに周辺設備を充実させて、演芸場もそこに組み込まれることになるらしい。

そして、国立劇場が新装開場した翌年は戦後八十年。今から十年後の日本が一体どのような時代を迎えているのか誰にも予想できないが、時代の激しい流れにさらされて、歌舞伎と世間のギャップはますます大きくなっているに違いない。しかし、同時代演劇としての「創造」と古典芸能としての「伝承」を両輪として進化し続ければ、歌舞伎はどんな時代も乗り越えていくことができるだろう。

（平成二十六年十二月）

〈別表一〉「歌舞伎座さよなら公演」演目・主な出演者

平成二十一年一月～二十二年四月			一月 昼			一月 夜				二月 昼			二月 夜				三月 昼			三月 夜		
出演者名	出演月数	演目数	祝初春式三番叟	平家女護島 俊寛	花街模様薊色縫 十六夜清心	鷺娘	寿曾我対面	春興鏡獅子	鰯賣恋曳網	菅原伝授手習鑑 加茂堤	賀の祝	京鹿子娘二人道成寺	人情噺文七元結	倭仮名在原系図 蘭平物狂	勧進帳	三人吉三巴白浪 大川端	元禄忠臣蔵 江戸城の刃傷	最後の大評定	御浜御殿綱豊卿	南部坂雪の別れ	仙石屋敷	大石最後の一日
市川團十郎	4	6																		○		
市川海老蔵	3	9																				
市川左團次	7	11									○		○									
市川團蔵	6	11										○	○									
市川段四郎	4	6													○							
市川亀治郎	0	0																				
市川右近	0	0																				
尾上菊五郎	7	15			○		○						○		○							
尾上菊之助	6	16	○				○					○	○		○							
尾上松緑	8	20	○				○				○				○	○						
坂東彦三郎	6	6		○																		
片岡仁左衛門	7	18																	○		○	
片岡孝太郎	8	12																				
片岡我當	5	9															○			○		
片岡進之介	2	2															○					
片岡秀太郎	7	8																	○			
片岡愛之助	0	0																				
坂田藤十郎	4	5																				
中村翫雀	4	4												○								
中村扇雀	6	10									○											
澤村田之助	1	1																				
中村勘三郎	7	22						○	○													
中村勘太郎	5	16																				
中村七之助	4	10																				
中村吉右衛門	9	23			○		○						○		○							
中村歌六	9	16		○														○				○
中村歌昇	9	12			○																	
中村時蔵	7	11			○								○									
中村錦之助	8	15	○																			
中村獅童	3	6																				
中村芝翫	10	10											○							○		
中村福助	11	26								○	○			○								○
中村橋之助	7	18								○	○			○								
中村梅玉	11	26	○	○			○								○		○				○	
中村魁春	11	16					○											○				
中村東蔵	11	15							○									○		○		○
中村雀右衛門	1	1																				
中村芝雀	8	14		○			○				○								○	○		
中村富十郎	9	11	○																○			
坂東玉三郎	8	18				○			○			○				○						
坂東三津五郎	8	18											○	○								
坂東弥十郎	9	20							○								○				○	○
松本幸四郎	8	18		○			○											○				○
市川染五郎	9	25		○			○		○		○				○	○			○		○	○

＊通し上演の独立した場面は一演目に数えた。△印は途中休演または代役出演。長期休演中の市川猿之助、澤村藤十郎は除く。

四月							五月									六月							七月				八月					
昼				夜			昼					夜				昼				夜			昼		夜		一		二		三	
伽羅先代萩 花水橋	竹の間	御殿／床下	対決／刃傷	彦山権現誓助剣 毛谷村	廓文章 吉田屋	曾根崎心中	暫	寿猩々	手習子	盲長屋梅加賀鳶	戻駕色相肩	恋湊博多諷 毛剃	夕立	神田ばやし	鴛鴦襖恋睦 おしどり	正札附根元草摺	双蝶々曲輪日記 角力場	蝶の道行	女殺油地獄	門出祝寿連獅子	極付幡随長兵衛	梅雨小袖昔八丈 髪結新三	五重塔	海神別荘	夏祭浪花鑑	天守物語	天保遊侠録	六歌仙容彩	真景累ヶ淵 豊志賀の死	船弁慶	お国と五平	怪談乳房榎
												○																				
							○			○				○	○									○	○	○						
							○			○																						
										○				○																		
										○			○																			
										○	○	○			○																	
										○	○				○	○				○	○											
			○							○												○										
	○	○	○		○														○		○											
	○	○																	○													
					○	○																				○						
					○							○							○													
						○						○																				
						○	○																									
							○																				○				○	
																												○	○	○		○
																							○		○	○	○		○		○	
		○	○	○													○			○	○											
		○	○																○		○	○										
				○																	○											
										○			○																			
																							○		○	○						
									○												○											
	○	○		○														○		○	○	○						○	○	○		○
○						○																					○			○		○
										○								○	○	○	○											
								○								○				○												
				○						○											○											
																	○			○												
								○																								
	○	○			○																			○		○						
		○								○				○														○		○	○	
												○							○			○					○	○	○			○
																	○			○		○										
○			○														○			○	○	○										

九月								十月							十一月							十二月							一月			
昼				夜				昼				夜			昼				夜			昼				夜			昼			
竜馬がゆく　最後の一日	時今也桔梗旗揚	お祭り	天衣紛上野初花　河内山	浮世柄比翼稲妻　鞘当	鈴ヶ森	勧進帳	松竹梅湯島掛額	毛抜	蜘蛛の拍子舞	心中天網島　河庄	音羽獄だんまり	義経千本桜　渡海屋／大物浦	吉野山	川連法眼館	仮名手本忠臣蔵　大序	三段目	四段目	道行	五段目／六段目	七段目	十一段目	操り三番叟	新版歌祭文　野崎村	身替座禅	大江戸りびんぐでっど	双蝶々曲輪日記　引窓	雪傾城	野田版鼠小僧	春調娘七草	梶原平三誉石切	勧進帳	松浦の太鼓
																															○	
																			○											○		
								○			○			○				○														
			○							○		○					○		○													
											○		○	○				○	○													
									○		○		○	○																		
○		○		○					○		○		○																			
														○																		
																	○			○	○											
		○															○						○					○				
										○																						
																									○	○		○				
											○																					
															○	○	○							○	○			○			○	
																						○			○		○	○				
															○										○		○	○				
	○				○	○	○				○	○																				○
	○						○					○																				○
	○	○					○					○									○									○		
										○				○				○	○													
	○	○					○	○			○										○											
																						○			○							
		○																	○								○					
							○													○			○		○			○	○			
																							○		○	○		○	○			
			○		○										○	○			○		○										○	○
	○							○			○				○		○													○		
							○	○		○									○											○		
	○	○		○																												○
	○										○	○			○	○																
									○			○																				
								○	○															○	○	○		○				
																							○		○			○				
	○		○			○											○			○										○		
○		○		○		○																		○	○			○	○			

出演者名	四月								三月							二月										
	三		二			一			三		二		一			夜			昼				夜			
	助六由縁江戸桜	実録先代萩	藤娘	三人吉三巴白浪 大川端	菅原伝授手習鑑 寺子屋	連獅子	一谷嫩軍記 熊谷陣屋	御名残木挽闇争	石橋	菅原伝授手習鑑 道明寺	弁天娘女男白浪	菅原伝授手習鑑 筆法伝授	女暫	楼門五三桐	菅原伝授手習鑑 加茂堤	籠釣瓶花街酔醒	高坏	壺坂霊験記	ぢいさんばあさん	口上	平家女護島 俊寛	爪王	与話情浮名横櫛	京鹿子娘道成寺	菅原伝授手習鑑 車引	春の寿
市川團十郎	○			○																				○		
市川海老蔵	○							○																		
市川左團次	○										○		○							○	○					
市川團蔵								○			○		○													
市川段四郎																										
市川亀治郎																										
市川右近																										
尾上菊五郎	○			○							○			○												
尾上菊之助								○			○		○													
尾上松緑								○	○				○													
坂東彦三郎					○																					
片岡仁左衛門	○				○					○		○				○			○	○						
片岡孝太郎		○						○		○					○				○							
片岡我當										○			○			○				○						
片岡進之介													○													
片岡秀太郎	○									○						○				○						
片岡愛之助																										
坂田藤十郎			○				○																			
中村翫雀																			○							
中村扇雀		○				○															○					
澤村田之助																										
中村勘三郎	○				○	○										○	○		○	○	○			○		
中村勘太郎						○		○								○				○	○	○				
中村七之助						○		○								○				○	○	○				
中村吉右衛門				○			○				○		○	○											○	
中村歌六	○									○				○									○			
中村歌昇							○					○		○												
中村時蔵					○			○							○											
中村錦之助							○		○	○			○							○		○	○		○	
中村獅童								○																		
中村芝翫		○																		△					○	
中村福助	○																	○		○			○			○
中村橋之助		○				○											○		○	○						
中村梅玉							○				○	○			○					○	○					○
中村魁春							○					○				○				○						△
中村東蔵	○										○	○														
中村雀右衛門																										△
中村芝雀		○						○				○														
中村富十郎							○		○																○	
坂東玉三郎	○				○					○			○			○			○	○						
坂東三津五郎	○							○										○		○						
坂東弥十郎										○			○			○	○					○	○			
松本幸四郎		○			○				○		○														○	
市川染五郎								○															○			

〈別表二〉「歌舞伎座新開場柿葺落」演目・主な出演者

平成二十五年四月～二十六年三月			四月							五月							六月		
			一			二		三		一			二		三		一		
出演者名	出演月数	演目数	鶴寿千歳	お祭り	一谷嫩軍記 熊谷陣屋	弁天娘女男白浪	忍夜恋曲者 将門	近江源氏先陣館 盛綱陣屋	勧進帳	鶴亀	菅原伝授手習鑑 寺子屋	三人吉三巴白浪 大川端	伽羅先代萩 御殿／床下	廓文章 吉田屋	梶原平三誉石切	京鹿子娘二人道成寺	其俤対編笠 鞘当	六歌仙容彩 喜撰	平家女護島 俊寛
【逝去】市川團十郎	—	—																	
市川海老蔵	3	9																	
市川左團次	4	9				○			○										○
市川團蔵	8	10				○										○			
市川段四郎	0	0																	
市川猿之助(←亀治郎)	0	0																	
市川右近	0	0																	
尾上菊五郎	6	14				○			○			○			○				
尾上菊之助	8	15			○	○										○			
尾上松緑	7	12					○		○										
坂東彦三郎	3	3				○					○								
片岡仁左衛門	4	8			○			○				○		○					○
片岡孝太郎	4	5																	
片岡我當	4	4						○											
片岡進之介	2	2						○											
片岡秀太郎	5	8											○	○					
片岡愛之助	3	5																	
坂田藤十郎	5	6	○										○						
中村翫雀	5	6						○		○									
中村扇雀	5	9		○									○						
澤村田之助	0	0																	
【逝去】中村勘三郎	—	—																	
中村勘九郎(←勘太郎)	5	15		○					○								○		
中村七之助	8	17		○															
中村吉右衛門	7	16			○	○		○					○		○				○
中村歌六	8	13			○										○				○
中村又五郎(←歌昇)	7	8			○										○				
中村時蔵	5	8				○		○					○					○	
中村錦之助	5	5				○									○				
中村獅童	2	3		○															
【逝去】中村芝翫	—	—																	
中村福助	5	6		○							○								
中村橋之助	6	12		○				○		○							○		
中村梅玉	7	17				○			○	○			○						○
中村魁春	6	8	○								○						○		
中村東蔵	8	11						○			○								
【逝去】中村雀右衛門	—	—																	
中村芝雀	6	10						○							○				○
【逝去】中村富十郎	—	—																	
坂東玉三郎	4	8			○		○							○		○			
坂東三津五郎	4	8		○		○					○							○	
坂東弥十郎	5	9		○										○	○				
松本幸四郎	5	13				○			○		○	○	○						
市川染五郎	6	15	○						○										

＊通し上演の独立した場面は一演目に数えた。△印は途中休演または代役出演。長期休演中の市川猿翁、澤村藤十郎は除く。

				七月		八月						九月					十月						十一月						
二		三		昼	夜	一		二		三		昼				夜	昼		夜				昼				夜		
寿曾我対面	土蜘蛛	御存鈴ヶ森	助六由縁江戸桜	加賀見山再岩藤	東海道四谷怪談	新版歌祭文 野崎村	春興鏡獅子	梅雨小袖昔八丈 髪結新三	色彩間苅豆 かさね	狐狸狐狸ばなし	棒しばり	新薄雪物語 花見	詮議	合腹	吉原雀	陰陽師	義経千本桜 鳥居前	渡海屋／大物浦	吉野山	木の実／小金吾討死	すし屋	川連法眼館	仮名手本忠臣蔵 大序	三段目	四段目	道行	五段目／六段目	七段目	十一段目
○			○									○	○			○													
			○																				○	○	○		○		
		○			○											○			○			○				○	○		
	○		○																○			○	○	○	○		○		
○			○	○	○									○		○	○												
	○			○	○								○	○		○	○										○		
																						○							
○																				○	○								
○																					○								
																					○								
																				○	○								
○				○								○		○		○													
																			○										
	○																												
						○		○		○																			
	○						○	○		○	○	○	○	○	○	○													
○			○			○	○			○		○		○	○	○							○						
	○		○															○							○			○	○
																		○		○	○				○				○
			○															○									○		
																					○	○				○	○		
																		○											○
			○			○			○																			△	
								○	○	○																			
		○																○				○	○	○		○		○	
	○																										○		
			○			○														○	○				○		○		
○	○																	○					○		○			△	
	○		○					○			○																		
						○		○			○																		
		○	○																										
				○	○								○	○		○													

出演者名	三月							二月		一月							十二月						
	夜			昼				夜	昼	夜			昼				夜			昼			
	日本振袖始	勧進帳	盲長屋梅加賀鳶	二人藤娘	恋飛脚大和往来　封印切	身替座禅	寿曾我対面	青砥稿花紅彩画	心謎解色糸	東慶寺花だより	乗合船恵方萬歳	仮名手本忠臣蔵　九段目	鴛鴦襖恋睦　おしどり	松浦の太鼓	梶原平三誉石切	天満宮菜種御供　時平の七笑	十一段目	七段目	五段目／六段目	道行	四段目	三段目	仮名手本忠臣蔵　大序
【逝去】市川團十郎																							
市川海老蔵																		○		○		○	○
市川左團次			○																				
市川團蔵								○															
市川段四郎																							
市川猿之助(←亀治郎)																							
市川右近																							
尾上菊五郎		○				○																	
尾上菊之助								○	○												○	○	○
尾上松緑								○	○														
坂東彦三郎																							
片岡仁左衛門																							
片岡孝太郎							○			○	○												
片岡我當					○											○							
片岡進之介																○							
片岡秀太郎			○		○				○	○													
片岡愛之助																							
坂田藤十郎		○			○							○											
中村翫雀					○					○	○												
中村扇雀		○			○						○	○											
澤村田之助																							
【逝去】中村勘三郎																							
中村勘九郎(←勘太郎)	○		○																				
中村七之助				○				○	○										○		○		○
中村吉右衛門		○				○						○		○									
中村歌六		○					○		○					○		○							
中村又五郎(←歌昇)		○				○					○												
中村時蔵																							
中村錦之助															○								
中村獅童																	○		○				
【逝去】中村芝翫																							
中村福助																							
中村橋之助			○				○				○		○		○								
中村梅玉			○				○				○	○		○									
中村魁春							○					○	○										
中村東蔵		○								○					○								
【逝去】中村雀右衛門																							
中村芝雀							○																
【逝去】中村富十郎																							
坂東玉三郎	○			○														○		○			
坂東三津五郎																							
坂東弥十郎										○	○								○				
松本幸四郎			○									○			○		○	○			○		
市川染五郎								○	○	○			○						○		○	○	○

主要初出一覧

タイトルロールの運命（二四頁）、敵討ちという不条理（三一頁）、試行錯誤の「将軍殺し」（三六頁）
　以上、原題「二元論を説く通し狂言」、歌舞伎学会『歌舞伎　研究と批評』三五号、二〇〇五年六月
匂い立つ「時分の花」（四七頁）、人間国宝の芸のパッチワーク（五〇頁）、「新しい勘三郎」の表情（五四頁）
次郎左衛門のコンプレックス（五八頁）、伝統と創造と（六二頁）、近松の時代物（六七頁）
歌舞伎座の建て替え（一九九頁）
　以上、原題「戦後六十年目の歌舞伎」、歌舞伎学会『歌舞伎　研究と批評』三六号、二〇〇六年二月
「玉三郎」という幻想（一〇一頁）、大立廻り二種（一〇七頁）、吉右衛門の「秀山祭」（一一一頁）
「勘平役者」の仁と柄（一一五頁）、芸の遺伝子（一一八頁）、「雪月花」の大石内蔵助（一二五頁）
ハードウェアとしての劇場（二〇〇頁）
　以上、原題「鏡花の情念と青果の理念」、歌舞伎学会『歌舞伎　研究と批評』三九号、二〇〇七年十一月
蜷川幸雄の演出力（一三三頁）、勘三郎の政岡（一三七頁）、男と女の「軍記」（一四一頁）
「俊寛」三態（一四五頁）、お家騒動の背景（一五〇頁）、「語り」と「騙り」（一五二頁）
玉三郎の存在感（一五六頁）、平成歌舞伎のバリエーション（一五九頁）
　以上、原題「平成歌舞伎のバリエーション」、歌舞伎学会『歌舞伎　研究と批評』四一号、二〇〇八年十一月

小説のレトリック（一六七頁）、濃姫の「呪言」（一七一頁）、「乱歩歌舞伎」という奇態（一九〇頁）

時代を象徴する「顔」（二〇五頁）

以上、原題「同時代の試行錯誤」、歌舞伎学会『歌舞伎　研究と批評』四三号、二〇〇九年九月

「歌舞伎座さよなら公演」のフィナーレ（二六九頁）、「歌舞伎座さよなら公演」を振り返る（二九九頁）

以上、原題「ありがとう歌舞伎座」、歌舞伎学会『歌舞伎　研究と批評』四六号、二〇一一年五月

中車が熱演する「新歌舞伎」（四一九頁）、松也の自主公演「挑む」（四二四頁）、吉右衛門の威風（四二七頁）

勘三郎二代の追善（四三〇頁）、目を見張る「猿之助奮闘公演」（四三六頁）、顔見世狂言の娯楽味（四四一頁）

新派劇の可能性（四四四頁）、名場面「岡崎」の復活（四四七頁）、柿葺落しの宴のあと（四六四頁）

以上、原題「柿葺落しの宴のあと」、歌舞伎学会『歌舞伎　研究と批評』五五号、二〇一五年十二月

新聞劇評（「読売新聞」東京本社版）掲載日

平成二十年（二〇〇八年）

五月十二日夕刊（新橋演舞場）、六月三十日夕刊（シアターコクーン）

九月一日夕刊（八月・ル・テアトル銀座）、十月二十日夕刊（国立劇場）、十一月十七日夕刊（新橋演舞場）

十二月十五日夕刊（国立劇場）

平成二十一年（二〇〇九年）

一月九日夕刊（国立劇場、新橋演舞場）、三月十六日夕刊（国立劇場）、五月十一日夕刊（新橋演舞場）

六月十五日夕刊（新橋演舞場）、七月二十七日夕刊（シアターコクーン）、八月十七日夕刊（新橋演舞場）

十月十九日夕刊（国立劇場）、十一月十六日夕刊（新橋演舞場）

平成二十二年（二〇一〇年）

一月八日夕刊（国立劇場、新橋演舞場）、三月十五日夕刊（国立劇場）、四月十九日夕刊（新橋演舞場）

五月二十四日夕刊（前進座）、七月二十六日夕刊（赤坂ＡＣＴシアター）、十月二十五日夕刊（国立劇場）

十一月二十二日夕刊（国立劇場）、十二月二十日夕刊（国立劇場）

平成二十三年（二〇一一年）

一月七日朝刊（国立劇場、浅草公会堂）、五月二十三日夕刊（明治座）、六月二十日夕刊（シアターコクーン）

十月十七日夕刊（国立劇場）、十一月十四日夕刊（国立劇場）、十二月十二日夕刊（国立劇場）

平成二十四年（二〇一二年）

一月十六日夕刊（国立劇場）、三月十九日夕刊（国立劇場）、四月十六日夕刊（平成中村座）

五月十四日夕刊（平成中村座）、六月二十五日夕刊（シアターコクーン）、七月二十三日夕刊（国立劇場）

十月二十二日夕刊（国立劇場）、十一月十二日夕刊（国立劇場）

平成二十五年（二〇一三年）

一月二十一日夕刊（国立劇場）、五月二十日夕刊（明治座）、九月九日夕刊（新橋演舞場）

十月七日夕刊（国立劇場）、十一月十八日夕刊（国立劇場）、十二月九日夕刊（国立劇場）

平成二十六年（二〇一四年）

一月二十日夕刊（国立劇場）、三月十七日夕刊（新橋演舞場）、五月十二日夕刊（明治座）

六月十六日夕刊（シアターコクーン）、七月十四日夕刊（国立劇場）、十月二十日夕刊（国立劇場）

十一月十七日夕刊（明治座）、十二月十五日夕刊（国立劇場）

＊なお、新聞劇評は本書に収録するにあたって大幅に加筆した。

あとがき

本書は『歌舞伎リアルタイム　同時代の演劇批評』に次ぐ二冊目の劇評集である。平成十六年から二十六年まで、私にとって主に四十代の演劇批評を収録したことになる。

　この十一年間で最も大きな出来事は平成二十三年の東日本大震災であった。自然の猛威には誰も逆らえないが、いまだ収束していない福島の原発事故を思うと、地方に犠牲を強いて戦後日本の繁栄を享受してきた私たちに天の警鐘が鳴らされたと考えるべきだろう。

　演劇界の話題としては歌舞伎座の建て替えがあり、平成二十一年から十六ヵ月にわたって「歌舞伎座さよなら公演」が繰り広げられ、戦後の歌舞伎座の懐かしい雰囲気に名残を惜しむ大勢の人々で賑わった。その後、三年の歳月を経て平成の歌舞伎座が新装開場したが、大看板として名を連ねていた雀右衛門、芝翫、富十郎が相次いで亡くなり、開場を目前にして、新しい歌舞伎座での活躍が期待されていた勘三郎とわが同時代の團十郎まで失うことになろうとは全く思いがけなかった。昨年は盟友のあとを追うように三津五郎が逝き、その喪失感は余りにも大きいが、舞台上で脚光を浴びる彼らの姿は私の記憶の中で今でも鮮明に生き続けている。

　この間の私事としては、学兄、演劇評論家の犬丸治さんのご推挙で、平成二十年から歌舞伎の新聞劇評を書く機会に恵まれた。果たして、新聞劇評では広く一般の読者と劇場の橋渡し役になれただろうか。劇場で舞台と客席が一体となって成立する演劇は、観客が自分の目で見て、自分の耳で聞き、その場の雰囲気を肌で感じる貴重な「体験」に他ならない。確かに舞台は写真や映像に記録できるが、それを客席で実際にどのように受けとめたのか、誰かが証言しておかなければ演劇の実態は見失われてしまう。時に癒され、時に励まされ、悲喜こもごもに私たちの人生を彩ってくれる演劇。その痕跡を残しておきたいという思いに駆られて劇評を書き続けてきた。

今回、書き溜まった劇評をまとめるに当たり、雑記帳という意味を込めて題名を『歌舞伎メモランダム』としたのは、上演記録として網羅性に欠けているからだが、たとえそれが私の個人的な感動体験にすぎなくても、後世、平成の歌舞伎の様相を知る一つの手掛かりになれば幸いである。こうしてまとめて読み返してみると、十一年間の歳月の流れがおぼろげながら浮かび上がる。「年々歳々花相似たり、歳々年々人同じからず」という言葉の通り、いよいよ役者の世代交代が進み、平成生まれの若手花形がめきめき頭角を現わしつつあることに期待したい。

末筆ながら、前著に引き続き出版を快く引き受けて下さった森話社の大石良則さんには心から御礼申し上げる。そして、私の細々とした執筆活動をいつも朗らかに見守ってくれる妻の京子には心から感謝の意を表したい。本書は私たち夫婦の「共著」だと思っている。

平成二十八年十二月

大矢芳弘

【か】

【さ】

人名索引

歌舞伎役者に限り、各章で最初に言及した頁数を表示している。
（　）内は名跡の代数。

演目索引

劇評の主題として扱った演目の正式名称を『　』、その内の一幕だけの通称を「　」で表記している。

［著者略歴］
大矢芳弘（おおや よしひろ）
1964年、東京に生まれる。1987年、学習院大学法学部を卒業。
演劇評論家。
著書に、『歌舞伎リアルタイム　同時代の演劇批評』（森話社、2004年4月）。共著に、田口章子編著『歌舞伎ギャラリー50 登場人物＆見どころ図解』（学習研究社、2008年5月）。
その他、諏訪春雄編著『芸能名言辞典』（東京書籍、1995年9月）、国際浮世絵学会編『浮世絵大事典』（東京堂出版、2008年6月）、藤田洋監修『歌舞伎大事典』（柏書房、2012年7月）に執筆。

歌舞伎メモランダム――同時代の演劇批評

発行日……………………………2017年4月18日・初版第1刷発行

著者………………………………大矢芳弘
発行者……………………………大石良則
発行所……………………………株式会社森話社
〒101-0064 東京都千代田区猿楽町1-2-3
Tel 03-3292-2636
Fax 03-3292-2638
振替 00130-2-149068
印刷………………………………株式会社シナノ
製本………………………………榎本製本株式会社

ISBN 978-4-86405-115-6 C0074